U0929326

铁路科技图书出版基金资助出版

高速铁路桩网结构加筋网垫理论及应用

叶阳升　蔡德钧　闫宏业　著

中国铁道出版社有限公司

2020年·北　京

内 容 简 介

高速铁路地基沉降控制是高速铁路平顺性控制的关键核心问题。高速铁路桩网结构是一种能有效控制地基沉降、应用普遍的地基处理形式。本书从高速铁路桩网结构耦合机理出发，针对桩网结构中的土拱效应、加筋网垫拉力计算方法、桩土荷载分担、动荷载传递规律、土工格栅蠕变效应等方面展开了系统研究，获得了系列研究成果，冀望为我国高速铁路桩网结构地基的研究提供新思路。

本书可供广大从事高速铁路路基工程研究与建设的人员阅读。

图书在版编目(CIP)数据

高速铁路桩网结构加筋网垫理论及应用/叶阳升，蔡德钧，闫宏业著．—北京：中国铁道出版社有限公司，2020.8
ISBN 978-7-113-26638-7

Ⅰ.①高… Ⅱ.①叶… ②蔡… ③闫… Ⅲ.①高速铁路-铁路路基-研究 Ⅳ.①U213.1

中国版本图书馆 CIP 数据核字(2020)第 013270 号

书　　名：高速铁路桩网结构加筋网垫理论及应用
作　　者：叶阳升　蔡德钧　闫宏业

责任编辑：安　琪　张　婕　　　**编辑部电话：**(010)51892548
封面设计：郑春鹏
责任校对：焦桂荣
责任印制：高春晓

出版发行：中国铁道出版社有限公司(100054，北京市西城区右安门西街 8 号)
网　　址：http://www.tdpress.com
印　　刷：北京建宏印刷有限公司
版　　次：2020 年 8 月第 1 版　2020 年 8 月第 1 次印刷
开　　本：787 mm×1 092 mm 1/16　**印张：**17.5　**字数：**314 千
书　　号：ISBN 978-7-113-26638-7
定　　价：182.00 元

前　言

高速铁路地基沉降控制是高速铁路平顺性控制的关键核心问题。高速铁路桩网结构是一种能有效控制地基沉降、应用普遍的地基处理形式，目前国外已建立了相关的计算方法与标准体系，而我国尚未形成较为系统与成熟的计算与标准体系，使其在应用过程存在一定的盲目性。本书从高速铁路桩网结构作用机理出发，针对桩网结构中的土拱效应、加筋网垫拉力计算方法、桩土荷载分担、动荷载传递规律、土工格栅蠕变效应等方面展开了系统的研究，获得了系列研究成果，冀望为我国高速铁路桩网结构地基的研究提供一些新的思路。

本书内容分为七章，具体内容如下：

第一章介绍了国内外桩网结构路基的应用与研究现状。

第二章对比分析了各国桩网结构加筋网垫计算方法。从加筋网垫承担的竖向荷载、土工格栅拉力、土工格栅的长期蠕变变形等方面对各国计算方法与技术条件的适用性进行了分析。

第三章通过研究，提出了适用于我国的高速铁路桩网结构加筋网垫拉力计算方法。针对静动荷载在桩网结构中传递、竖向应力引用加筋体拉力及边坡推力效应引起的加筋体拉力等，系统地阐述了计算方法。

第四章介绍了桩网结构路基关键技术参数及其影响特性。通过 ABAQUS 有限元分析，分析了持力层模量、软土层模量、格栅模量、桩的布置等参数对桩体、桩间土、加筋网垫等受力变形特性的影响规律。

第五章介绍了桩网结构单元室内模拟试验、整体试验及其成果。单元室内模拟试验分别包括土拱效应、加筋网垫、单桩承载、持力层等分部受力变形特性试验。通过对比各国计算方法计算结果与实测数据，分析了各计算方法的适用性。

第六章介绍了低矮路堤桩网结构原位动载试验。通过现场激振试验，获得了静动荷载在路基中的传递规律，提出了路基中动荷载的传递可按 Boussinesq 公式进行确定的方法。

第七章为结语与展望。

本书在铁道部科技研究开发计划课题“加筋网垫在桩网支承路基中的受力机理及计算方法研究”、国家自然科学基金青年基金项目“高速铁路桩网结构低矮路堤动力失效机理研究”等相关研究成果基础上编写而成。编写过程中,周镜院士、韩自力研究员、张千里研究员、陈锋研究员、李泰灃博士、崔颖辉博士、程爱君研究员等对本书的部分研究成果进行了指导和评价。

本书参考引用了大量国内外其他学者的研究成果,在此一并向所有为本书完成作出贡献的同仁表示衷心感谢。

由于作者水平有限,书中纰漏和不足在所难免,恳请广大读者批评指正,作者将十分感激,并将在今后的研究中不断改进与完善。

叶阳升

二〇二〇年四月

目　　录

第一章　绪　论

我国地域辽阔，无论是东南沿海还是内陆江河湖沼地区，软土分布十分广泛，并具有孔隙比大、天然含水量高、抗剪强度低、压缩性高和结构性灵敏等特点，如果不加处理或处理不当，在这样的软基上修建铁路或公路会出现路堤填筑期间失稳破坏、工后产生过大的沉降（或差异沉降）等问题。截至 2019 年底，全国铁路营业里程达到 13.9 万 km 以上，其中高铁 3.5 万 km。这种大规模新线建设将不可避免地遇到软弱地基，而高速铁路无砟轨道对沉降变形，特别是不均匀沉降要求严格，无砟轨道路基工后沉降不宜超过 15 mm，路基与桥梁、隧道或横向结构物交界处的工后沉降差不应大于 5 mm。因此，控制软土地基稳定性、工后沉降和工后不均匀沉降已经成为高速铁路非常突出的工程问题。

在软弱地基上设计路基时，必须关注地基整体破坏、过大的总沉降和差异沉降、过大的侧向压力和位移及边坡失稳等问题。目前，国内、外处理此类软弱地基常采用排水固结超载预压、真空预压、轻质填料、置换、改良、加筋、半刚性水泥搅拌桩复合地基以及桩网结构、桩板结构等新型复合地基处理方法，且都有许多成功的范例与经验。排水固结法处理软基是一种效果好、施工简便，而且最为经济的处理方法，该方法有较成熟的理论基础和丰富的工程实践经验，但也有其致命的缺点，就是在深厚软土地基上，工后沉降偏大，需要实施堆载预压，施工工期长。因此，在高速铁路路基、过渡段路基、傍填加宽路堤等工后沉降或不均匀沉降要求严格的部位，以及施工周期紧张的工程已较少采用，而是较多地采用施工期短、工后沉降更小的地基处理方法。而桩网结构的特点正是这些工程所需要的，它最适用于硬土层或基岩上有深厚的软土层、新填土层、施工期较紧及总沉降和不均匀沉降要求严格等情况。

在软弱地基上用桩来支承路基，是一种古老的技术，由于用桩较多，且需在路堤坡脚处打斜桩，因而此技术不常使用。20 世纪后期，高强度土工格栅问世后，欧洲人在泥炭土地区，用刚性桩穿过泥炭层打入下卧持力层，桩顶设桩帽，其上铺设土工格栅与砂砾料组合的垫层，能够比较容易地实现在软弱地基上快速填筑稳定的高路堤，而且可控制软弱地基的沉降且工期较短。由于使用了上述垫层，可增大桩的间距，不需两侧打斜桩，因而降低造价且易于施工，这就是桩网支承路基结构，简称桩网结构，如图 1-1 所示，即在刚性桩或半刚性桩上铺设由土工合成材料和碎石（或砂砾）组成加筋网垫形成的桩网结构路基（Geosynthetics Reinforced and Pile Supported Embankment，GRPS），这是采用竖向增强体＋水平向增强体的处理方式，是近期发展起来的新型软基处理方法。

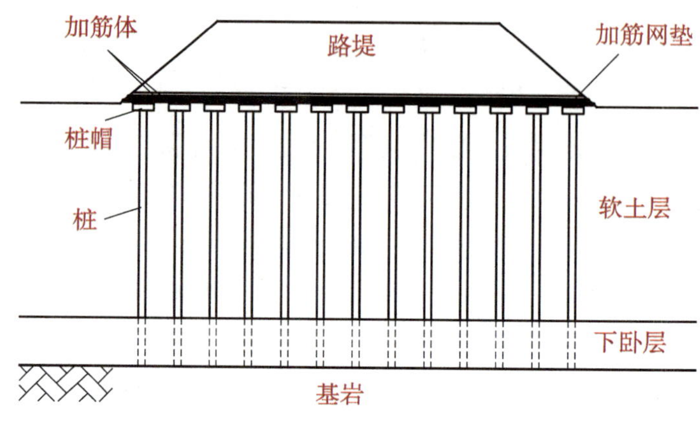

图 1-1　桩网结构

土工合成材料具有较高抗拉强度，在软土地基上使用土工合成材料可以提高承载力、减小不均匀沉降，防止边坡失稳，但直接使用对降低软土地基总沉降的作用有限。桩网结构中，加筋网垫（土工合成材料加碎石或砂砾）能够通过自身的部分变形，调节基底平面的荷载分担，以减小桩间土荷载，增加桩体荷载，从而减少桩土不均匀沉降并有效发挥桩间土的承载性能，还可以承担路基产生的侧向推力。所以加筋网垫形成了一个加筋平台，让上覆荷载更多地从桩间土向桩转移，减小了基底平面的不均匀沉降，桩承担了大部分荷载，可以显著降低总沉降量。因此，桩网结构体系具有较多优点：路基总沉降和不均匀沉降小，施工工期短，不需要打设斜桩、无需宽承台、较大桩距，是一种有效、经济的处理方法。

目前，国内外已经将桩网结构应用于一系列工程中，包括铁路、公路、水利、机场和码头等领域中的软弱地基、路桥过渡段、挡土墙、路基拓宽、油罐地基、堤坝和建筑物地基等工程。但是桩网结构的理论研究较为缓慢，除日本（攪拌混合基礎〈機械攪拌方式〉設計・施工の手引き，1987-9）和英国（Code of Practice on Reinforced Soil and Other Fills（BS 8006），1995）外，其他国家也只在最近几年将有关桩网结构（GRPS）中加筋网垫的计算方法列入规范或手册，如北欧

(Nordic Handbook Rein-forced Soils and Fills，2002-12）和德国（Bewehrte Erdkorper auf Punkt-oder Linien-formigen Traggliedern，2004-7）等，形成了各自的自主知识产权，由于这些规范的假设条件和计算理论存在较大的区别，加之土的特殊性和复杂性，上述规范中关于加筋网垫在桩网结构中的计算方法仍然存在较大的区别，很多问题没有完全解决。我国至今还没有任何一个规范对此有过规定，目前桩网结构的工程设计主要以《建筑地基处理技术规范》为依据进行设计，但这个规范适用的垫层结构是刚性结构，铁路路堤加筋网垫作为柔性垫层结构，其路基荷载传递、桩与桩间土的相互作用机理差别较大，也造成国内的众多工程仍仅凭经验进行设计，制约了该技术的发展。而且，我国铁路、公路部门至今还没有土工合成材料的应力应变计算规范。

我国目前正在进行大规模的铁路、公路、水利等基础设施建设，随着建设标准的逐步提高，采用桩网结构处理软弱地基的方法将更加普遍。以京沪高速铁路为例，地基处理总长仅 83.9 km，采用以“CFG 桩复合地基”为主的处理方案，就使用了约 1 799 万延米的 CFG 桩。因此，结合铁路建设工程，针对加筋网垫在桩网结构中的作用机理和现有设计方法中存在的问题进行系统研究，建立适应我国国情的加筋网垫在桩网结构中的设计理论和计算方法具有重要的实际意义。

第一节　技术应用

路堤荷载作用在桩网支承结构上，由于桩与桩间土的模量相差较大，桩土之间存在一定的不均匀沉降，必将在两桩之间加筋网垫上部的路堤土体形成“土拱效应”，如图 1-2 所示。“土拱效应”使作用在网垫上的平均应力将小于作用在桩帽上的平均应力，出现应力集中和重分配，由于桩土模量差异相当悬殊，加筋网垫的“索/膜效应”将使桩承担更大荷载，桩间土承担小部分荷载。因此，桩网结构中加筋网垫的受力机理需要解决不同条件下土拱效应引起的竖向荷载分布问题和加筋网垫的受力变形问题，如图 1-3 所示。

路基边坡处的侧向推力通过加筋网垫和桩间土传递，为防止桩和桩间土过大水平位移，加筋网垫受到由边坡推力效应引起的拉力，拉力受路基高度、桩间土强度等因素的影响，桩网结构中边坡推力问题（图 1-4）也是一个重要研究内容。

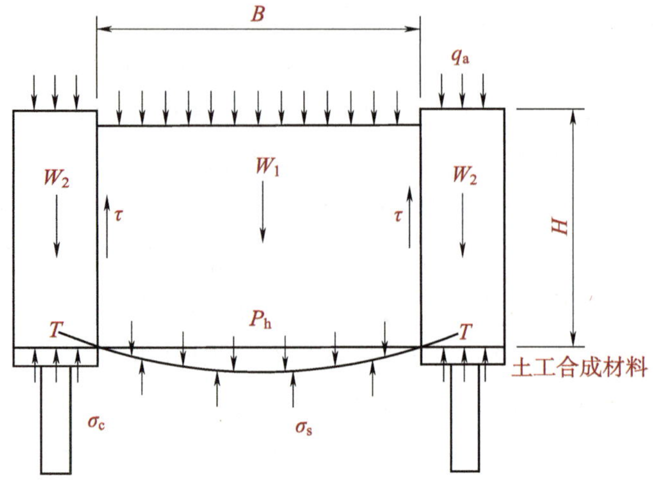

q_a—超载；H—覆土厚度；P_h—土工合成材料上部的垂直作用力；σ_s—土工合成材料下部的垂直作用力；

B—桩间土宽度；W_1—土工合成材料上部的土重；W_2—桩顶上部的土重；

T—土木合成材料提供的拉力；σ_c—桩顶对土的作用力

图 1-2　土拱效应

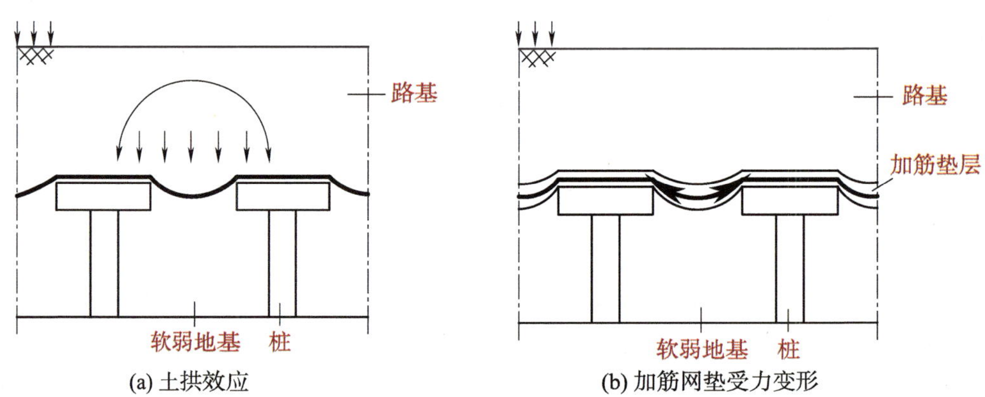

图 1-3　桩网结构需要解决的问题

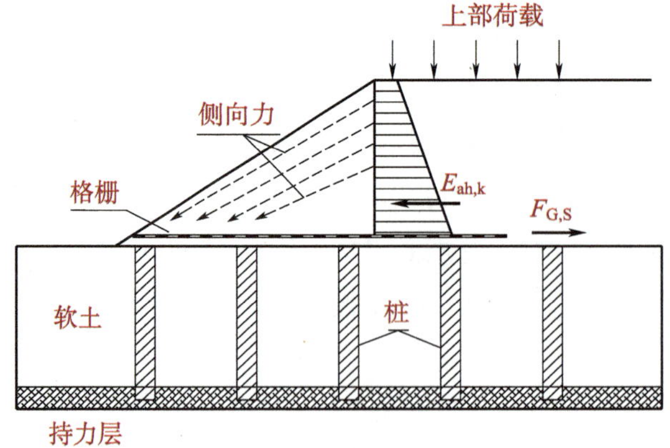

图 1-4　边坡推力问题

在基础设施建设强劲需求的带动下，桩网结构中两大构件的迅速发展在某种程度上促使了桩网结构的应用和理论的发展。

桩网结构的主要构件之一——桩，近年来取得了飞速的发展。第二次世界大战后，美国首先成功研发一种就地搅拌桩(Mixed-in-place，MIP)。日本清水建设株式会社1953年从美国引进该法，1974年日本港湾技术研究所等成功研发水泥搅拌固化法(CMC)，其先后发展了CDM工法(Cement Deep Mixing Method)、DJM工法(Dry Jet Mixing Method)、DCS工法(Deep Cement Stabilization Method)等。目前单桩最大施工直径超过1.8 m，最大加固深度接杆式超过60 m，塔架式可达30 m以上。我国1977年10月由冶金部建筑研究院和交通部水运规划设计院进行室内试验和机械研制工作，1978年底制造了国内第一台SLB-1型深层搅拌机。目前单桩最大施工直径超过1.2 m，最大加固深度15～30 m。特别是1985年中国建筑研究院地基所在碎石桩的基础上研发出水泥粉煤灰碎石桩(Cement Flyash Graval，CFG桩)，CFG桩系列技术先后被国家科学技术部、住房和城乡建设部列为全国重点推广项目、国家级工法，最大处理深度达40 m。钢筋混凝土桩也逐渐应用于地基处理工程中。

桩网结构的主要构件之二——网垫，加筋网垫中最重要的组成材料为土工合成材料。我国在岩土工程中应用聚合物土工合成材料始于20世纪80年代初，三十年来该材料与相关技术已从当初的襁褓时期进入“而立”之年，以其重量轻、强度高、渗滤性好、质地柔软等突出特点，经历了自发应用、技术引进、与国际接轨和步入规范应用几个时期。土工合成材料是以高分子聚合物制成的新型建筑材料，目前大致可以分为以下四大类：土工织物、土工薄膜、特种土工合成材料和复合型土工合成材料。特种土工合成材料包括土工格栅、土工网、超轻型土工合成材料、土工膜袋、土工垫、土工格室等，土工格栅是最常用的一种，用于构筑加筋陡边坡路堤、构筑加筋土挡墙、加筋土桥台、结合碎石或砂砾垫层形成加筋网垫等方面，以增强路堤、边坡稳定性，提高地基承载力。作为桩网结构的加筋材料已从最初的有纺、无纺土工织物(俗称土工布)发展到单、双向土工格栅。目前国内已有20多个厂家可以生产单、双向塑料格栅、经编(wrap knitted)格栅和由加筋带(包括钢塑复合带)交叉焊接(或卡具连接)的筋带组合格栅，最大抗拉强度可达160 kN/m以上，以山东颐中和湖北武汉TENSAN为代表的一些中国厂家已将我国的产品推向世界。

一、国外应用状况

国外最早应用桩网结构技术的是日本。1975年，日本在北海道石狩河的堤岸改造工程中，因雨季防汛赶工期等要求，应用了“桩-网工法”进行处理，其后因效果好，迅速将此法推广应用到铁路、公路和建筑等领域。

20世纪80年代，英国为扩建第三大国际机场——Stansted机场，需要修建连接既有London-Combridge干线的新铁路，为了保障新线路堤与既有线路堤的差异沉降最小，以及满足工期和地质条件的限制，使用了"带帽钢筋混凝土预制桩＋土工织物"的筑路技术，如图1-5所示，并且获得了非常好的技术经济效益。

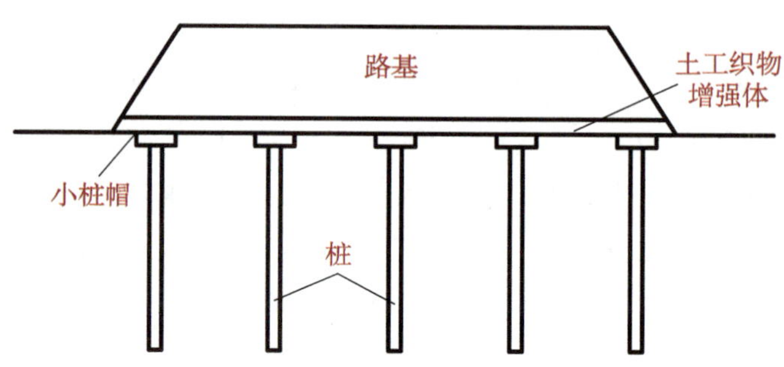

图1-5　英国Stansted机场"带帽钢筋混凝土预制桩＋土工织物"处理软基

20世纪90年代，德国马格德堡至柏林双线铁路已运行100年，拟将车速从160 km/h提高到200 km/h。其中一段通过沼泽地段，地层主要由泥炭和有机粉土组成，厚5～20 m，经过100年的铁路荷载作用后，其软土层土性仍然较差，天然含水率w为100%～350%，不排水抗剪强度c_u为15 kN/m^2。下卧层为粉土质砂和砾砂，中密至密实。为保证不中断运输，双线的中间设板桩墙隔断，先改建一侧通车后，再改建另一侧。改建方案采用桩网支承结构，其结构代表断面，如图1-6所示。

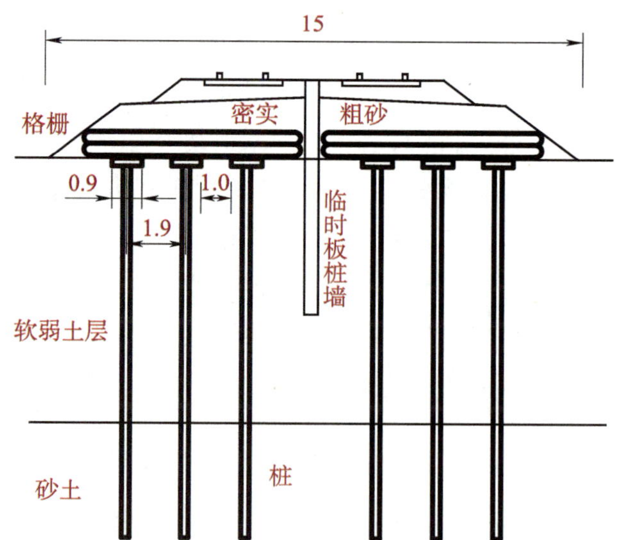

图1-6　德国马格德堡至柏林双线铁路桩网支承路堤结构(单位:m)

表 1-1 是部分国外典型桩网结构工程应用情况。应用范围包括铁路、公路软基处理及挡墙基础，桩体包括碎石桩、预制桩、灌注桩、钢管桩、水泥土桩等刚性或半刚性桩，上覆路基高度 $1.5\ m \leqslant H \leqslant 10\ m$，桩间距 $1.5\ m \leqslant s \leqslant 4.5\ m$，桩帽尺寸 $0.8\ m \leqslant a \leqslant 1.5\ m$，格栅层数 $1 \leqslant N \leqslant 3$。

表 1-1 部分国外桩网结构应用工程

序号	年份	国别	地基土	桩型	设计参数
1	1983	英国	软黏土	混凝土桩	$H=10$ m，$s=3.5\sim4.5$ m，$a=1\sim1.5$ m，$P_c=5\sim14\%$，$N=1$
2	1983	美国	泥炭层	碎石桩	$H=7.6$ m，$s=1.6\sim2.2$ m，$d=0.51\sim0.56$ m，$N=1$
3	1990	英国	软土	预制桩	$H=3\sim5$ m，$s=2.75$ m，$a=1.5$ m，$T=0.5$ m，$N=1$
4	1993	日本	泥炭	混凝土桩	$H=1.5$ m，$s=2.1$ m，$d=0.8$ m，$P_c=11\%$，$N=1$
5	1994	英国	泥炭和海相黏土	VCC 桩	$H=2.5\sim6$ m，$s=2.2\sim2.7$ m，$d=0.4$ m，$N=2$
6	1995	英国	含有机质黏土	打入桩	$H=2.5\sim3$ m，$s=3$ m，$a=1$ m，$d=0.45$ m，$N=3$
7	1996	意大利	回填土、黏土	VCC	$H<1.5$ m，$s=1.8\sim2.5$ m，$d=0.55$ m，$N=2\sim3$
8	1997	德国	泥炭、淤泥	打入桩	$H>2$ m，$s=1.90$ m，$d=0.118$ m，$a=1$ m，$N=3$
9	1997	美国	软黏土、淤泥	VCC/碎石桩	$H<7$ m，$s=1.6$ m，VCC 桩（$s=2.2$ m，碎石桩），$N=1$
10	2000	西班牙	淤泥、黏土	浆喷桩	$H=2\sim8.2$ m，$s=3$ m，$d=1.2$ m，$P_c=13\%$，$N=3$
11	2000	奥地利	软土	预制桩	$H>1.5$ m，$s=1.85$ m，$a=1.25$，$N=1$
12	2002	泰国	软土	水泥土桩	$H=6$ m，$a=1.5$ m，$N=2$
13	2003	马来西亚	软土	预制桩	$H>5$ m，$s=1.5$，$a=0.8$，$N=2$
14	2005	巴拿马	砂质粉土	混凝土桩	$H=1$ m，$s=2.25\sim4.5$ m，$d=0.25\sim0.3$ m
15	2012	法国	砂质黏土、砂砾	混凝土桩	$H=5$ m，$s=2$ m，$d=0.38$ m，$P_c=0.55\sim0.65$ m，$N=1$

注：H—填土高度；s—桩间距；d—桩径；a—桩帽尺寸，方形桩帽为桩帽边长，圆形桩帽为桩帽直径，无桩帽时为桩的直径；T—桩帽厚度；c—垫层厚度；P_c—桩帽覆盖率；N—格栅层数

二、国内应用状况

在国内，关于桩网结构的应用也开展较早。1982～1983 年铁道部在广茂铁路腰古软土地基试验段首次进行了采用土工织物和袋装砂井处理软基的试验，地基处理方式为 4 m 间距砂井加一层土工织物；1983～1984 年在广茂铁路基塘软土地基试验段第二次采用该方法进行了试验（图 1-7），分别进行了砂井加一层和两层土工织物的填筑试验，试验表明该方法能增大软土地基稳定性，节约工程造价，并且能够大大加速施工速度。

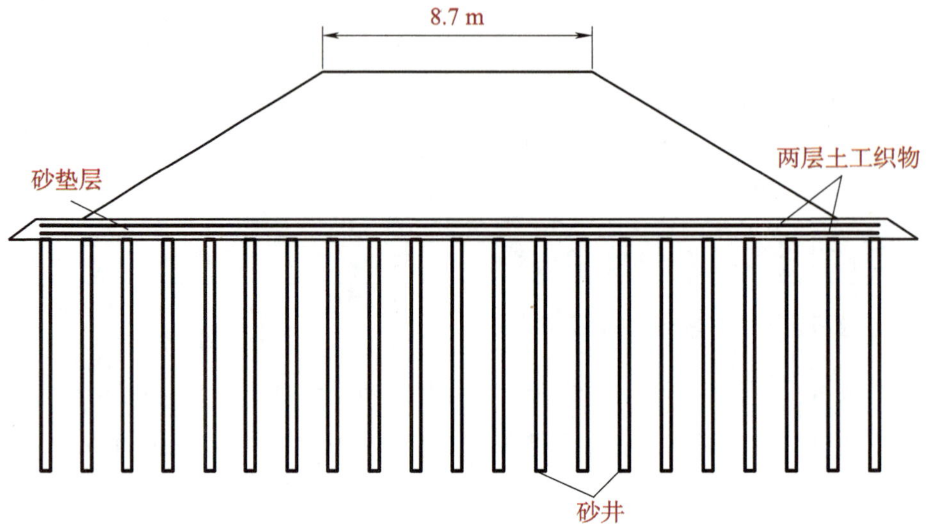

图 1-7　广茂铁路土工织物与砂井综合处理软土地基

随后"横向土工布(geotextiles)砂垫层＋竖向砂井""土工编织布加筋垫层＋水泥粉喷搅拌桩"等方式开始应用,并取得较好的技术经济效益。在此之后,国内已在上海赛车场、广东省东莞东部快速路、昆山京沪高速铁路试验段等工程中成功应用。

目前已经通车或在建的客运专线或高速铁路基本上都要通过特殊土或软弱土地基,包括软土、松软土、膨胀土和湿陷性黄土等地区。部分客运专线采用的地基处理方法汇总见表 1-2,总结目前正在开展的客运专线地基处理方法,分别引入了钢筋混凝土桩、CFG 桩、柱锤冲扩桩等刚性桩复合地基,而且桩基本上打至基岩或硬层,同时对加筋碎石和水泥土垫层的垫层结构设置了 1～2 层双向土工格栅,桩径为 0.4～0.6 m,桩间距为 0.8～2.0 m。

表 1-2　部分国内客运专线/高速铁路桩网结构汇总

线　路	桩　　型	桩径/m	桩间距/m	桩帽/m	垫　　层
京沪	CFG 桩	0.4、0.5	1.5～2.0	1.0～1.4	加筋碎石垫层
遂渝	钢筋混凝土桩	0.6	2.0	1.2	加筋碎石垫层
	CFG 桩	0.5	1.2～1.5	无	加筋碎石垫层
京津	CFG 桩	0.4	1.2、1.5	无	加筋碎石垫层
武广	CFG 桩	0.5	1.0～1.5	无	加筋碎石垫层
	钢筋混凝土桩	0.6	2.0	1.2	加筋碎石垫层

续上表

线 路	桩 型	桩径/m	桩间距/m	桩帽/m	垫 层
郑西	水泥土挤密桩	0.4	0.8～0.9	无	水泥土垫层
	CFG 桩	0.4	1.2～1.5	无	水泥土垫层
	柱锤冲扩桩	0.45	0.8～1.2	无	水泥土垫层
沿海	CFG 桩	0.5	1.6～1.8	无	加筋碎石垫层
	预应力管桩	0.5	2.0 2.5	1.4 1.6	加筋碎石垫层

第二节 土拱效应

目前国内外用于分析土拱效应的模型主要有：Terzaghi 土拱模型、基于 Marston 理论的土拱模型、楔形土拱模型、金字塔形土拱模型、Hewlett&Randolph 半球形土拱模型等。

一、Terzaghi 土拱模型

1943 年，Terzaghi 通过著名的活动门试验证实了土力学领域土拱效应的存在，并在对土拱的应力分布进行描述的基础上，得出了土拱效应存在的条件。Terzaghi 土拱效应计算模型如图 1-8 所示。

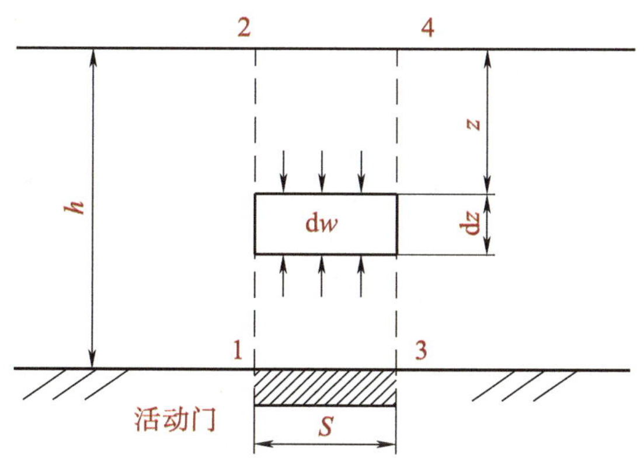

h—活动门上覆土体厚度；S—活动门宽度；z—微分土条单元上层覆土厚度；w—土体重力；dw—微分土体单元土体重力；z—微分土条单元上覆土厚度；dz—微分土条单元厚度。

图 1-8 Terzaghi 土拱效应计算模型

当活动门有向下的微小位移时，1243 所围成区域的土体会向下移动，而其余部分的土体不动，不动部分与可动部分土体之间接触面 1234 上的剪应力会使得作用在活动门上的土压力减小，而作用在活动门两侧不动边界上的土压力增大。Terzaghi 指出，可动部分土体向上延伸的高度为活动门宽度的两倍，在此高度以上范围的土体则不受影响。

Terzaghi 根据可动部分土体薄片的竖向受力平衡条件，得到

$$\frac{d\sigma_v}{dz}+2K\frac{\tan\varphi}{S}\sigma_v=\gamma \tag{1-1}$$

引入顶部边界条件 $\sigma_{v\,|\,z=0}=0$，求得活动门上的主压力为

$$\sigma_{vH}=\sigma_{v|z=H}=\frac{\gamma S}{2K\tan\varphi}(1-e^{-2K\frac{H}{S}\tan\varphi}) \tag{1-2}$$

式(1-2)为土体厚度 $H\leqslant 2S$ 时作用在活动门上的土压力。$H>2S$ 时，求解式(1-1)边界条件 $\sigma_{v|z=0}=\gamma(h-2S)$，此时活动门上的土压力为

$$\sigma_{vH}=\sigma_{v|z=H}=\frac{\gamma S}{2K\tan\varphi}(1-e^{-2K\frac{H}{S}\tan\varphi})+\gamma(H-2S)e^{-4K\tan\varphi} \tag{1-3}$$

式中　γ——土体容重；

φ——土的内摩擦角；

σ_v——土体垂直压力；

z——土体深度，从表面开始计算；

H——土层厚度；

K——侧土压力系数；

S——活动门宽度。

得到作用在活动门上的土压力后，根据土体总重量就可以求得作用在活动门两侧不动边界上的土压力。

基于此，Terzaghi 提出了桩承路基的应力折减率计算公式，为

$$\rho=\frac{(s^2-a^2)}{4HaK\tan\varphi}\left[1-e^{\frac{-4aHK\tan\varphi}{(s^2-a^2)}}\right] \tag{1-4}$$

式中　s——桩间距；

a——桩顶(或桩帽)尺寸。

二、基于 Marston 管道理论的土拱模型

该模型将桩帽视为埋入沟槽里的管道，认为桩帽上的土与桩间土之间存在不均匀变形，引入等沉面概念，根据 Marston 公式计算出作用于桩帽上的平均应力。在进行分析时，一般采用“土柱法”，按面积相等原理，将每根桩所承担的上部土体划分成内外土柱，然后在桩帽上取微单元建立基本微分方程进行求解。

三、楔形土拱模型

楔形土拱模型如图 1-9 所示，属于平面应变问题，可简化为平面应变的三角形拱，假定楔形体内的填土荷载由加筋体承担或桩间土承担，其余则由桩承担。提出该方法的有 Carlsson，Card，SvanØ 等，只是各方法的顶角大小不同。Carlsson 假定顶角 $2\theta=30°$，提出了临界高度的概念，路堤一旦高于此临界高度 $H_r=1.87(s-a)$，其余荷载直接传递到桩顶上。Card 等通过三层土工格栅和填料砂的荷载传递试验提出 $2\theta=22.5°$。SvanØ 等建议 θ 值校正为 15.9°至 21.8°之间，并考虑到三维情况，认为作用于加筋体上的荷载最终由桩帽间的窄条“带”状加筋体承担，与桩帽同宽与桩间距同长。

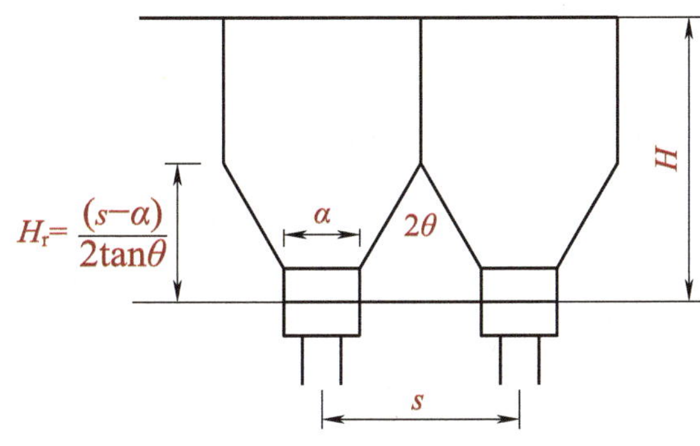

H_r—土拱临界高度；H—覆土厚度；s—桩的中心线间距；a—桩帽尺寸；θ—土拱顶夹角。

图 1-9　楔形土拱模型

楔形土拱模型计算较为简单，但与前两种理论一样，仍属于二维模型。

四、金字塔形土拱模型

金字塔形土拱模型源于 Guido 在侧限刚性箱中所做的格栅加筋砂的平板载荷试验，研究表明土工格栅加筋砂土的应力扩散角可保守地取 45°。Jenner 认为支撑于桩上的路堤与之类似，多层加筋体承担相邻四个方形桩帽之间“金字塔”形土体荷载，其余由桩承担。Russell 等假定“金字塔”脊线水平倾角为 45°，土体由单层土工加筋材料承担，进一步修正后认为“金字塔”的侧平面水平倾角为 45°，并要求至少有三层土工加筋材料。

五、半球形土拱模型

Hewlett & Randolph 根据模型试验观测到的结果，在正方形布桩情况下，假定桩顶以上路基填料中形成的土拱假定为半球形，并将其拆分为一个球形土拱和四个平面土拱，如图 1-10 所示，认为球形土拱拱顶或者平面土拱拱脚的土单元体会达到极限状态，并据此求解桩体荷载分担比。

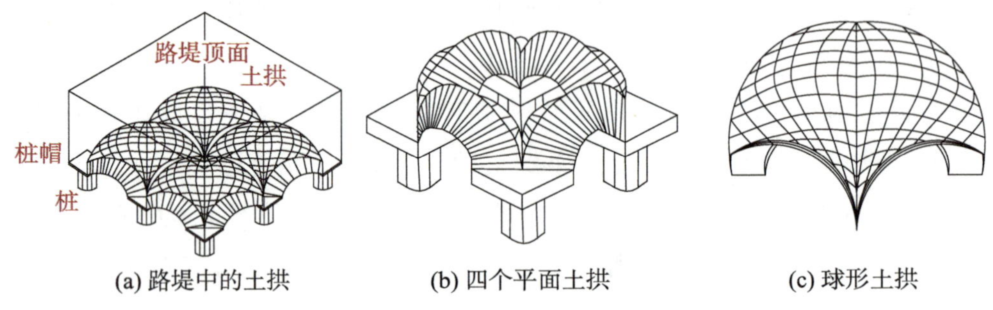

图 1-10　路堤中的土拱

Low 利用模型试验研究了砂填料在桩梁（桩顶用梁连接）上部的平面土拱效应，假定路堤中形成的土拱为平面土拱，并认为在拱顶或拱脚土单元体会达到极限状态，利用与 Hewlett & Randolph 相似的方法得到两个桩体荷载分担比，其中的较小值就是实际的桩体荷载分担比，并考虑了桩间土应力分布的不均匀性。陈云敏等认为拱顶和拱脚的土单元体并不总是能达到极限状态，并对 Hewlett & Randolph 的空间土拱效应计算方法进行了修正。陈福全基于三维土拱效应，改进 Hewlett 土拱效应算法，得到桩承式路堤的桩土荷载分担比，并考虑了加筋体影响以及桩间土承载作用，推导出桩土应力比公式。

第三节　索 膜 效 应

对于加筋体拉力的计算，一般采用索膜理论。索膜元件本身只能受拉，不能受压和承受弯矩，这使得索膜结构的设计计算与具有刚度的杆件有很大的不同。主要有如下几种算法。

一、Catenary 法

John 提出了计算加筋体应变和拉力的公式，为

$$\varepsilon_r=\frac{1}{2}\sqrt{1+16\frac{\Delta S_r^2}{b_n^2}}+\frac{b_n}{8\Delta S_r^2}\ln\left(\frac{4\Delta S_r^2}{b_n}+\sqrt{1+16\frac{\Delta S_r^2}{b_n^2}}\right)-1 \tag{1-5}$$

$$T_r=\frac{1}{2}(\sigma_u-\sigma_d)b_n\sqrt{1+\frac{b_n^2}{16\Delta S_r^2}} \tag{1-6}$$

式中　ε_r——加筋体产生的应变；

ΔS_r——加筋体的最大挠度；

b_n——净间距，$b_n=s-a$，s 为桩间距，a 为桩帽尺寸（无桩帽时为桩的直径）；

T_r——加筋体内产生的拉力；

σ_u——加筋体上方的平均竖向应力；

σ_d——加筋体下方的平均竖向应力（地基土反力）。

二、Carlsson 法

Carlsson 提出了根据二维平面内加筋体最大挠度计算拉力的简化公式，为

$$\Delta S_r=\sqrt{\frac{3\varepsilon_r b_n}{8}} \tag{1-7}$$

$$T_r=\frac{\lambda b_n^3}{32\Delta S_r\tan15^\circ}\sqrt{1+\frac{b_n^2}{16\Delta S_r^2}} \tag{1-8}$$

各符号意义同前。

Rogheck 等考虑三维效应提出了三维修正因子，为

$$f_{3D}=1+\frac{b_n}{2a} \tag{1-9}$$

式中　a——桩帽宽度。

式(1-8)与式(1-9)相乘就可得到三维效应的加筋体拉力。

三、SINTEF 法

SvanØ 等在 SINTEF 提出加筋体在桩帽上的变形应记入加筋体的应变之中，公式为

$$\varepsilon_{\alpha r}=\varepsilon_{r'}\left(1+\alpha_T\frac{a}{b_n}\right) \tag{1-10}$$

$$T_r=\frac{\sigma_{sr}b_n}{2}\sqrt{1+\frac{1}{6\varepsilon_{\alpha r}}} \tag{1-11}$$

式中　$\varepsilon_{\alpha r}$——加筋体的“修正”应变；

ε_r——桩帽的净间距之间的应变；

α_T——拉伸率；

b_n——桩帽净间距，$b_n=s-a$；

σ_{sr}——加筋体上方的平均竖向应力。

牛志荣等基于“纺织土工布-粉喷桩”处理桥头过渡段、桩间土工织物的弯曲

形状为抛物面等情况，根据力的平衡条件，推导出土工织物拉应力计算式。其中由竖向分布荷载产生的拉力为

$$T_{rv}=\frac{a'\sqrt{a'^2+4\Delta S_r^2}}{4\Delta S_r}(P_1-P_2) \tag{1-12}$$

式中　a'——桩净间距的一半；

P_1——土工织物上部的竖向荷载；

P_2——土工织物下部的地基反力。

第四节　边坡推力效应

对于桩网结构中的加筋体而言，不仅受到由路基自重和交通荷载引起的竖向荷载，而且还承担边坡处侧向推力效应引起的水平力，如图 1-11 所示。目前对于边坡推力效应引起的加筋体拉力计算方法主要有以下几种方法。

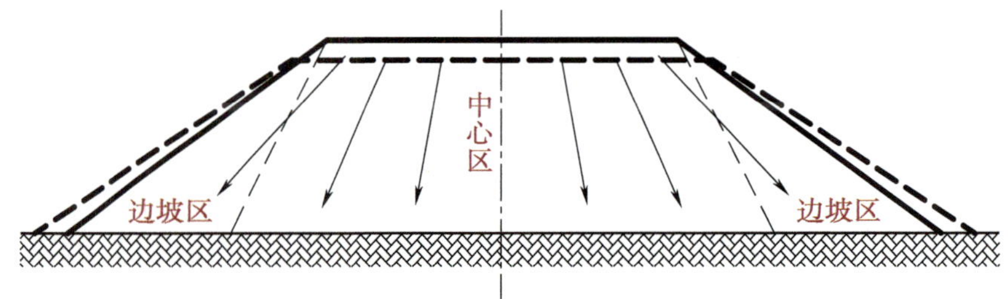

图 1-11　路基边坡推力

一、Kempfert 法

Kempfert 指出侧向力全部由路基底部的加筋体承担防止路基滑动。由侧向推力引起的加筋体拉力等于边坡在极限平衡状态的推力作用，即从路基顶部到加筋体底部的水平主动土压力。对于加筋体受到的合力为土拱效应竖向应力和边坡推力引起的拉力之和，即

$$F_{G,total}=F_{G,M}+F_{G,S} \tag{1-13}$$

$$F_{G,S}=E_{ah},E_{ah}=\frac{1}{2}\cdot\gamma\cdot h_1^2\cdot K_{ah}+p\cdot K_{ah}\cdot h_1 \tag{1-14}$$

式中　$F_{G,total}$——加筋体受到的总拉力；

$F_{G,M}$——土拱效应竖向应力引起的拉力；

$F_{G,S}$——边坡推力效应引起的拉力；

E_{ah}——主动土压力；

h_1——垫层上方路基高度；

γ——路基容重；

K_{ah}——主动土压力系数。

二、Love 法

Love 等基于自由截面系统中无摩擦基底的假设，提出加筋体的最大拉力为土拱效应引起的拉力和边坡推力引起的拉力的较大者，即

$$F_{G,total}=\max\begin{cases}F_{G,M}\\F_{G,S}\end{cases},F_{G,S}=E_{ah} \tag{1-15}$$

三、Geduhn/Vollmert 法

Geduhn/Vollmert 研究提出边坡处地基摩擦力承担部分推力荷载，并以路基边坡坡度和路基填料性质相关，加筋网垫承担的拉力为边坡推力与剪应力之差，即

$$F_{G,S}=E_{ah}-R_u \tag{1-16}$$

$$R_u=\frac{1}{2}\cdot h^2\cdot n\cdot\gamma\cdot\mu\cdot\tan\varphi_2 \tag{1-17}$$

式中 φ_2——地基土的初始摩擦角；

n——路基边坡坡度；

h——路基高度；

μ——加筋体与基底摩擦系数。

第二章　桩网结构加筋网垫既有方法比较

近二十余年来，英国、北欧、德国和日本先后建立了各自的加筋网垫在桩网结构计算方法的规范或手册，虽然已有较多成功的应用实例，但各规范的计算假设和方法存在较大的差异，深入分析现有规范的设计原理及区别，有助于进一步掌握桩网结构荷载传递机理以及规范中存在的不足，为本书提供借鉴。

第一节　现有桩网结构加筋网垫计算方法

现有规范关于桩网结构中加筋网垫的计算方法主要包括3个方面的内容：加筋网垫承担的竖向荷载、加筋体承担竖向荷载产生的拉力、加筋体防止路基边坡滑动产生的拉力。

一、加筋网垫承担竖向的竖向荷载

1. 英国BS 8006

BS 8006规程规定桩顶以上填土必须有足够的高度，路基方能形成完整的土拱。规程中称此最小高度为临界高度，且规定临界高度 $H_r=1.4(s-a)$，s 为桩中心距，a 为桩帽尺寸。当填土高度 $H<H_r$ 时，不能完全形成土拱。两种情况下，作用在加筋网垫上的荷载计算方法如图2-1所示。

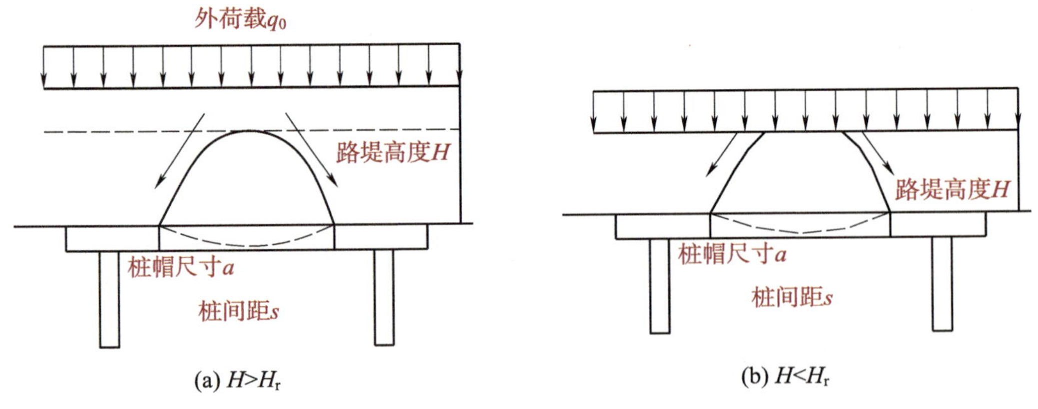

图2-1　英国BS 8006桩网结构计算方法

作用在桩顶平面的平均应力为

$$\sigma'_v = \gamma H + q_0 \quad (2\text{-}1)$$

式中　q_0——外荷；

γ——土体容重。

作用在桩帽上的垂直应力为

$$p'_c = [C_c \cdot a/H]^2 \cdot \sigma'_v \quad (2\text{-}2)$$

式中　p'_c——桩帽所受垂直应力；

C_c——拱效应系数，刚性端承桩时，$C_c \approx 1.95\dfrac{H}{a} - 0.18$；摩擦桩和其他桩时，$C_c \approx 1.5\dfrac{H}{a} - 0.07$；

σ'_v——桩顶平面的平均应力。

作用在两桩之间加筋网垫上的荷载 W_T 按桩帽的覆盖面积和桩间土拱形成程度计算，为

$$W_T = \frac{1.4\gamma(s-a)s}{s^2-a^2}\left[s^2 - a^2\frac{p'_c}{\sigma'_v}\right] \qquad H > 1.4(s-a) \quad (2\text{-}3)$$

$$W_T = \frac{(\gamma H + q_0)}{s^2-a^2}\left[s^2 - a^2\frac{p'_c}{\sigma'_v}\right] \qquad 0.7(s-a) < H < 1.4(s-a) \quad (2\text{-}4)$$

$H_r = 1.4(s-a)$ 是土拱临界高度，位于此高度以上的填土荷载和表面荷载将全部传递给复合地基中的桩体，当填土（或垫层）高度小于该值，拱效应的作用没有完全发挥出来，复合地基桩间土以上的荷载由加筋网垫承担。其中，当高度 $H = H_r$ 时，将出现荷载传递不连续情况，规范没有考虑填土（包括垫层）的物理力学性质。为减小路基面出现不均匀沉降，建议路堤填土高度不宜低于 $0.7(s-a)$。

2. 北欧手册

北欧手册中计算模式采用楔形拱的假设，如图 2-2 所示，这个三角形楔的顶角为 30°，高度为 $(s-a)/(2\tan 15°)$，在任何路堤高度条件下，作用在桩间土上的荷载都等于楔形体的土重，且不考虑外荷的影响。

二维时土楔的重量为 $W'_T = \dfrac{(s-a)^2}{4 \cdot \tan 15°}\gamma = 0.93\,(s-a)^2 \cdot \gamma$。

转换成三维条件时，为

$$W_T = \frac{1 + \dfrac{s}{a}}{2} \cdot W'_T \quad (2\text{-}5)$$

3. 日本细则

日本细则用荷重分散角 α 计算拱的形成范围，如图 2-3 所示。根据分散角、

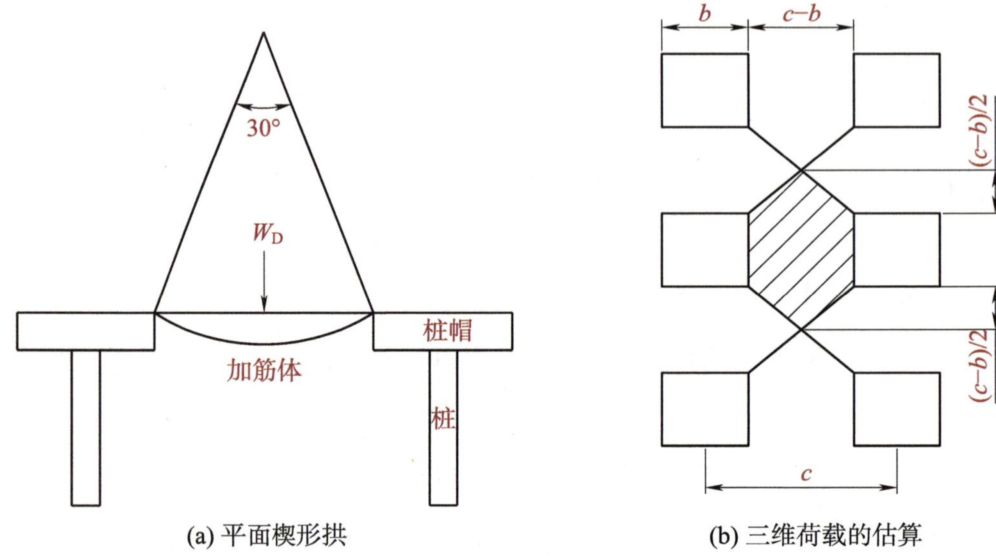

(a) 平面楔形拱　　(b) 三维荷载的估算

b—桩帽尺寸；c—桩的中心线间距；W_D—楔形体的土重。

图 2-2　北欧 Nordic 手册楔形拱

桩间净距和填土高度，可将桩间土所承受的荷载计算分为 A、B、C 三个区段。

若路基面在 A 区间及以上，即三维拱完全形成时，桩间土所承受的荷载等于三维锥形（1-1 断面以下）土体自重，不考虑 1-1 断面以上填土重和外荷，为

$$W_0 = \gamma \cdot V \tag{2-6}$$

式中　V——锥形体体积。

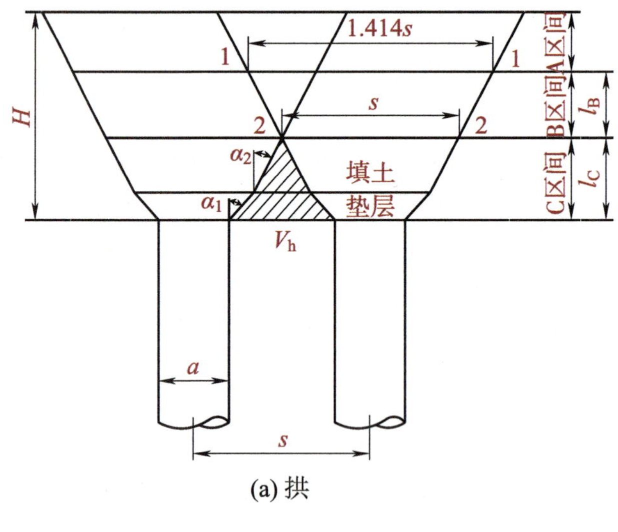

(a) 拱

图　2-3

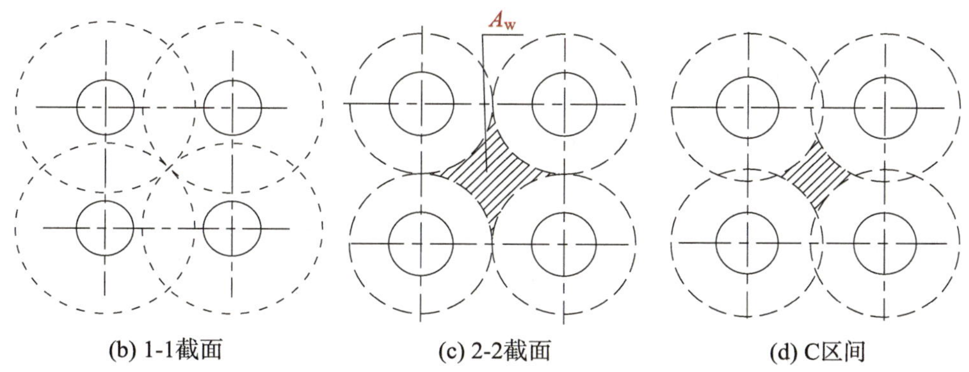

α_1—垫层的荷重分散角；α_2—填土的荷重分散角；s—桩中心间距；

V_h—桩间土宽度；l_B—B 区间厚度；l_C—C 区间厚度；H—覆土厚度；A_w—截面阴影面积。

图 2-3　日本细则计算

若路基面高程在 1-1 断面以下，即拱未完全形成（B 或 C 区段）时，桩间土所承受的荷载为

$$W_0=\gamma\cdot V_h+q_0\cdot A_h \tag{2-7}$$

式中　A_h——路堤面高 h 处锥形拱体的截面积；

V_h——A_h 截面以下锥形体体积。

式(2-7)中楔形锥体不同高度处 A_h 和 V_h 的计算与分散角 α 的假设、桩的间距和尺寸有关。日本一般假设土工格栅加砂砾石垫层的分散角取 45°，一般填土取 30°。

4. 德国规范

德国规范参照 Hewleff 和 Randdph 的研究成果，假设土拱为半球形，根据塑性极限平衡分析得到桩顶与加筋网垫上的平均应力。

二、竖向荷载引起的加筋体拉力

加筋网垫由土工格栅和碎石或砂砾组成，格栅可能铺设一层或多层。确定桩间垫层上承受的荷载后，如何计算垫层中土工格栅的拉力和应变是一个复杂问题。目前一般将土工格栅假设为一层膜或绳索进行计算。

1. 英国 BS8006

英国 BS8006 采用索膜理论，并假设薄膜下脱空，由竖向荷载 W_T 作用产生的桩间土工格栅的拉力为

$$T_1=\frac{W_T(s-a)}{2a}\sqrt{1+\frac{1}{6\varepsilon_r}} \tag{2-8}$$

式中　　ε_r——格栅的允许应变。

给定格栅的 ε_r 值，即可计算格栅的计算拉力 T_1。为使填土荷载尽可能被转移至桩上，施工完毕后最大应变的上限设定为 6%；为避免低路堤顶面产生不均匀下沉，应变上限宜降低；考虑长期蠕变作用，蠕变应变限定为 2%。

2. 北欧手册

北欧手册中规定计算格栅拉力也采用薄膜下为空穴的假设，桩间土工格栅拉力为

$$T_1=\frac{W_T}{2}\sqrt{1+\frac{1}{6\varepsilon_r}} \tag{2-9}$$

对格栅应变作了类似英国规范的规定。

3. 日本细则

采用绳索 Cable 理论和索下为空穴的假设。应注意到前述垫层上竖向荷载，日本细则中得到的荷载 W_0 为总荷载。因此，计算加筋网垫的拉力时，单位荷载为

$$W=W_0/2a(s-a) \tag{2-10}$$

则加筋拉力为

$$T_1=\sqrt{A^2+\left[\frac{W(s-a)}{2}\right]^2},A=\frac{W\ (s-a)^2}{8f} \tag{2-11}$$

式中　　f——桩间土中点处加筋体的竖向挠度。

f 与其张拉应变 ε 间的换算公式为

$$f=(s-a)\sqrt{\frac{3}{8}\varepsilon} \tag{2-12}$$

则

$$T_1=\frac{W_0}{4a}\sqrt{1+\frac{1}{6\varepsilon}} \tag{2-13}$$

细则中一般取挠度 $f=0.1$ m 作为控制标准。

4. 德国规范

德国规范将垫层上的平均压应力换算为两桩间条带上的三角形分布荷载 $F_{x,k}$ 和 $F_{y,k}$，计算图例如图 2-4 所示，计算公式如下。

桩的布置形式为矩形：

$$F_{x,k}=A_{Lx}\sigma_{z0,k}\text{，}A_{Lx}=\frac{1}{2}(s_x s_y)-\frac{d^2}{2}a\tan\left(\frac{s_y}{s_x}\right)\frac{\pi}{180} \tag{2-14}$$

$$F_{y,k}=A_{Ly}\sigma_{z0,k}\text{，}A_{Ly}=\frac{1}{2}(s_x s_y)-\frac{d^2}{2}a\tan\left(\frac{s_x}{s_y}\right)\frac{\pi}{180} \tag{2-15}$$

式中　$F_{x,k}$，$F_{y,k}$——桩 x，y 方向网垫承担的土重；

d——桩直径；

s_x——桩的横向间距；

s_y——桩的纵向间距；

A_{Lx}，A_{Ly}——紧邻桩 x，y 方向承担荷载计算面积；

$\sigma_{z0,k}$——加筋网垫上平均应力。

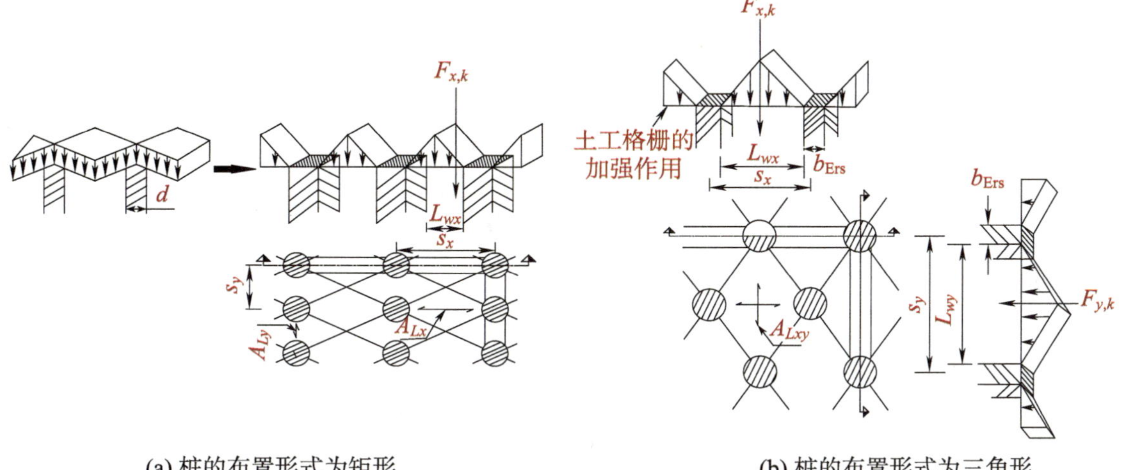

(a) 桩的布置形式为矩形　　(b) 桩的布置形式为三角形

$F_{x,k}$—两桩间条带上 x 方向的三角形分布荷；$F_{y,k}$—两桩间条带上 y 方向的三角形分布荷；

L_{wx}—x 方向桩净间距；L_{wy}—y 方向桩净间距；b_{Ers}—桩承担荷载的等效宽度。

图 2-4　德国规范桩网结构计算方法

桩的布置形式为三角形：

$$A_{Lxy}=\frac{1}{2}s_xs_y-\frac{d^2}{2}\pi,F_{x,k}=\frac{J_x}{J_x+J_y}A_{Lxy}\sigma_{z0,k},F_{y,k}=\frac{J_y}{J_x+J_y}A_{Lxy}\sigma_{z0,k} \quad (2\text{-}16)$$

式中　A_{Lxy}——换算面积；

$\sigma_{z0,k}$——垫层上的平均压应力；

J_x，J_y——x，y 方向垫层格栅模量。

分析垫层中格栅拉力和应变时，考虑桩间土体反力的有利影响、格栅材料的抗拉强度，采用索膜理论进行计算，规范提供了计算用诺谟曲线，如图 2-5 所示（$\max\varepsilon_k$ 为垫层格栅最大应变，$k_{s,k}$ 为桩间土平均刚度，b_{Ers} 为桩承担荷载的等效宽度）。规范中取格栅在长期荷载作用下发生 2.5% 蠕变应变时对应的割线模量作为格栅模量 J_k，根据计算的 $\frac{k_{s,k}\cdot L_w^2}{J_k}$，$\frac{F_k/b_{Ers}}{J_k}$ 值，查图获得 $\max\varepsilon_k$，竖向应力引起的格栅拉力为 $E_M=\max\varepsilon_k\cdot J_k$。

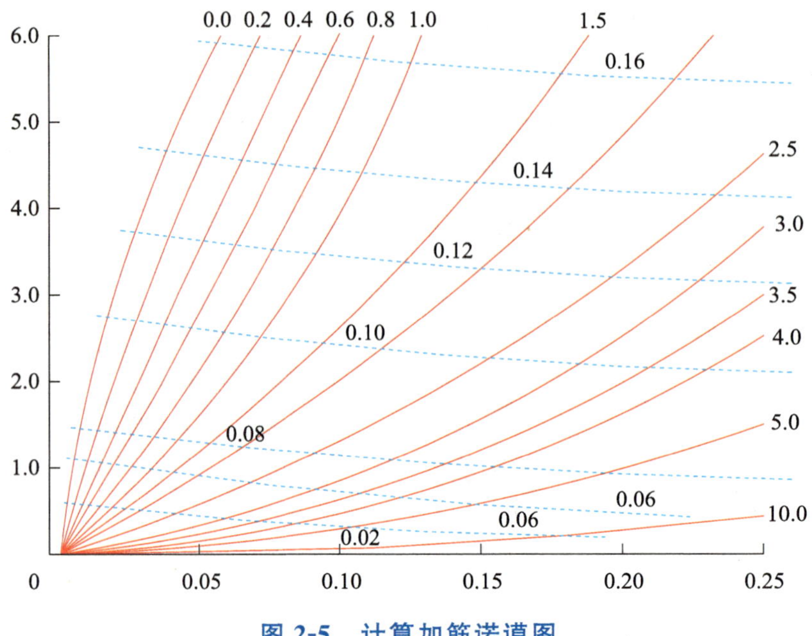

图 2-5　计算加筋诺谟图

三、边坡推力效应引起的加筋体拉力

路堤横断面方向抵抗边坡推力作用引起的拉力 T_2 计算如图 2-6 所示，计算式为

$$T_2=0.5\tan^2(45^\circ-\varphi/2)\cdot(\gamma H+2q_0)H \tag{2-17}$$

式中　φ——土体内摩擦角。

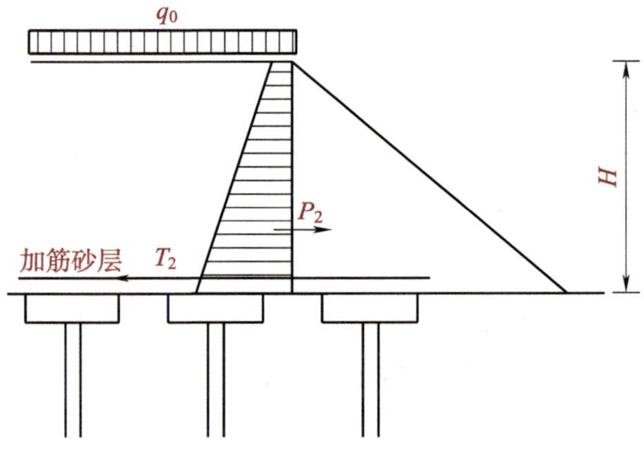

图 2-6　横向边坡推力作用计算

英国、北欧和德国规范中，计算路堤横向加筋总拉力时，都采用 $T=T_1+T_2$。日本细则中未要求计算抵抗边坡推力效应的拉力 T_2。

目前的计算方法假设边坡扩散应力等于路肩处截面的主动土压力合力，加筋体承担极限状态下的所有水平力，以确保侧向推力对路基和桩的不利影响。许多学者通过解析和数值方法研究了加筋路基的侧向推力效应。然而，这些通过解析和数值方法计算的拉力存在明显的区别。加筋体承担的竖向荷载和水平推力的关系，特别是对于较高路基还没有被清晰明确，按照目前的计算方法，随着路基高度增大，主动土压力明显增大，相比竖向荷载，水平推力的增加是相当大的，如图 2-7 所示，与实际工程不相符合。因此，找出存在差异的原因以分析影响水平推力及其引起格栅拉力的主要因素非常重要，包括路基高度、加筋体的拉伸强度和地基条件等，有利于建立经济、合理的边坡侧向推力效应的计算方法。

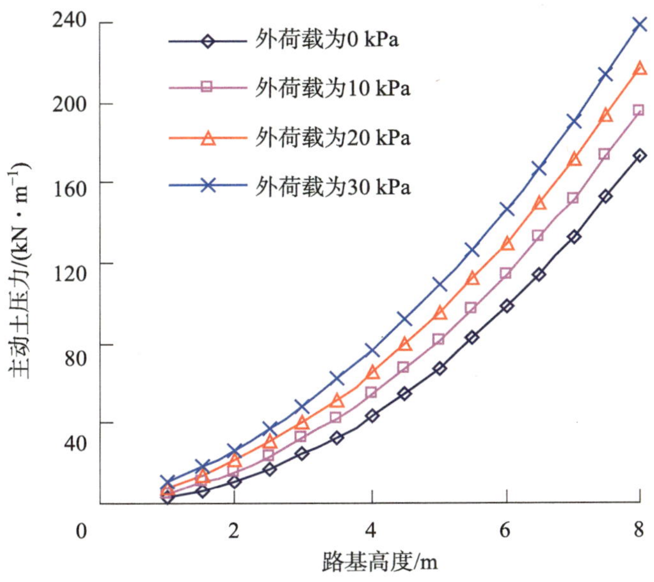

图 2-7　不同外荷载 q 时的主动土压力

第二节　不同计算方法的适用性

本节以德国规范中算例 2 的计算参数为基础，采用四个规范计算在不同填土高度和桩间距条件下加筋网垫承担的竖向单位荷载（沿线路纵向单位长度范围内的竖向荷载）及格栅拉力。取 x 轴为填土高度，y 轴为桩间距尺寸，z 轴为单位荷载，表 2-1 为德国规范算例 2 的基本计算参数。在分析过程中没有特别指出，暂不考虑边坡推力效应和分项系数。

表 2-1　德国 2004 规范算例 2 基本计算条件

计算参数	计算条件
桩径 d/m	0.7
桩中心距 s/m	1.5

续上表

计算参数	计算条件
桩帽宽 a/m	0.7
填土高度 H/m	2.5
土容重 r/(g・cm^{-3})	1.8
路基土体内摩擦角 f/°	35
加筋设计应变 ε/%	2.5
路基面均布荷载 q/(kN・m^{-2})	30
垫层厚度 h_d/m	0.15
x 方向的桩间距 S_x/m	1.5
y 方向的桩间距 S_y/m	1.5
桩长 t_w/m	3.5
软基刚度 E_s/(kN/m^2)	500
格栅抗拉模量 J_x/(kN/m)	1 648
格栅抗拉模量 J_y(kN/m)	3 296

一、加筋网垫承担的竖向荷载

以德国规范算例 2 的参数为基础，当桩帽尺寸 $a=0.7$ m 加筋网垫在不同桩间距和填土高度下承担的竖向单位荷载如图 2-8～图 2-11 所示，从图中可知计算

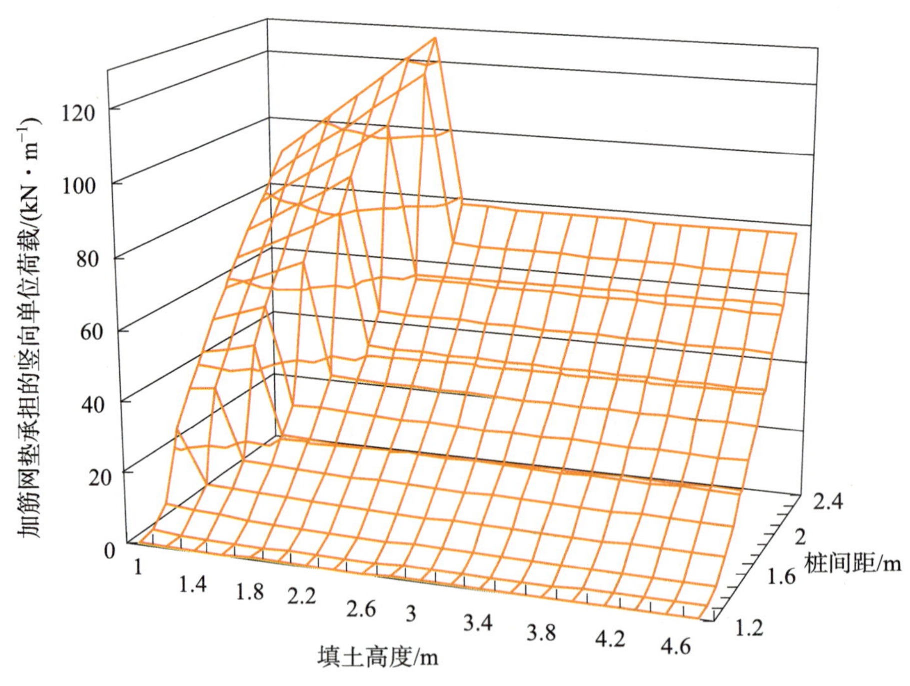

图 2-8 英国规范计算网垫承担的单位荷载($a=0.7$ m)

结果的偏差较大，当填土高度较低、桩间距较大时，英国 BS8006 计算竖向单位荷载略大；当填土高度较高时，北欧和德国规范计算竖向单位荷载略大。桩帽尺寸 $a=1.0$ m 时加筋网垫承担的竖向单位荷载如图 2-12～图 2-15 所示，桩帽尺寸增大，竖向荷载显著减小。

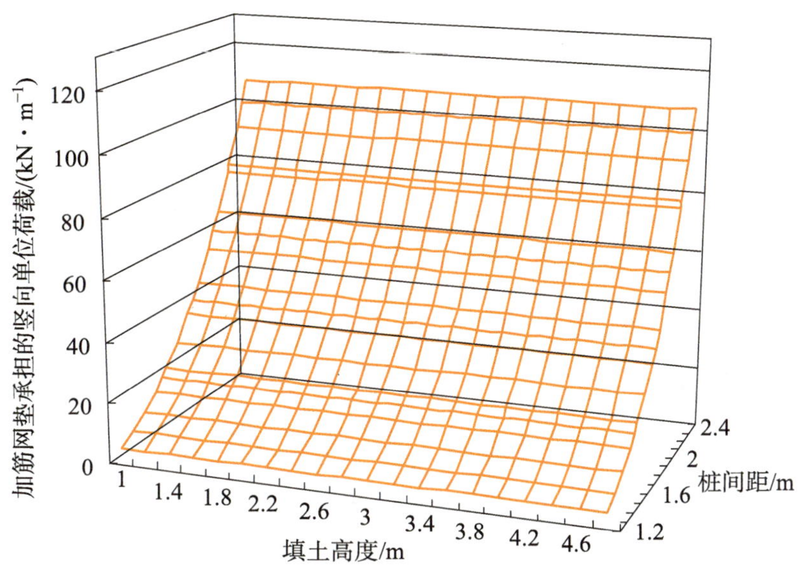

图 2-9　北欧规范计算网垫承担的单位荷载($a=0.7$ m)

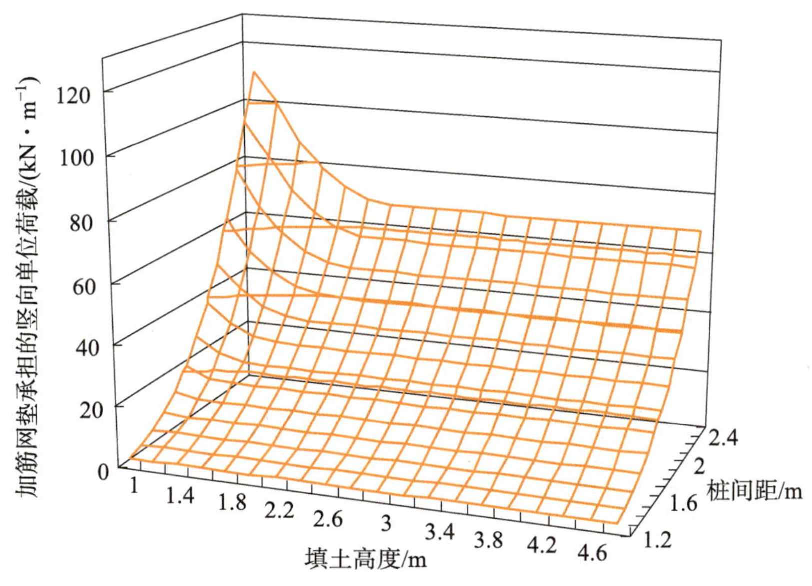

图 2-10　日本规范计算网垫承担的单位荷载($a=0.7$ m)

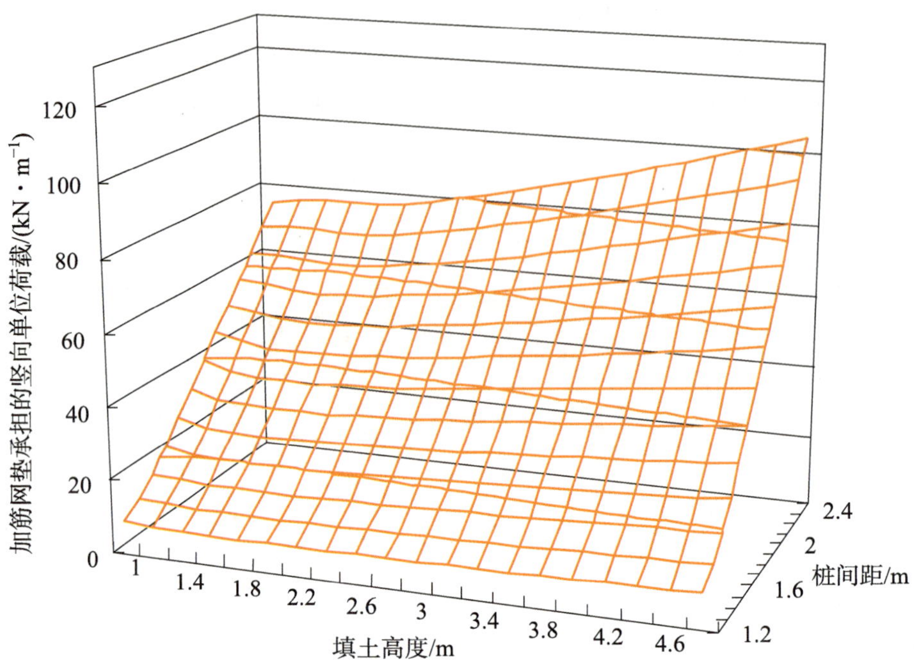

图 2-11　德国规范计算网垫承担的单位荷载(a=0.7 m)

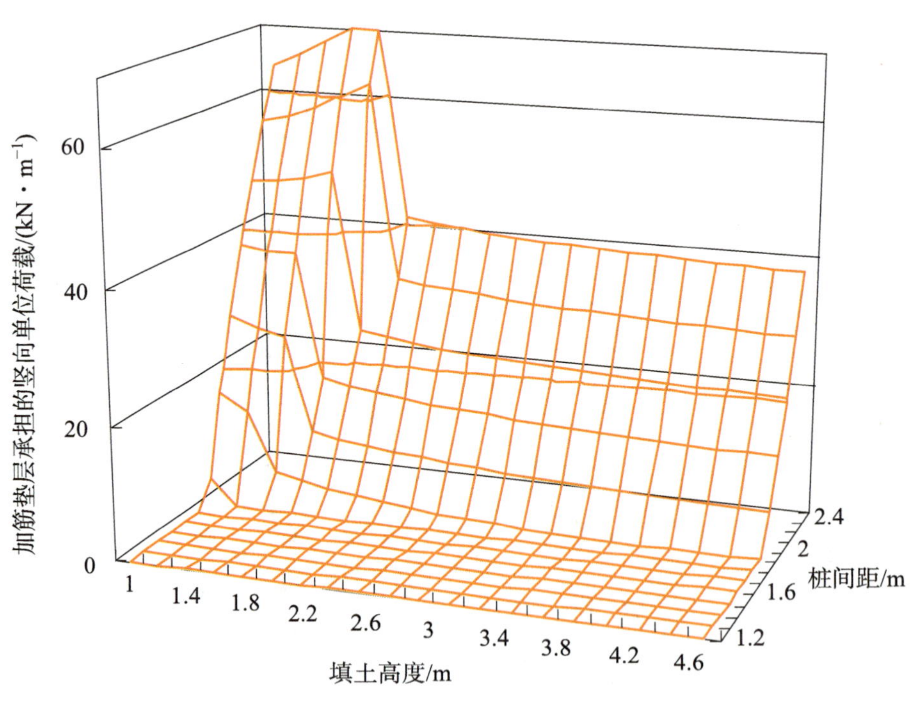

图 2-12　英国规范计算网垫承担的单位荷载(a=1.0 m)

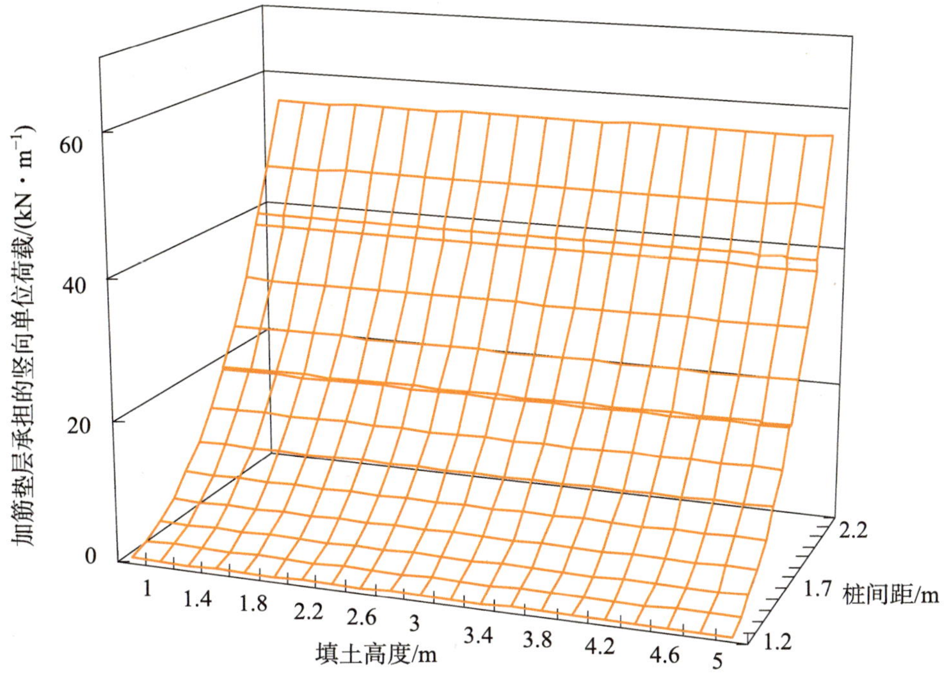

图 2-13　北欧规范计算网垫承担的单位荷载(a=1.0 m)

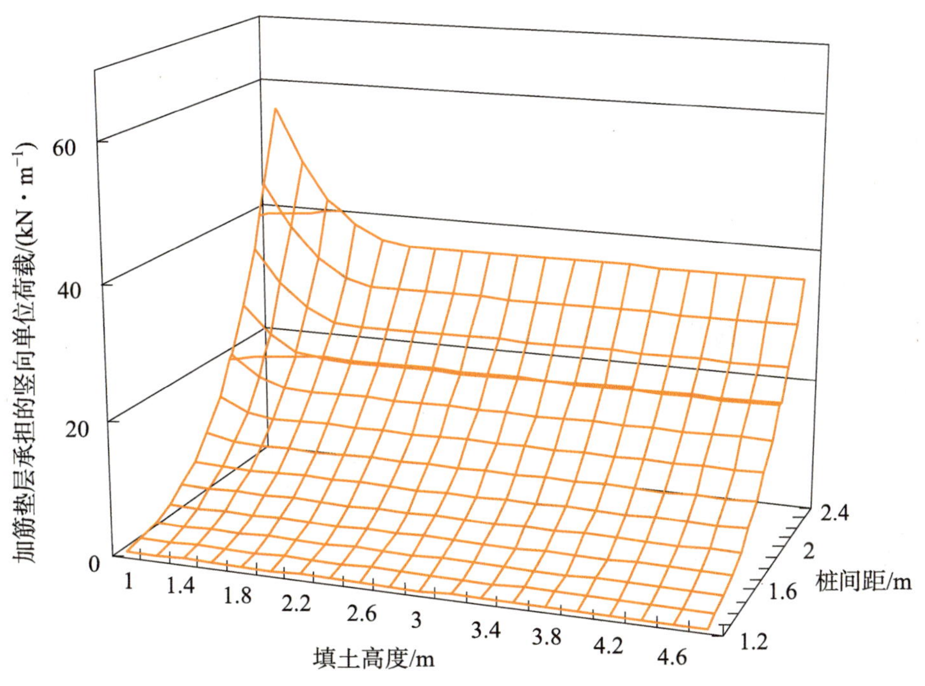

图 2-14　日本规范计算网垫承担的单位荷载(a=1.0 m)

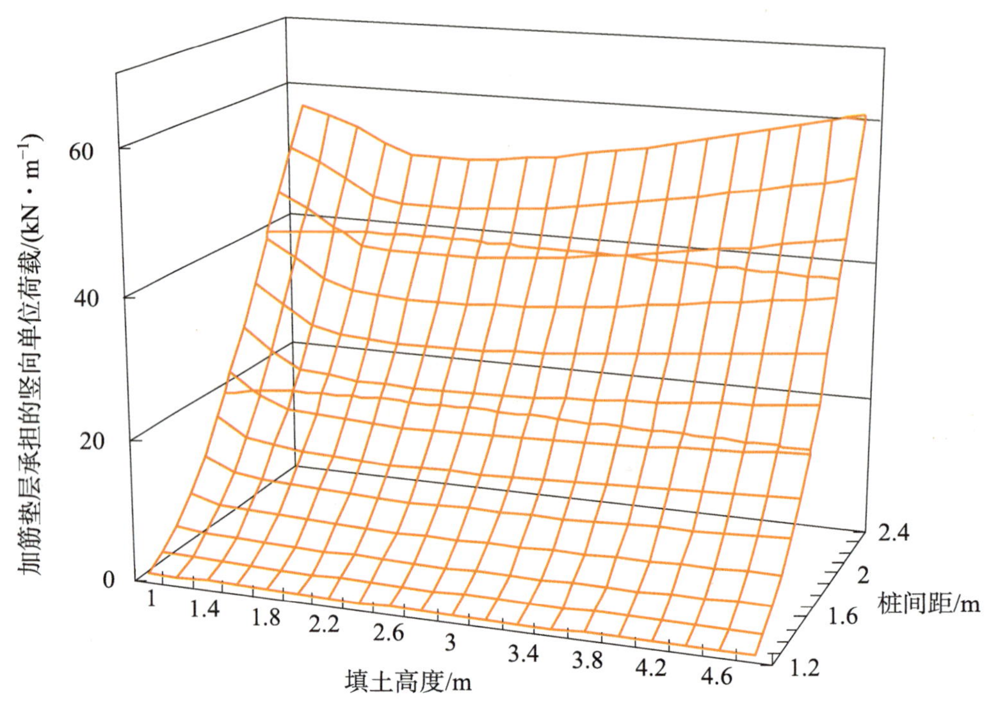

图 2-15 德国规范计算网垫承担的单位荷载(a=1.0 m)

加筋网垫承担竖向荷载出现差别的原因主要是因为各规范对土拱的规定不同，见表 2-2。英国 BS8006 采用近似半圆形，德国规范采用半球形，北欧和日本规范利用扩散角的形式，北欧 Nordic 的土拱高度最高。当填土高度大于土拱高度，除德国规范外，一旦确定土拱高度，网垫上的竖向荷载值就确定了，因而在图 2-9 中，填土高度超过土拱高度后，网垫上的竖向荷载在 zoy 剖面是不随填土高度变化的恒定值。而德国规范是采用极限平衡方法计算，虽然土拱高度确定了，但是随着填土高度和外荷载的增加，仍会引起竖向荷载的增加，在 zoy 剖面仍是条曲线。

表 2-2 各规范对土拱高度的规定

规　范	英国 BS8006	北欧 Nordic	日本	德国
土拱高度	$1.4(s-a)$	$(s-a)/2\tan15°=1.87(s-a)$	$\sqrt{3}(\sqrt{2}s-a)/2+(1-2\sqrt{3})h_d$	$s/2$
成拱对填土高度的要求	$H>0.7(s-a)$	$H>1.2(s-a)$	—	$H>s/2$
扩散角度	—	30°(顶角)	垫层 45°，填土 30°(仰角)	

注：s 为桩间距；a 为桩帽宽度；H 为填土高度；h_d 为日本规范中垫层厚度。

对于填土高度尚未达到土拱高度时，计算较为复杂，是各个规范区别较大的地方。其中英国 BS8006 中对于不能成拱的情况[$0.7(s-a)<H<1.4(s-a)$]，

采用了另外一种算法，直接考虑填土荷载和外荷载的作用，从上图中可明显地看出，在填土高度较小时，BS8006 计算的竖向荷载相当大。

图 2-16 和图 2-17 是桩间距为 1.5 m 和 1.9 m 时不同填土高度加筋体承担的单位荷载，显而易见，在填土高度较小时，单位荷载的变化波动较大。英国 BS8006 中规定：填土高度 $H<0.7(s-a)=0.56$ m 或 0.84 m 时不能使用，H

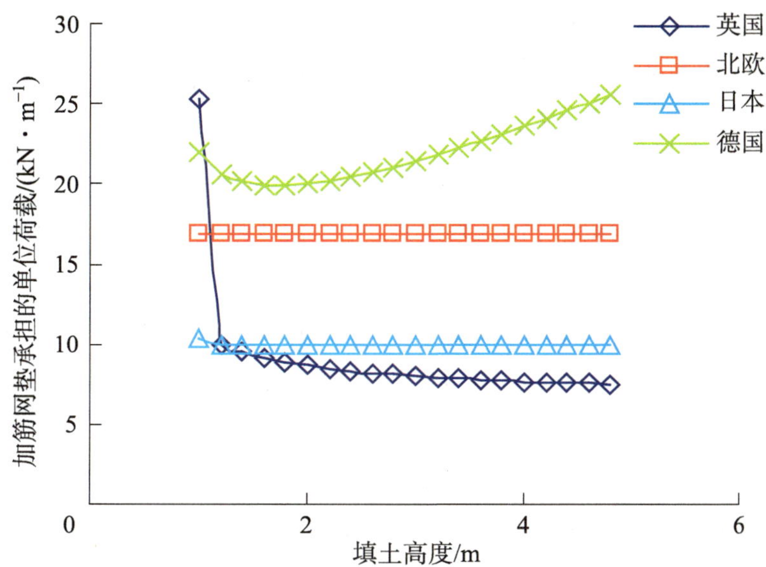

图 2-16　加筋网垫承担的单位荷载（$s=1.5$ m，$a=0.7$ m）

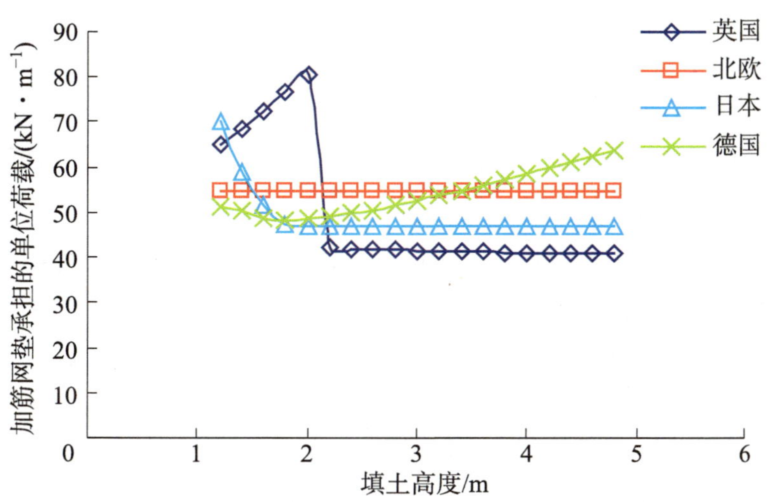

图 2-17　加筋网垫承担的单位荷载（$s=1.9$ m，$a=0.7$ m）

在 1.4($s-a$)=1.12 m 或 1.68 m 分界位置土体荷载的计算采样两种方法，因而在图 2-17 和图 2-18 中曲线在 1.12 m 或 1.68 m 处发生突然变化，是由于考虑外荷载作用的区别造成的，随着 H 的继续增大，拱效应系数随之稍有减小，故竖向荷载稍有减小。

北欧规范是以先确定好符合要求的桩间距和桩帽尺寸为基础，按照 30°楔形拱进行计算，两个算例中楔形高度分别为 1.50 m、2.24 m，由于在计算加筋体承担的竖向荷载时，不论填土高度是否超过土拱高度，均不考虑外荷载和填土高度的影响，因而本算例从曲线上看一直是常数。

日本规范采用荷重分散角 θ 计算拱的影响，设 l_B 为 B 区间厚度，l_C 为 C 区间厚度，并以 l_B=0.54 m 或 0.68 m 和 l_B+l_C=1.12 m 或 1.61 m 作为荷载计算方法的分界点，当 $H<l_B$=0.54 m 或 0.68 m 均采用 H=0.54 m 或 0.68 m 的结果，当 0.54 m$<H<l_B+l_C$=1.12 m 或 0.68 m$<H<l_B+l_C$=1.61 m，考虑外荷载的影响，且随高度增大而明显减小，直至土拱高度就不考虑外荷载的影响，并保持常数。

德国规范没有对填土高度进行硬性区分，计算方法考虑填土高度与外载荷以及相互之间的影响，在填土高度较小时，外荷载影响较大，随着高度增大，外荷载影响变小，高度影响增大，因而从图 2-16 和图 2-17 中可以看出曲线都有个凹处，但是该方法始终考虑填土高度和外荷载的影响，填土高度较高时加筋体承担的单位荷载随着填土高度一直在增加。

从计算结果中可知，桩网结构加筋网垫承担的荷载并不是填土高度越低荷载越小，而是当填土高度恰好位于最小成拱高度位置上，因而当路基填土高度较低时，可以通过改变桩帽尺寸和桩净距等方法减小成拱高度来降低上覆荷载的影响。

各规范对路基面均布荷载的考虑方法不同也是产生计算结果差异的原因，当路基面外荷载 q=0 时加筋网垫承担的竖向单位荷载如图 2-18～图 2-21 所示(a=0.7 m)，除北欧规范有无外荷载时计算结果不变显而易见成为最大，当填土高度小于土拱高度时，其余规范计算结果均相比存在外荷载时偏小，从大到小分别为英国、德国和日本；当填土高度高于土拱高度时，德国规范也相应减小。相比 a=1.0 m 时(图 2-22～图 2-25)，呈现相同变化趋势。

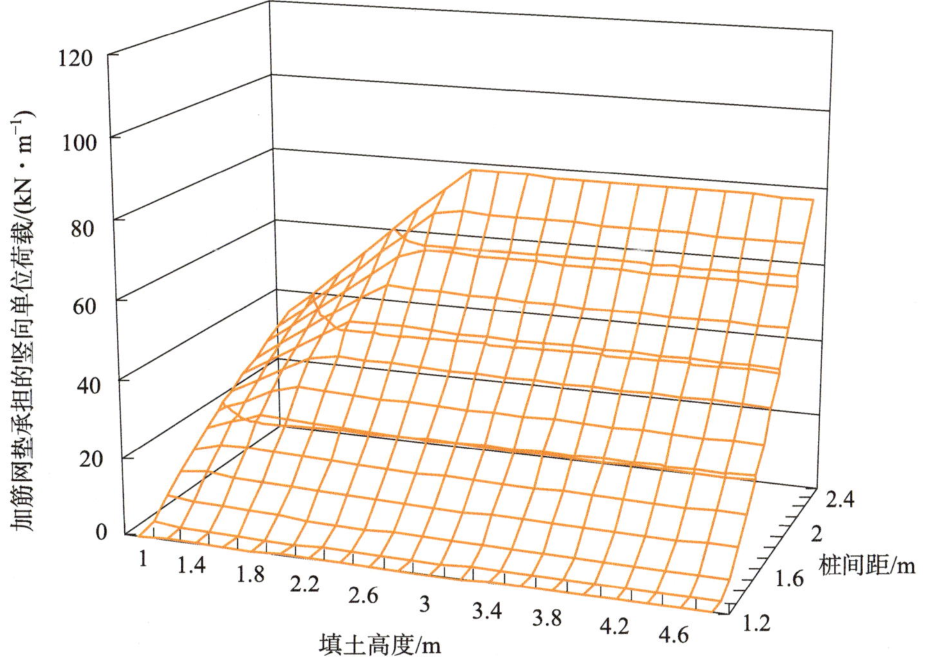

图 2-18　英国规范计算网垫承担的单位荷载（$a=0.7$ m，路基面外荷载 $q=0$）

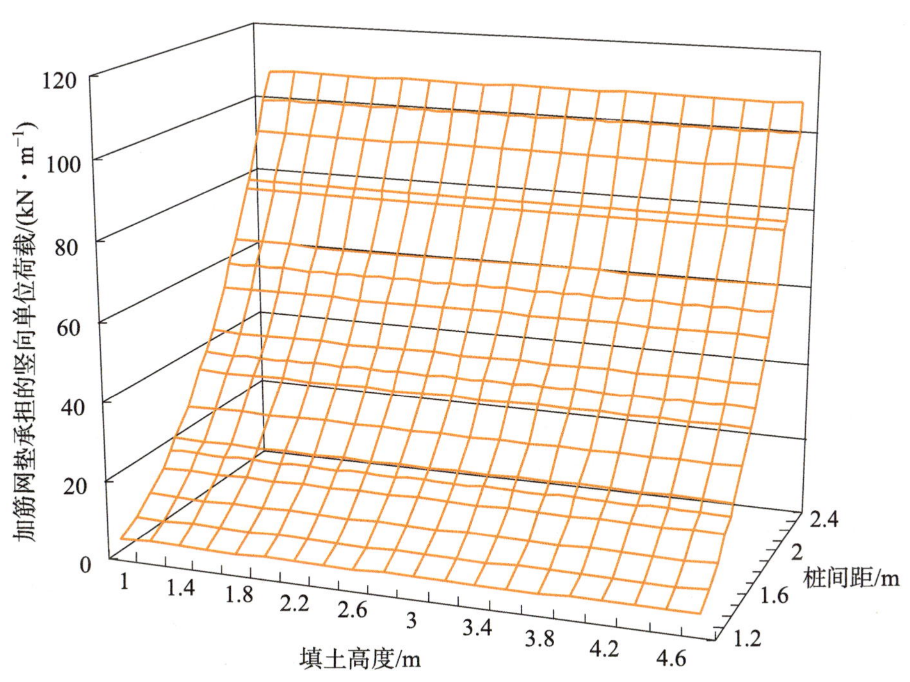

图 2-19　北欧规范计算网垫承担的单位荷载（$a=0.7$ m，路基面外荷载 $q=0$）

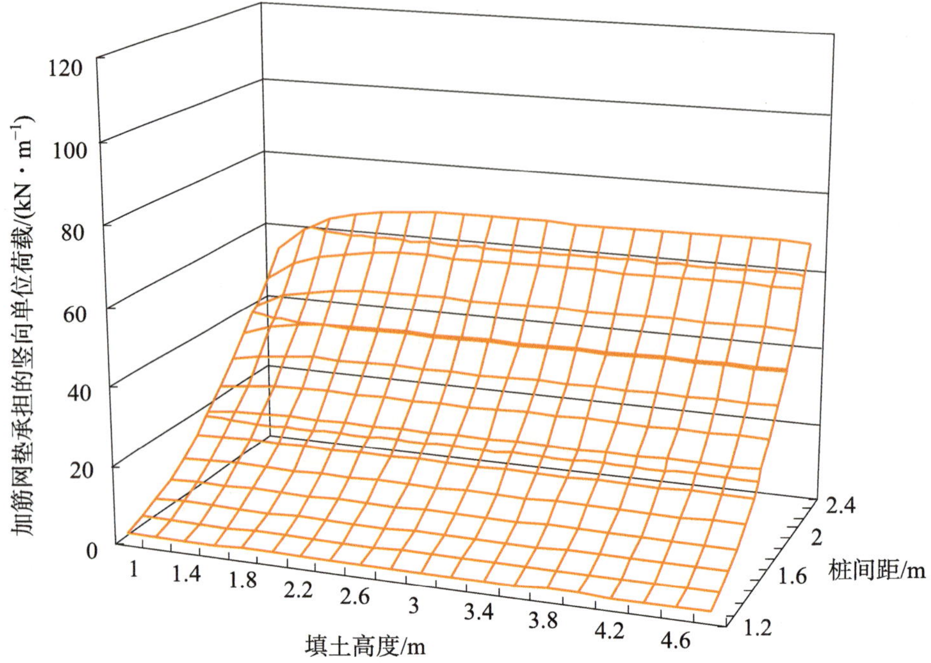

图 2-20　日本规范计算网垫承担的单位荷载（a=0.7 m，路基面外荷载 q=0）

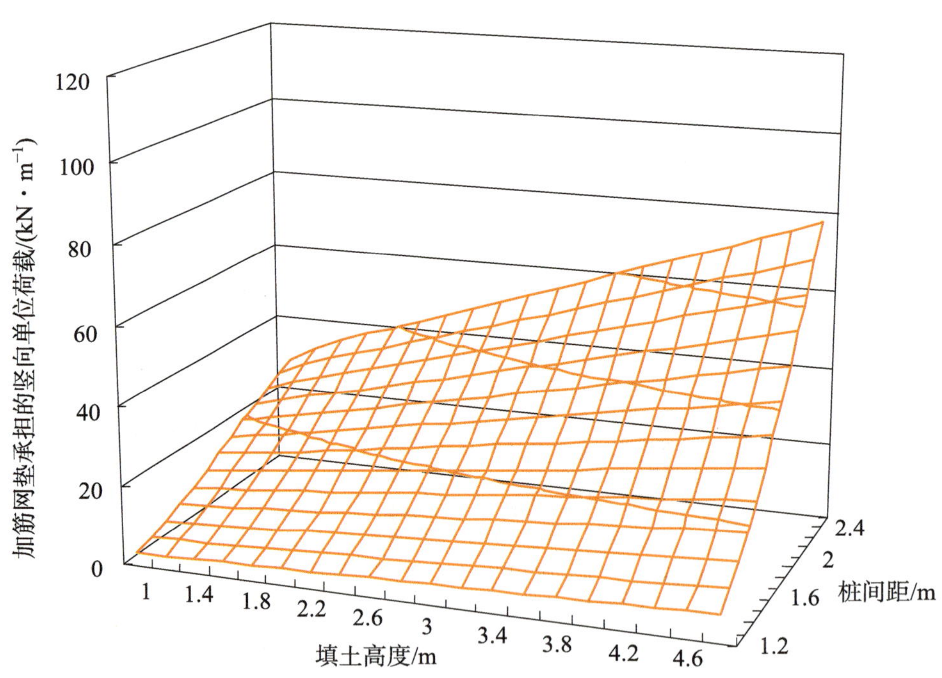

图 2-21　德国规范计算网垫承担的单位荷载（a=0.7 m，路基面外荷载 q=0）

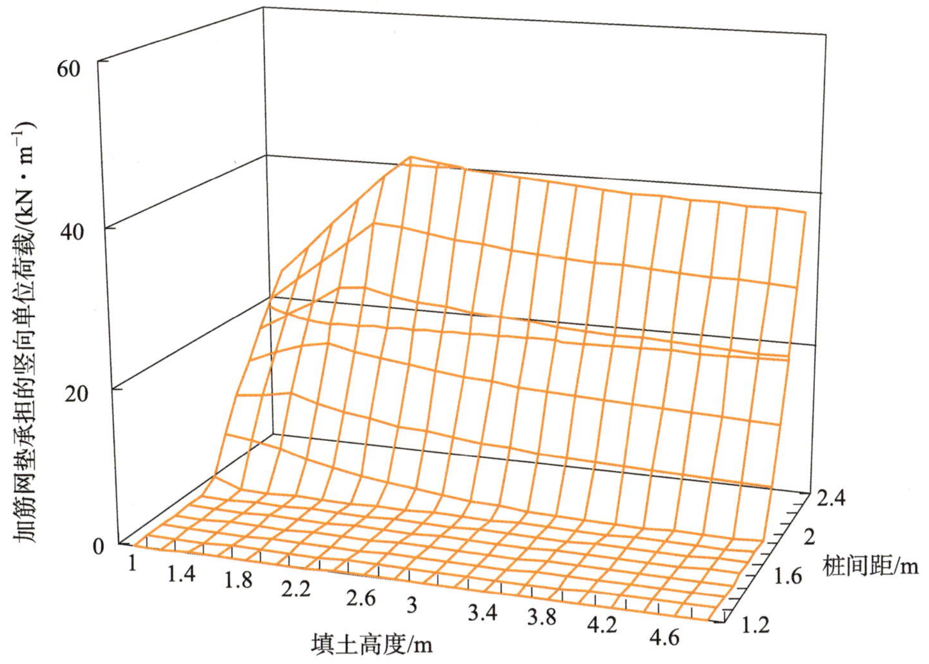

图 2-22　英国规范计算网垫承担的单位荷载(a=1.0 m,路基面外荷载 q=0)

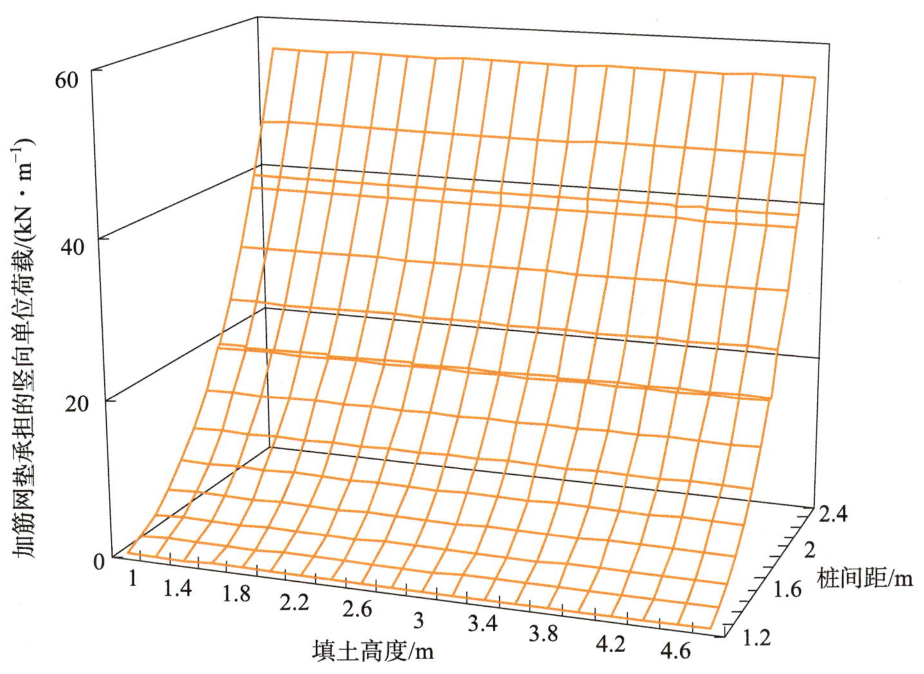

图 2-23　北欧规范计算网垫承担的单位荷载(a=1.0 m,路基面外荷载 q=0)

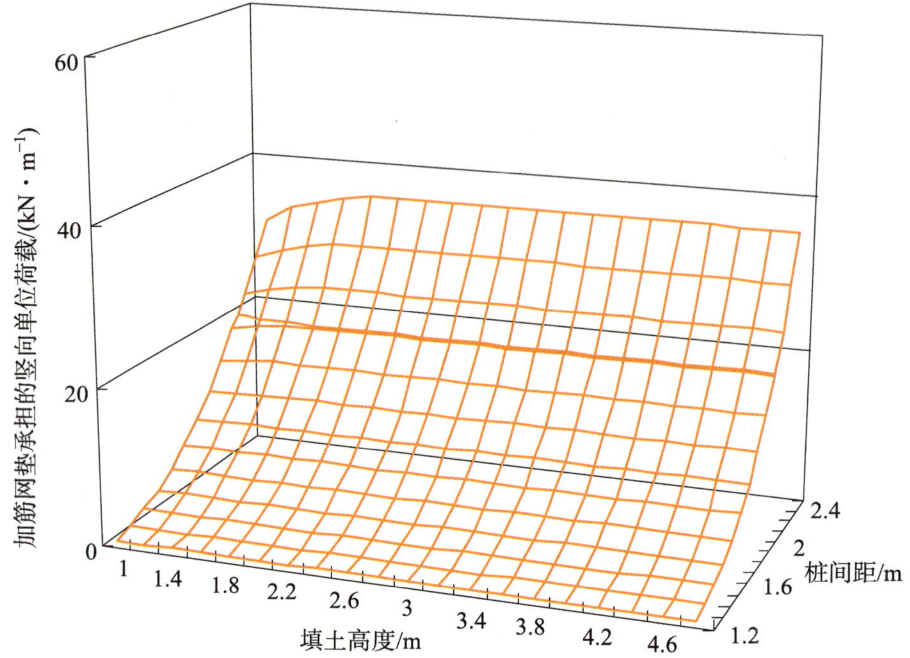

图 2-24　日本规范计算网垫承担的单位荷载(a=1.0 m,路基面外荷载 q=0)

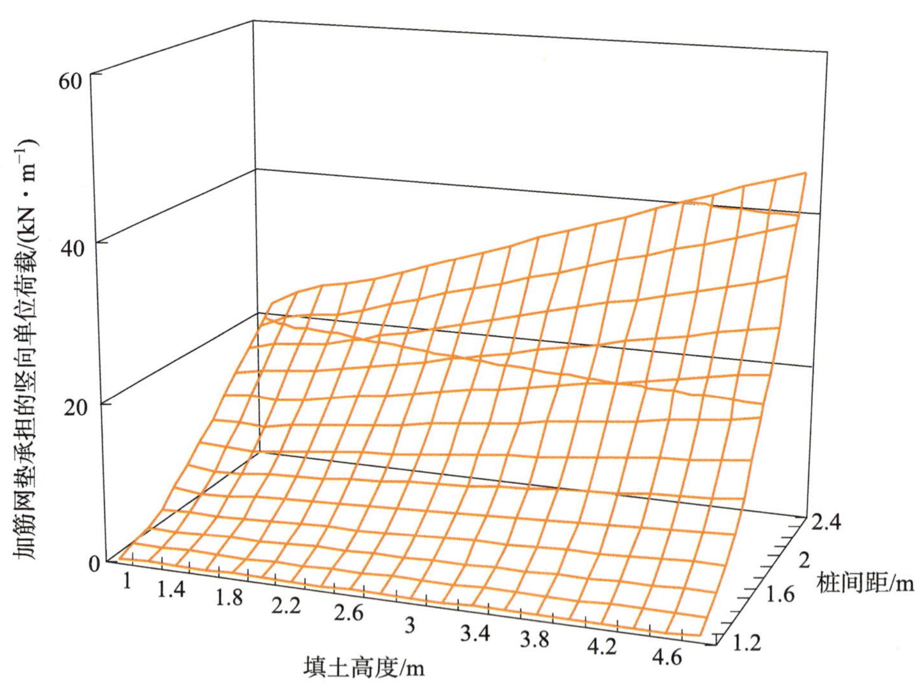

图 2-25　德国规范计算网垫承担的单位荷载(a=1.0 m,路基面外荷载 q=0)

从以上分析表明，四个规范对土拱形式和高度的假设存在较大区别，桩间距、桩帽尺寸以及对外荷载的考虑方式较大程度影响了加筋网垫承担竖向荷载的计算结果。对于路基面上覆外荷载的变化，北欧规范考虑不够全面。当无外荷载时，英国和日本规范较为接近。填土高度在土拱高度范围内英国规范较大程度考虑外荷载的影响，超过土拱高度后德国规范较大程度的考虑外荷载的影响，日本规范介于两者之间。总体上，竖向荷载较为接近。

二、加筋网垫承担的荷载比例

假设桩和加筋网垫承担的荷载为均布荷载，以一根桩相邻的桩间土四桩中心连线形成的总面积以考察对象，加筋网垫承担的竖向荷载与上覆路基总荷载之比为加筋网垫承担的荷载比例。

以德国规范算例 2 参数为基础，取桩间距面积的路基填筑荷载与路基面均布外荷载作为总荷载，将加筋网垫承担的荷载与总荷载进行比较，桩帽尺寸 $a=0.7$ m 时加筋网垫承担荷载比例如图 2-26～图 2-29 所示。从图中可知，路基填土高度在土拱高度范围内，加筋网垫承担的荷载相应较高，相同条件下，北欧规范计算结果最大，然后依次是英国、日本和德国规范；路基填土高度超过土拱高度后，加筋网垫承担荷载的比例随着桩间距和填土高度的增加而逐渐减小，依次是北欧、英国、德国和日本。

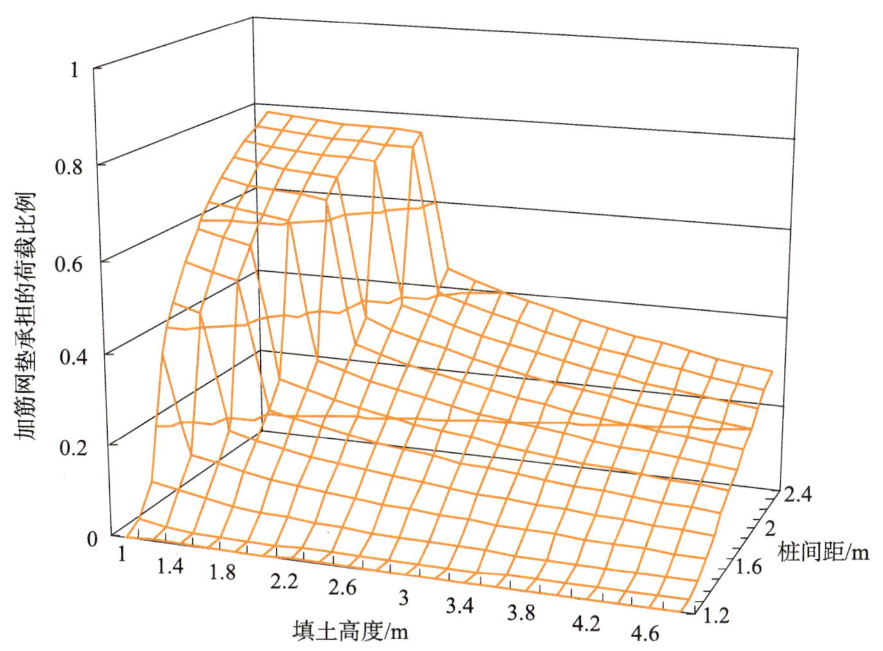

图 2-26　英国规范计算加筋网垫承担荷载比例（$a=0.7$ m）

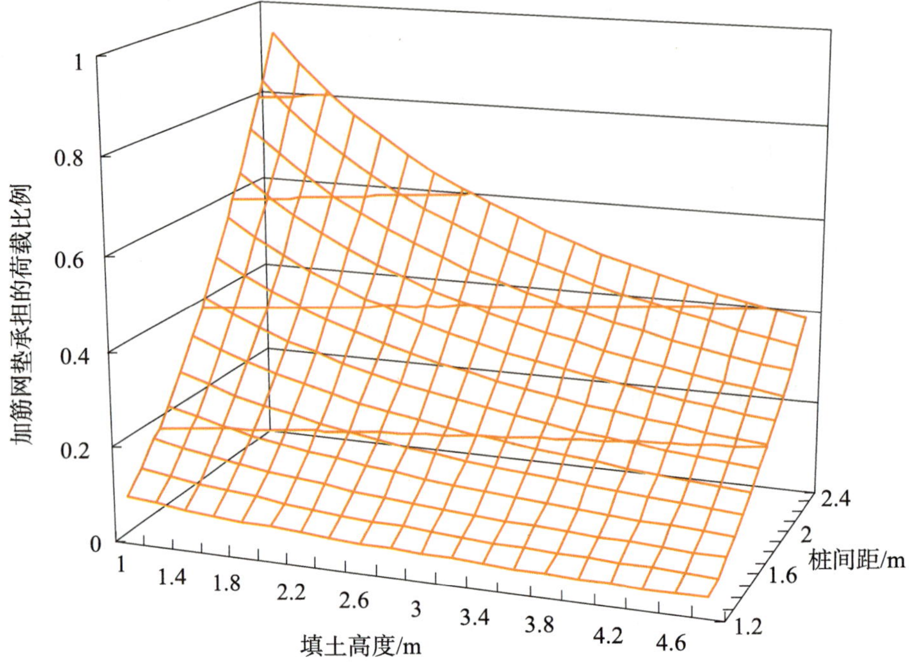

图 2-27　北欧规范计算加筋网垫承担荷载比例(a=0.7 m)

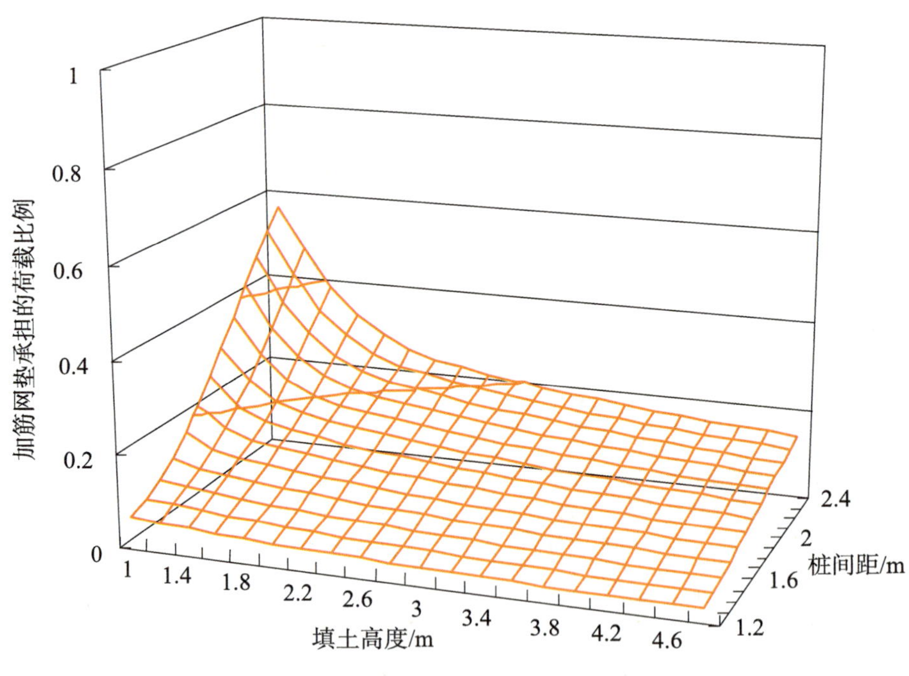

图 2-28　日本规范计算加筋网垫承担荷载比例(a=0.7 m)

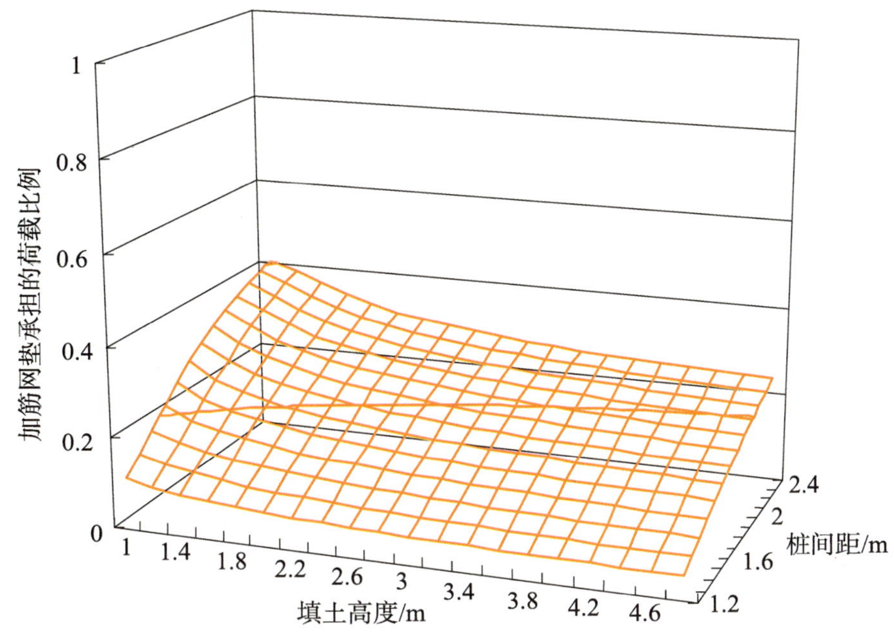

图 2-29　德国规范计算加筋网垫承担荷载比例(a=0.7 m)

当桩帽尺寸 a=1.0 m 时加筋网垫承担的荷载比例如图 2-30～图 2-33 所示，相比 a=0.7 m 桩帽尺寸增大，加筋网垫承担荷载单位荷载减小，对应的承担比例相应减小。

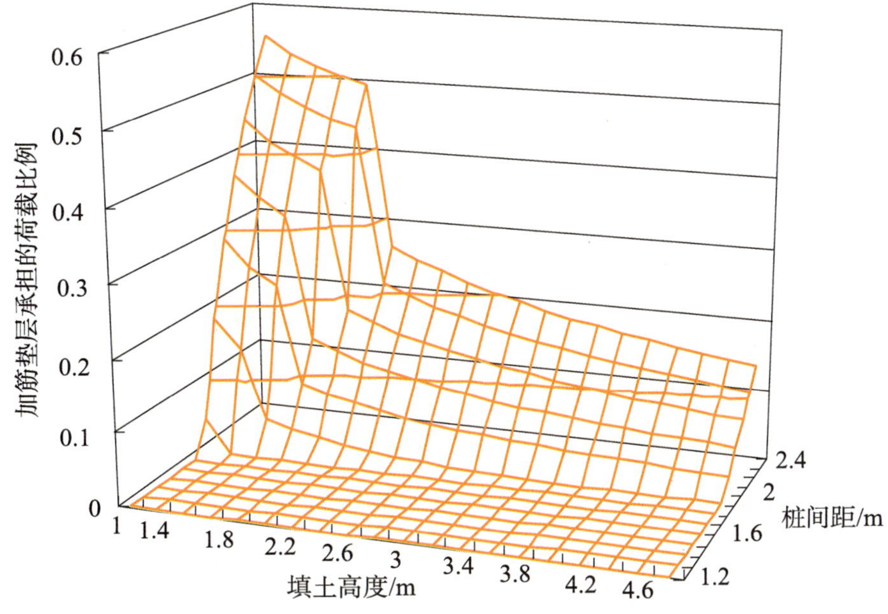

图 2-30　英国规范计算加筋网垫承担荷载比例(a=1.0 m)

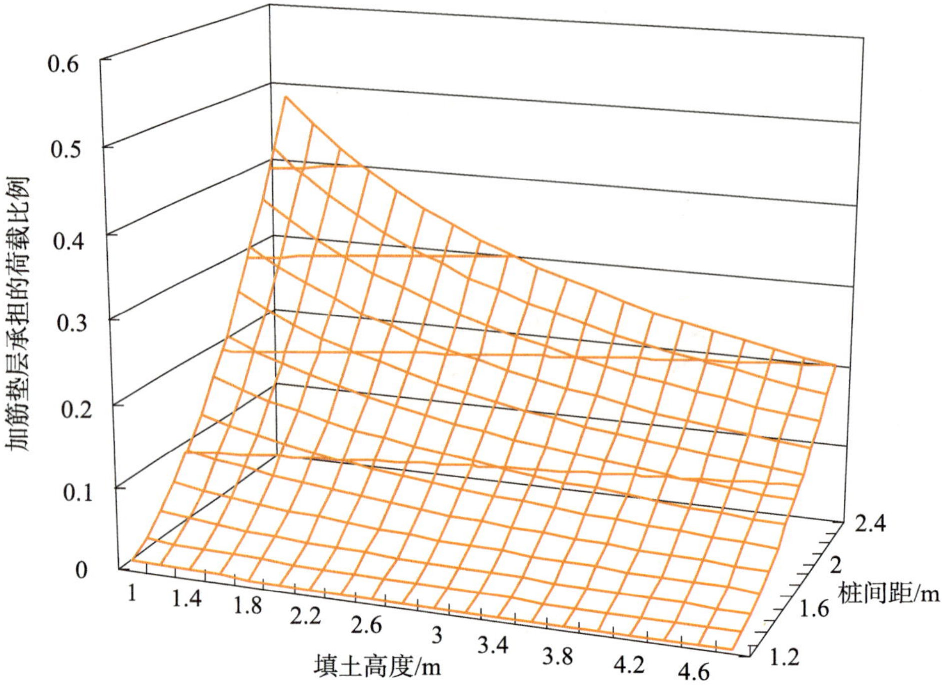

图 2-31　北欧规范计算加筋网垫承担荷载比例（a=1.0 m）

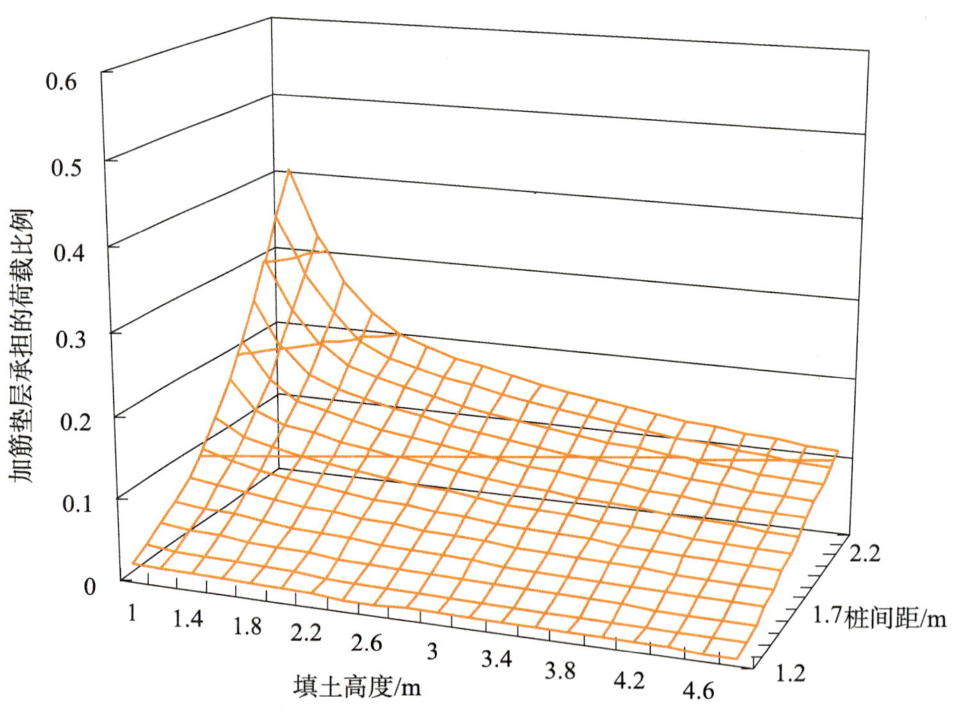

图 2-32　日本规范计算加筋网垫承担荷载比例（a=1.0 m）

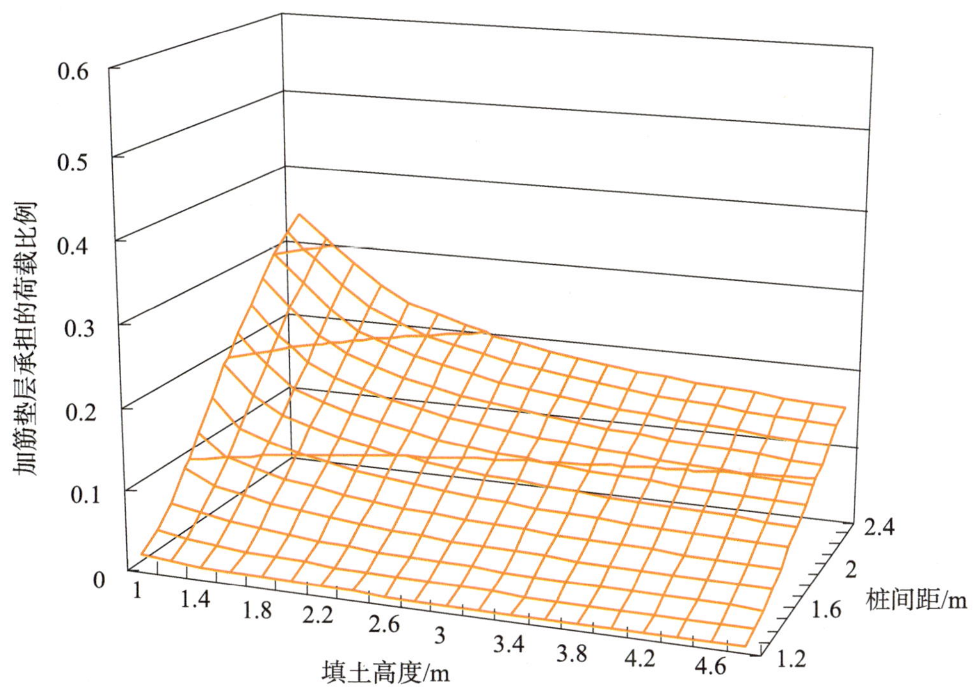

图 2-33　德国规范计算加筋网垫承担荷载比例(a=1.0 m)

对于桩承担的竖向荷载,北欧和日本规定,总荷载全部由桩平均承担,英国规范规定桩承担荷载为

$$p'_c \cdot a^2 = [C_c \cdot a/H]^2 \cdot \sigma'_v \cdot a^2 \tag{2-18}$$

式中　p'_c——桩帽所受垂直应力;

C_c——拱效应系数,刚性端承桩时 $C_c \approx 1.95\dfrac{H}{a} - 0.18$,摩擦桩和其他桩时 $C_c \approx 1.5\dfrac{H}{a} - 0.07$;

σ'_v——桩顶平面的平均应力;

a——桩帽尺寸。

德国规范规定桩承担的荷载为总荷载与加筋网垫承担荷载之差。

加筋网垫承担的荷载比例随着填土高度增加而减小,随着桩间距的增加而增大,随着桩帽尺寸的增加而显著减小。

三、竖向荷载引起的格栅拉力

以德国规范算例 2 的参数为基础,桩帽尺寸 a=0.7 m 时英国规范计算不同桩间距(1.2～2.0 m)和填土高度(1.0～5.0 m)条件下加筋网垫中格栅拉力如

图 2-34～图 2-37 所示，格栅允许应变 ε 分别为 2.5%、5.0%、7.5%和 10.0%，计算过程中不考虑分项系数。从图中可知，格栅拉力与其承担的竖向荷载密切相关，随桩间距和填土高度变化而变化，填土高度在土拱高度范围内，格栅拉力较

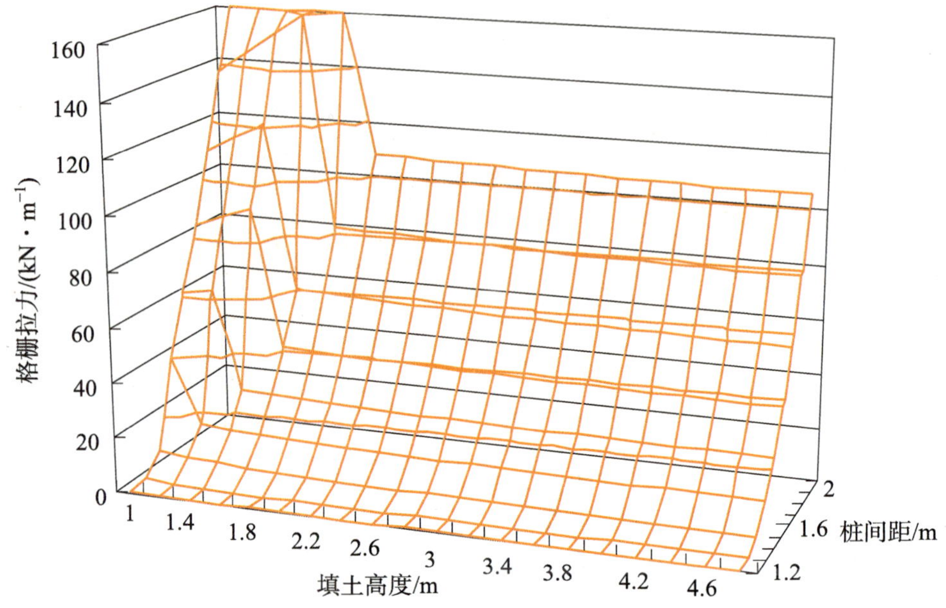

图 2-34　英国规范计算格栅拉力(a=0.7 m，ε=2.5%)

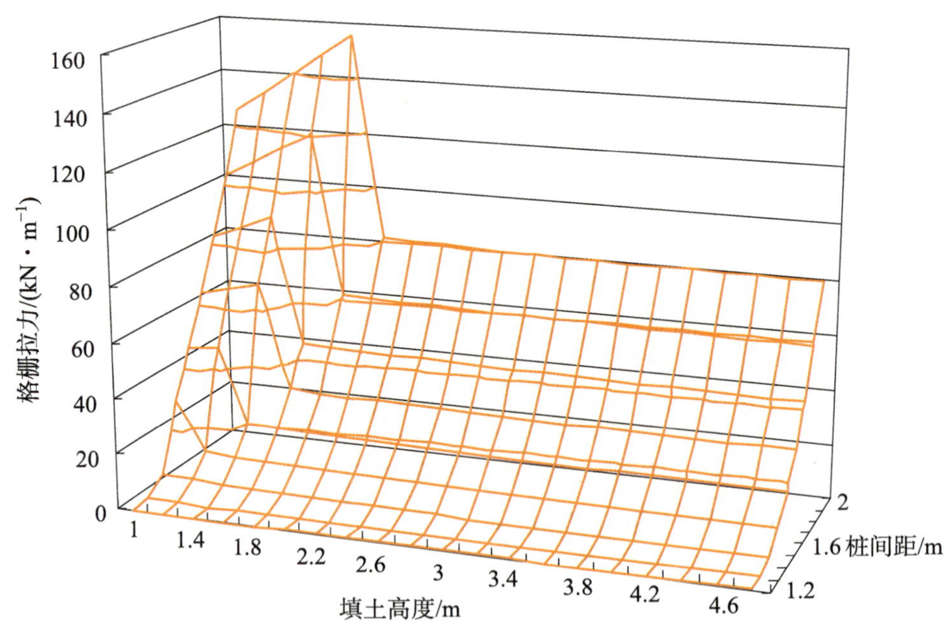

图 2-35　英国规范计算格栅拉力(a=0.7 m，ε=5.0%)

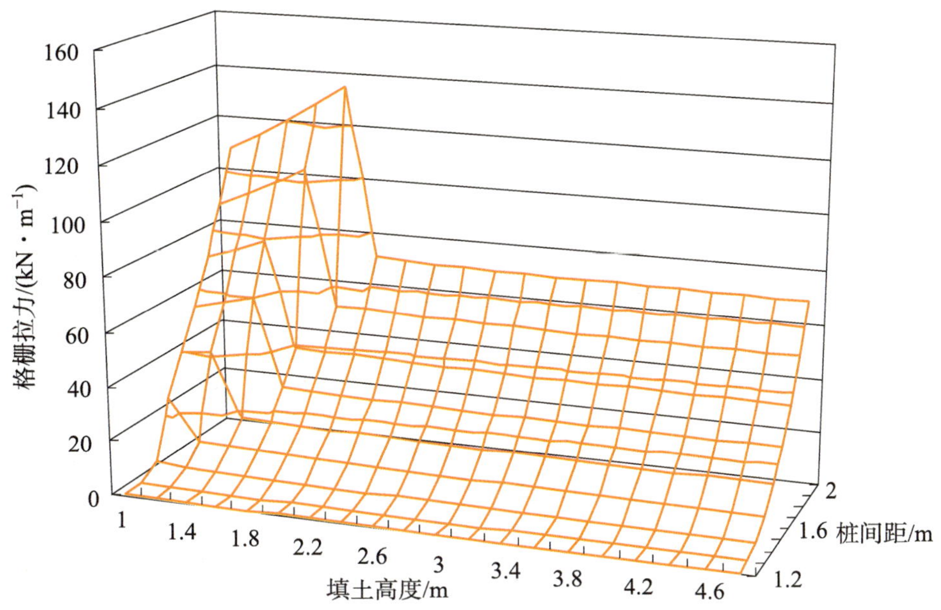

图 2-36 英国规范计算格栅拉力（a＝0.7 m，ε＝7.5%）

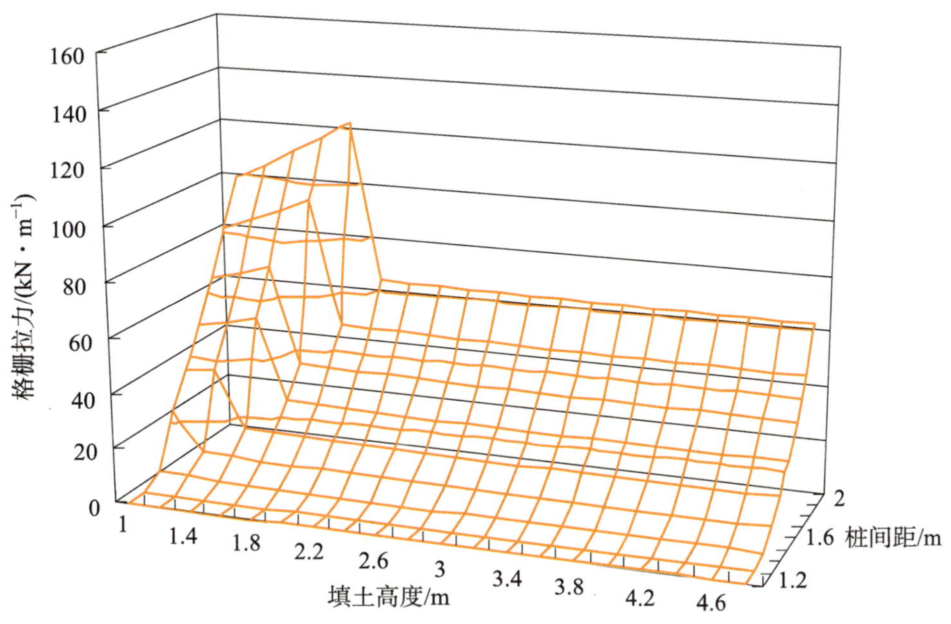

图 2-37 英国规范计算格栅拉力（a＝0.7 m，ε＝10.0%）

大，超过土拱高度后，格栅拉力显著减小，且拉力随桩间距增大而增大，不随填土高度变化。英国算法计算的拉力，随着允许应变的增大，格栅拉力相应减小，应变 ε 分别为 2.5%、5.0%、7.5%和 10.0%，桩间距为 2 m 时填土高度超过土拱高度后的拉力分别为 105 kN/m、79 kN/m、68 kN/m 和 62 kN/m，允许应变

ε 从 2.5%增大至 10.0%时，格栅拉力约减小了 40%。

桩帽尺寸 a=0.7 m 时，北欧规范计算格栅拉力结果如图 2-38～图 2-41 所

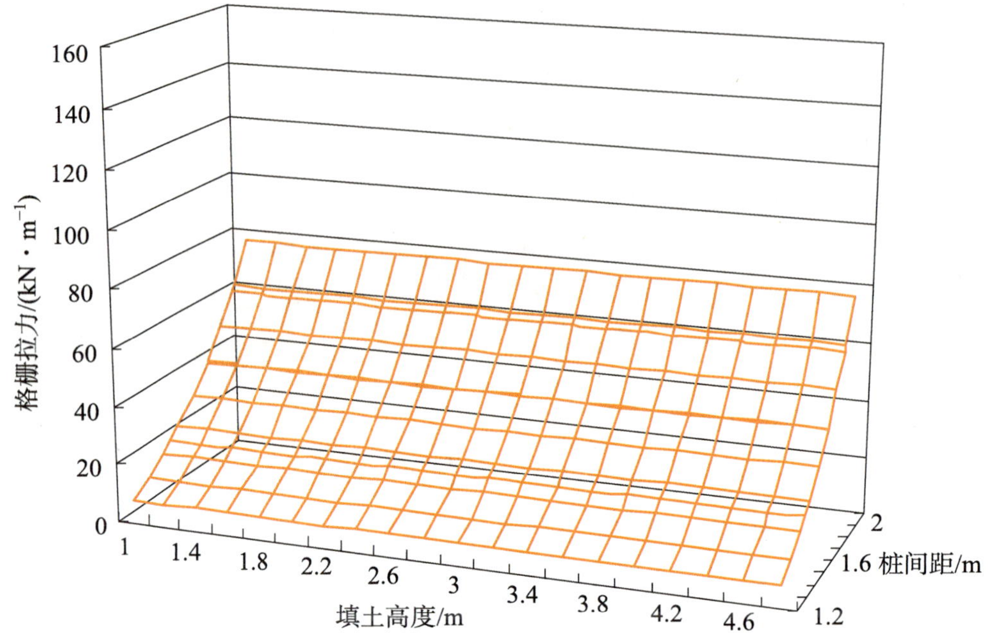

图 2-38　北欧规范计算格栅拉力(a=0.7 m，ε=2.5%)

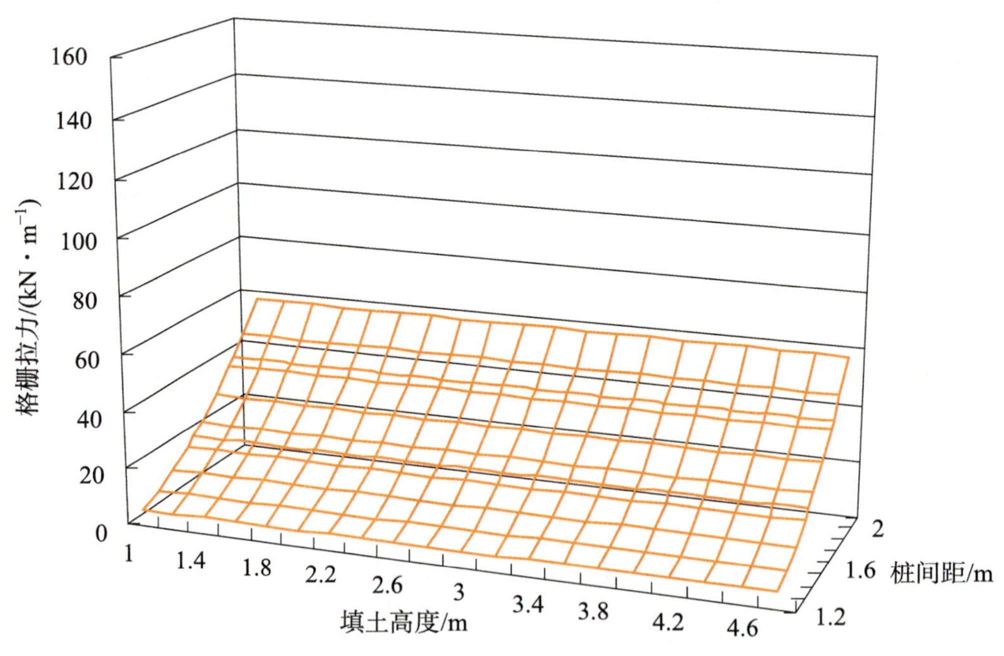

图 2-39　北欧规范计算格栅拉力(a=0.7 m，ε=5.0%)

示，相同条件下相比英国规范拉力较小。由于网垫承担的荷载不考虑填土高度的影响，在同一桩间距时格栅拉力均相等，桩间距为 2 m 时格栅应变 ε 分别为 2.5%、5.0%、7.5%和 10.0%，拉力分别为 76 kN/m、57 kN/m、49 kN/m 和 45 kN/m。

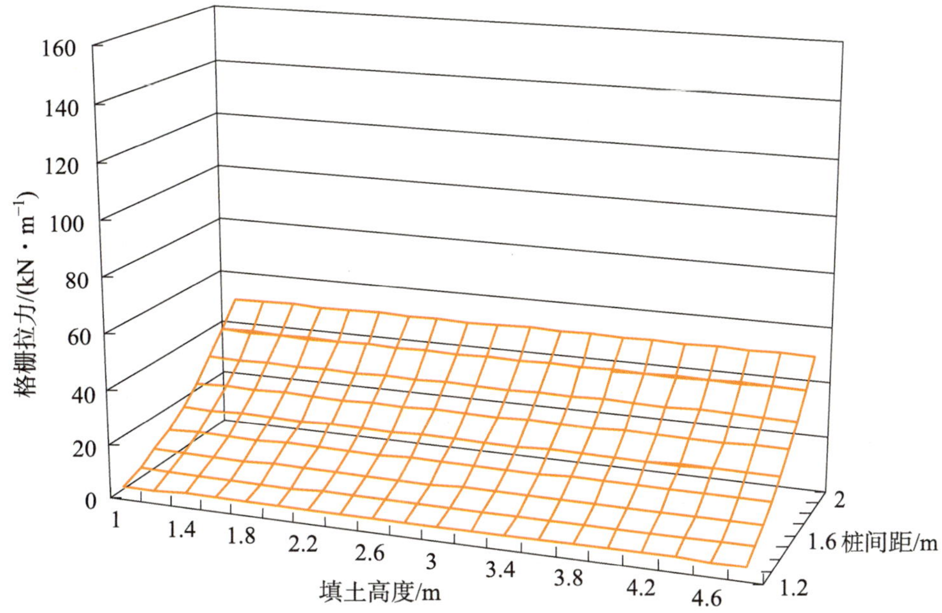

图 2-40　北欧规范计算格栅拉力（a=0.7 m，ε=7.5%）

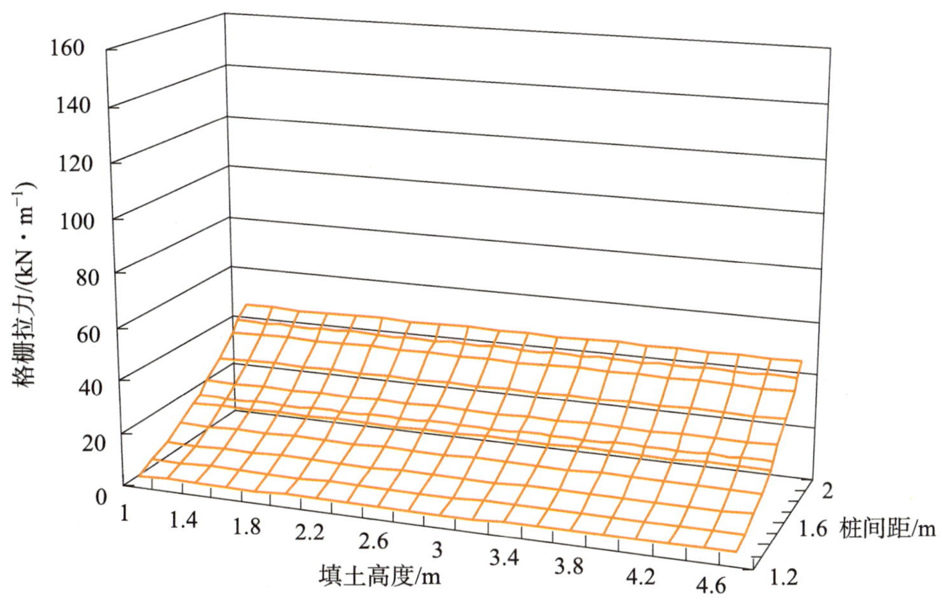

图 2-41　北欧规范计算格栅拉力（a=0.7 m，ε=10.0%）

桩帽尺寸 $a=0.7$ m 时，日本规范计算格栅拉力结果如图 2-42～图 2-45 所示，网垫中心竖向挠度 f_m 分别为 0.05 m、0.1 m、0.15 m 和 0.2 m，格栅拉力与填土高度和桩间距的变化趋势同英国规范计算结果。日本规范计算方法采用悬

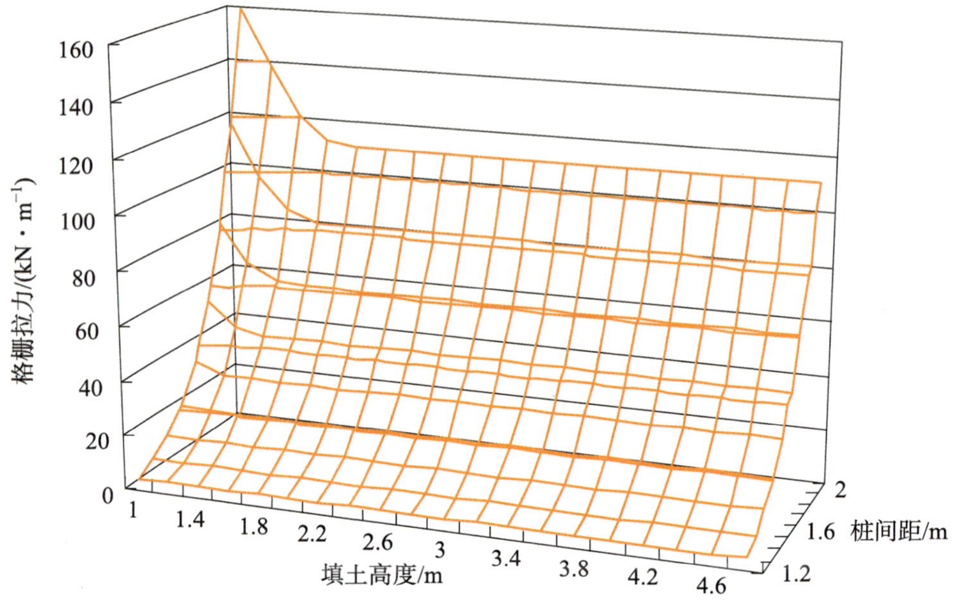

图 2-42　日本规范计算格栅拉力（$a=0.7$ m，$f_m=0.05$ m）

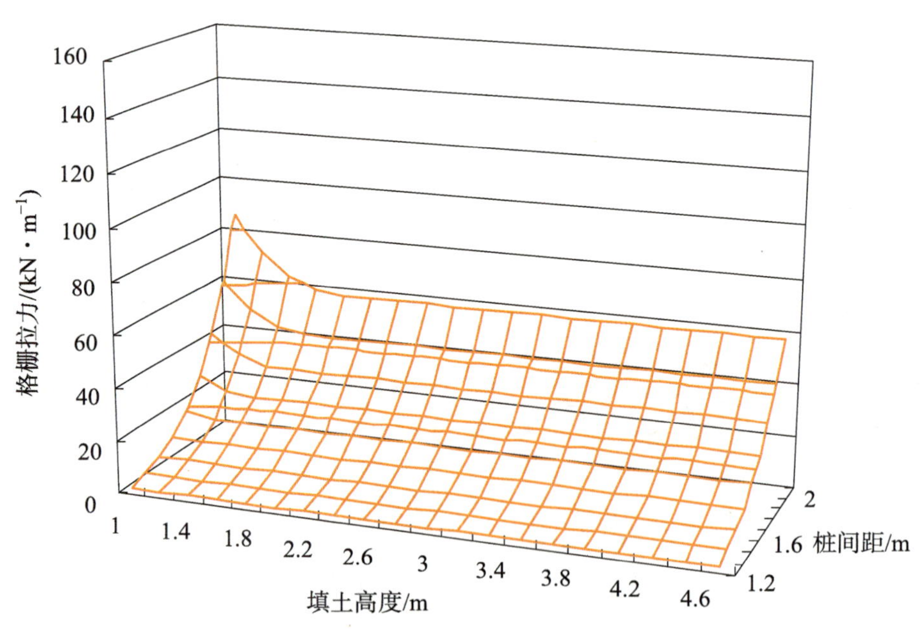

图 2-43　日本规范计算格栅拉力（$a=0.7$ m，$f_m=0.1$ m）

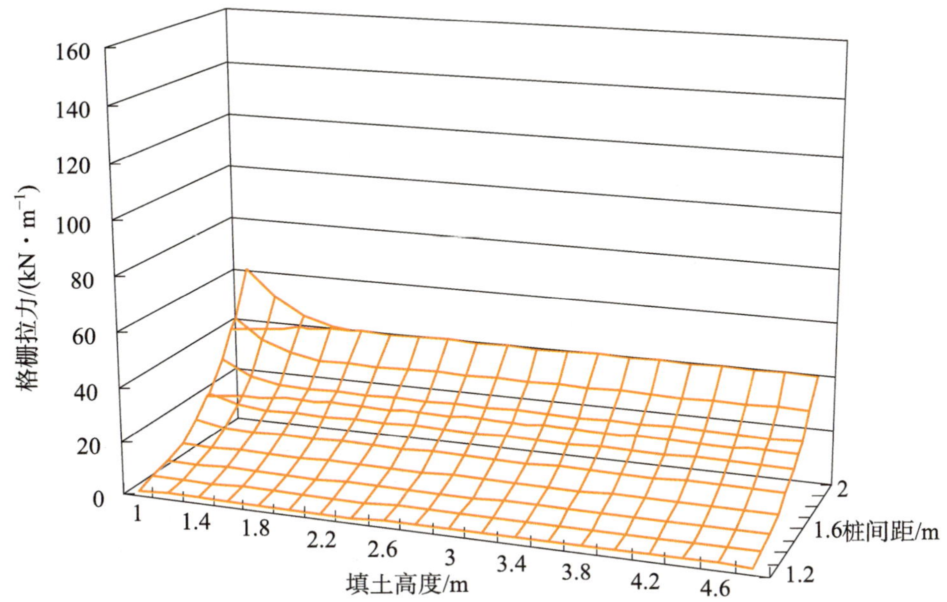

图 2-44　日本规范计算格栅拉力(a=0.7 m，f_m=0.15 m)

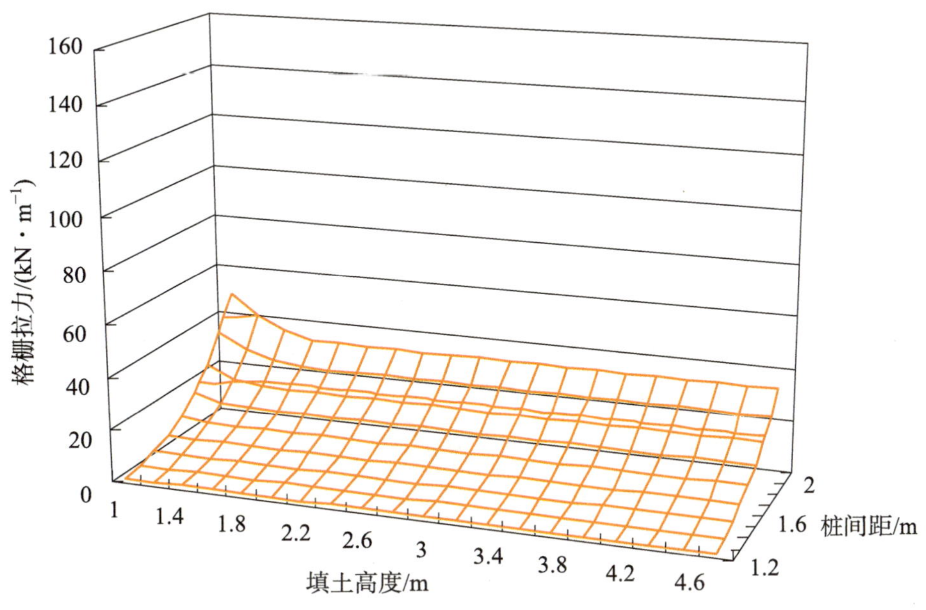

图 2-45　日本规范计算格栅拉力(a=0.7 m，f_m=0.2 m)

索理论，采用网垫中心挠度作为格栅变形控制，不同桩间距对应不同格栅应变，挠度越小，应变越小，拉力越大。桩间距从 1.2 m 变化到 2 m，挠度为 0.05 m 时，应变从 2.7%变化到 0.4%，挠度分别为 0.1 m、0.15 m 和 0.2 m 时，应变分别为 10.7%～1.6%，24%～3.5%，42.7%～6.3%。桩间距为 2 m 时，填土高度超过土拱高度后，格栅应变分别为 0.4%、1.6%、3.5%和 6.3%时，产生的拉力分别为 110 kN/m、57 kN/m、40 kN/m 和 32 kN/m。

桩帽尺寸 $a=0.7$ m 时，德国规范计算格栅拉力结果如图 2-46～图 2-59 所

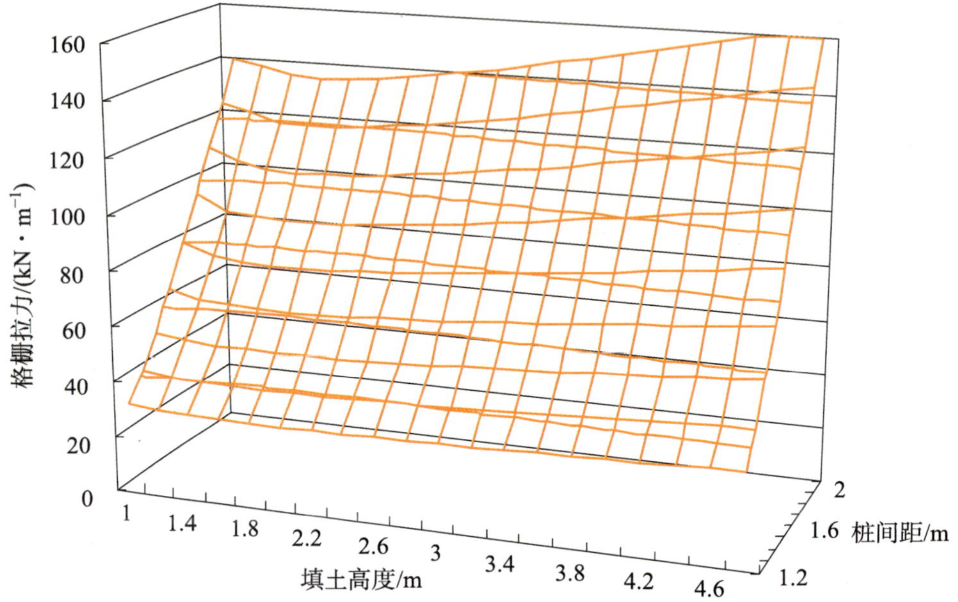

图 2-46　德国规范计算拉力($a=0.7$ m，$J=4\ 000$ kN/m)

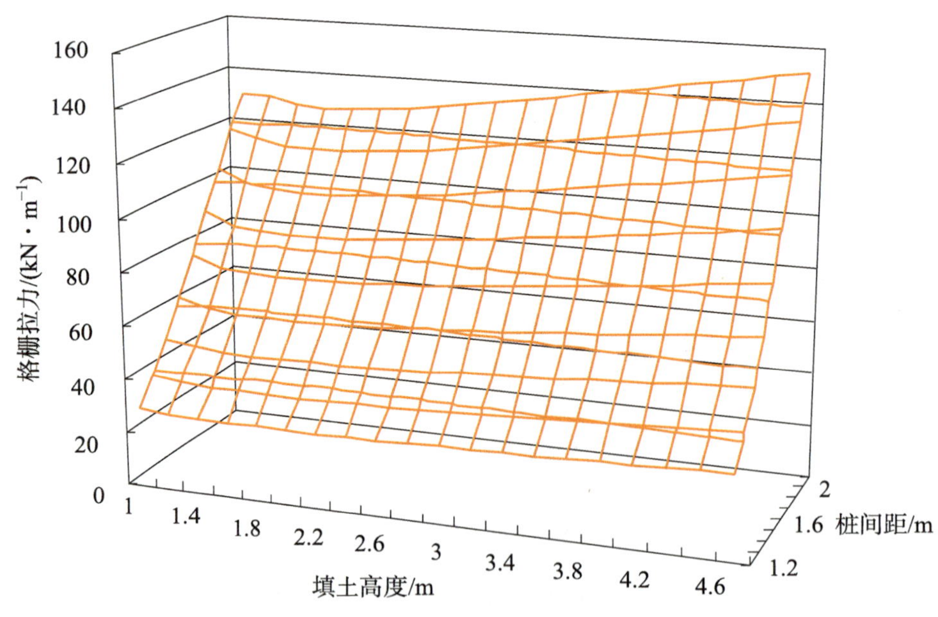

图 2-47　德国规范计算拉力($a=0.7$ m，$J=3\ 296$ kN/m)

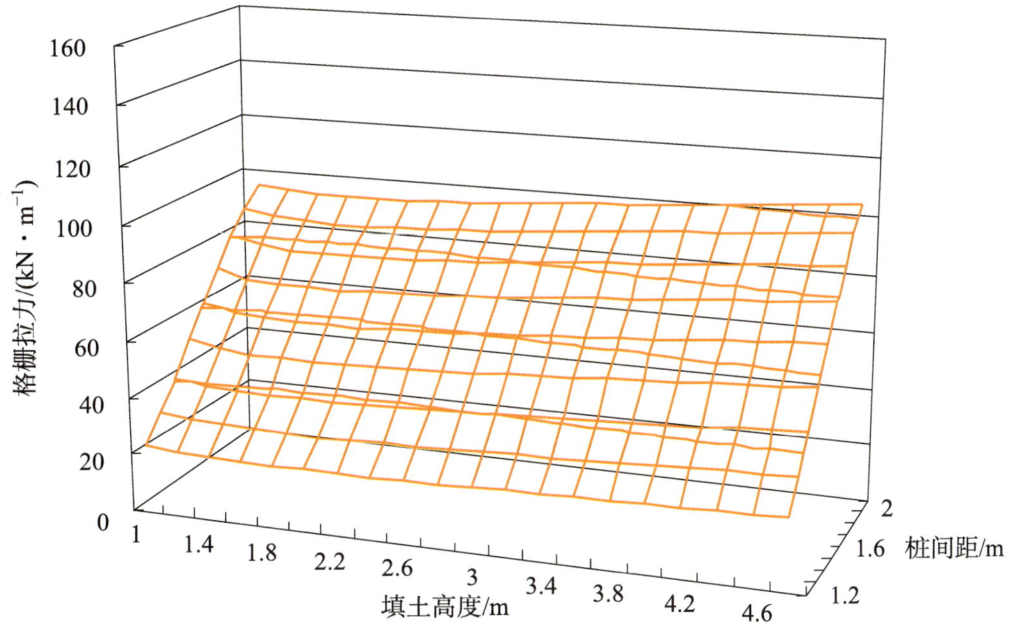

图 2-48 德国规范格栅拉力(a=0.7 m，J=1 648 kN/m)

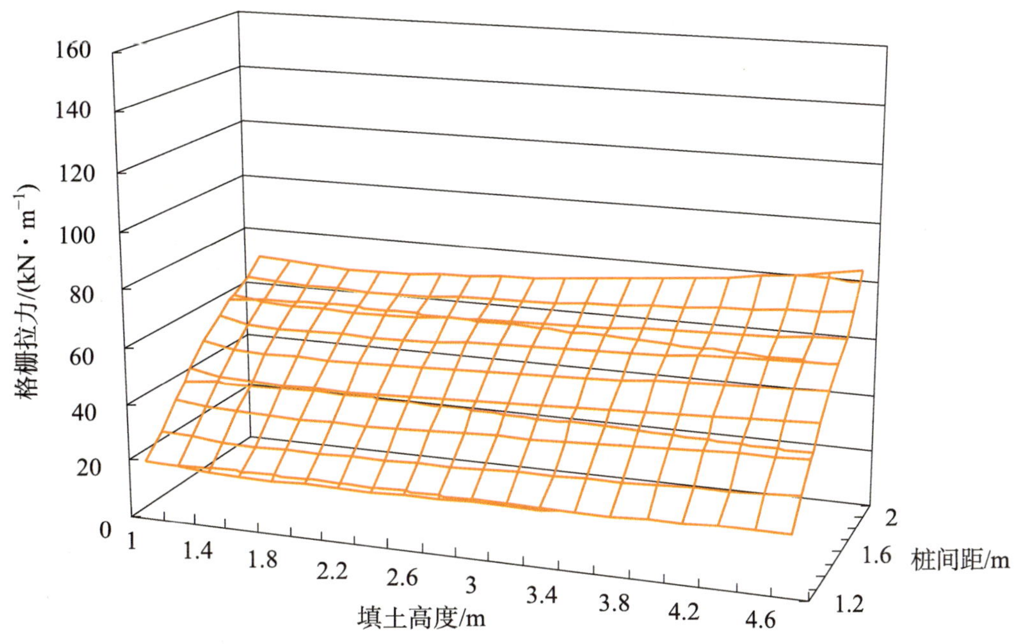

图 2-49 德国规范计算拉力(a=0.7 m，J=1 000 kN/m)

示，格栅拉伸模量 J 分别为 4 000 kN/m、3 296 kN/m、1 648 kN/m 和 1 000 kN/m。德国规范计算格栅拉力采用悬索理论，采用格栅拉伸模量作为变形控制，格栅拉伸模量越大，应变越小，拉力越大。填土高度为 4.8 m、桩间距为 2.0 m 时，模量分别为 4 000 kN/m、3 296 kN/m、1 648 kN/m 和 1 000 kN/m，对应格栅应变分别为 4.1%、4.6%、6.3% 和 8.3%，对应的拉力分别为 163 kN/m、151 kN/m、103 kN/m 和 83 kN/m。

当桩帽尺寸 a=1.0 m 时，英国规范计算格栅拉力如图 2-50～图 2-53 所示，

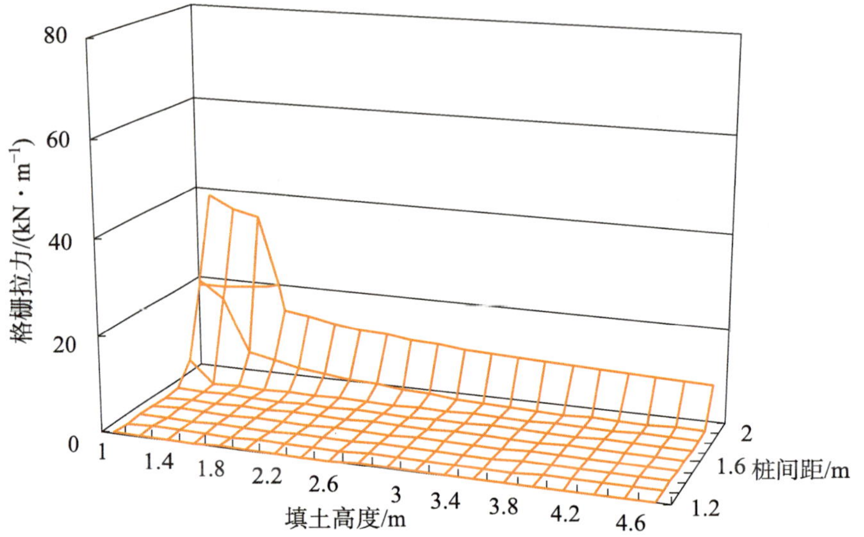

图 2-50　英国规范计算格栅拉力（a=1.0 m，ε=2.5%）

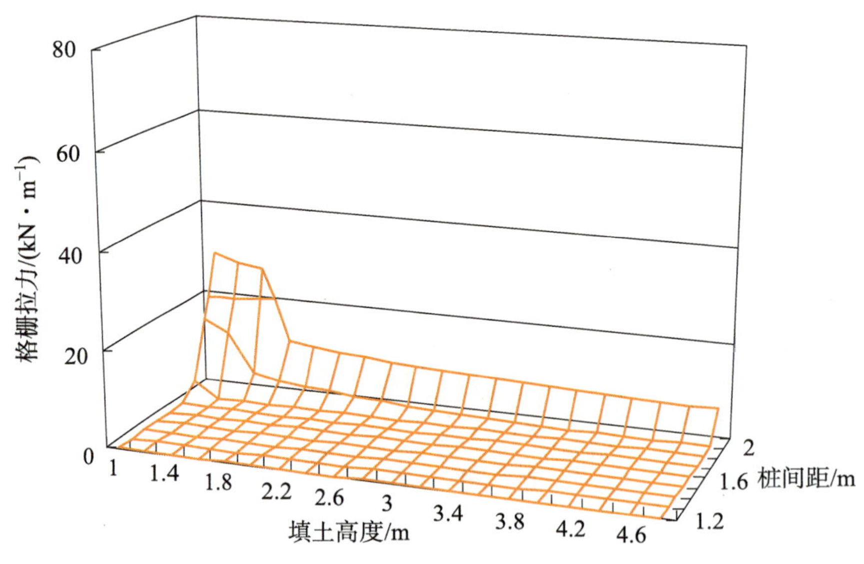

图 2-51　英国规范计算格栅拉力（a=1.0 m，ε=5.0%）

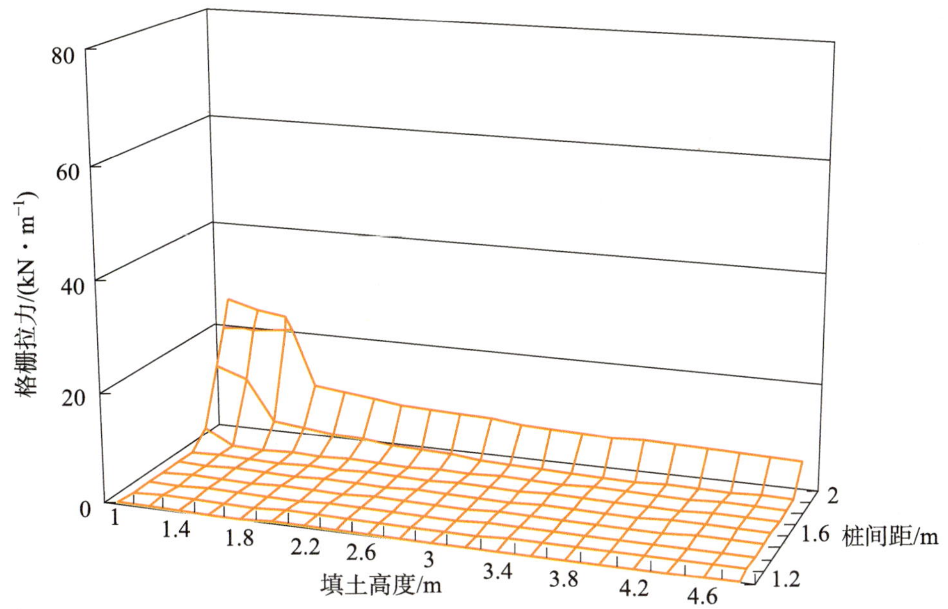

图 2-52　英国规范计算格栅拉力(a=1.0 m，ε=7.5%)

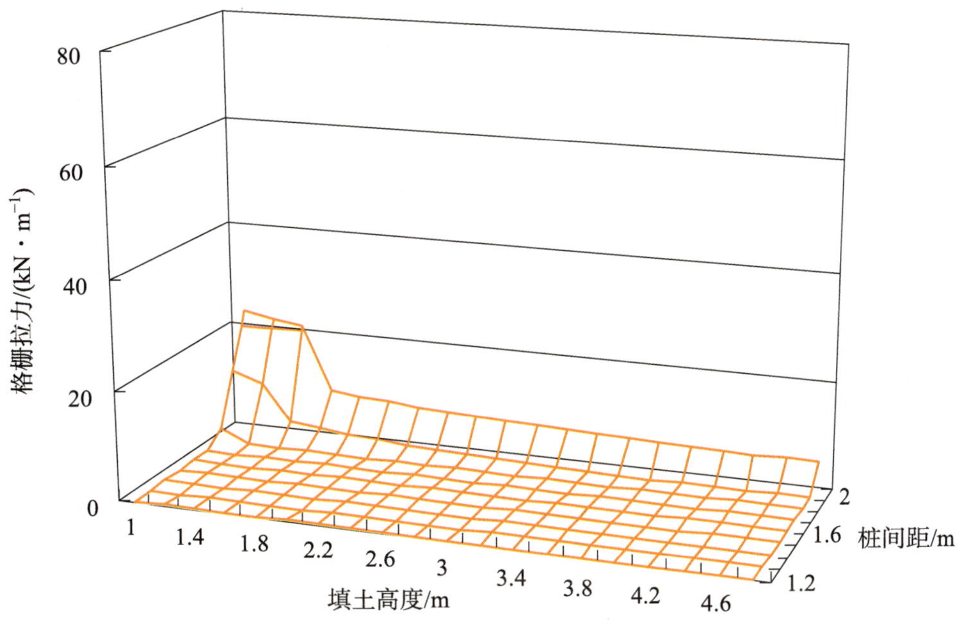

图 2-53　英国规范计算格栅拉力(a=1.0 m，ε=10.0%)

相比 a=0.7 m 时变化趋势相同，但拉力显著减小。填土高度为 4.8 m 且桩间距为 2 m 时，应变 ε 分别为 2.5%、5.0%、7.5%和 10.0%，对应的格栅拉力分别为 8 kN/m、6 kN/m、5.2 kN/m 和 4.7 kN/m。

当桩帽尺寸 a=1.0 m 时，北欧规范计算格栅拉力如图 2-54～图 2-57 所示，其变化趋势同样与 a=0.7 m 时相同，拉力值同样显著减小。桩间距为 2 m 时，格栅应变 ε 分别为 2.5%、5.0%、7.5%和 10.0%，对应的格栅拉力分别为 35 kN/m、26 kN/m、23 kN/m 和 21 kN/m。

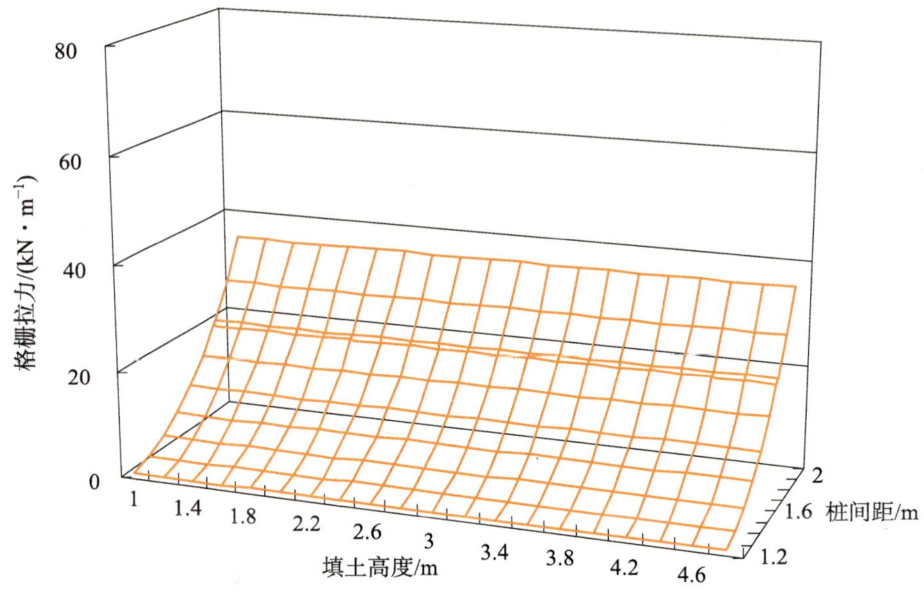

图 2-54　北欧规范计算格栅拉力(a=1.0 m，ε=2.5%)

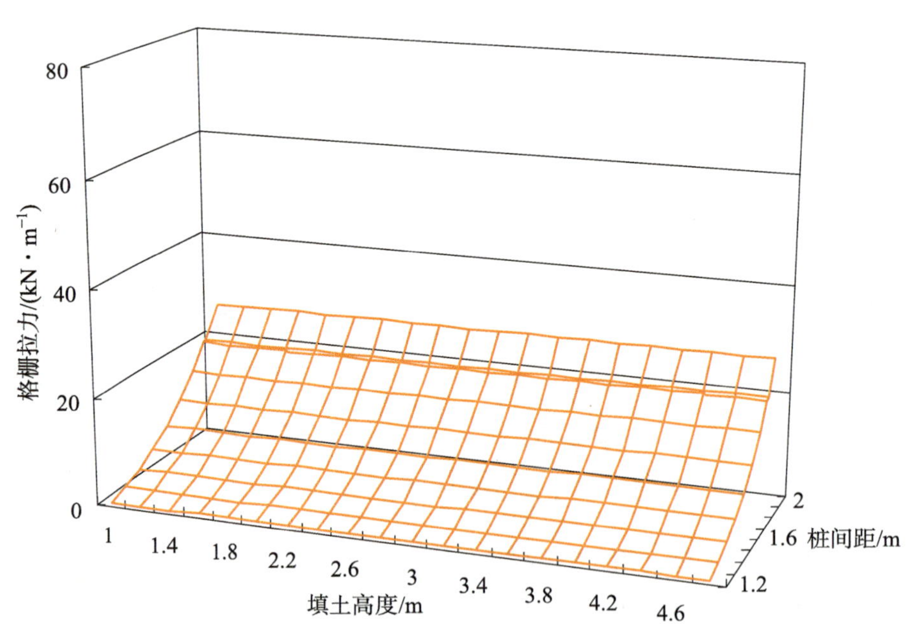

图 2-55　北欧规范计算格栅拉力(a=1.0 m，ε=5.0%)

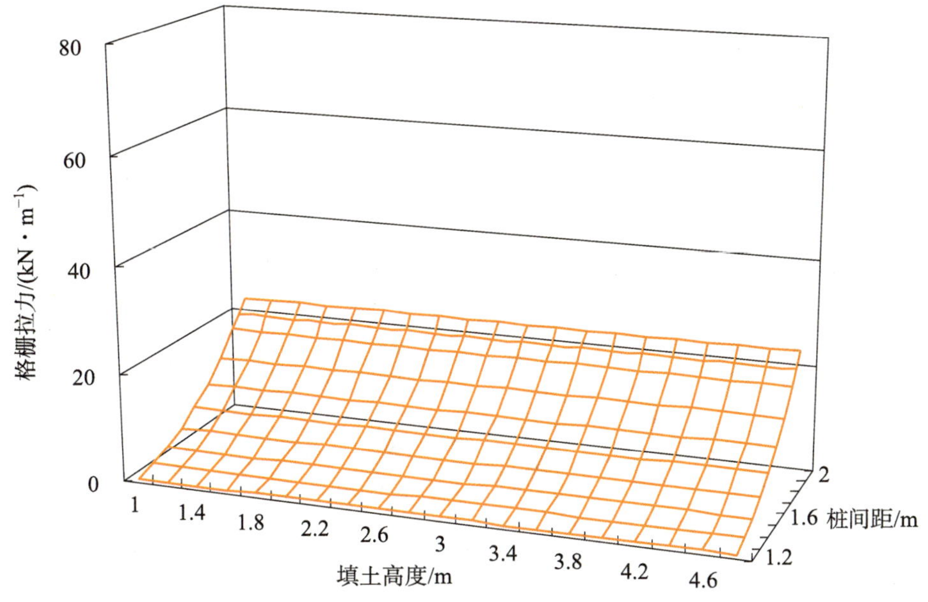

图 2-56　北欧规范计算格栅拉力（a=1.0 m，ε=7.5%）

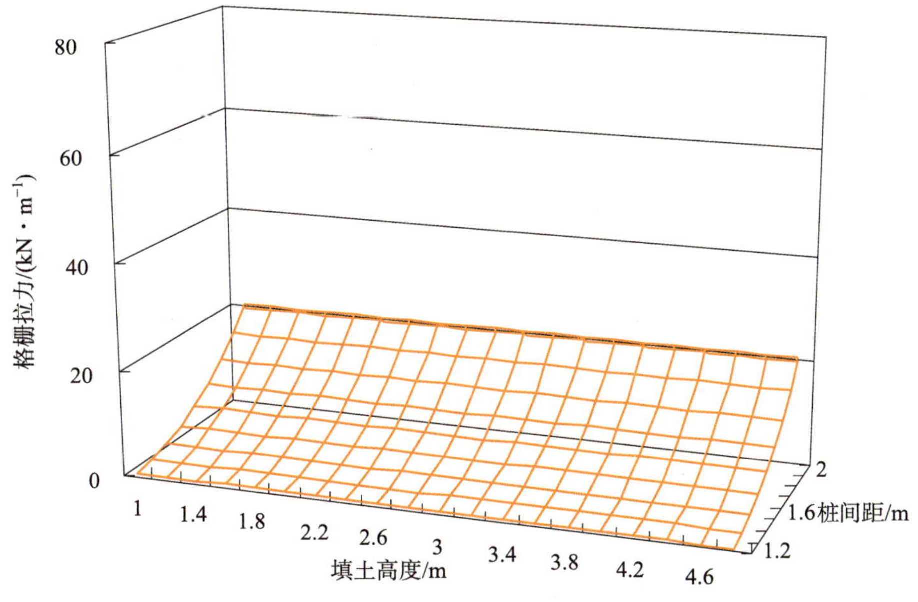

图 2-57　北欧规范计算格栅拉力（a=1.0 m，ε=10%）

当桩帽尺寸 a=1.0 m 时，日本规范计算格栅拉力如图 2-58～图 2-61 所示，其变化趋势同样与 a=0.7 m 时相同，但拉力值显著减小。填土高度超过土拱高度后，桩间距为 2 m 时，网垫中心竖向挠度 f_m分别为 0.05 m、0.1 m、0.15 m 和 0.2 m 时，对应的应变分别为 0.7%、2.7%、6.0%和 10.7%，对应的格栅拉力分别为40 kN/m、21 kN/m、15 kN/m 和 13 kN/m。

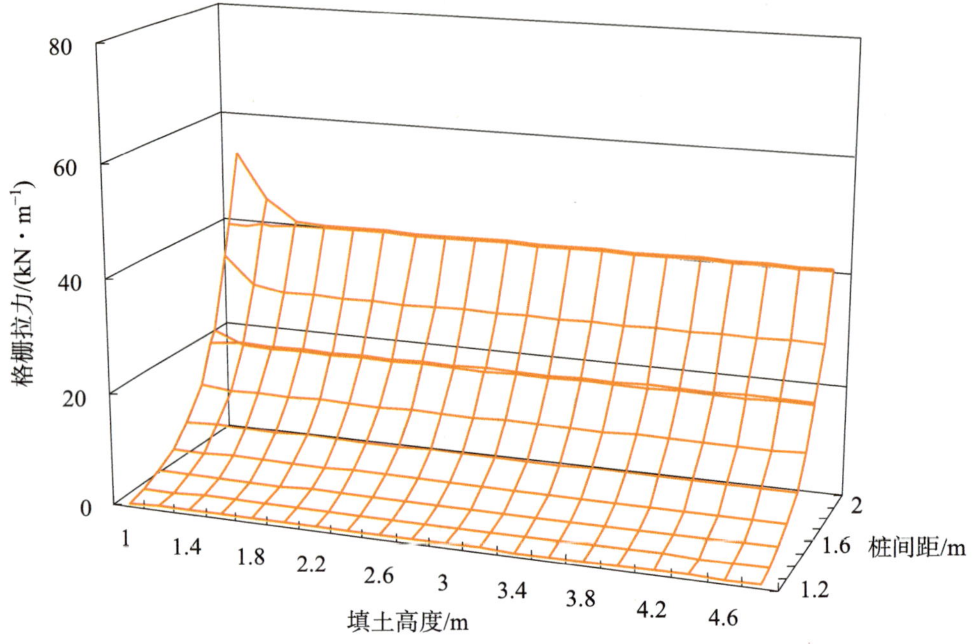

图 2-58　日本规范计算格栅拉力($a=1.0$ m，$f_m=0.05$ m)

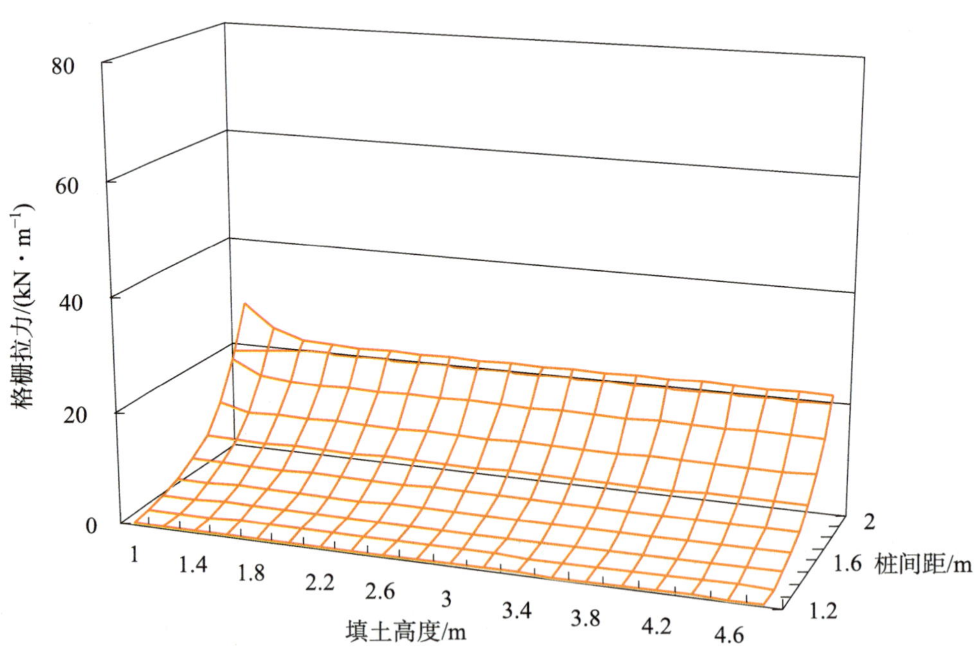

图 2-59　日本规范计算格栅拉力($a=1.0$ m，$f_m=0.1$ m)

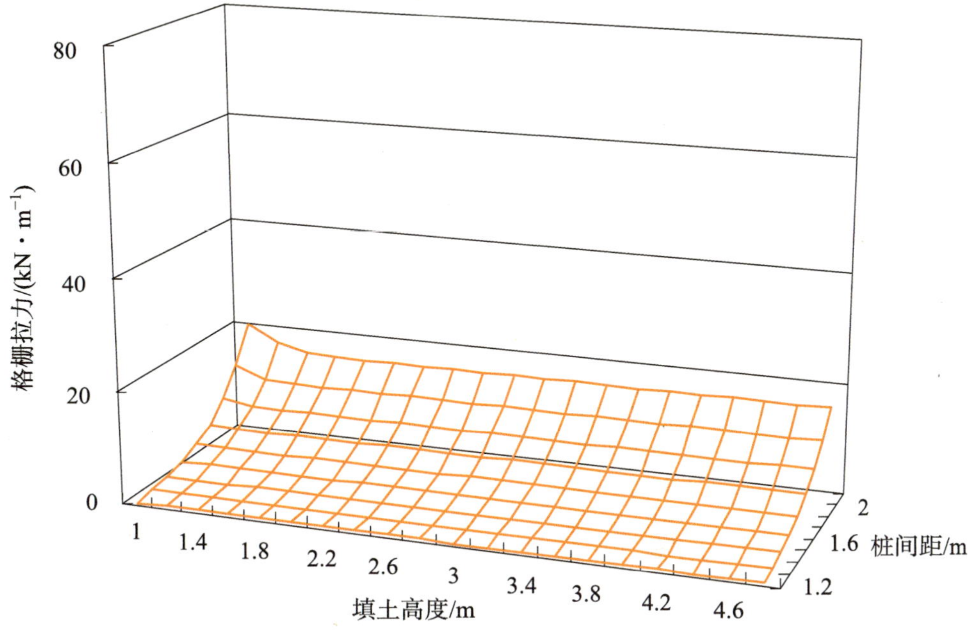

图 2-60　日本规范计算格栅拉力(a=1.0 m，f_m=0.15 m)

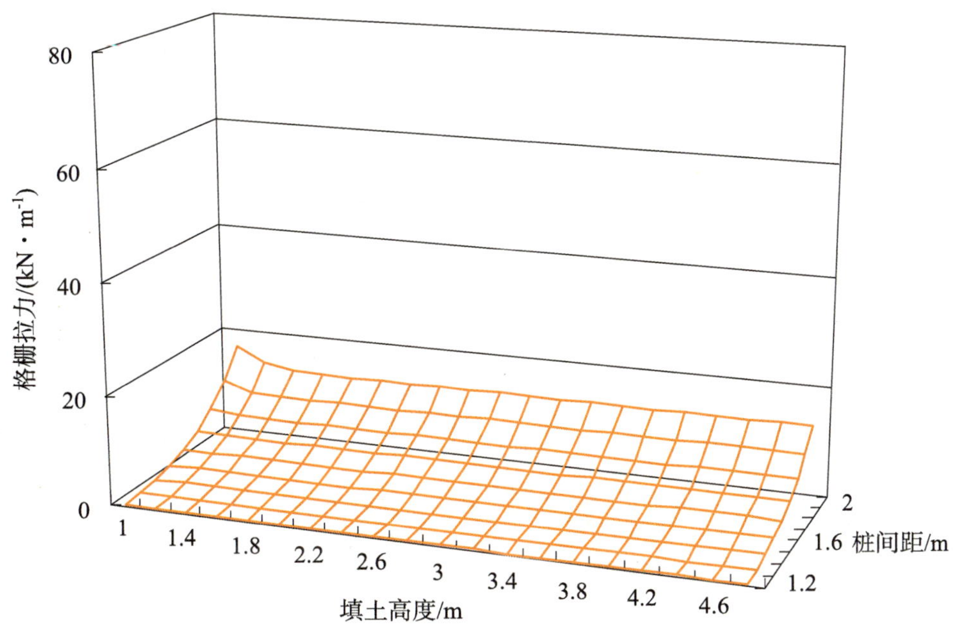

图 2-61　日本规范计算格栅拉力(a=1.0 m，f_m=0.2 m)

当桩帽尺寸 a=1.0 m 时，德国规范计算格栅拉力如图 2-62～图 2-65 所示，其变化趋势同样与 a=0.7 m 时相同，但拉力值显著减小。填土高度为 4.8 m、桩间距为 2 m 时，格栅模量分别为 4 000 kN/m、3 296 kN/m、1 648 kN/m 和 1 000 kN/m，对应的应变分别为 2.0%、2.3%、3.8%和 5.1%，对应的格栅拉力分别为 81 kN/m、77 kN/m、63 kN/m 和 51 kN/m。

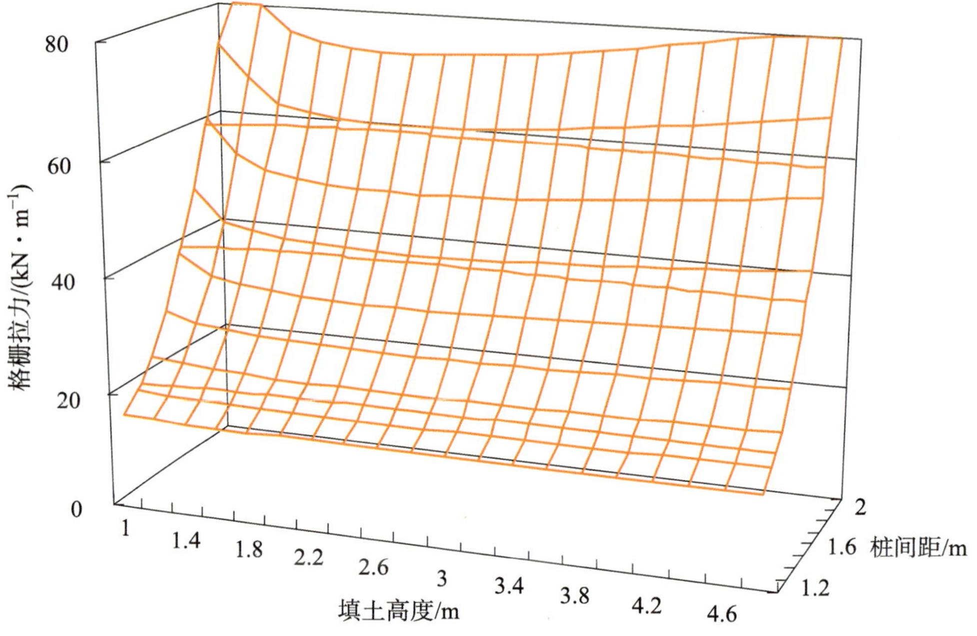

图 2-62　德国规范计算格栅拉力(a=1.0 m，J=4 000 kN/m)

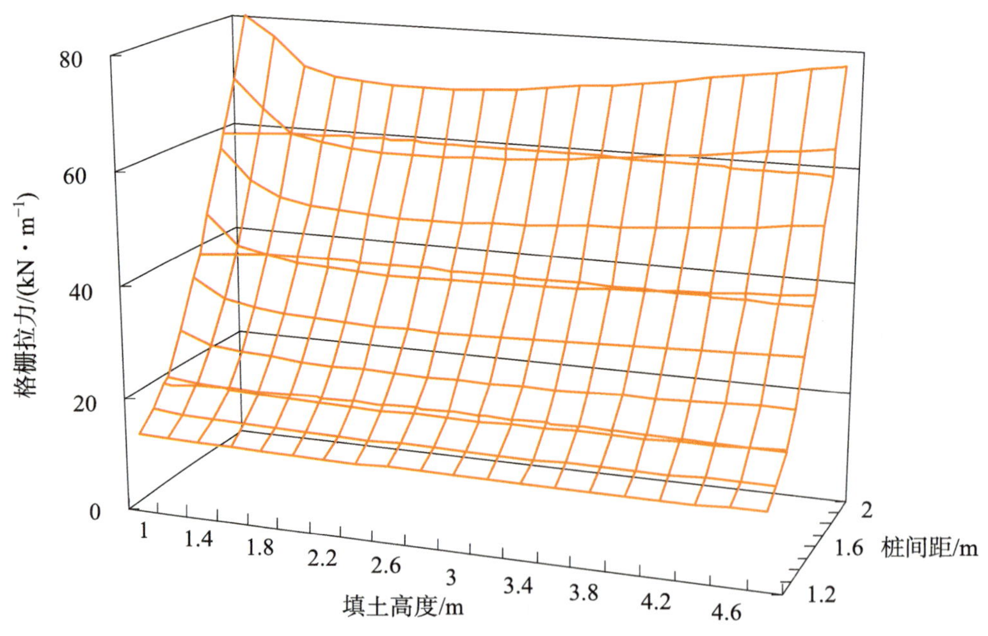

图 2-63　德国规范计算格栅拉力(a=1.0 m，J=3 296 kN/m)

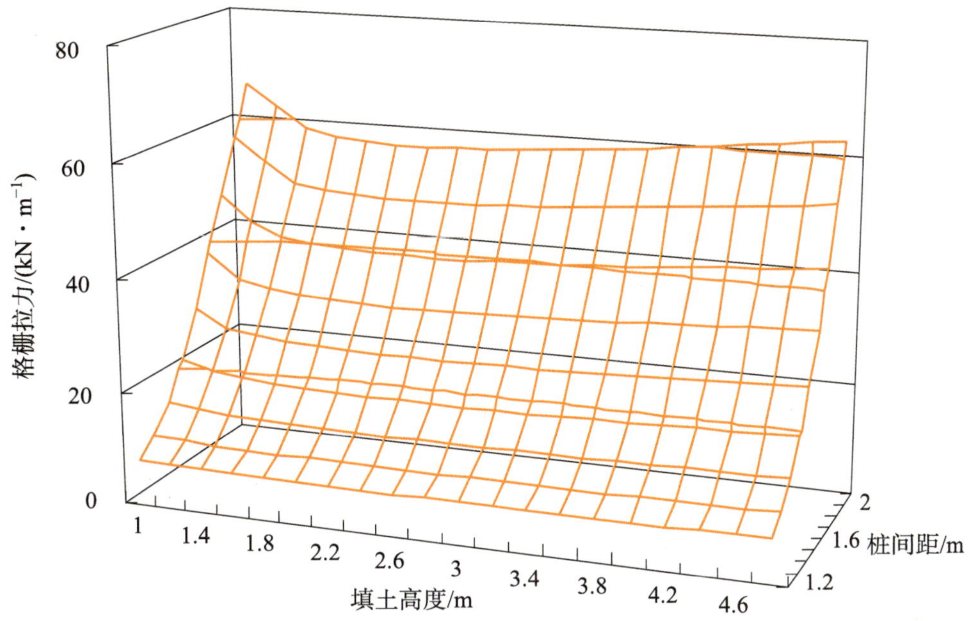

图 2-64　德国规范计算格栅拉力(a=1.0 m，J=1 648 kN/m)

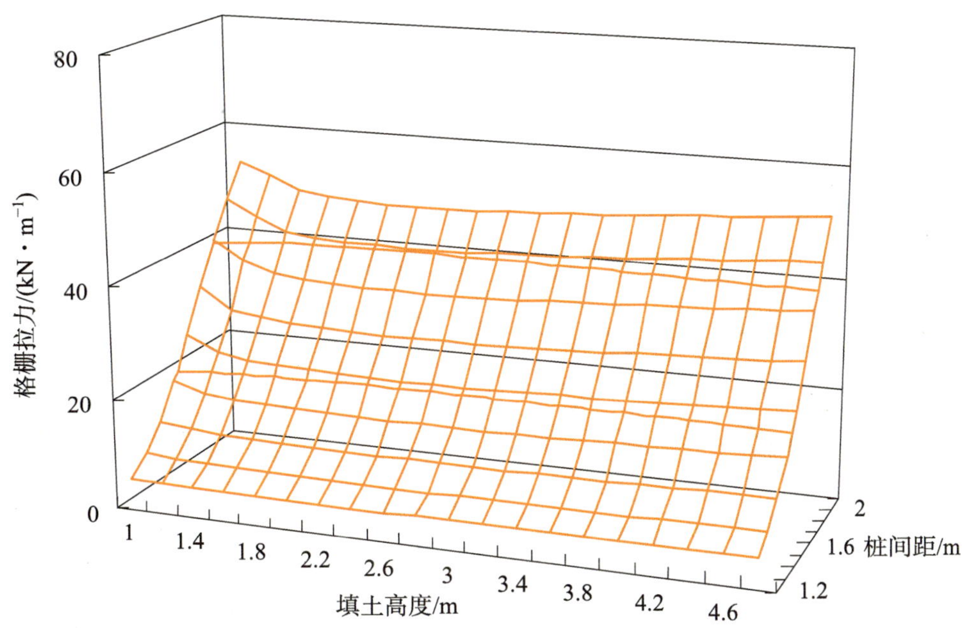

图 2-65　德国规范计算格栅拉力(a=1.0 m，J=1 000 kN/m)

从本节分析可知，格栅拉力计算结果与网垫承担的竖向荷载、拉力计算方法和格栅变形等因素密切相关。4 个规范均采用索膜理论计算，但简化计算方法有所区别造成较大差异，英国和北欧规范采用格栅允许应变作为变形控制变量，日本规范采用网垫中心挠度作为变形控制变量，德国规范采用格栅拉伸模量作为变形控制变量，并考虑了桩间土的承载能力，因此，格栅变形控制变量和标准对拉力计算结果影响也较大，这与本国材料特性相关。汇总桩间距 $s=2.0$ m、填土高度 $h=4.8$ m 时桩帽尺寸 $a=0.7$ m 和 1.0 m 的格栅拉力如图 2-66 和图 2-67 所示。总体上，格栅拉力随着控制应变增大而减小，相应格栅应变处于 0～10%之间，在相同应变条件下德国规范计算结果略大。

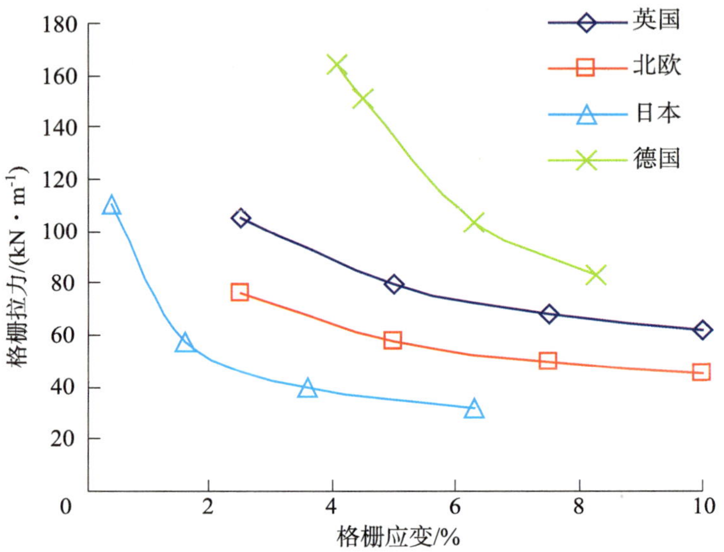

图 2-66　格栅拉力（$s=2.0$ m、$h=4.8$ m、$a=0.7$ m）

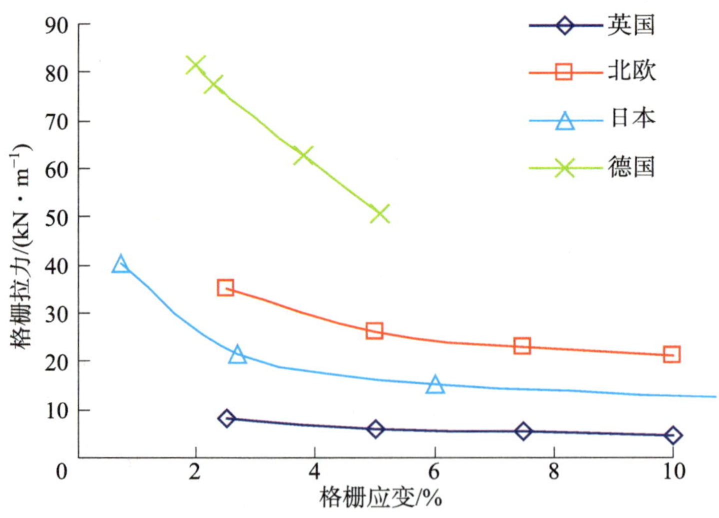

图 2-67　格栅拉力（$s=2.0$ m、$h=4.8$ m、$a=1.0$ m）

同时，在实际应用中，北欧、德国和英国规范考虑边坡推力效应引起的格栅拉力，即格栅受到的拉力为竖向荷载引起的拉力和推力效应引起的拉力之和。而日本规范未将推力效应引起的拉力计算在内。

四、格栅变形

英国 BS8006 规定，土工合成材料产生的总应变不应超过考虑使用极限状态时的预测值。总的来说，对材料本身要求，在短期条件下土工合成材料最大应变 ε_{max} 不应超过 5%，长期条件下不应超过 5%～10%。观测结果表明，满足这些极限值时加筋路堤工作性能良好。但用于软基上的加固处理，土工合成材料的最大允许应变要减小，以确保避免过大沉降变形。同时规定土工合成材料在施工期间的最大应变不能超过 6%，对于低矮路基应适当减小允许值以避免路基面发生不均匀沉降。在设计年限内最大蠕变应变不能超过 2%。

北欧 Nordic 规定，施工结束后使用寿命内最大的附加蠕变允许应变为 2%。在最终极限状态和使用极限状态的计算中使用相同的材料模量。对于特殊的产品必须检算其变形数值及其在选定的变形值下的强度值。设计寿命期间总的变形不得超过材料破坏变形值的 70%。

日本规范规定，不考虑桩间距和桩帽尺寸，假设网垫中点处格栅最终向下挠度为 0.1 m 进行计算。

德国规范规定，在地基加固完成后的使用寿命时间内（要求为 100 年），土工合成材料允许应变 $\Delta\varepsilon_{kr}$ 应当满足如下条件：

$$\Delta\varepsilon_{kr} \leqslant 2\%$$

$\Delta\varepsilon_{kr}$ 为使用期限内蠕变应变，对于特殊形式工程（如沉降变形敏感的道路建筑工程或者只有较低覆盖高度的建筑工程）需要进一步限制蠕变应变。

第三章　桩网结构加筋网垫计算方法

第一节　静荷载在桩网结构中传递的计算方法

一、桩间土应力

桩土刚度差异引起土拱效应，将较多上部荷载集中传递至桩。对于桩网结构土拱效应的分析，采用 Zeaske(2001)和 Zaeske and Kempfert(2002)的研究成果。

模型假设土拱为三维球形拱，相当于多个壳单元为拱组成的系统，如图 3-1 所示，在拱顶，笛卡尔坐标系中的径向应力 σ_r 等于竖向应力 σ_z。

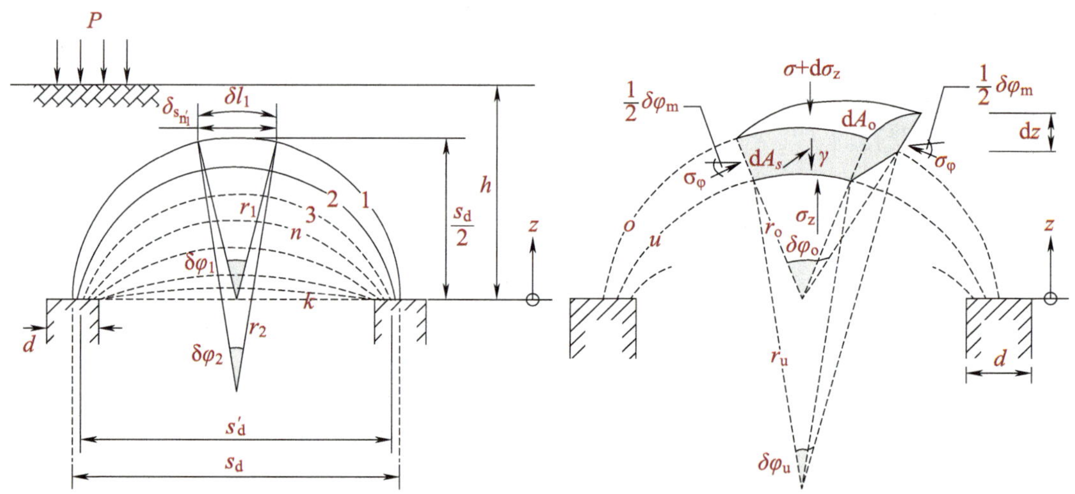

P—路基面上覆荷载；H—覆土高度；S_d、S_d'—不同壳单元对应的直径；k—侧土压力系数；
d—圆形桩帽(或桩顶)直径，取桩帽尺寸或桩直径；r_1、r_2—壳单元微分体上下表面对应半径；
δl_1—壳单元上表面弧长；$\delta_{sn_1'}$—壳单元上表面水平宽度；δ_{φ_1}、δ_{φ_2}、δ_{φ_0}、δ_{φ_u}—壳单元上下表面圆心角；
dA_u—积分微元体下侧面积；dA_0—微元体上侧面积；dA_s—微元体侧面积；dV—微元体体积；
$d\delta\varphi_m$—微元体侧面与水平面夹角；σ_φ—侧向应力；dz—微元体厚度。

图 3-1　理论拱模型

根据力在径向的平衡得出竖向应力 $\sigma_z(z)$的函数，为

$$-\sigma_z \cdot dA_u + (\sigma_z + d\sigma_z) \cdot dA_0 - 4 \cdot \sigma_\varphi \cdot dA_s \cdot \sin\left(\frac{\delta\varphi_m}{2}\right) + \gamma \cdot dV = 0 \quad (3\text{-}1)$$

式中　γ——壳单元半径；

φ——壳单元张开角；

z——以桩顶面建立的坐标；

k——静止土压力系数；

积分微元体下侧面积 $dA_u = (r \cdot \delta\varphi)^2$；

微元体下侧面 $dA_o = (r + dr)^2 \cdot (\delta\varphi + d\delta\varphi)^2 \approx 2d\delta\varphi \cdot r^2 \cdot \delta\varphi^2 + 2dr \cdot r \cdot \delta\varphi^2 + r^2 \cdot \delta\varphi^2$；

微元体前侧面积 $dA_S = \left(r + \frac{1}{2}dr\right) \cdot \left(\delta\varphi + \frac{1}{2}d\delta\varphi\right) \cdot dz \approx dz \cdot r \cdot \delta\varphi$；

微元体体积为 $dV = \left(r + \frac{1}{2}dr\right)^2 \cdot \left(\delta\varphi + \frac{1}{2}d\delta\varphi\right)^2 \cdot dz \approx dz \cdot r^2 d\delta\varphi^2$；

微元体侧面与水平面夹角 $d\delta\varphi_m = \delta\varphi + \frac{\delta\varphi}{2}$；

侧向应力 $\sigma_\varphi = K \cdot \sigma_z$，$K$ 为侧土压力系数。

对于拱上的路堤部分，假定上覆和交通荷载引起的应力为均匀分布，土体自重引起的应力线性分布。对式(3-1)进行简化和解微分方程，计算简图如图 3-2 所示，当 $z \to 0$，即桩顶平面桩间土的有效应力 σ_{z0} 可近似推导为

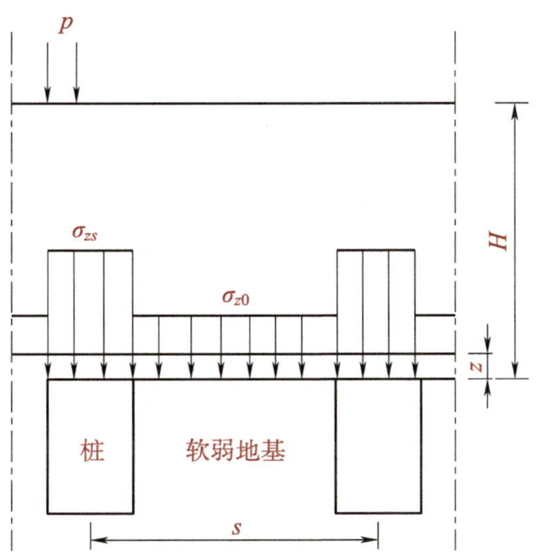

σ_{zs}—桩顶应力；σ_{z0}—桩间土有效应力。

图 3-2　桩网结构应力分布

$$\sigma_{z0}=\lambda_1^{\chi}\cdot\left(\gamma+\frac{p}{H}\right)\cdot\left[H\cdot(\lambda_1+h^2\cdot\lambda_2)^{-\chi}+h\cdot\left(\lambda_1+\frac{h^2\cdot\lambda_2}{4}\right)^{-\chi}-h\cdot(\lambda_1+h^2\cdot\lambda_2)^{-\chi})\right] \tag{3-2}$$

式中　γ——土体容重；

p——外部静荷载；

H——路基高度；

s——桩间距；

d——圆形桩帽（或桩顶）直径，如果是其他形状，可按照 $d=\sqrt{4A_s/\pi}$ 转换；

A_s——桩帽（或桩顶）面积；

h——土拱高度，当 $H \geqslant s/2$ 时，$h=s/2$，当 $H<s/2$ 时，$h=H$。

$$\chi=\frac{d\cdot(K_{crit}-1)}{\lambda_2\cdot s_d}$$

$$\lambda_1=\frac{1}{8}\cdot(s_d-d)^2$$

$$\lambda_2=\frac{s_d^2+2\cdot d\cdot s_d-d^2}{2\cdot s_d^2}$$

式中　K_{crit}——被动土压力系数，$K_{crit}=\tan^2\left(45°+\frac{\varphi'}{2}\right)$；

φ'——路基土体摩擦角。

同时，当桩间土模量较高时，桩间土的反力足够大，可不必进行验算，根据德国规范要求，建议取桩土刚度比为 100，比值大于 100 时（$k_{s,T}/k_s>100$，$k_{s,T}$ 为桩的刚度，k_s 为桩间土的刚度），需要对格栅强度进行验算，桩的刚度根据单桩试验资料获取。桩的刚度为

$$k_{s,T}=\frac{F_s}{s_T\cdot A_s} \tag{3-3}$$

式中　F_s——桩承担的荷载；

s_T——桩的静载试验中在相应荷载条件下的压缩量；

A_s——桩顶面积。

二、桩顶应力

根据土拱效应桩顶平均应力为

$$\sigma_{zs}=[(\gamma\cdot h+p)-\sigma_{z0}]\frac{A_E}{A_S}+\sigma_{z0} \tag{3-4}$$

式中　A_S——桩顶面积；

A_E——总面积。

因而，桩承担的荷载为

$$F_s=\sigma_{zs}\cdot A_S \tag{3-5}$$

桩顶承担的总荷载还应加上格栅传递的荷载，一般情况下，从安全角度出发，桩所承担的荷载为

$$F_s=(\gamma\cdot h+p)\cdot A_E \tag{3-6}$$

三、加筋网垫承担的竖向应力

加筋网垫承担的平均竖向应力为

$$\sigma_g=\sigma_{z0}-\sigma_d \tag{3-7}$$

式中　σ_g——垫层承担的平均应力；

σ_d——地基桩间土产生的平均反力。

假设格栅变形呈抛物线型，得到桩间土平均沉降为 $2f/3$，则地基桩间土产生的平均反力为

$$\sigma_d=\frac{2}{3}\cdot k_s\cdot f \tag{3-8}$$

式中　f——格栅中点挠度；

k_s——地基处理深度范围内的综合地基刚度。

综合地基刚度为

$$k_s=\frac{E_{s,k}}{t_w} \tag{3-9}$$

式中　$E_{s,k}$——地基土压缩模量；

t_w——处理深度。

对于黏土和粉土，在处理深度范围内根据不同自重应力条件按照 Ohde 方法进行修正，为

$$E_s=E_{s_1-2}(\sigma'/\sigma_0)^n \tag{3-10}$$

E_{s_1-2}为压缩试验 100～200 kPa 压力下的压缩模量，$\sigma_0=100$ kPa，σ' 为平均自重应力，即取该层土体厚度中点位置对应深度的自重应力，根据前人研究成果表明，取 $n=0.575$ 较为简便和可靠。

对于多层土地基，综合地基刚度为

$$k_s = \frac{\prod_{i_1=1}^{n} E_{s,i_1}}{\sum_{i_1=1}^{n} t_{w,i_1} \cdot \prod_{i_2=1}^{n} E_{s,i_2}} \qquad i_1 \neq i_2 \tag{3-11}$$

式中　　n——地基土层层数；

$E_{s,i}$——第 i 层土体压缩模量；

$t_{w,i}$——第 i 层土体厚度。

对于两层地的基综合刚度为

$$k_s = \frac{E_{s_1,k} \cdot E_{s_2,k}}{t_{w,1} \cdot E_{s_2,k} + t_{w,2} \cdot E_{s_1,k}} \tag{3-12}$$

对于三层地基的综合刚度为

$$k_s = \frac{E_{s_1,k} \cdot E_{s_2,k} \cdot E_{s_3,k}}{t_{w,1} \cdot E_{s_2,k} \cdot E_{s_3,k} + t_{w,2} \cdot E_{s_1,k} \cdot E_{s_3,k} + t_{w,3} \cdot E_{s_1,k} \cdot E_{s_2,k}} \tag{3-13}$$

第二节　动荷载在桩网结构中传递的计算方法

一、动荷载传递特性

现场原位 1∶1 模拟试验是在基床表层填筑完毕进行的，试验结果表明，动载激振 550 万次后路基不同深度处动应力水平基本维持不变，动应力传递幅值较为稳定。在 DK849＋557 和 DK849＋575 施加的路基面动荷载平均值分别为 13.7 kPa 和9.6 kPa，以基床表层顶面动应力为应力基准，以桩顶平面为标高基准，计算 DK849＋557 断面路基动应力沿深度方向的衰减系数如图 3-3 所示，总体上桩顶和桩间土上方路基动应力衰减系数沿深度方向逐渐减小，桩顶和桩间土动应力衰减系数差异较小，数值较为接近，在格栅平面处衰减系数分别为 0.36 和 0.30；DK849＋575 断面路基动应力沿深度方向的衰减系数如图 3-4 所示，衰减系数与 DK849＋557 断面变化趋势较为接近，在格栅平面处桩顶和桩间土衰减系数分别为 0.41 和 0.36。

从上述动应力衰减曲线图中可知，在本次试验条件下，动态应力传递明显区别于静态应力，动应力桩顶和桩间土上方路基的传递特性较为接近，桩间土上方路基动应力略小于桩顶，在相同路基高度处桩间土上方衰减系数略小于桩顶，但两者较为接近。因此，路基面动荷载的传递特性计算方法应另寻方案。

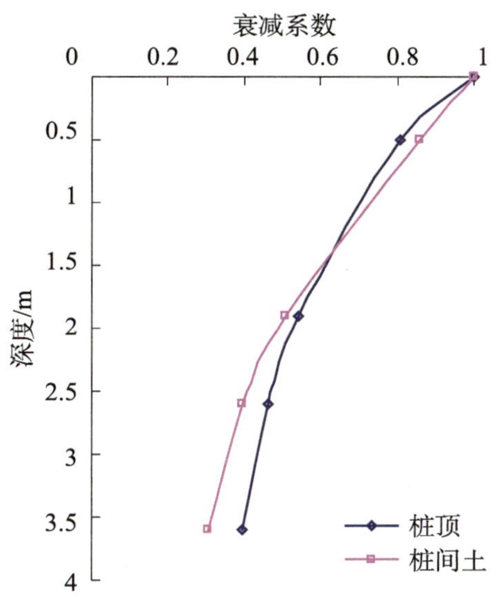

图 3-3　DK849＋557 动应力衰减系数

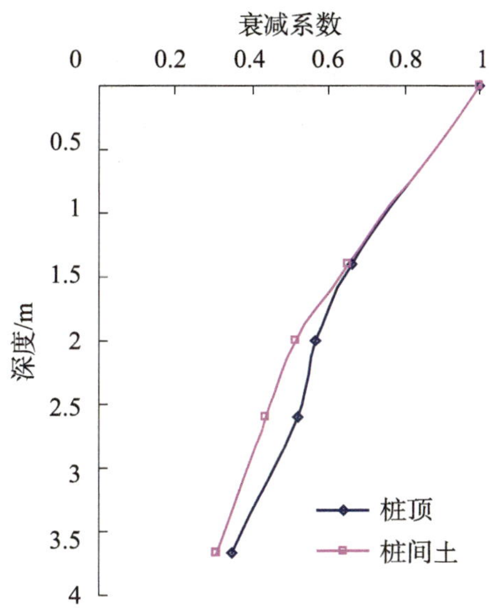

图 3-4　DK849＋575 动应力衰减系数

二、动荷载传递的计算方法

1. 假设承台具有较强刚度，激振试验中在承台下方路基面产生的动应力幅值较为接近，即为均布应力，桩顶和桩间土上方路基面测试结果也较为接近。荷载面积为承台面积。

2. 以当量法将基床表层、基床底层的厚度 h 折算成与路基本体相同模量的等效层厚 h_e。

$$h_e=\sqrt[3]{\frac{E}{E_0}}\cdot h \tag{3-14}$$

式中　h_e——等效厚度；

E——目标层模量；

E_0——本体模量。

3. 结合现场试验资料和以往研究成果，基床表层模量取 $E_1=180$ MPa，基床底层模量取 $E_2=150$ MPa，路基本体模量取 $E_3=110$ MPa。

4. 采用 Boussinesq 公式计算承台中心处沿深度方向的应力衰减曲线。

第三节　竖向应力引起加筋体拉力的计算方法

假设格栅只承担拉力而不能承担弯矩，同时在格栅上部作用均布荷载，格栅受力变形后为悬索形状，由于挠度与桩净距之比较小，采用平抛物线进行计算；

并简化为一层格栅处理，布置多层格栅时，计算的拉力为总拉力。

如图 3-5 所示，根据均布荷载作用下的悬索理论建立索单元平衡微分方程为

$$\sum F_x=0 \qquad \frac{\mathrm{d}F_H}{\mathrm{d}x}\mathrm{d}x+q_x\mathrm{d}x=0\text{，即}\frac{\mathrm{d}F_H}{\mathrm{d}x}+q_x=0 \tag{3-15}$$

$$\sum F_y=0 \qquad \frac{\mathrm{d}}{\mathrm{d}x}\left(F_H\frac{\mathrm{d}y}{\mathrm{d}x}\right)\mathrm{d}x+q_y\mathrm{d}x=0\text{，即}\frac{\mathrm{d}}{\mathrm{d}x}\left(F_H\frac{\mathrm{d}y}{\mathrm{d}x}\right)+q_y=0 \tag{3-16}$$

式中　F_H——索微元单元所受的水平拉力；

q_x——索单元竖向分布力；

x,y——方程中的坐标变量；

q_y——索单元水平方向分布力。

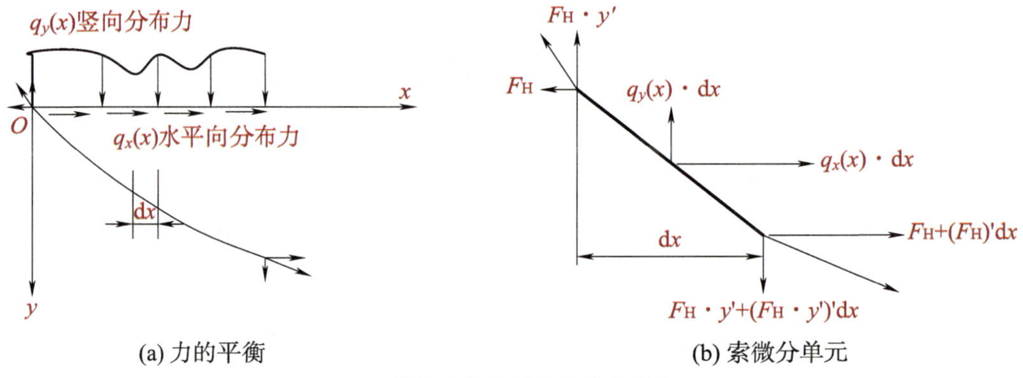

F_H—索微元单元所受的垂直拉力。

图 3-5　索单元受力

当悬索承担竖向荷载作用时，即 $q_x=0$，得到 F_H 为常量；得到积分结果为 $y=-\frac{q}{2F_H}x^2+C_1x+C_2$。

对于桩网结构，桩间距 s，桩帽尺寸 a，桩净距 $l=s-a$，受到均布力 q，f 为中点挠度，建立直角坐标系，如图 3-6 所示。

得到抛物线方程为

$$y=-\frac{4f}{l^2}x^2+f \tag{3-17}$$

式中　l——桩净距；

f——中点的挠度。

格栅发生挠度为 f 的变形时，相应斜线范围内的面积为 $\frac{2}{3}f\times l$，因而桩间土

平均沉降取为$\frac{2}{3}f$。

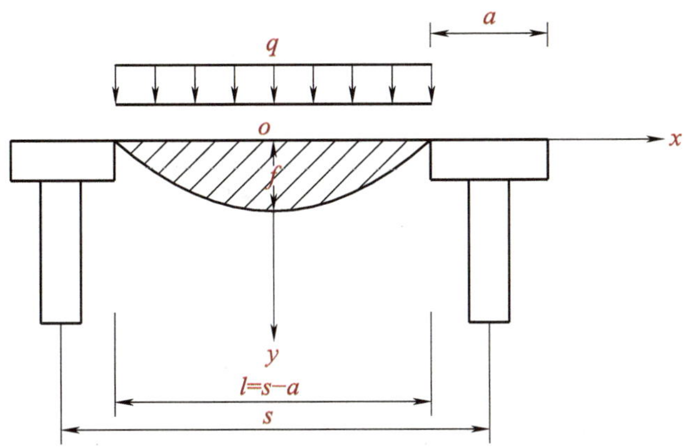

a—桩帽尺寸；q—桩间土的竖向分布力；f—格栅中点的挠度；l—桩净距；s—桩间距。

图 3-6　桩网结构格栅受力变形

对于索上任一点，$T=F_H\sqrt{1+(y')^2}=\sqrt{F_H{}^2+(F_H\cdot y')^2}$，如图 3-7 所示。

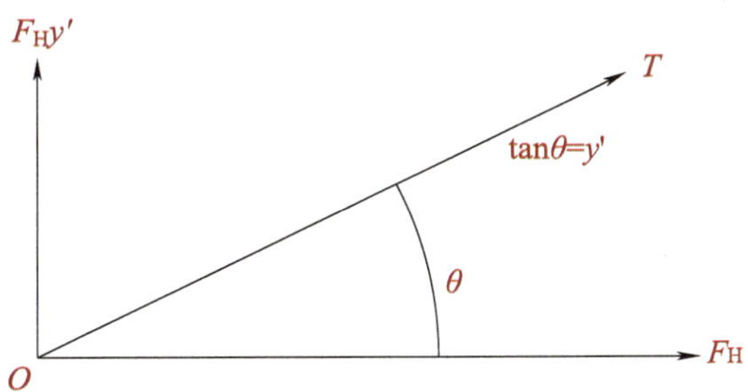

T—索结构提供的拉力；θ—索微元单元任一点切线与水平方向夹角。

图 3-7　轴向拉力和水平拉力

当 $x=\pm\frac{l}{2}$时，y'绝对值得到最大，$|y'|_{\max}=\frac{4f}{l}$ 得到最大拉力为

$$T_{\max}=\sqrt{F_H^2+(F_H|y'|_{\max})^2}=\sqrt{F_H^2+\left(\frac{ql}{2}\right)^2}=\sqrt{\left(\frac{ql^2}{8f}\right)^2+\left(\frac{ql}{2}\right)^2}=\frac{ql}{2}\sqrt{\left(\frac{l}{4f}\right)^2+1} \tag{3-18}$$

同时，根据悬索平抛物线方法得到平抛物线长为 $L\approx l+\frac{q^2l^3}{24T^2}$。$f=\frac{ql^2}{8T}$，根据 $\varepsilon=\Delta l/l=(L-l)/l$，得挠度为：$f=(s-a)\sqrt{\frac{3}{8}\varepsilon}=l\sqrt{\frac{3}{8}\varepsilon}$，因此，

$$T_{max}=\frac{ql}{2}\sqrt{1+\frac{1}{6\varepsilon}} \tag{3-19}$$

式(3-19)为考虑初始挠度的拉力计算模式，初始挠度为 c，承担荷载后发生挠度为 f，中点总挠度为 $f'=f+c$，如图 3-8 所示。

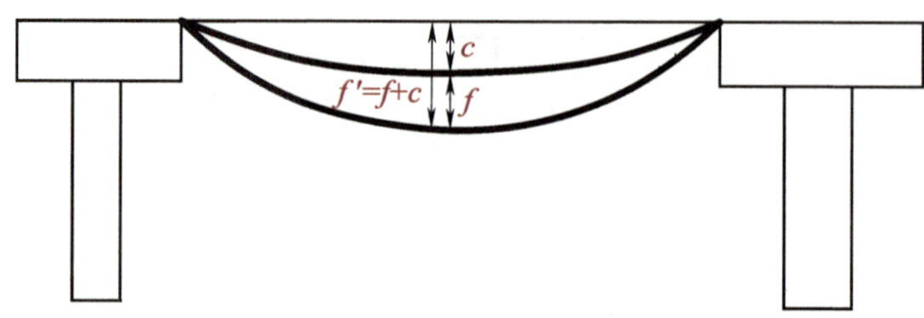

图 3-8　考虑初始挠度的计算模式

初始状态平抛物线长为

$$L_1\approx l+\frac{8c^2}{3l} \tag{3-20}$$

最终状态平抛物线长为

$$L_2\approx l+\frac{8f'^2}{3l}=l+\frac{8(f+c)^2}{3l} \tag{3-21}$$

发生相应的应变为

$$\varepsilon=\frac{L_2-L_1}{L_1}=\frac{8f'^2-8c^2}{3l^2+8c^2}=\frac{8(f+c)^2-8c^2}{3l^2+8c^2} \tag{3-22}$$

总挠度为

$$f'=\sqrt{\frac{8c^2+\varepsilon(8c^2+3l^2)}{8}} \tag{3-23}$$

相应的拉力为

$$T_{max}=\frac{ql}{2}\sqrt{\left(\frac{l}{4f'}\right)^2+1} \tag{3-24}$$

对于正方形布置的桩型，将桩间土面积如图 3-9(a)所示按照粗实线六边形进行平均划分，结合测试得到的格栅拉力和应变特点，这部分荷载由两桩之间虚线阴影部分面积即为格栅作用面积承担。垫层承担应力为 σ_g，粗实线六边形面积为 $S_1=a(s-a)+(s-a)^2/2$，格栅承担的均布应力 q，阴影部分面积为 $S_2=a(s-a)$，所以得到

$$q=\frac{s+a}{2a}\sigma_g \tag{3-25}$$

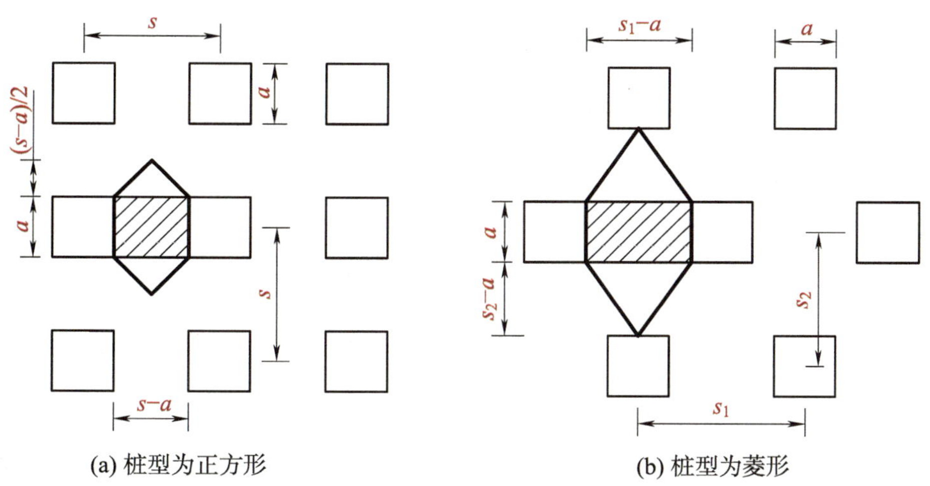

图 3-9　格栅受力面积平面示意

最终得到由土拱效应竖向应力引起的格栅拉力为

$$F_{G,M}=T_{max}=\frac{(s+a)(s-a)}{4a}\sigma_g\sqrt{\left(\frac{s-a}{4f'}\right)^2+1} \tag{3-26}$$

式中　　c——初始挠度。

对于菱形布置的桩型，同理按照粗实线六边形面积的荷载由阴影部分面积格栅承担，如图 3-9(b)所示，当 $s_1=s_2$ 时，格栅承担的均布应力为

$$q=\frac{s}{a}\sigma_g \tag{3-27}$$

土拱效应竖向应力引起的格栅拉力为

$$F_{G,M}=T_{max}=\frac{s(s-a)}{2a}\sigma_g\sqrt{\left(\frac{s-a}{4f'}\right)^2+1} \tag{3-28}$$

第四节　边坡推力效应引起加筋体拉力的计算方法

基于现场、室内试验结果分析，推力效应引起的格栅拉力必须予以考虑，但水平方向主动土压力是由格栅和地基共同承担，如图 3-10 所示，地基提供的摩擦反力与地基土性质和格栅网孔大小有关，地基提供的摩擦反力可表示为

$$R_u=G\cdot\tan\varphi_d\cdot p_s=\frac{1}{2}\gamma\cdot H^2\cdot n\cdot\tan\varphi_d\cdot p_s \tag{3-29}$$

式中　　G——边坡自重荷载；

φ_d——基底土体初始摩擦角；

p_s——格栅单位网格中土体面积占总面积的比例，$p_s = 1 - s_{格栅}/s_{总面积}$；

$s_{格栅}$——格栅单位网格中格栅面积，$s_{格栅} = (l - \sqrt{2n_t}) \cdot w_t + (t - \sqrt{2n_t}) \cdot w_l + n_t^2$，$m$ 层格栅则为 $m \cdot s_{格栅}$，如图 3-11 所示；

$s_{总面积}$——格栅单位网格的总面积，$s_{总面积} = t \cdot l$，t 和 l 为格栅网眼的尺寸；

γ——土体容重；

H——填土高度；

n——边坡坡度。

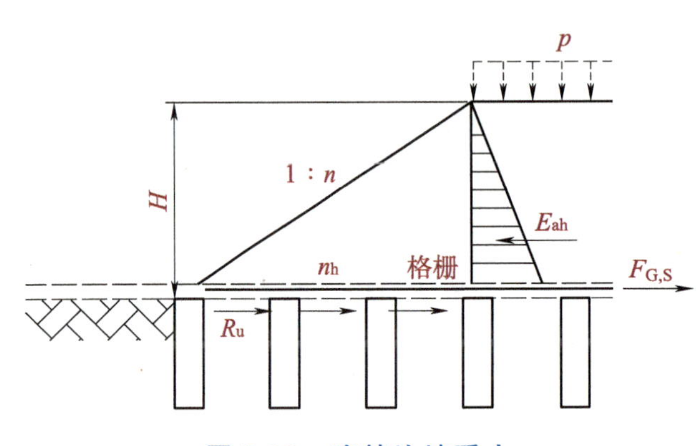

图 3-10　路基边坡受力

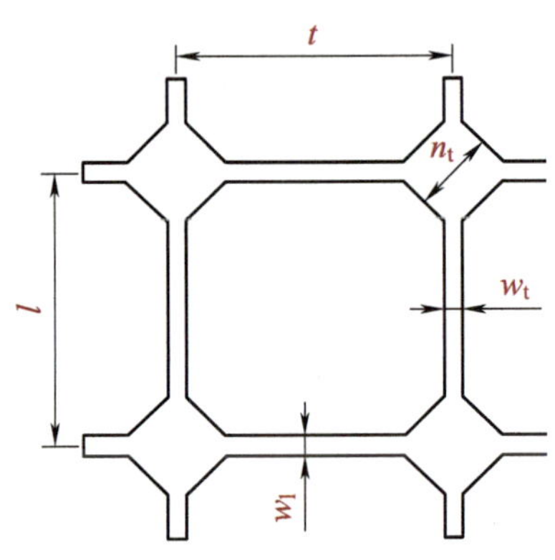

图 3-11　格栅网格孔眼尺寸

由于侧向推力效应引起的格栅拉力为

$$F_{G,S} = E_{ah} - R_u \tag{3-30}$$

$$E_{ah} = \frac{1}{2} \cdot \gamma \cdot H^2 \cdot K_{ah} + p \cdot H \cdot K_{ah} \tag{3-31}$$

当 $F_{G,S} < 0$ 时，取 $F_{G,S} = 0$。

式中　R_u——格栅界面抗力；

E_{ah}——土体主动土压力；

K_{ah}——主动土压力系数；

p——面荷载；

γ——土体容重；

H——填土高度。

第五节　动静荷载作用下桩网结构加筋网垫计算方法

基于数值分析、现场动静态试验和室内模拟试验的结果分析，静荷载引起的桩间土竖向应力采用球形拱假设计算，动荷载引起的应力采用 Boussinesq 公式计算。结合国外格栅拉力计算方法，并根据我国格栅特点和强度确定方法，对于由竖向应力引起的格栅拉力采用悬索理论计算，并考虑地基反力的影响，对于由边坡推力效应引起的格栅拉力采用主动土压力与基底摩擦力的合力进行计算。

一、桩间土应力

1. 静荷载引起的应力

模型假设土拱为三维球形拱，对于拱上的路基部分，假定上覆荷载引起的应力为均匀分布，土体自重引起的应力线性分布。如图 3-12 所示，桩顶平面桩间土的平均应力 σ_{z01} 为

$$\sigma_{z01}=\lambda_1^{\chi}\cdot\left(\gamma+\frac{p_s}{H}\right)\cdot\left[H\cdot(\lambda_1+h^2\cdot\lambda_2)^{-\chi}+h\cdot\left(\lambda_1+\frac{h^2\cdot\lambda_2}{4}\right)^{-\chi}-h\cdot(\lambda_1+h^2\cdot\lambda_2)^{-\chi}\right]\quad(3\text{-}32)$$

式中　γ——土体容重；

p_s——静荷载；

$\chi=\dfrac{d\cdot(K_{crit}-1)}{\lambda_2\cdot s}$；

$\lambda_1=\dfrac{1}{8}\cdot(s-d)^2$；

$\lambda_2=\dfrac{s^2+2\cdot d\cdot s-d^2}{2\cdot s^2}$；

s——桩间距；

d——圆形桩帽（或桩顶）直径，如果是其他形状，可按照 $d=\sqrt{4A_s/\pi}$ 转换；

A_s——桩帽（或桩顶）面积；

h——土拱高度，当 $H\geqslant s/2$ 时，$h=s/2$，当 $H<s/2$ 时，$h=H$；

K_{crit}——被动土压力系数，$K_{crit}=\tan^2\left(45°+\dfrac{\varphi'}{2}\right)$；

φ'——路基土体摩擦角。

2. 动荷载引起的应力

如图 3-13 所示，由路基面动态应力引起的桩间土应力 σ_{z02} 为

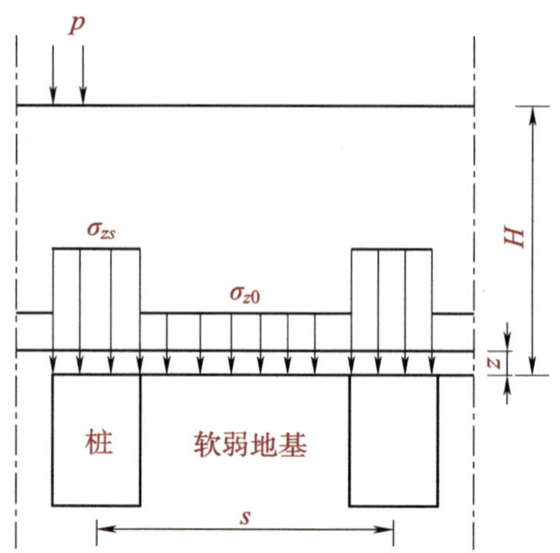

图 3-12　桩网结构应力分布

$$\sigma_{z02}=\frac{2p_{\mathrm{d}}}{\pi}\left[\arctan\frac{m}{n\sqrt{1+m^2+n^2}}+\frac{m\cdot n}{\sqrt{1+m^2+n^2}}\times\left(\frac{1}{m^2+n^2}+\frac{1}{1+n^2}\right)\right] \tag{3-33}$$

式中　$m=l/b$，$n=2z/b$；

p_{d}——路基面动态应力；

m——动应力影响横向宽度对于无砟轨道，m 取底座板宽度；

l——动应力影响纵向长度对于无砟轨道，l 取 8～10 m。

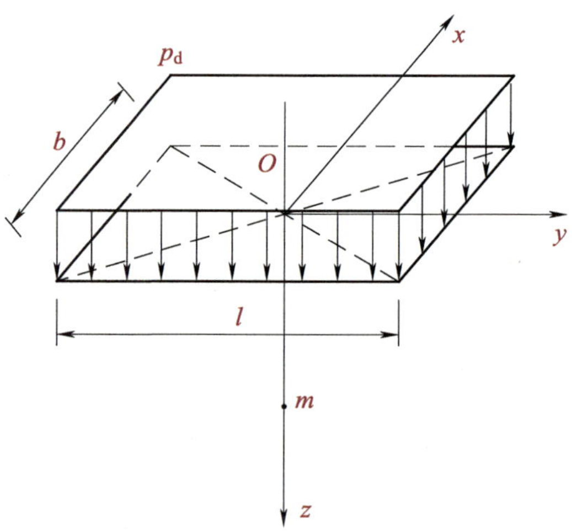

图 3-13　桩网结构动态应力分布

3. 计算公式

路基动静荷载引起的桩间土竖向应力 σ_{z0} 为

$$\sigma_{z0}=\sigma_{z01}+\sigma_{z02} \tag{3-34}$$

当桩间土模量较高时，桩间土的反力足够大，可不必进行验算，根据德国规范要求，建议取桩土刚度比为 100，比值大于 100 时（$k_{s,T}/k_s>100$），需要对加筋体强度进行验算，桩的刚度根据单桩试验资料获取。桩的刚度为

$$k_{s,T}=\frac{F_s}{s_T \cdot A_s} \tag{3-35}$$

式中　F_s——桩承担的荷载；

s_T——桩的静载试验中在相应荷载条件下的沉降量；

A_s——桩顶面积。

二、桩顶应力

根据土拱效应，桩顶平均应力为

$$\sigma_{zs}=[(\gamma \cdot h+p)-\sigma_{z0}]\frac{A_E}{A_S}+\sigma_{z0} \tag{3-36}$$

式中　A_S——桩顶面积；

A_E——单桩承担荷载的单位总面积；

γ——土体容重；

h——填土高度。

因而，桩承担的荷载为：$F_s=\sigma_{zs} \cdot A_s$。

桩顶承担的总荷载还应加上加筋体传递的荷载，一般情况下，从安全角度出发，桩所承担的荷载为

$$F_s=(\gamma \cdot h+p) \cdot A_E \tag{3-37}$$

三、加筋网垫承担的竖向应力

加筋网垫承担的平均竖向应力为

$$\sigma_g=\sigma_{z0}-\sigma_d \tag{3-38}$$

式中　σ_{z0}——由于土拱效应作用于桩间土的平均竖向应力；

σ_d——地基桩间土产生的平均反力。

地基桩间土产生的平均反力为

$$\sigma_d=\frac{2}{3} \cdot k_s \cdot f \tag{3-39}$$

式中　f——格栅中点挠度；

k_s——地基处理深度范围内的综合地基刚度。

综合地基刚度为

$$k_s = \frac{E_{s,k}}{t_w} \tag{3-40}$$

式中　$E_{s,k}$——地基土压缩模量；

t_w——处理深度。

对于黏土和粉土，在处理深度范围内根据不同自重应力条件按照 Ohde 方法进行修正，为

$$E_s = E_{s_1-2}\left(\frac{\sigma'}{\sigma_0}\right)^n \tag{3-41}$$

式中　E_{s_1-2}——压缩试验 100～200 kPa 压力下的压缩模量；

$\sigma_0 = 100$ kPa；

σ'——平均自重应力，即取该层土体厚度中点位置对应深度的自重应力；

根据前人研究成果，取 $n=0.575$。

对于多层土地基，综合地基刚度为

$$k_s = \frac{\prod_{i_1=1}^{n} E_{s,i_1}}{\sum_{i_1=1}^{n} t_{w,i_1} \cdot \prod_{i_2=1}^{n} E_{s,i_2}} \qquad i_1 \neq i_2 \tag{3-42}$$

式中　n——地基土层层数；

$E_{s,i}$——第 i 层土体压缩模量；

$t_{w,i}$——第 i 层土体厚度。

四、竖向应力引起的加筋体拉力

加筋体受力变形后为悬索形状，由于挠度与桩净距之比较小，采用平抛物线进行计算。桩间距 s，桩帽尺寸 a，桩净距 $l=s-a$，受到均布力 q，图 3-14 为考虑初始挠度的拉力计算模式，初始挠度为 c，承担荷载后发生挠度为 f，中点总挠度为 $f'=f+c$。

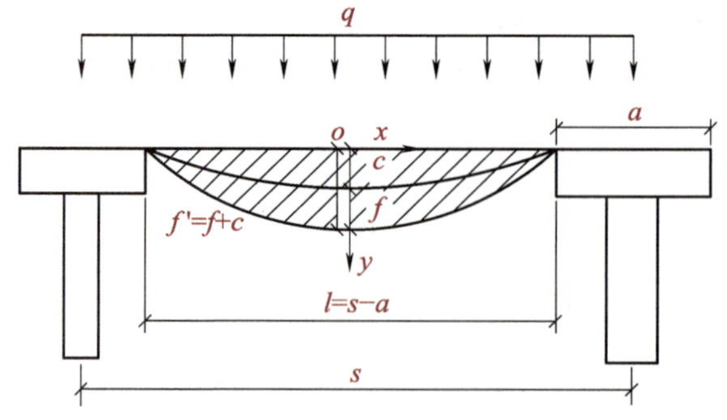

图 3-14　考虑初始挠度的计算模式

得到由土拱效应竖向应力引起的加筋体拉力为

$$F_{G,M}=T_{max}=\frac{(s+a)(s-a)}{4a}\sigma_g\sqrt{\left(\frac{s-a}{4f'}\right)^2+1} \tag{3-43}$$

式中　f'——总挠度，$f'=\sqrt{\frac{8c^2+\varepsilon(3l^2+8c^2)}{8}}$；

c——初始挠度。

五、边坡推力效应引起的加筋体拉力

基于现场、室内试验结果分析，推力效应引起的格栅拉力必须予以考虑，但水平方向主动土压力是由格栅和地基共同承担，如图 3-15 所示，地基提供的摩擦反力与地基土性质和格栅网孔大小有关，地基提供的摩擦反力可表示为

$$R_u=G\cdot\tan\varphi_d\cdot p_s=\frac{1}{2}\gamma\cdot h^2\cdot n\cdot\tan\varphi_d\cdot p_s \tag{3-44}$$

式中　G——边坡自重荷载；

φ_d——基底土体初始摩擦角；

p_s——格栅单位网格中土体面积占总面积的比例，$p_s=1-s_{格栅}/s_{总面积}$；

$s_{格栅}$——格栅单位网格中格栅面积，$s_{格栅}=(l-\sqrt{2n_t})\cdot w_t+(t-\sqrt{2n_t})\cdot w_l+n_t^2$，$m$ 层格栅则为 $m\cdot s_{格栅}$，如图 3-16 所示；

$s_{总面积}$——格栅单位网格的总面积，$s_{总面积}=l\cdot t$；

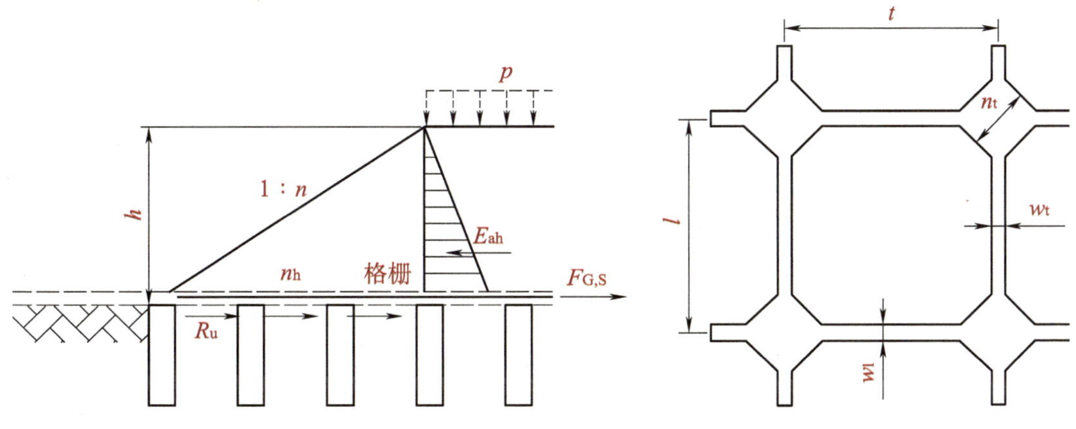

图 3-15　路基边坡受力　　图 3-16　格栅网格孔眼尺寸

由于侧向推力效应引起的格栅拉力为

$$F_{G,S}=E_{ah}-R_u \tag{3-45}$$

$$E_{ah}=\frac{1}{2}\cdot\gamma\cdot h^2\cdot K_{ah}+p\cdot h\cdot K_{ah} \tag{3-46}$$

当 $F_{G,S}<0$ 时，取 $F_{G,S}=0$。

六、加筋网垫在桩网结构路基中的总拉力

对于桩网结构路基纵向的加筋体拉力为

$$F=F_{G,M} \tag{3-47}$$

对于桩网结构路基横向的加筋体拉力为

$$F=F_{G,M}+F_{G,S} \tag{3-48}$$

七、计算方法的验证

下面通过几个算例对本书的算法进行验证，为保持一致，计算中不考虑格栅初始挠度。对于不了解工况的格栅尺寸，计算采用的网眼尺寸如图 3-17 所示，对路基土摩擦角取用 35°，基底土体摩擦角取用 15°，格栅拉力根据算例中已知的应变进行计算，本书给出的格栅拉力即为该工程中在该应变条件下的拉力，如果有多层格栅，则为合力。

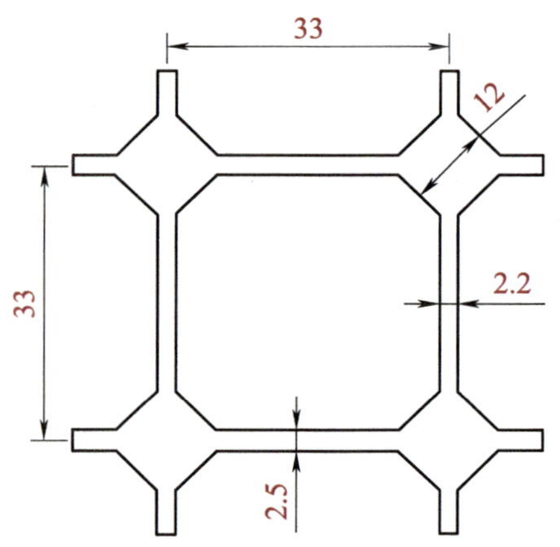

图 3-17 典型格栅网眼尺寸（单位：mm）

1. 温福试验段 1

温福试验段 1 位于福建省连江县，DK275+000～DK275+400 路堤软土地基预应力管桩加固试验段，自上而下主要分为三层，粉质黏土，厚度 0.4～2 m；淤泥，厚度 10.5～19.7 m；粉质黏土夹砂层、碎石土层透镜体，厚度 3.6～28 m。路基填筑高度 5.3～6.0 m，选用预应力管桩进行地基加固，碎石垫层夹铺双向土工格栅。根据地质剖面图，4 个测试断面地质情况见表 3-1～表 3-4，测试结果取自中铁第四勘察设计院集团有限公司研究报告，应力实测值选用路基填筑后一年的测试结果，格栅应变选择最大应变测试结果。通过比较，计算结果与实测结果较为一致。

表 3-1　1#断面 DK275+050 路肩之间基本参数

桩间距/m	桩帽(桩径)/m	深度/m	地基分层/m 模量/MPa	路基高度/m	桩间土应力/kPa		实测格栅应变/%	计算格栅总拉力/(kN·m^{-1})	
					实测	计算		竖向荷载引起	边坡推力引起
1.6	1.0	24	粉质黏土 2、3 淤泥 11、1.28 粉质黏土 11、4.84	6.0	7.17～41.9	16.0	0.64	28.6	20.0

注：双向格栅 1 层，横纵向抗拉强度＞80 kN/m。

表 3-2　2#断面 DK275+150 路肩之间基本参数

桩间距/m	桩帽(桩径)/m	深度/m	地基分层/m 模量/MPa	路基高度/m	桩间土应力/kPa		实测格栅应变/%	计算格栅总拉力/(kN·m^{-1})	
					实测	计算		竖向荷载引起	边坡推力引起
2.5	1.6	32	粉质黏土 2、3 淤泥 8、1.28 粉质黏土 22、4.84	5.6	0.25～16.7	17.3	0.68	40.8	17.4

注：双向格栅 2 层，横纵向抗拉强度＞80 kN/m。

表 3-3　3#断面 DK275+245 路肩之间基本参数

桩间距/m	桩帽(桩径)/m	深度/m	地基分层/m 模量/MPa	路基高度/m	桩间土应力/kPa		实测格栅应变/%	计算格栅总拉力/(kN·m^{-1})	
					实测	计算		竖向荷载引起	边坡推力引起
2.5	1.6	26	粉质黏土 2、3 淤泥 10、1.28 粉质黏土 16、4.84	5.6	2～21.5	17.3	0.34	62.3	17.4

注：双向格栅 2 层，横纵向抗拉强度＞80 kN/m。

表 3-4　4#断面 DK275+375 路基之间基本参数

桩间距/m	桩帽(桩径)/m	深度/m	地基分层/m 模量/MPa	路基高度/m	桩间土应力/kPa		实测格栅应变/%	计算格栅总拉力/(kN·m^{-1})	
					实测	计算		竖向荷载引起	边坡推力引起
2.5	1.6	15	粉质黏土 2、3 淤泥 8、1.28 粉质黏土 5、4.84	5.6	0.67～25.2	17.3	0.33	60.3	17.4

注：双向格栅 2 层，横纵向抗拉强度＞80 kN/m。

2. 温福试验段 2

温福试验段 2 位于浙江省温州市，DK26＋642.25～DK26＋950，主要土层分为两层：淤泥，厚度 18.8～23.4 m；淤泥质黏土，厚度 20.8～24.8 m；地基采用预应力管桩加固，碎石垫层采用夹铺高强格室、普通格室和双向土工格栅，路堤填高 7.1～7.5 m。其中 2 个观测断面地质情况和实测结果根据中铁第四勘察设计院集团有限公司研究报告获得，见表 3-5 和表 3-6，实测桩间土应力为路基填筑完成 5 个月的结果，实测格栅应变为最大应变。结果表明，计算结果与实测结果较为接近。

表 3-5　3#断面 DK26＋840 路肩之间基本参数

桩间距/m	桩帽（桩径）/m	深度/m	地基分层/m 模量/MPa	路基高度/m	容重/(kN·m^{-3})	桩间土应力/kPa		实测格栅应变/%	计算格栅总拉力/(kN·m^{-1})	
						实测	计算		竖向荷载引起	边坡推力引起
2.5	1.6	41.5	淤泥 18、1.48 淤泥质黏土 23.5、2.65	7.2	23	11.5～15.3	19.7	1.675～1.07	30.9～39.7	28.7

注：双向土工格栅 2 层，横纵向抗拉强度＞80 kN/m。

表 3-6　4#断面 DK26＋910 路肩之间基本参数

桩间距/m	桩帽（桩径）/m	深度/m	地基分层/m 模量/MPa	路基高度/m	容重/(kN·m^{-3})	桩间土应力/kPa		实测格栅应变/%	计算格栅总拉力/(kN·m^{-1})	
						实测	计算		竖向荷载引起	边坡推力引起
2.0	1.4	44.1	淤泥 19.3、1.48 淤泥质黏土 24.8、2.65	7.2	23	16.5～34.15	12.8	0.955～1.035	17.4～16.7	28.7

注：双向土工格栅 2 层，横纵向抗拉强度＞80 kN/m。

3. 日本手册算例

日本手册《攪拌混合基礎(機械攪拌方式)設計・施工の手引さ》中算例，地基总厚度 17.7 m，采用搅拌桩处理，考虑上覆荷载 11 kPa，要求桩间土中点挠度沉降控制在 10 cm，相对格栅应变为 1.15%，日本规范计算结果与本书方法计算结果对比见表 3-7。日本手册考虑土拱效应采用扩散角形式，桩间土应力较为小，本书偏大，由于本书考虑了地基土反力的影响，竖向应力引起的格栅拉力本书计算结果小于日本手册。

表 3-7 日本手册算例比较

桩间距/m	桩帽(桩径)/m	深度/m	地基分层/m 模量/MPa	路基高度/m	容重/(kN·m^{-3})	外荷载/kPa	桩间土应力/kPa		竖向荷载引起拉力		边坡推力引起的拉力
							日本	本书	日本	本书	
2.5	1.0	17.7	软土层 8、4.74 黏土层 9.7、10	3.0	20	11	21.5	31.2	65.0	57.7	13.3

4. 德国 DGGT 算例

参数取自德国 DGGT(2004)算例，当 $h/s<1.5$ 时，本书方法建议外荷载取为 1.5 倍的方法，除此之外，桩间土应力的结果是一致的，本书根据德国规范采用的格栅强度给出的应变，计算的拉力偏小于德国规范，见表 3-8。

表 3-8 德国规范算例比较

桩间距/m	桩帽(桩径)/m	深度/m	地基分层/m 模量/MPa	路基高度/m 容重 kN/m^3	外荷载/kPa	桩间土应力/kPa		竖向荷载引起拉力			边坡推力引起拉力	
						德国	本书	应变	德国	本书	德国	本书
1.5	0.7	3.5	软土层 3.5 0.5	0.45 18	0	6.87	6.87	0.96 0.65	16.2 21.9	12.2 16.0	0.22	0.09
1.5	0.7	3.5	软土层 3.5 0.5	0.45 18	30	32.3	45.0	3.47 2.22	58.6 75.0	61.4 76.0	2.66	3.75
1.5	0.7	3.5	软土层 3.5 0.5	2.5 18	0	14.1	14.1	1.82 1.19	30.0 39.2	21.7 27.8	13.5	2.7
1.5	0.7	3.5	软土层 3.5 0.5	0.45 18	30	23.4	23.4	2.74 1.77	45.2 58.3	32.5 41.0	32.6	23.0
1.5	0.7	3.5	软土层 3.5 0.5	2.5 18	0	14.1	14.1	1.91 1.25	29.0 38.0	21.0 27.0	13.5	2.7
1.5	0.7	3.5	软土层 3.5 0.5	2.5 18	50	29.7	29.7	3.47 2.23	52.7 67.8	38.1 47.7	45.3	36.6

5. 京徐李窑试验段

试验工点位于天津特大桥与青沧特大桥之间，李窑铺轨基地左侧，地形平坦，地势开阔，线路以填方通过，路堤填高为 6.5～7.2 m。自上而下主要地层情况为：黏土，硬塑，厚 0～1.3 m，$\sigma_0=120$ kPa；粉质黏土，软塑～硬塑，厚 1.4～2.4 m，地基承载力 $\sigma_0=130$ kPa；粉土，密实，潮湿，厚 1.7～3.7 m；粉砂，稍密，饱和，含云母，夹 10%～15%的黏土，15.0 m 以下为中密，厚 4.7 m；$\sigma_0=90$～110 kPa；粉砂，密实，饱和，厚 9.5～13.9 m；粉质黏土，软塑，含铁锈斑纹，厚 4.6 m，$\sigma_0=140$ kPa。

地基处理参数见表 3-9。DK190＋152.80 断面桩径 0.5 m，正方形布置，碎石垫层 0.6 m，垫层内夹铺两层单向土工格栅。格栅网眼尺寸如图 3-18 所示。

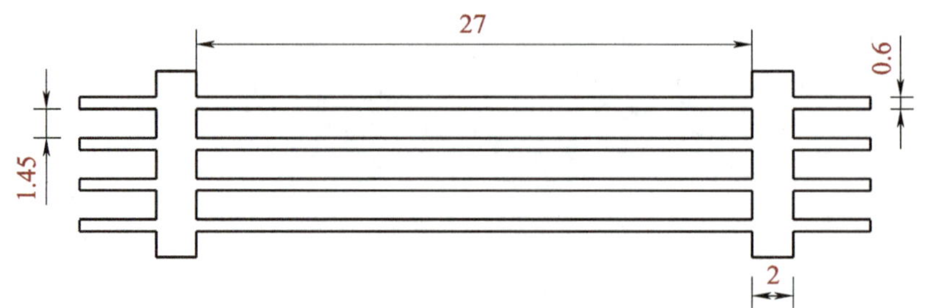

图 3-18　李窑试验段格栅网眼尺寸(单位:cm)

格栅应变取为 1%～5%,竖向荷载引起的格栅拉力为 3.7～33.5 kN/m,计算桩间土应力小于实测。计算结果见表 3-10。

表 3-9　1#断面 DK190+152.80 路肩之间基本参数

桩间距/m	桩帽(桩径)/m	深度/m	地基分层/m、模量/MPa	路基高度/m
1.7	1.0	23.4	粉质黏土 12.3、5 粉砂 1.2、8.3 粉质黏土、粉土 7.4、9.4	6.5+3.5

表 3-10　1#断面 DK190+152.80 计算结果

桩间土应力/kPa		桩顶应力/kPa		计算竖向荷载引起格栅拉力/($kN \cdot m^{-1}$)				边坡推力引起/($kN \cdot m^{-1}$)
实测	计算	实测	计算	计算应变 1%	计算应变 2%	计算应变 3%	计算应变 5%	
60～67.6	27.5	383～454	754.4	33.5	18.0	11.1	3.7	18.5

6. 徐沪凤阳试验段

试验工点位于安徽省滁州市凤阳县刘府镇内。试验段地貌属淮河二级阶地,地形平坦,地势开阔,多辟为水田,地表水系较发育。地层及其特性如下:黏土,软～硬塑,厚 5.4～7.6 m,基水承载力 $\sigma_0=160$ kPa,主要物理力学指标:含水率 $w=25.41\%$,土体容重 $\gamma=19.6$ kN/m^3,孔隙比 $e=0.77$,不排水强度 $C_u=52.15$ kPa,不排水内摩擦角 $\varphi_u=17.60°$,压缩系数 $a_v=0.31$,压缩模量 $E_{s_{0.1-0.2}}=6.49$ MPa;黏土,$\sigma_0=200$ kPa,主要物理力学指标:$w=23.96\%$,$\gamma=20.0$ kN/m^3,$e=0.71$,$C_u=69.87$ kPa,$\varphi_u=18.57°$,$a_v=0.18$,$E_{s_{0.1-0.2}}=10.30$ MPa;全风化角闪岩(Pt1z),$\sigma_0=250$ kPa;强风化角闪岩(Pt1z),$\sigma_0=500$ kPa;弱风化角闪岩(Pt1z),$\sigma_0=800$ kPa。

地基处理参数见表 3-11～表 3-13,格栅网眼尺寸如图 3-19 所示。均设碎石垫层 0.6 m,一层土工格栅。计算结果见表 3-14～表 3-16,格栅应变分别取为 1%和 0.5%,竖向荷载引起的格栅拉力在 4.8～50.5 kN/m 之间,计算桩间土应力小于实测。

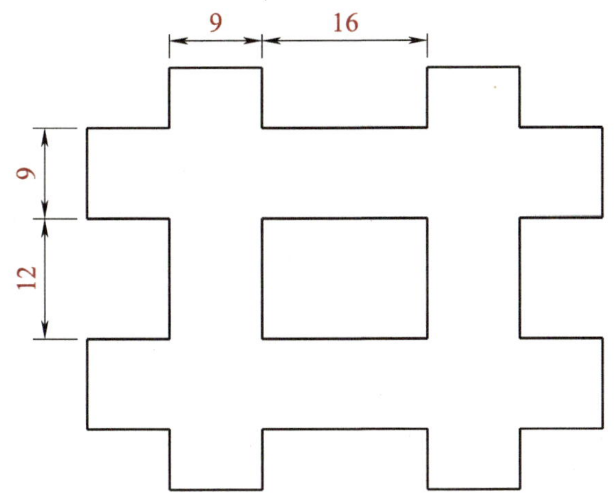

图 3-19　凤阳试验段格栅网眼尺寸(单位:mm)

表 3-11　1#断面 DK854+700 路肩之间基本参数

桩间距/m	桩帽(桩径)/m	深度/m	地基分层/m、模量/MPa	路基高度/m
1.8	1.0	10	软-硬黏土 6.5、6.4 硬黏土 9.1、9.2	4.5+3.0

表 3-12　2#断面 DK854+800 路肩之间基本参数

桩间距/m	桩帽(桩径)/m	深度/m	地基分层/m、模量/MPa	路基高度/m
1.8	1.0	16	软-硬黏土 6.8、6.4 硬黏土 8.5、9.2	4.7

表 3-13　3#断面 DK854+936.5 路肩之间基本参数

桩间距/m	桩帽(桩径)/m	深度/m	地基分层/m、模量/MPa	路基高度/m
2.0	1.1	16	软-硬黏土 7.2、6.4 硬黏土 7.9、9.2	4.5

表 3-14　1#断面 DK854+700 计算结果

桩间土应力/kPa		桩顶应力/kPa		计算竖向荷载引起格栅拉力/(kN·m^{-1})		边坡推力引起/(kN·m^{-1})
实测	计算	实测	计算	计算应变 1%	计算应变 0.5%	
51~70	27.2	302	626.7	24.7	50.5	55.4

表 3-15　2#断面 DK854+800 计算结果

桩间土应力/kPa		桩顶应力/kPa		计算竖向荷载引起格栅拉力/(kN·m^{-1})		边坡推力引起/(kN·m^{-1})
实测	计算	实测	计算	计算应变1%	计算应变0.5%	
43～51	20.0	167	383.6	7.4	26.5	21.8

表 3-16　3#断面 DK854+936.5 计算结果

桩间土应力/kPa		桩顶应力/kPa		计算竖向荷载引起格栅拉力/(kN·m^{-1})		边坡推力引起/(kN·m^{-1})
实测	计算	实测	计算	计算应变1%	计算应变0.5%	
64～65	20.8	205	368.9	4.8	27.3	19.9

第四章　桩网结构路基关键技术参数

第一节　数值仿真前期工作

以有限元法为代表的数值分析方法，可以模拟桩网结构的物理几何特性和多种工况，避免模型尺寸、形状、荷载、参数等限制，并可以模拟试验室和现场难以达到的试验条件和试验方案，使试验结果能够真实反映某种规律和机理。

通过ABAQUS有限元软件建立桩网结构路基的三维模型，对其在多种工况条件下的工作性状进行数值模拟，分析桩间土模量、下卧层模量、格栅模量、桩间距、桩帽尺寸和填土高度等关键参数对路基土拱效应的影响。

模型分别建立持力层、桩间土、桩(及桩帽)、碎石、格栅、路基本体、基床底层和基床表层共8种结构单元。桩(及桩帽)和路基采用弹性模型，地基土采用Mohr-Coulomb非线性模型，碎石采用Drucker-Prager非线性模型，格栅采用膜单元模型。

取格栅厚度为0.002 m，令抗拉强度的80%作为10%应变的线拉力，进而转化为弹性模量，加筋网垫中格栅膜单元与碎石之间的接触关系采用界面约束方法实现。建立桩侧与桩间土之间面面接触对的接触关系，采用库仑摩擦理论实现接触行为，通过摩擦系数来表征摩擦特性，取桩土摩擦系数$\mu'=0.3$。同时，模型建立桩底与持力层、桩顶与垫层、持力层与桩间土、桩间土与网垫、网垫与路基本体、路基本体与基床底层、基床底层与基床表层等不同性质结构之间的变形协调关系。

计算过程中进行分步模拟，平衡地基和桩的初始地应力后，通过施加网垫、路基本体、基床底层、基床表层及轨道列车荷载(换算土柱，土柱宽3.4 m，高2.9 m，容重19 kN/m^3)共5次分级加载进行模拟。

模型计算参数见表4-1和表4-2。桩径d为0.5 m，桩间距s分别为1.5 m、2.0 m和2.5 m，桩帽尺寸a分别为0.5 m、1.0 m和1.5 m，正方形布置，格栅2层，间距0.4 m，距碎石垫层上下面0.1 m。

表 4-1　桩、格栅、路基与垫层物理力学参数

项　　目	厚度 h/m	容重 γ/(kN·m^{-3})	弹性模量 E/MPa	泊松比 μ
基床表层	0.4	20	180	0.3
基床底层	2.3	20	110	0.3
路基本体	4.9	19.5	80	0.3
桩、桩帽	10	23	20 000	0.167
格栅	抗拉强度 20 kN/m、60 kN/m、80 kN/m			

表 4-2　地基土物理力学参数

项目	厚度 h/m	容重 γ/(kN·m^{-3})	弹模 E/MPa	泊松比 μ	摩擦角 φ/°	粘聚力 c/kPa
碎石	0.6	20	100	0.3	30	0
桩间土	10	18	2、10、30、50	0.3	15	10
持力层	10	19	50、100、200、1 000	0.3	25	25

桩间距 s=2.5 m、桩帽尺寸 a=1.5 m 时，施加 5 级荷载后模型各结构主应力和竖向应力典型云图如图 4-1 和图 4-2 所示，在桩间土位置向上对应的碎石垫层与路基本体下部的竖向应力较小，桩顶向上对应位置的应力较大，存在明显的应力集中现象；路基中心附近的桩身竖向应力较边坡处应力大；浅层桩间土应力相对较小，桩底持力层应力较大。

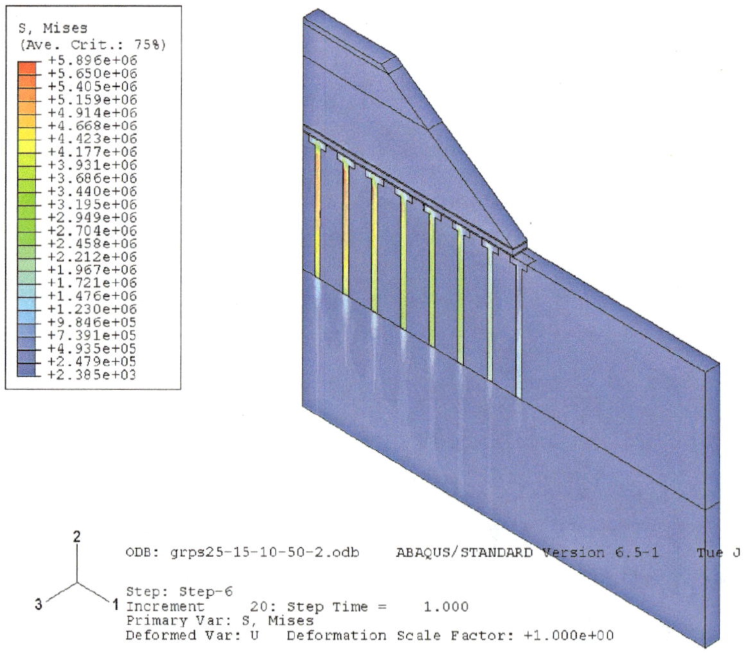

图 4-1　模型主应力典型云图(s=2.5 m,a=1.5 m)

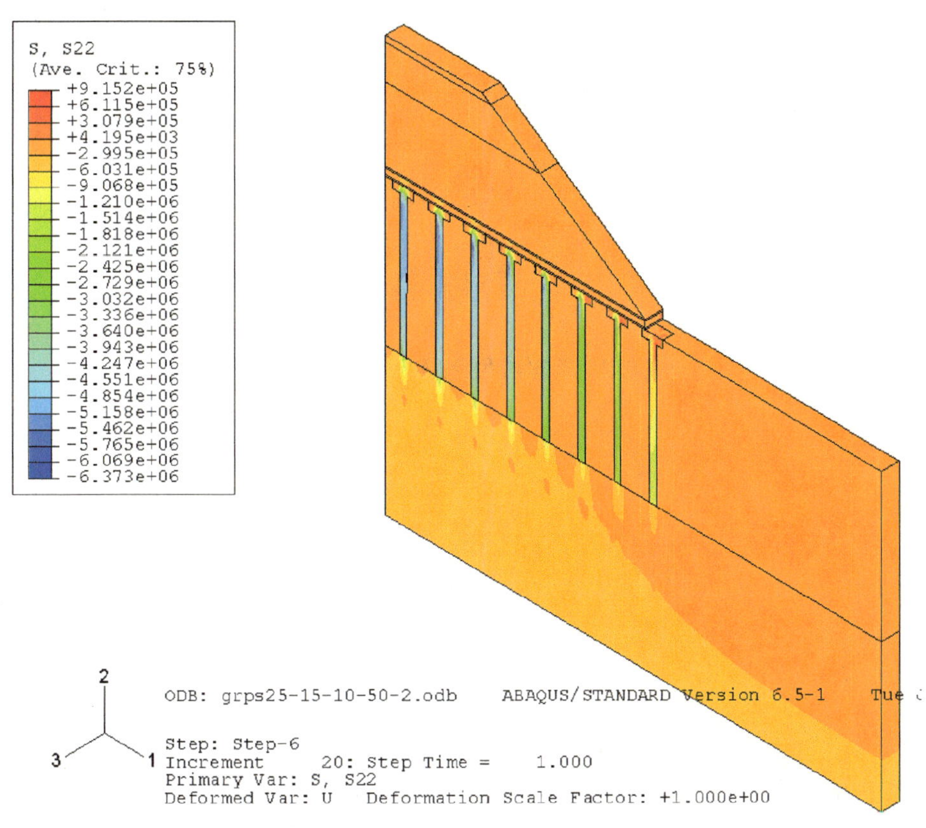

图 4-2　模型竖向应力典型云图(s=2.5 m,a=1.5 m)

桩网支承结构成拱效应主要体现在路基本体,s=2.5 m、a=1.5 m 时,路基本体竖向应力典型云图如图 4-3 和图 4-4 所示,路基中心处竖向应力较大,边坡处较小。从图中可知,本体底部存在明显应力集中现象,桩顶对应上方应力较大,桩间土对应上方应力较小,路基中心处最显著,这是由于路基存在坡度和最后一级土柱荷载作用位置靠近路基中心造成的。

图 4-3　路基本体竖向典型云图　(s=2.5 m,a=1.5 m)

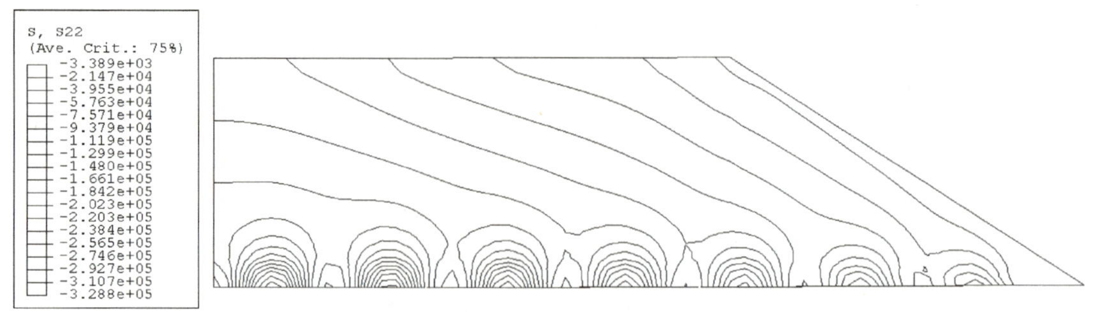

图 4-4　路基本体竖向典型云图(s=2.5 m,a=1.5 m)

第二节　桩 土 应 力

桩网结构路基中垫层结构及路基本体底部处产生应力集中形成土拱效应是最为关注的问题之一,应力集中程度与持力层模量 C、软土层模量 S、格栅模量 G 以及路基高度具有直接关系。图 4-5 为桩间距 s=2.5 m、桩帽尺寸 a=1.0 m 在 C=50 MPa, S=10 MPa, G=80 MPa 和填筑荷载条件下桩顶形心横断面竖向应力计算结果。总体上,格栅模量增大,桩顶应力增大,桩间土应力减小,但对竖向应力影响程度最小;持力层模量增大,桩顶应力增大,桩间土应力减小,竖向应力受持力层模量影响较大;软土层模量增大,桩顶应力减小,桩间土应力增大,应力受软土层模量影响较大。对于其他 s 和 a 条件下的竖向应力具有相同变化趋势。

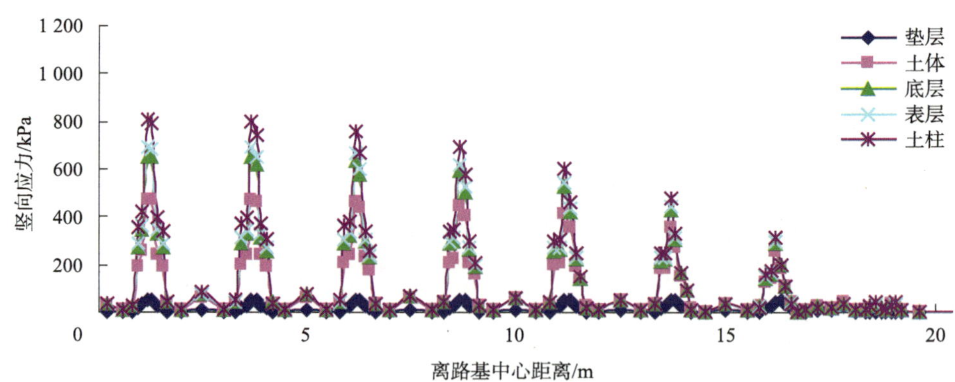

图 4-5　桩顶形心横断面竖向应力(C=50 MPa, S=10 MPa, G=80 MPa)

图 4-6 和图 4-7 为 s=2.5 m,a=0.5 m 时桩顶形心横断面桩顶和桩间土平面应力随持力层模量变化情况,桩顶应力随持力层模量增大而增大,桩间土应力

随持力层模量增大而减小；图 4-8 和图 4-9 为应力随软土层模量变化情况，桩顶应力随软土层模量增大而减小，桩间土应力随软土层模量增大而增大；图 4-10 和图 4-11 为应力随格栅模量变化情况，格栅模量增大，桩顶应力增大，桩间土应力减小，但变化幅度不大。

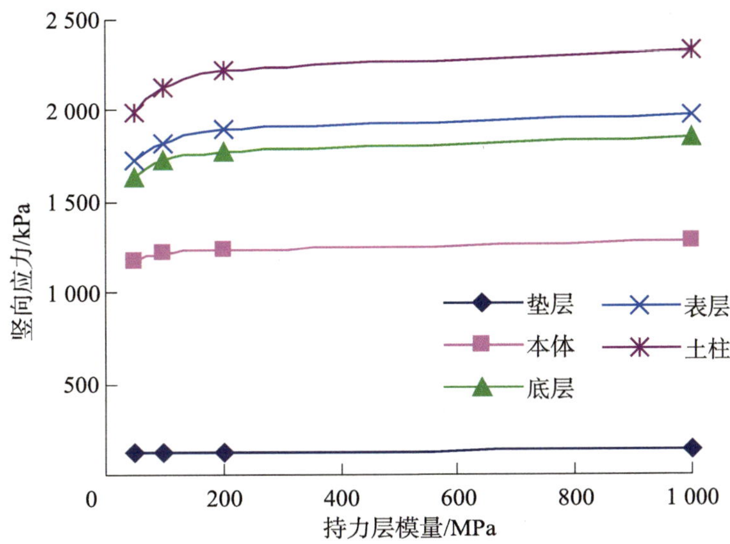

图 4-6　桩顶应力与持力层模量（$s=2.5$ m，$a=0.5$ m）

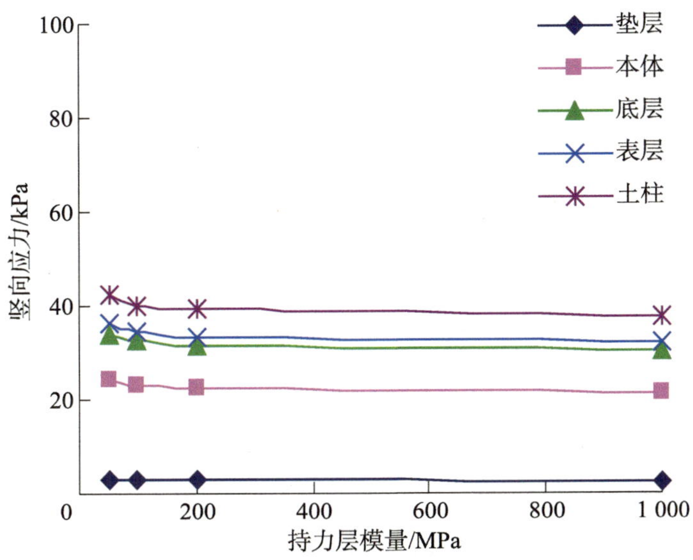

图 4-7　桩间土应力与持力层模量（$s=2.5$ m，$a=0.5$ m）

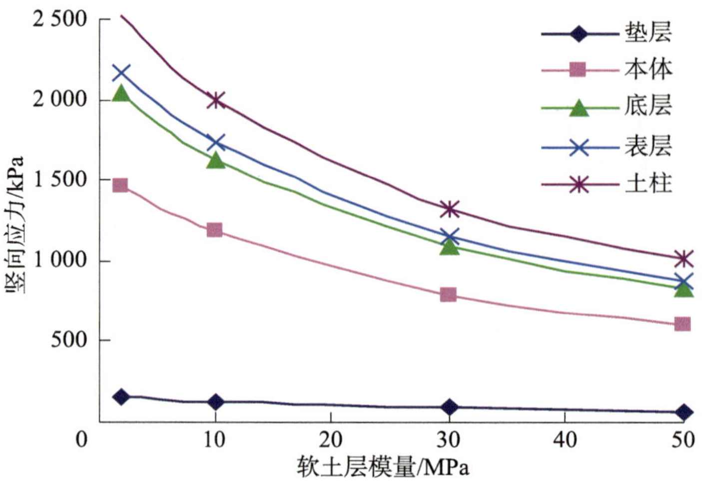

图 4-8　桩顶应力与软土层模量($s=2.5$ m,$a=0.5$ m)

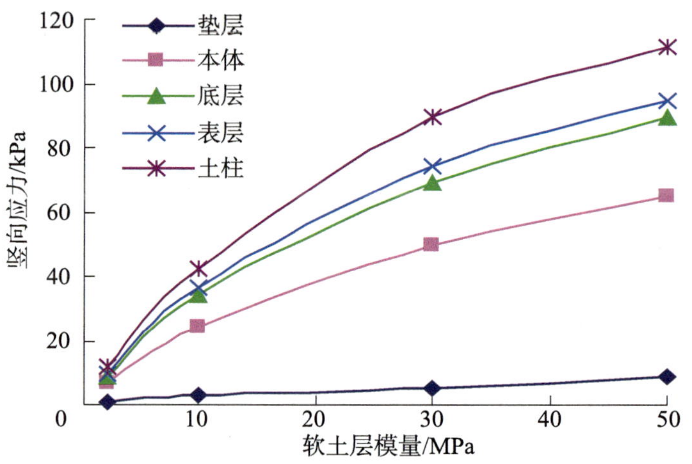

图 4-9　桩间土应力与软土层模量($s=2.5$ m,$a=0.5$ m)

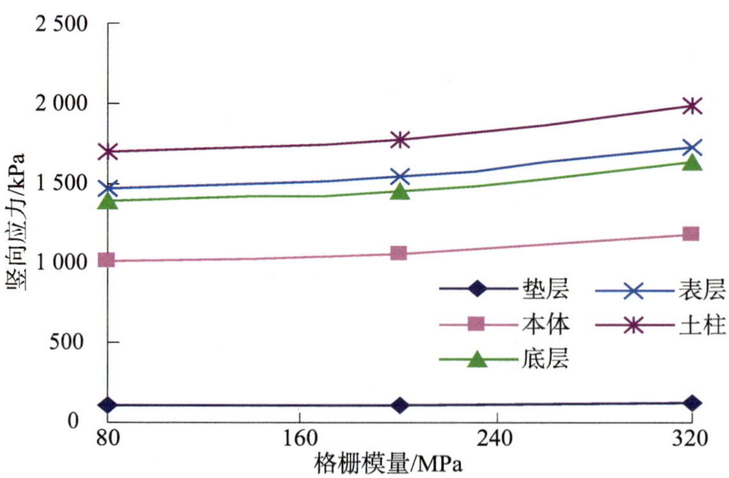

图 4-10　桩顶应力与格栅模量($s=2.5$ m,$a=0.5$ m)

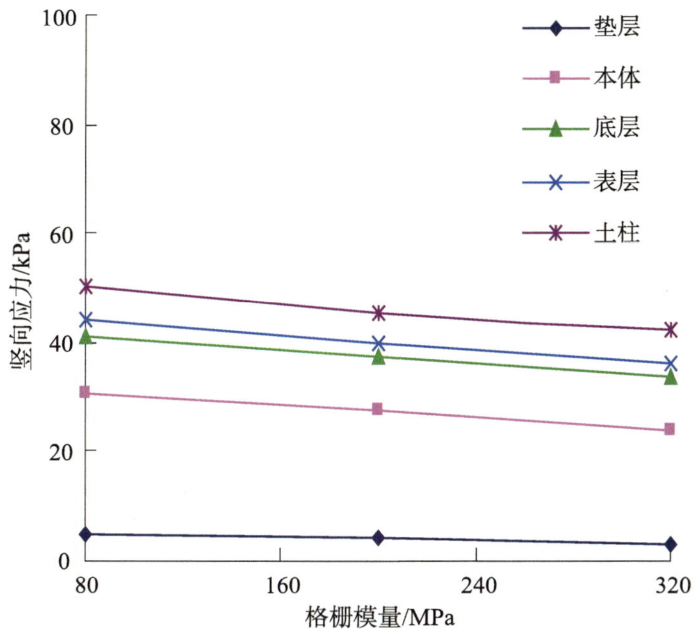

图 4-11　桩间土应力与格栅模量($s=2.5$ m，$a=0.5$ m)

汇总 $C=50$ MPa、$S=10$ MPa 和 $G=320$ MPa 桩顶和桩间土竖向应力在不同置换率(即不同桩间距和桩帽尺寸)条件下的结果如图 4-12 和图 4-13 所示。总体上，桩顶和桩间土竖向应力几乎随置换率增大而减小。

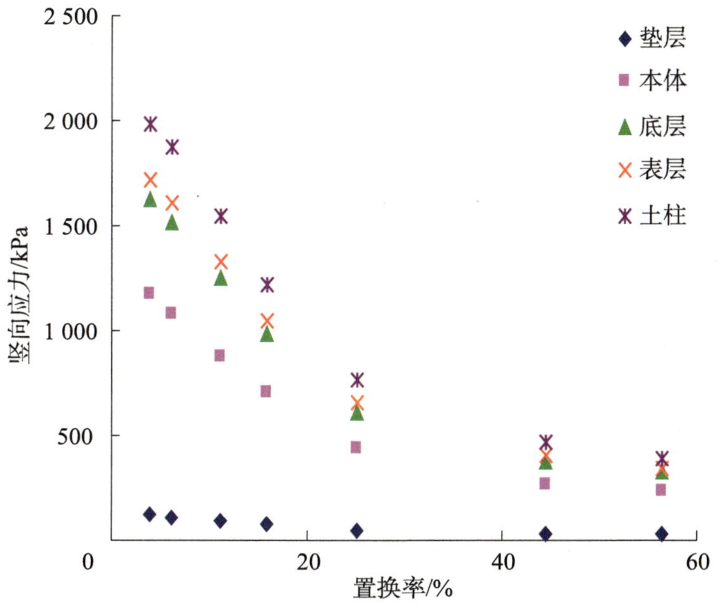

图 4-12　桩顶竖向应力与置换率

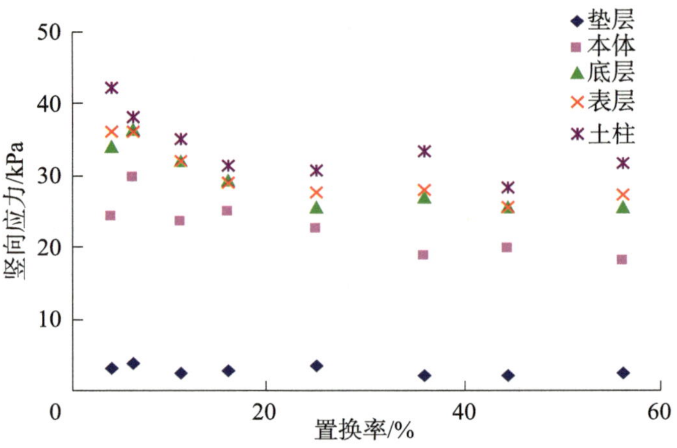

图 4-13　桩间土竖向应力与置换率

第三节　路基本体底部应力

图 4-14 和图 4-15 为 $s=2.0$ m，$a=1.5$ m 时路基本体底部桩顶和桩间土对应位置的平均应力随持力层模量变化情况，本体底部应力相比垫层下的桩顶位置处应力相对偏小，相比垫层下的桩间土位置处应力相对偏大，变化趋势与垫层下的桩土应力较为一致。图 4-16 和图 4-17 为本体底部平均应力随软土层模量变化情况，本体应力相比垫层下桩顶应力偏小，相比垫层下桩间土应力偏大，变化趋势与垫层下的应力较为一致。图 4-18 和图 4-19 为本体底部应力随格栅模量变化情况。

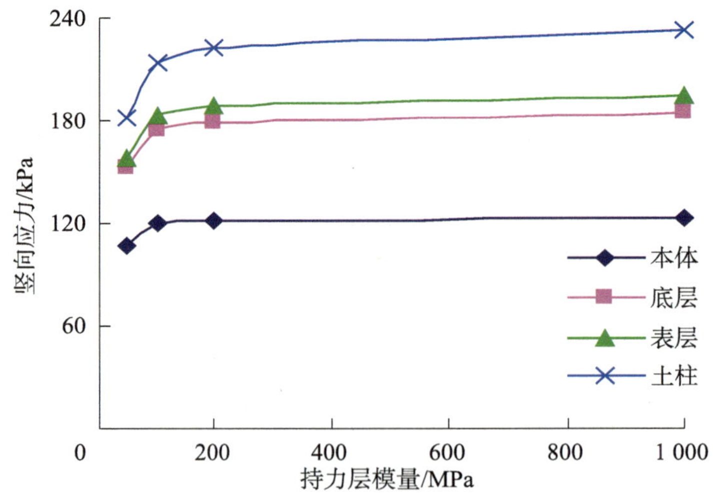

图 4-14　桩顶位置处对应本体底部应力与持力层模量（$s=2.0$ m，$a=1.5$ m）

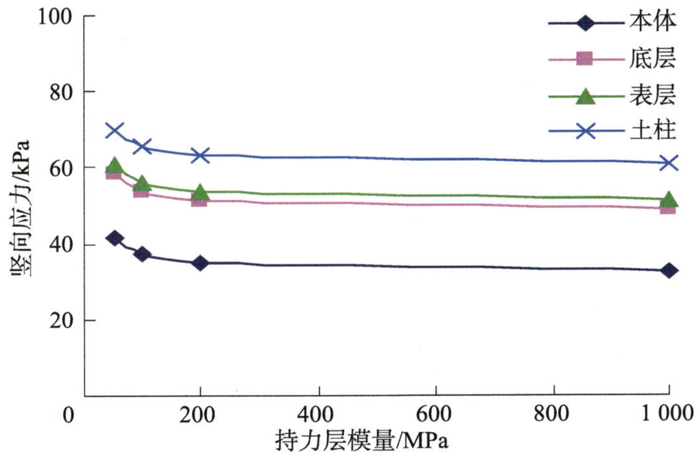

图 4-15　桩间土位置处对应本体底部应力与持力层模量(s=2.0 m,a=1.5 m)

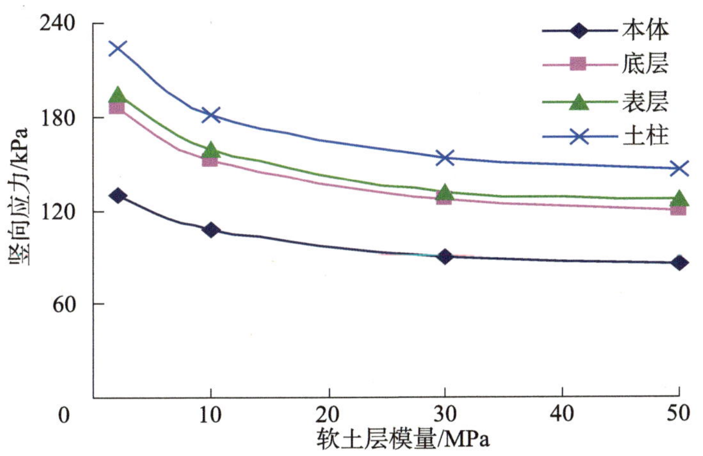

图 4-16　桩顶位置处对应本体底部应力与软土层模量(s=2.0 m,a=1.5 m)

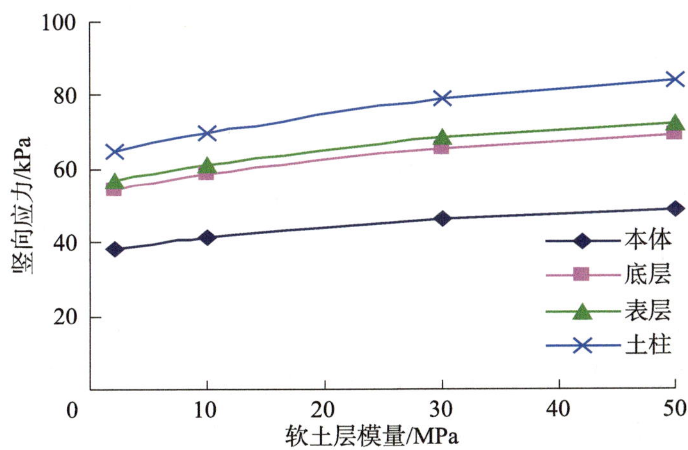

图 4-17　桩间土位置处对应本体底部应力与软土层模量(s=2.0 m,a=1.5 m)

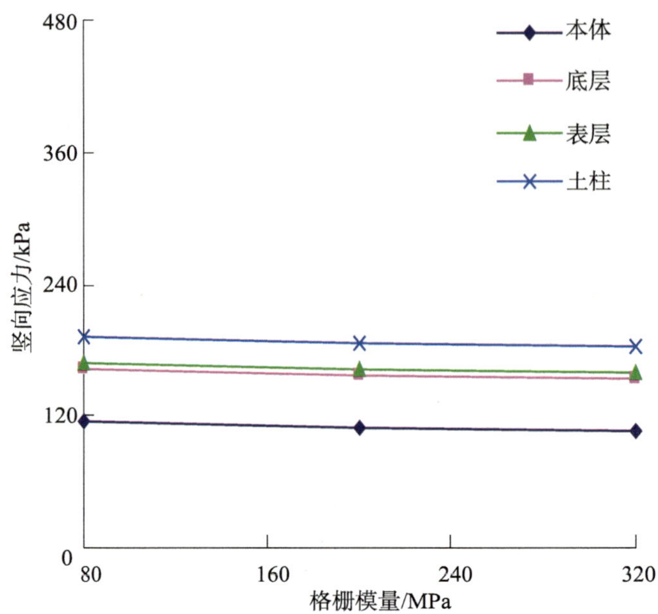

图 4-18　桩顶位置处对应本体底部应力与格栅模量(s=2.0 m,a=1.5 m)

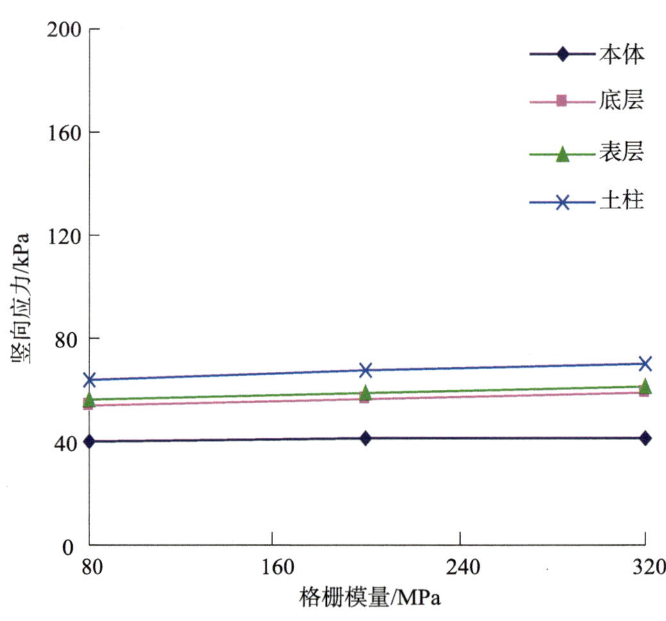

图 4-19　桩间土位置处对应本体底部应力与格栅模量(s=2.0 m,a=1.5 m)

汇总 C=50 MPa、S=10 MPa 和 G=320 MPa 桩顶和桩间土位置对应本体底部应力在不同置换率(即不同桩间距和桩帽尺寸)条件下的结果如图 4-20 和图 4-21 所示,应力随置换率的增加而减小。

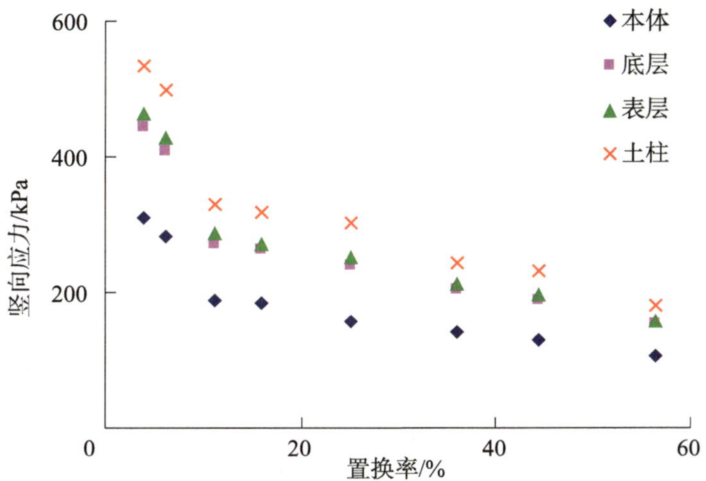

图 4-20　桩顶位置对应本体底部应力与置换率

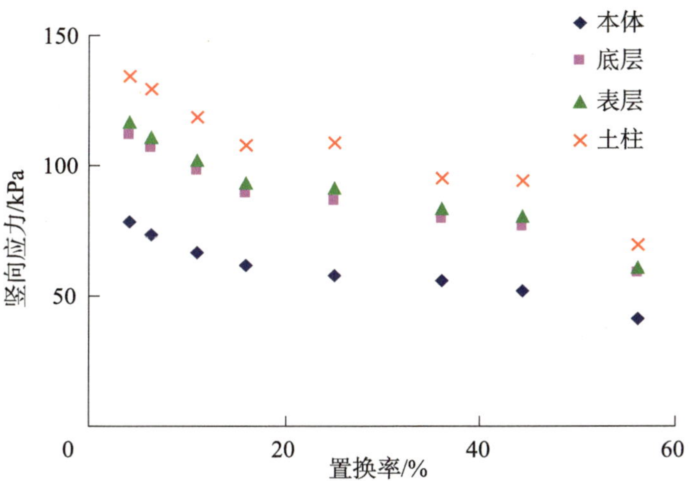

图 4-21　桩间土位置对应本体底部应力与置换率

第四节　加筋网垫承担的应力

相应于桩间土位置的路基本体底部荷载经过加筋网垫向下传递分为两部分，一部分直接向下传递，由桩间土承担，另一部分由网垫传递至桩帽，由桩承担。因此，加筋网垫实际承担的应力为本体底部应力与桩间土应力之间的差值。图 4-22～图 4-24 为 $s=2.0$ m，$a=1.0$ m 时网垫承担的平均应力随持力层模量、软土层模量和格栅模量变化情况，变化趋势与桩间土应力相反。特别说明的是，随着桩间土模量的增加，尽管桩间土应力和本体底部应力均有不同程度的增长，但桩间土应力增长速率大于本体底部应力增长速率，从而使网垫承担的应力减小。

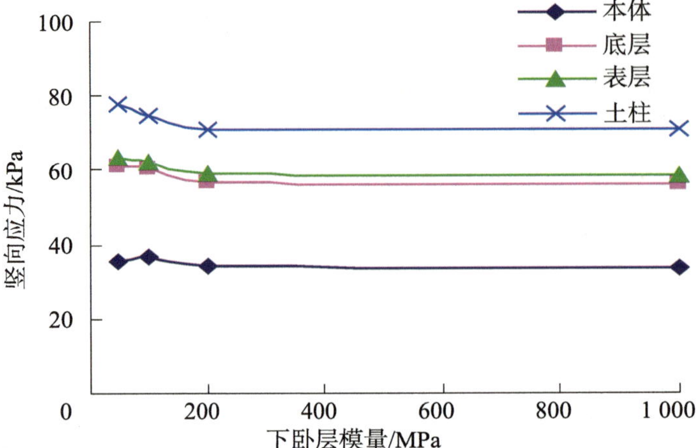

图 4-22　网垫承担应力与持力层(s=2.0 m,a=1.0 m)

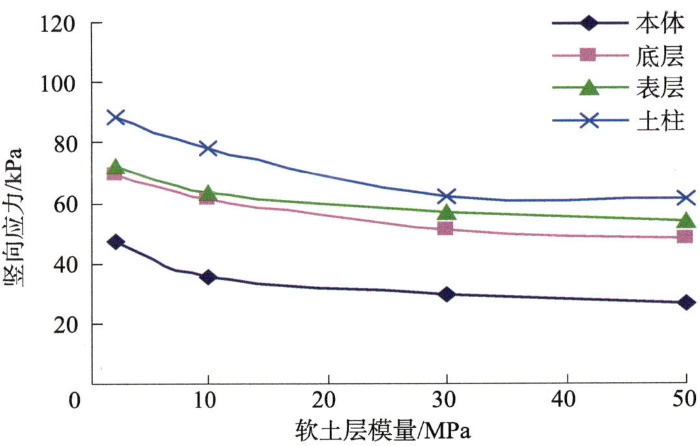

图 4-23　网垫承担应力与软土层(s=2.0 m,a=1.0 m)

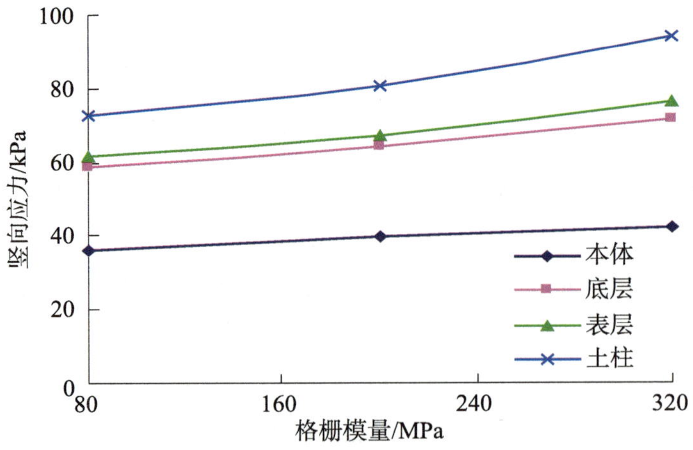

图 4-24　网垫承担应力与格栅(s=2.0 m,a=1.0 m)

汇总 C=50 MPa、S=10 MPa 和 G=320 MPa 网垫承担的平均应力在不同置换率(即不同桩间距和桩帽尺寸)条件下的结果如图 4-25 所示,应力随置换率增大而减小。

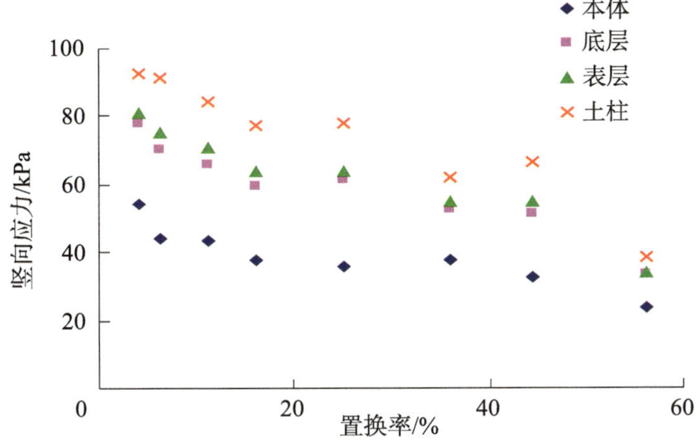

图 4-25　网垫承担应力与置换率

第五节　桩 土 荷 载

路基形成土拱后桩体承担更大荷载,加筋网垫又将部分荷载传递至桩顶,因而桩顶承担较大荷载,桩间土承担较小荷载。桩顶轴力即为桩及桩帽承担的竖向荷载,桩间土荷载即为桩所在单位面积范围内上覆总荷载与桩顶轴力之差。当 s=2.0 m、a=0.5 m 时,图 4-26～图 4-34 分别为桩顶轴力及其比例和桩间土荷载随持力层、软土层和格栅模量变化的计算结果。持力层模量增大,桩顶轴力增大,桩间土荷载减小;软土层模量增大,桩顶轴力减小,桩间土荷载增大;格栅

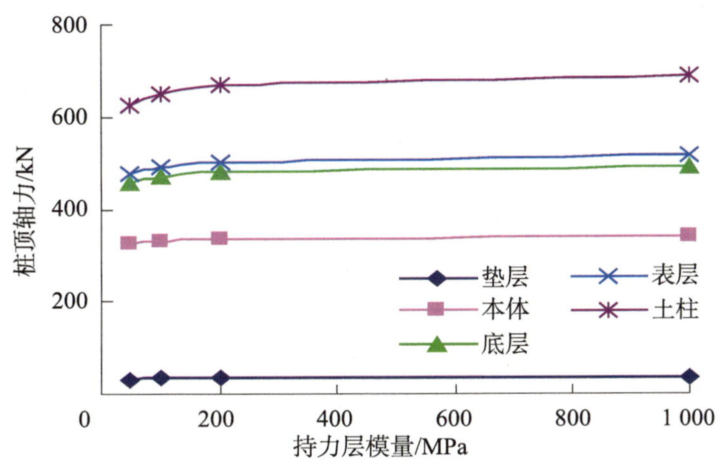

图 4-26　桩顶轴力与持力层模(s=2.0 m,a=0.5 m)

模量增大，桩顶轴力增大，桩间土桩顶荷载减小。

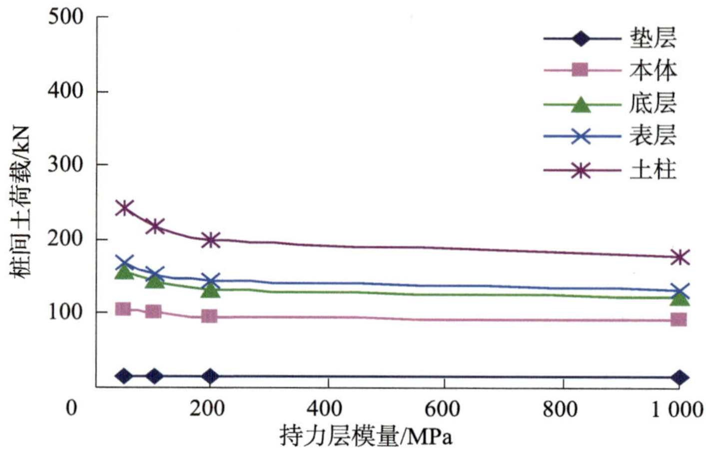

图 4-27　桩间土荷载与持力层(s=2.0 m,a=0.5 m)

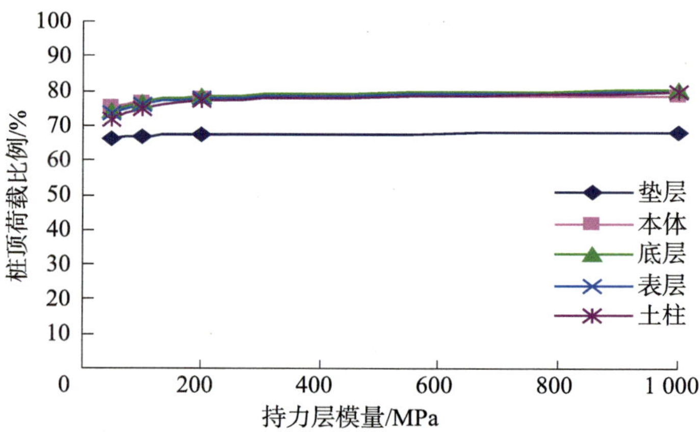

图 4-28　桩顶荷载比例与持力层(s=2.0 m,a=0.5 m)

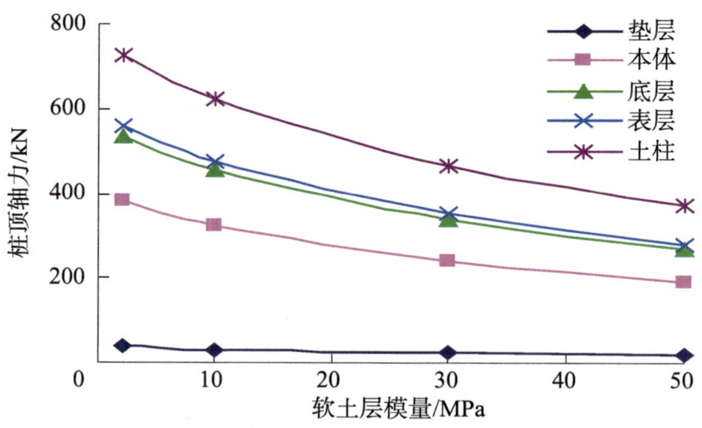

图 4-29　桩顶轴力与软土层(s=2.0 m,a=0.5 m)

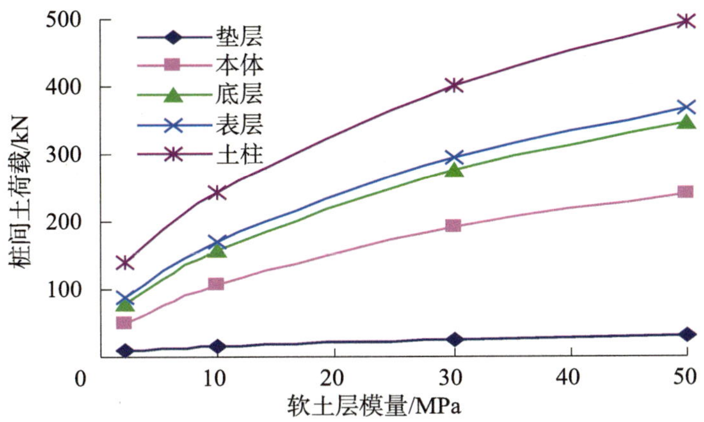

图 4-30　桩间土荷载与软土层(s=2.0 m,a=0.5 m)

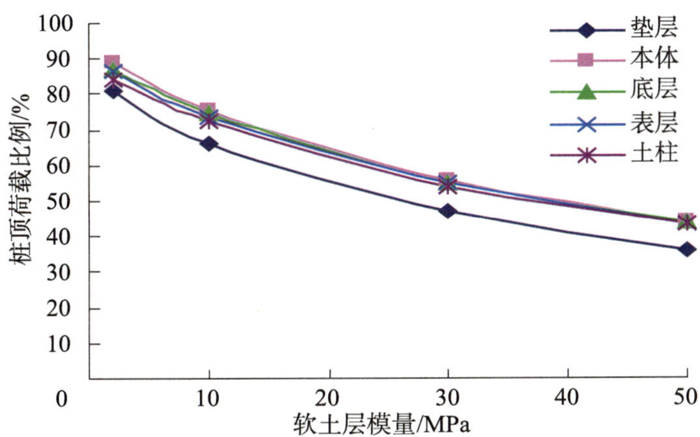

图 4-31　桩顶荷载比例与软土层(s=2.0 m,a=0.5 m)

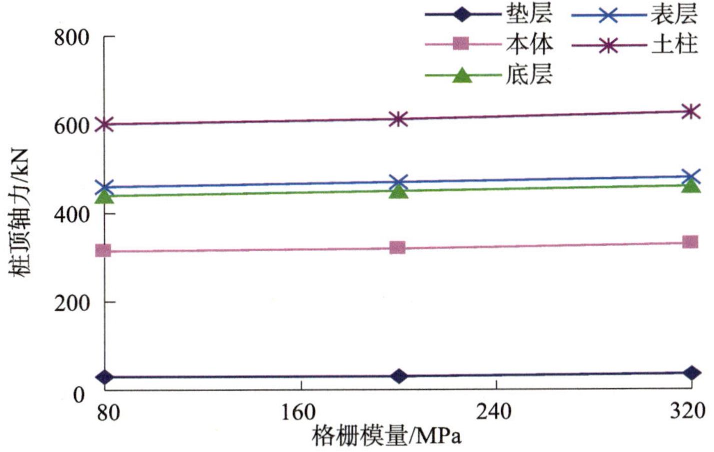

图 4-32　桩顶轴力与格栅模量(s=2.0 m,a=0.5 m)

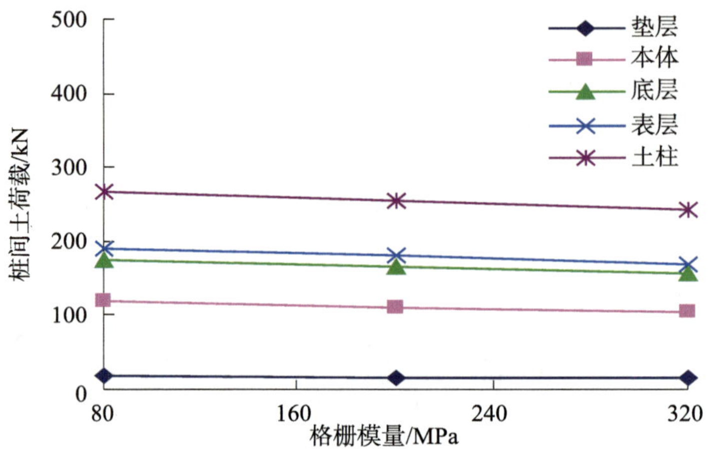

图 4-33　桩间土荷载与格栅模量(s=2.0 m,a=0.5 m)

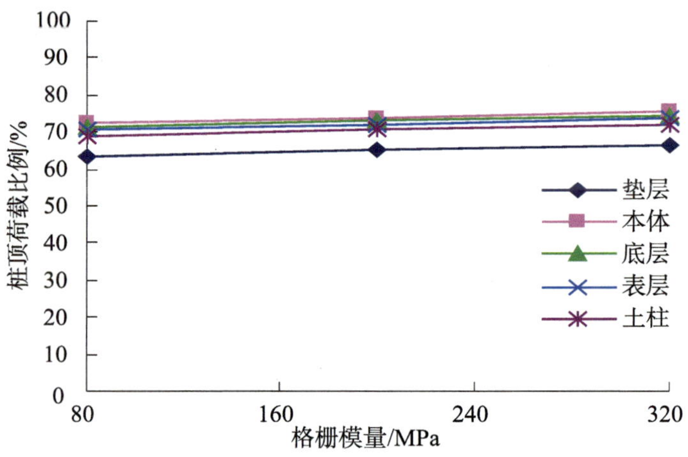

图 4-34　桩顶荷载比例与格栅模量(s=2.0 m,a=0.5 m)

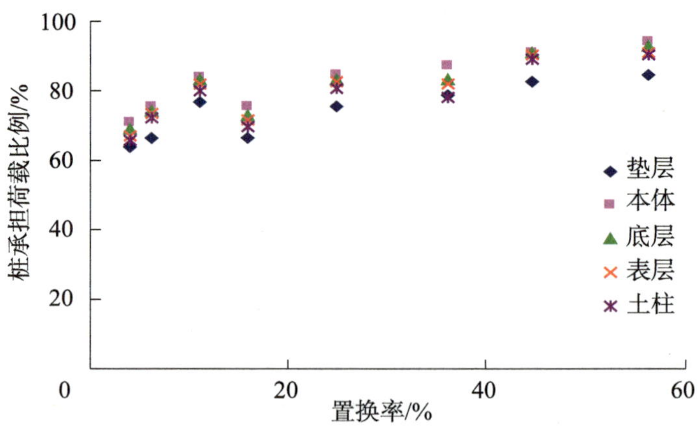

图 4-35　桩承担荷载比例与置换率

高速铁路桩网结构加筋网垫理论及应用

汇总 C=50 MPa、S=10 MPa 和 G=320 MPa 桩承担荷载比例在不同置换率(即不同桩间距和桩帽尺寸)条件下的结果如图 4-35 所示。总体上,桩承担荷载比例随置换率增大而增大。

第六节 加筋体受力变形

一、典型结果

对于双层格栅加筋网垫的桩网结构,s=1.5 m、a=0.5 m 时,下层(第二层)格栅竖向和横向应力典型云图如图 4-36 所示。相应于桩顶位置的格栅竖向应力较大,相应于桩间土位置的格栅竖向应力较小。水平横向应力则是在相应于桩顶外围位置的格栅横向应力相对较大。

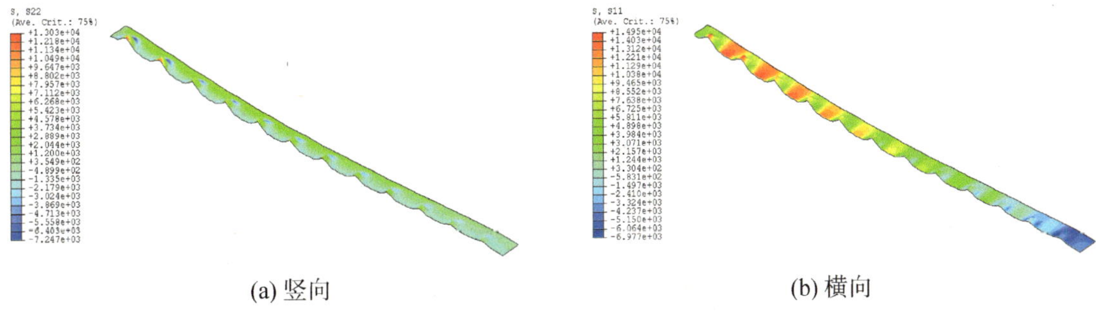

(a) 竖向　　(b) 横向

图 4-36　下层格栅应力典型云图(s=1.5 m,a=0.5 m)

上层(第一层)格栅的竖向和横向应力典型云图如图 4-37 所示。其受力变形特性与下层格栅基本类似,幅值偏小。

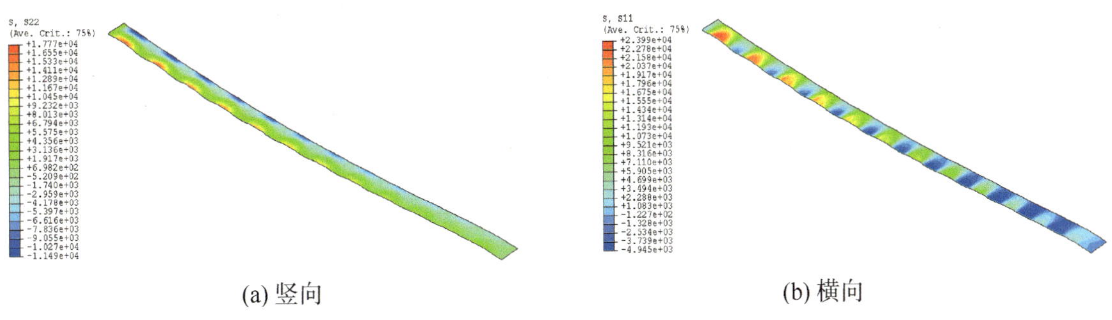

(a) 竖向　　(b) 横向

图 4-37　上层格栅应力典型云图(s=1.5 m,a=0.5 m)

s=1.5 m、a=0.5 m 时下层(第二层)格栅竖向和横向位移典型云图如图 4-38 所示。相应于桩顶位置的竖向位移相对较小,相应于桩间土位置的竖向位移相对较大，靠近路基中心附近竖向位移较大，边坡附近较小；路基中心附近横向位移较小，边坡附近横向位移较大。上层格栅的竖向和横向受力变形特性与第二层格栅基本类似，变形的幅值明显减小。其他参数条件下的受力变形趋势基本一致。

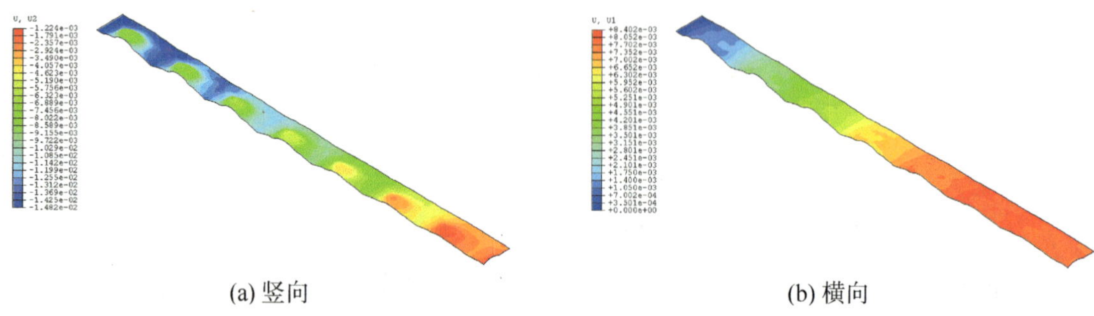

图 4-38 下层格栅竖向位移典型云图（s=2.5 m，a=1.5 m）

在桩顶形心连线横断面，s=1.5 m、a=0.5 m 时上下两层格栅的总位移矢量典型图如图 4-39 和图 4-40 所示。格栅变形后形状在横断面总体上表现为竖向位移矢量，呈现悬索形状，路基中心横向位移矢量为较小，逐渐远离路基中心，横向位移矢量逐渐增大，随着边坡附近竖向位移的减小，总位移量减小，但矢量方向向路基外侧倾斜。

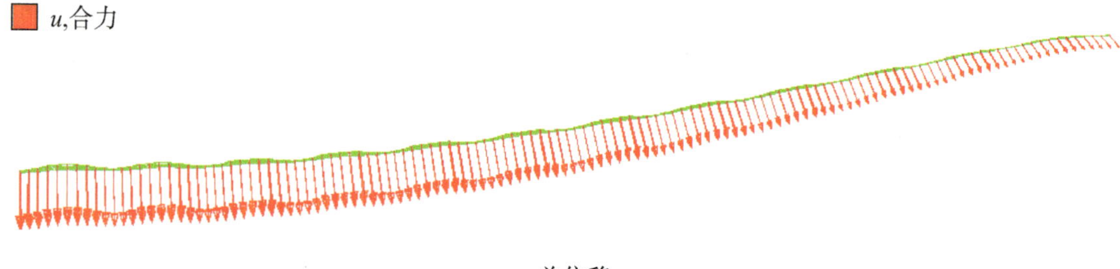

u—总位移。

图 4-39 上层格栅总位移矢量典型云图（s=1.5 m，a=0.5 m）

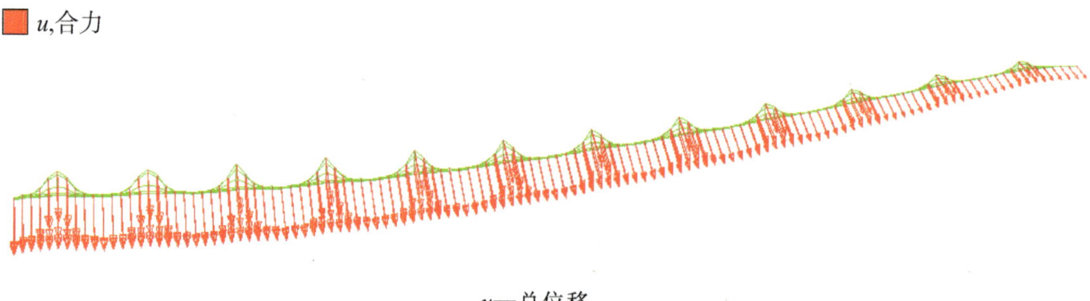

u—总位移。

图 4-40 下层格栅总位移矢量典型云图（s=1.5 m，a=0.5 m）

二、沉降变形

桩顶形心连线横断面沉降差异沉降显著，图 4-41 为桩间距 $s=2.5$ m、桩帽尺寸 $a=1.5$ m 在持力层模量 $C=50$ MPa、软土层模量 $S=10$ MPa、格栅模量 $G=80$ MPa 和填筑荷载条件下的沉降，对于其他 s 和 a 条件下的沉降具有相同变化趋势。总体上，总沉降受持力层模量影响最大，桩土差异沉降受软土层模量影响最大，格栅模量对沉降影响程度最小。

汇总持力层模量 $C=50$ MPa、软土层模量 $S=10$ MPa 和格栅模量 $G=320$ MPa 在不同桩间距 s 和桩帽尺寸 a 条件下桩间土和桩顶沉降结果分别如图 4-42 和图 4-43 所示。在较小置换率范围时，沉降随置换率增大而显著减小，在较大置换率范围时，沉降随置换率变化有所减小，变化幅度较小。

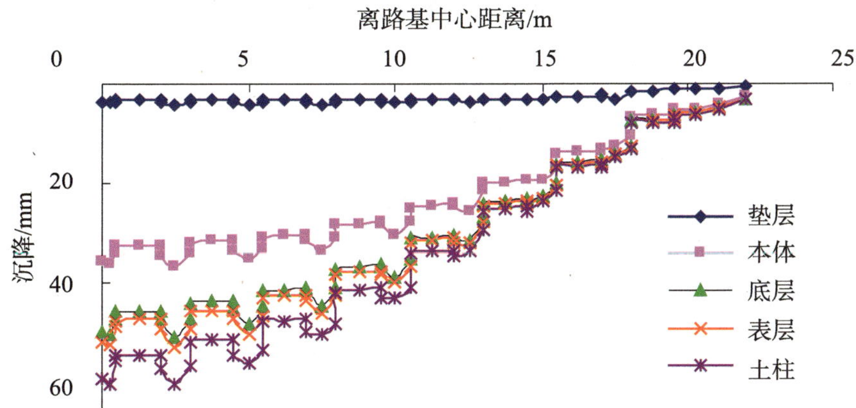

图 4-41　桩顶形心横断面沉降（$C=50$ MPa，$S=10$ MPa，$G=80$ MPa）

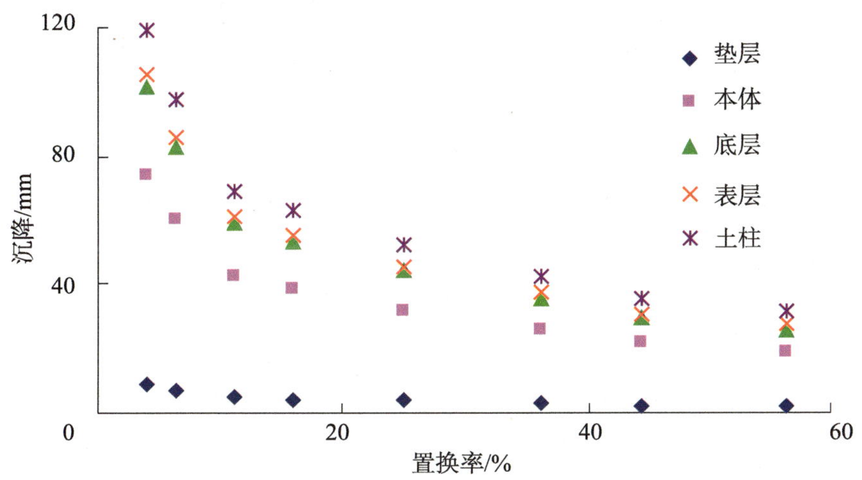

图 4-42　桩间土沉降随置换率变化

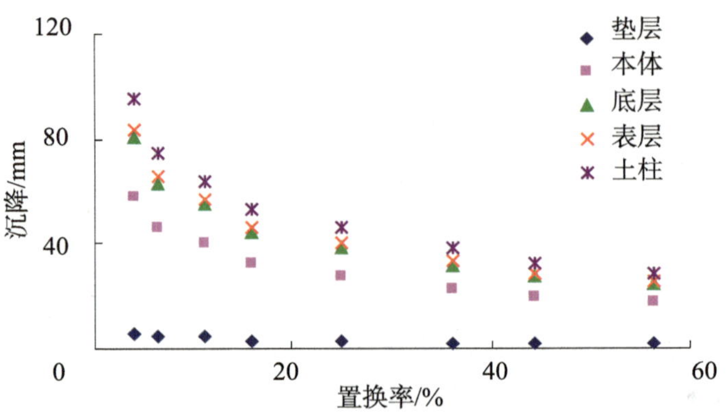

图 4-43　桩顶沉降随置换率变化

三、格栅拉力

设有格栅的加筋网垫传递部分上部荷载至桩顶，格栅产生一定拉力，对于 $s=2.5$ m、$a=1.0$ m 条件下，桩顶形心横断面下层格栅拉力在持力层模量 $C=50$ MPa、软土层模量 $S=2$ MPa 和格栅模量 $G=320$ MPa 时的计算结果如图 4-44 所示。桩顶应力大于桩间土，桩顶外边缘拉力最大，格栅拉力随持力层模量增大而略有减小，随软土层模量增大而减小，随格栅模量增大而增大。

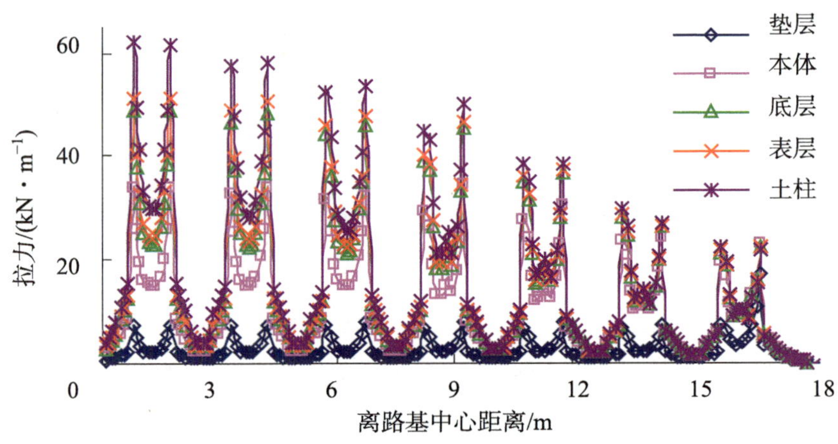

图 4-44　桩顶形心横断面下层格栅拉力

当 $s=2.5$ m、$a=1.5$ m 时，上下层格栅最大拉力随持力层、软土层和格栅模量变化的计算结果分别如图 4-46～图 4-51 所示，格栅拉力变化趋势与 $s=2.5$ m、$a=1.0$ m 条件一致。上层格栅拉力约为下层拉力的 0.7 倍，拉力随持力层模量增大而减小，随软土层模量增大而减小，随格栅模量增大而增大。

汇总 $C=50$ MPa、$S=10$ MPa 和 $G=320$ MPa 下层格栅拉力在不同置换率（即不同桩间距和桩帽尺寸）条件下的结果如图 4-45 所示。拉力随置换率增大而减小。

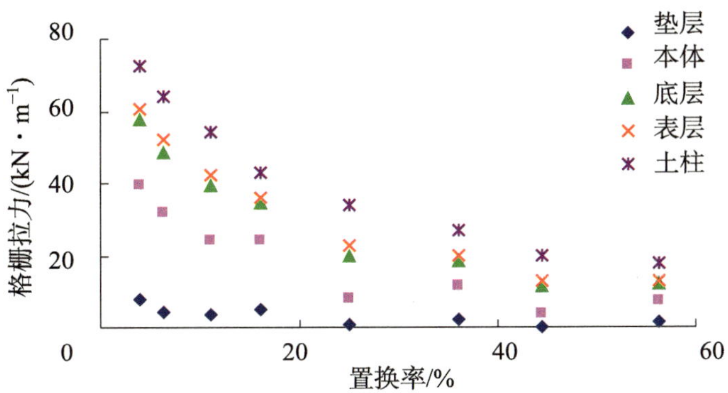

图 4-45　下层格栅最大拉力与置换率

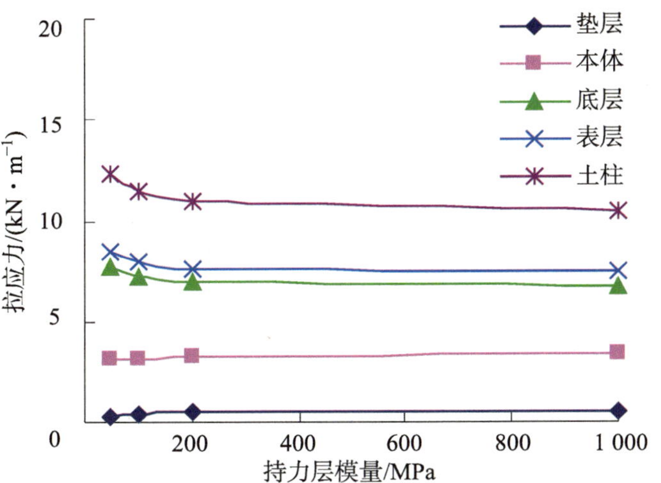

图 4-46　上层格栅最大拉力与持力层模量

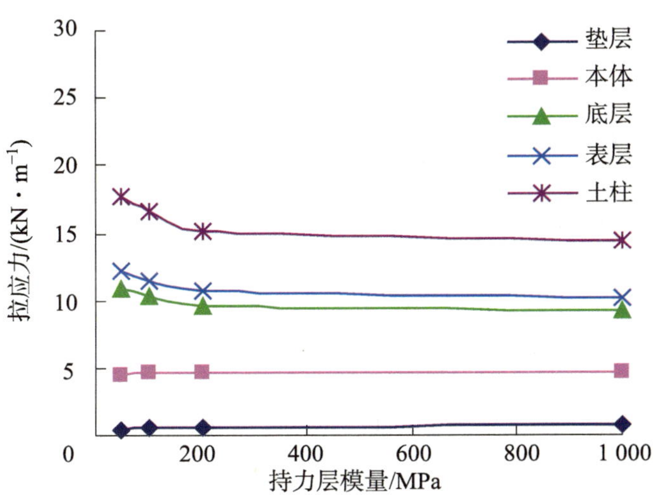

图 4-47　下层格栅最大拉力与持力层模量

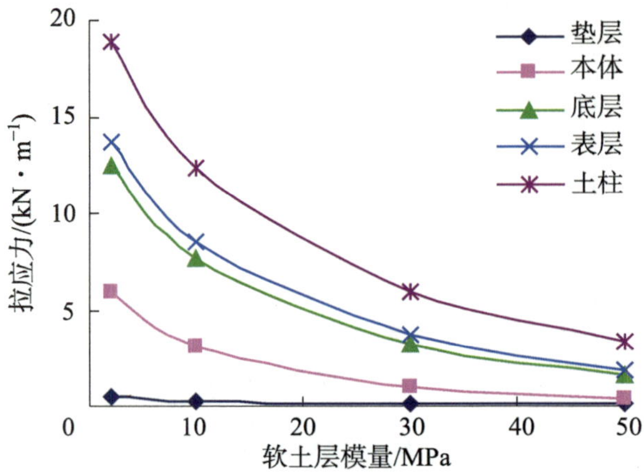

图 4-48 上层格栅最大拉力与软土层模量

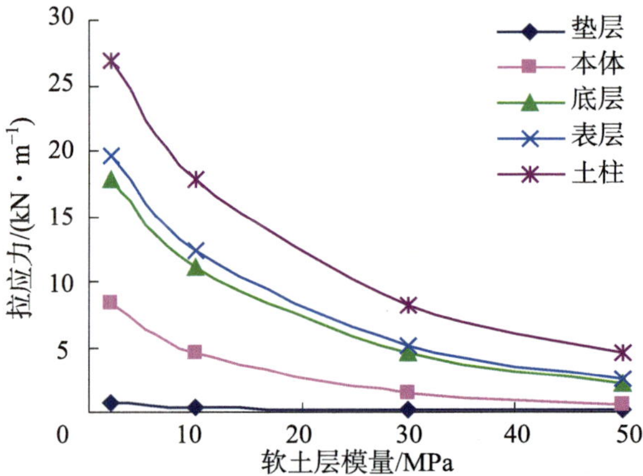

图 4-49 下层格栅最大拉力与软土层模量

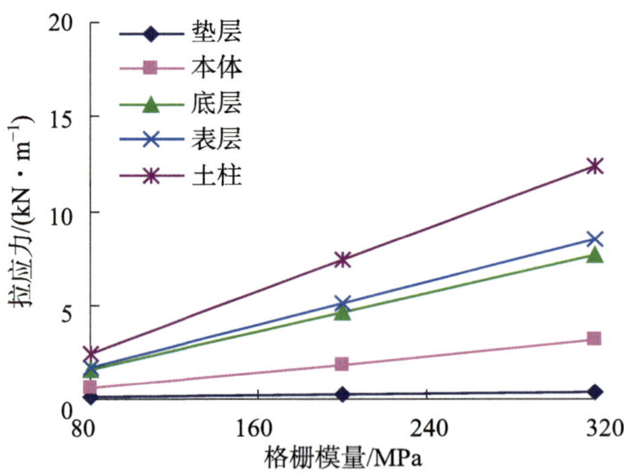

图 4-50 上层格栅最大拉力与格栅模量

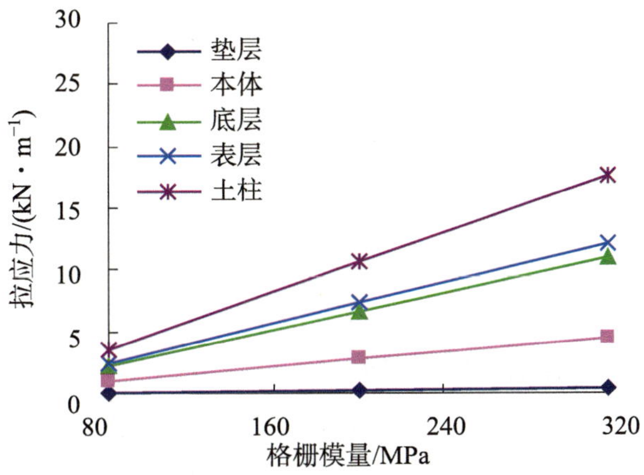

图 4-51　下层格栅最大拉力与格栅模量

第五章　桩网结构室内模拟试验

对于复合地基各组成部分相互作用的研究通常从理论和试验两个角度出发对其共同作用的机理展开分析，两者相辅相成。CFG桩复合地基的有关理论和作用机理进行深入研究时，现场试验具有无法比拟的优越性，比如试验结果符合工程实际、数据来源真实可靠等，但是也存在试验时间长、消耗人力物力大、受现场施工条件限制等不利因素。室内模拟试验是试验研究中的一个重要手段，模拟试验的可操控性强，对于影响因素多、作用机理复杂的研究对象，易于通过调整试验参数和改变试验条件而集中研究其中一项或几项因素，从而揭示工程问题的本质，因此长期以来模型试验是解决工程复杂问题的重要手段。国内外学者为确定复合地基中各单桩的受力性状及其整体极限承载性状做了较多室内和现场模拟试验，但针对刚性基础下的复合地基研究较多，柔性基础的研究较少，刚性基础和柔性基础下复合地基的荷载传递机理和破坏模式等方面均存在较大差异。目前，刚性基础下复合地基性状分析已有较为完善的理论和方法，而柔性基础下复合地基的理论研究相对还不成熟，且滞后于工程应用，而且工民建刚性基础下复合地基设计方法中的假设条件也不完全等同于铁路。目前铁路路基条件下，其垫层结构共有3种形式，包括加筋网垫、水泥土和混凝土板。英国BS8006、北欧手册、日本细则和德国规范这4个国外关于加筋网垫结构的设计方法存在一定的差异。

复合地基整体模型能较好模拟具体工况，但对其各关键组成结构很难详细、深刻模拟分析其作用机理，而单元结构模拟试验能够解决这个矛盾，以往关于加筋网垫复合地基结构的单元试验研究较少。对于加筋网垫复合地基结构，铁路路基荷载条件下复合地基的荷载传递包括以下方面：填土路基的土拱效应、网垫结构及加筋体荷载传递与变形、桩土相互作用以及下卧层的支承作用等，铁路路基柔性基础下的复合地基在这些方面的研究较少，本次模拟试验围绕这些方面的机理研究将有利于开展复合地基荷载传递和沉降变形特性研究，也是其重要组成部分。

本次室内模拟试验基于相似理论，建立合理的试验相似判据和相似条件，组装相应的模型试验箱，根据试验目的制备相应的试验材料，开展加筋网垫、边坡垫层、单桩、持力层单元试验和整体结构试验模拟高速铁路 CFG 桩复合地基各关键结构的受力变形机理，系统分析在铁路路基荷载条件下柔性基础垫层条件的复合地基中桩、土、网垫、路基之间相互作用特性，分析桩间距、桩帽尺寸、格栅模量、填土性质等关键参数对复合地基的影响特性，为建立 CFG 桩复合地基设计原则和计算方法提供参考。

第一节　相似体系建立

本次试验属于静力模型试验，其涉及的模拟问题是模拟原型的应力状态，主要分析路堤荷载作用下 CFG 桩复合地基中加筋网垫、边坡垫层、单桩和持力层等各关键结构的受力变形机理。

对于原型应力状态的模拟，必须要求满足模型与原型材料的应力-应变关系的相似性，或应力应变曲线的相似性。假设 σ_p 和 ε_p 分别代表原型材料的应力和应变，σ_m 和 ε_m 分别代表模型材料的应力和应变。则在达到同一应变水平的前提下，必须使两者的应力达到一定的比例，即 $\varepsilon_p=\varepsilon_m$ 且 $\sigma_p=C_\sigma\sigma_m$。本次模型试验将尽可能采用同原型路基相同的材料，所以在达到相同的应变水平时，必然有 $C_\sigma=1$，C_σ 为模型与原型的应力比。

采用量纲分析法只要求确定参加所研究现象的物理量，并明确量测这些量的单位系统的量纲，不要求建立现象的物理方程式。CFG 桩复合地基的受力变形问题属于比较复杂的物理现象，参与其中的物理量多，目前没有统一的经验方程描述，因此无法采用定律分析法和方程分析法，量纲分析法成为求相似判据的唯一方法。

量纲分析法的核心是写出量纲方程。根据已有研究成果，路基高度、垫层厚度、桩间距、桩帽尺寸、格栅模量、桩间土模量等参数对路基荷载作用下的复合地基受力变形来说是重要的因素，在量纲分析中不可忽略。在被决定量应力 σ 和沉降 S 当中，两者实际上都客观存在并且相互关联相互影响，在量纲分析中均予以采纳。

整体模型试验包含了所有单元试验的影响参量，其受力变形特性隐式关系式为

$$f(\sigma_1,\sigma_2,\sigma_3,\sigma_4,s_1,s_2,E_1,E_2,E_3,H_1,H_2,l)=0$$

式中符号含义见表 5-1。

根据量纲矩阵分析方法得到相似判据，5 个独立无量纲的大数为

$$\pi_1=\frac{\sigma_4}{\sigma_1},\pi_4=\frac{s_2}{s_1},\pi_6=\frac{E_1}{\sigma_1},\pi_8=\frac{H_1}{s_1},\pi_{10}=\frac{l}{s_1}$$

本次试验采用几何相似比 $C_L=1:6$，应力比 $C_\sigma=1:1$。

相似条件即模型试验所应遵守的相关准则，相似条件是现象相似的必要条件。试验设计时充分考虑试验系统的几何条件、边界条件、试验材料、荷载条件等方面的相似条件。

表 5-1　物理量和采纳情况

序　号	物理量	符　号	因　次	备　注
1	路基高度	H_1	L	采用
2	垫层厚度	H_2	L	采用
3	桩间距	S_1	L	采用
4	地基面沉降	S_2	L	采用
5	桩帽尺寸	l	L	采用
6	垫层模量	E_1	FL^{-2}	采用
7	格栅模量	E_2	FL^{-2}	采用
8	桩间土模量	E_3	FL^{-2}	采用
9	路基应力	σ_1	FL^{-2}	采用
10	格栅应力	σ_2	FL^{-2}	采用
11	地基土应力	σ_3	FL^{-2}	采用
12	上覆荷载	σ_4	FL^{-2}	采用
13	软土容重	γ_2	FL^{-3}	不用
14	软土含水率	w	无	不用
15	桩体压缩模量	E_4	FL^{-2}	不用

一、几何条件相似

因相似现象必定发生在几何相似的空间内，故模型中各个关键结构的几何形状和尺寸应与实际情况相似，主要是桩径、桩帽尺寸、垫层厚度、路基高度以及地基深度等几何相似比相等。模型中各结构的尺寸按照几何相似比 $C_L=1:6$ 进行制作。

二、边界条件相似

模型试验主要围绕 CFG 桩复合地基各关键结构受力变形特性进行模拟。对于路基中心处的加筋网垫、单桩和持力层试验而言，可以简化为纵向和横向均为平面应变问题。在平面应变的条件下，路基水平方向位移为零，剪应力为零，试验通过模型系统沿纵向和横向边缘的侧壁为相对刚性来满足平面应变条件，模型箱采用板厚为 0.01 m 的钢板，并由 $\phi=0.014$ m 圆钢进行加肋，为进一步减小箱壁摩擦，在模型箱内壁涂刷凡士林，并在其上再覆盖一层塑料薄膜。

对于边坡垫层试验而言，路基横向为柔性边界，在以往有关模型试验中通常通过设置柔性气囊或者其他办法满足这一条件，本次试验通过预留一定的边界宽度来满足这一条件。同时，将模型置于室内混凝土地面上作为底部边界条件。

对于加筋网垫和边坡垫层试验，格栅的边界条件对荷载传递具有很大影响，为模拟格栅在实际工作状态中处于边界固定的特点，试验中通过上下两根高强度锰钢夹条和若干高强螺栓对格栅固定(图 5-1)，试验后验证这种固定方式非常有效，可以没有摩擦地在槽箱内侧壁向下移动。

图 5-1　格栅的边界处理

三、试验材料相似

根据试验目的，对于主要材料尽可能采用与原型基本相同的介质，如碎石、格栅、填料及桩等，其中填料由砂土和黏性土两种，试验中不考虑地基排水固结。对于加筋网垫和边坡垫层试验，为使地基快速变形和减小重塑土性能差异，试验采用强度统一的塑料苯板作为地基土，桩体和桩帽分别采用钢管和钢板模拟刚性桩。对于单桩试验，采用直接浇筑的 CFG 桩。对作为路基填土的砂土和黏性土进行物理力学试验。

四、荷载条件相似

对于加筋网垫和边坡垫层试验，直接采用模拟路基作为加载介质，相对其他形式的加载方式而言，模拟路堤加载最能体现真实状况。路基高度超过可能土拱高度之后，其余荷载采用刚性板施加，加载方式采用逐级加载。

第二节　加筋网垫模拟试验

试验主要研究刚性桩条件下土拱效应和加筋网垫的作用机理。试验研究不同桩净距、格栅模量、格栅初始状态和填料性质等参数条件下桩土荷载分布、垫层上部路基和加筋网垫的受力变形特性。

一、试验装备与材料

1. 模型箱

模型箱由底板和槽箱两部分组成，槽箱由多个搭接而成，所有组件的质量均控制在人工搬运范围之内。

底板尺寸为 1.26 m×0.86 m×0.01 m 的钢板，在 1.21 m×0.81 m 位置4 个角点处焊接 4 个角钢用于槽箱定位，并做 8 个把手。另外钢板内侧面光滑，钢板边缘做倒角，并在内侧面按照虚线进行划线，示意图如图 5-2 所示。

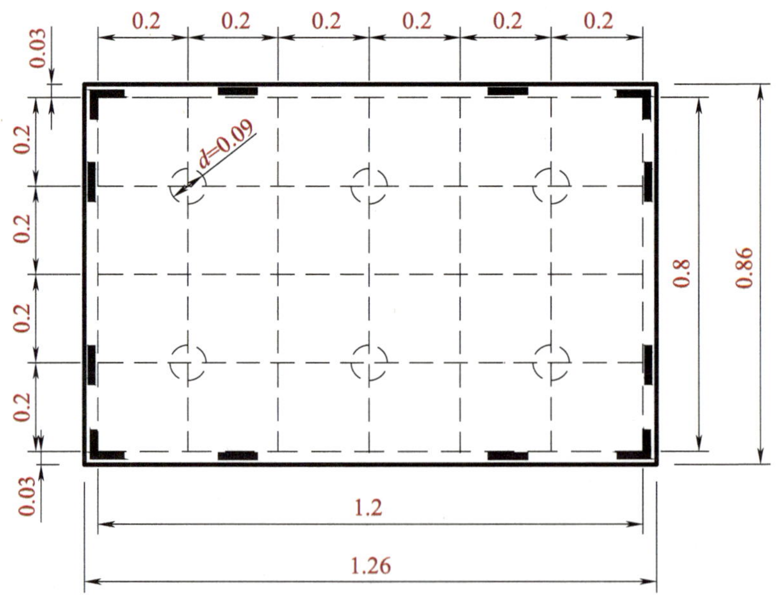

图 5-2　模型箱底板平面(单位:m)

槽箱平面净空尺寸为 1.2 m×0.8 m，共有 10 个组成，0.26 m 高度 5 个，0.22 m 高度 4 个、0.07 m 高度 1 个（用于控制垫层厚度），均为钢板焊接而成，板厚 0.01 m。在每个槽箱外侧采用一直径 $\phi=0.014$ m 圆钢进行加肋，每个侧面均做 2 个把手，在 4 个角点处各焊接一定角钢用于搭接定位。另外钢板内壁光滑，钢板边缘做倒角。同时在内壁也按照底板方式每 0.2 m 间隔进行划线，示意图和照片如图 5-3 和图 5-4 所示。

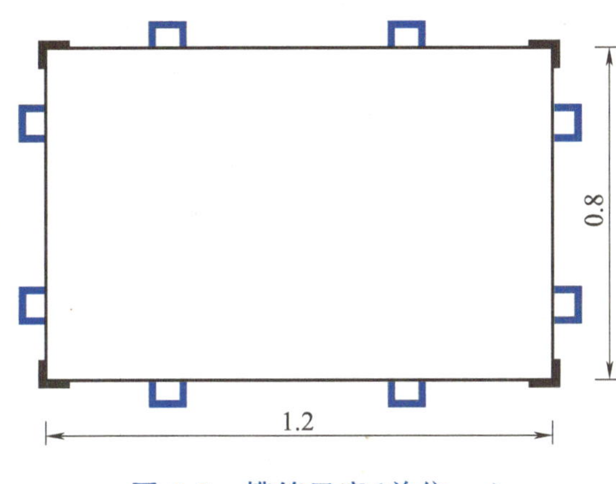

图 5-3　槽箱示意（单位：m）

图 5-4　底板和槽箱实物

2. 桩及桩帽

为保证桩体材料的一致性和试验需要，模型桩采用钢管桩，钢管直径 0.089 m，长度为 0.5 m，其中管端焊接 0.02 m 钢板并开 3 个螺栓孔用于固定桩帽，螺栓使用内扣。桩帽为 0.014 m 厚度的钢板，尺寸有 0.089 m、0.17 m 和 0.25 m 三种，示意图和照片如图 5-5 和图 5-6 所示。

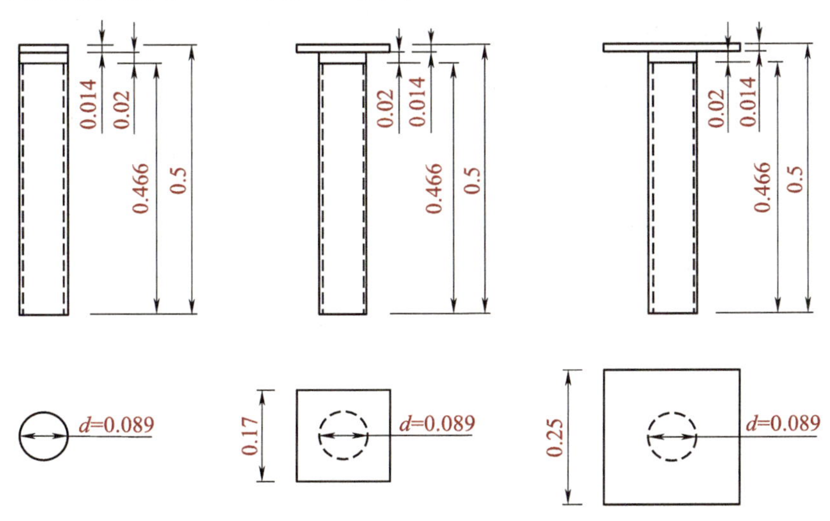

图 5-5　桩和桩帽（单位：m）

3. 桩间土

地基材料选用柔性塑料苯板(塑料泡沫板),平面尺寸为 1.19 m×0.79 m,总厚度为 0.5 m,三种分割情况如图 5-6～图 5-9 所示。采用试验机通过对泡沫板进行压缩试验,测试得到泡沫板的弹性模量为 0.53 MPa。

图 5-6　桩和桩帽实物

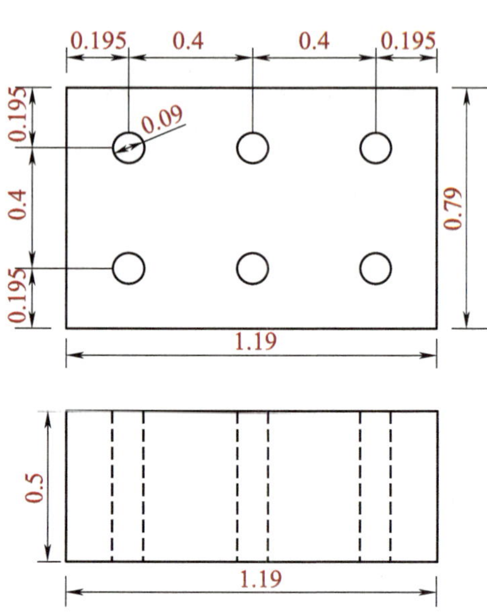

5-7　塑料板分割(不设桩帽情况)(单位:m)

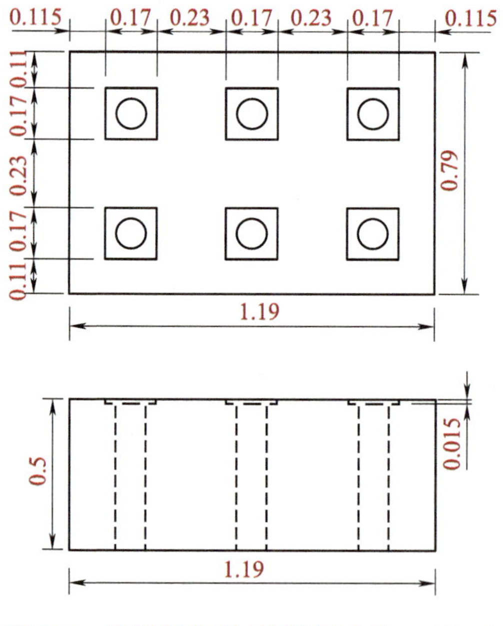

图 5-8　塑料板分割(桩帽尺寸为 0.17 m)(单位:m)

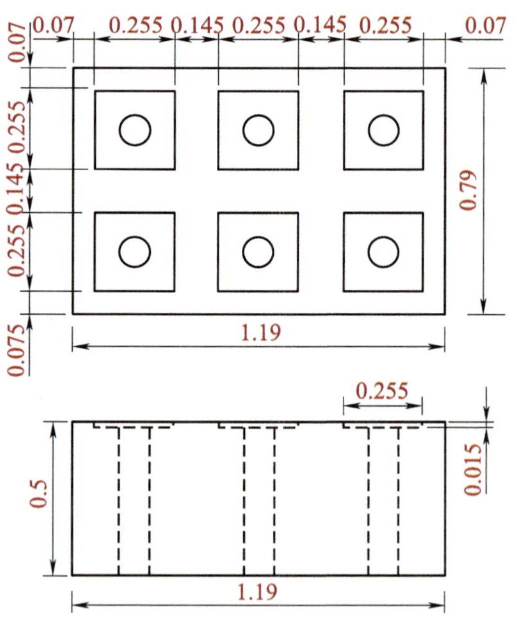

图 5-9　塑料板分割(桩帽尺寸为 0.25 m)(单位:m)

4. 碎石

干净碎石，自然级配，碎石最大粒径 R_{max}<10 mm。

5. 填料

路基填料采用砂和黏性土两种材料。试验中通过分层填筑，铁锤锤击，测试每层路基密度。砂的级配曲线如图 5-10 所示，相对于密实状态，针对质量比分别为 100%、95%、90%的三组试样分别进行剪切试验，结果如图 5-11 所示，摩擦角分别为 35.8°、34.3°、33.8°，平均值为 34.6°。

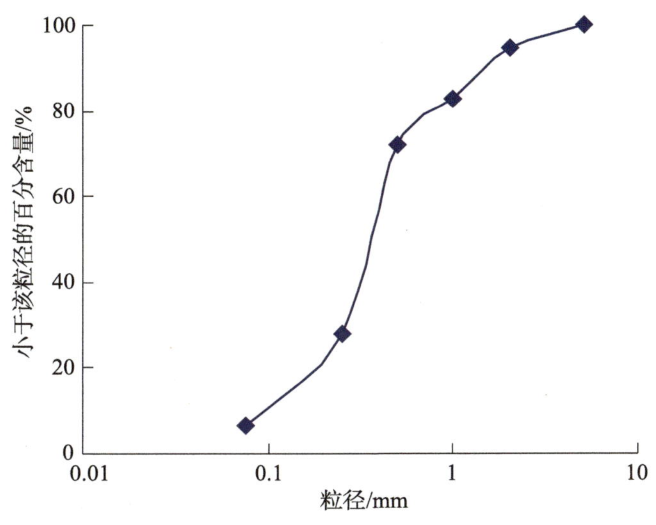

图 5-10　砂的级配曲线

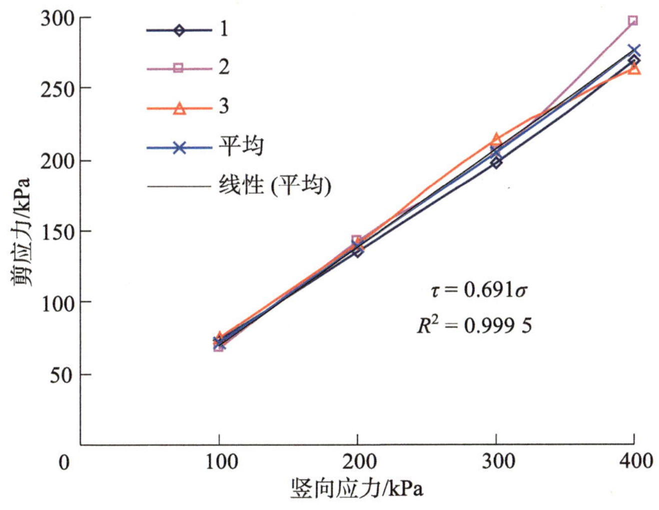

平均—100 kPa、200 kPa、300 kPa、400 kPa 竖向应力条件下进行 3 次重复试验，每个压力级别下取平均值；线性(平均)—上述平均值的线性拟合曲线

图 5-11　砂的剪切试验

黏性土重型击实试验获得击实曲线如图 5-12 所示，最大干密度为ρ_d＝1.73 g/cm^3，对应最佳含水率为 w ＝13.5％。压缩和剪切试验结果如图 5-13 和图 5-14 所示，当含水率 w 为 15％时，摩擦角为 32.4°～36.0°。

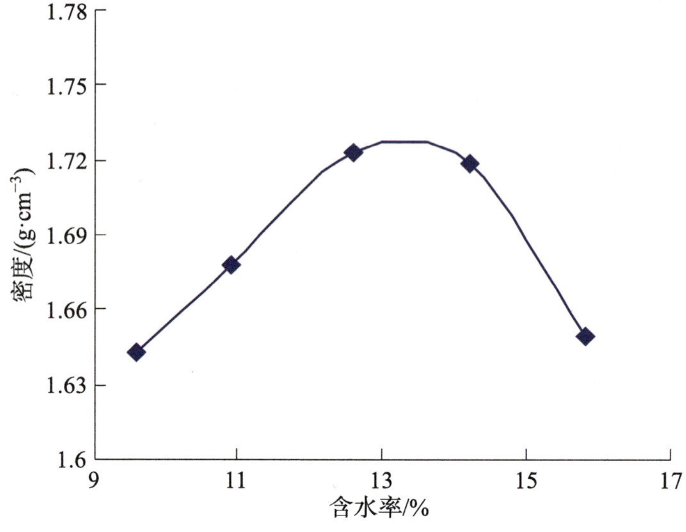

图 5-12　黏性土的击实曲线

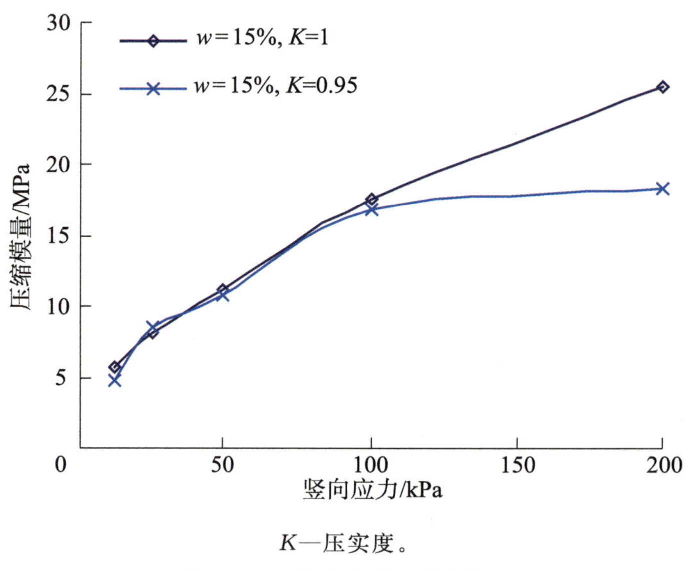

K—压实度。

图 5-13　黏性土的压缩试验

6. 格栅

试验中采用青岛颐中双向塑料格栅，横向肋条抗拉强度分别为 32.4 kN/m 和 43.1 kN/m，相应破坏拉伸应变分别为 9.2％和 9.8％。

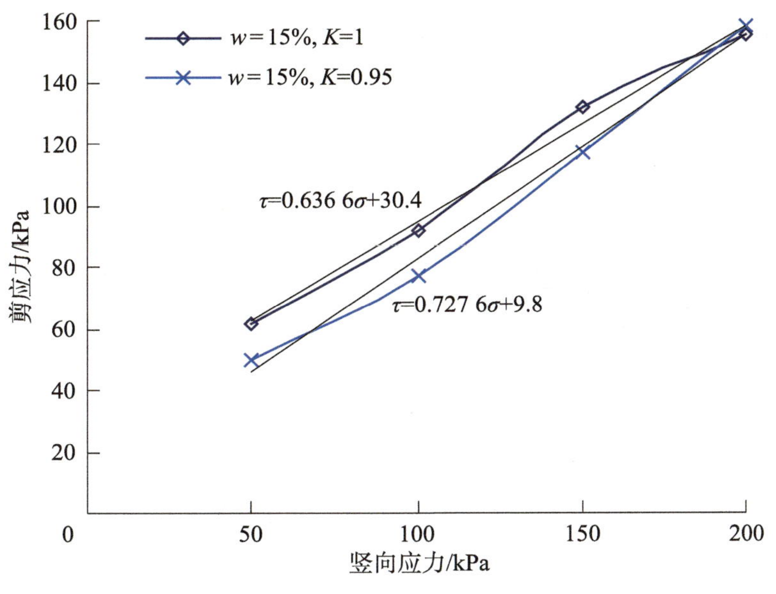

图 5-14　黏性土的剪切试验

二、加载系统

加载系统由加载板、电动千斤顶和荷载控制系统等组成。试验采用反力梁为铁道建筑研究所轨道实验室大型反力梁，梁宽 0.5 m，净高 2.4 m，足以在本次试验中施加反力。

1. 加载板

为方便对模拟路基施加荷载，试验设计了由模拟路基、加载板、反力梁、千斤顶和控制系统等构成的加载系统。加载板置于路基顶面，其上放置经标定后的千斤顶，依靠千斤顶上方的反力梁提供反力作用于路基顶面。设置模拟路基的高度超出可能土拱高度，以深入分析路基底部应力集中的土拱现象。为便于吊装安放加载板，加载板的尺寸略小于模型槽净空尺寸。加载板由 6 块钢板组成，尺寸小于模型槽净空尺寸。从下到上尺寸分别为 1.18 m×0.78 m×0.01 m，1.12 m×0.73 m×0.01 m，1 m×0.68 m×0.01 m，0.94 m×0.63 m×0.01 m，0.8 m×0.58 m×0.02 m，0.6 m×0.53 m ×0.03 m。将 0.6 m×0.53 m×0.03 m 板按照示意图进行划线，其他板均在其上一块对应的投影位置划线用于定位，每块板均有 8 个把手。加载板三视图如图 5-15～图 5-18 所示。

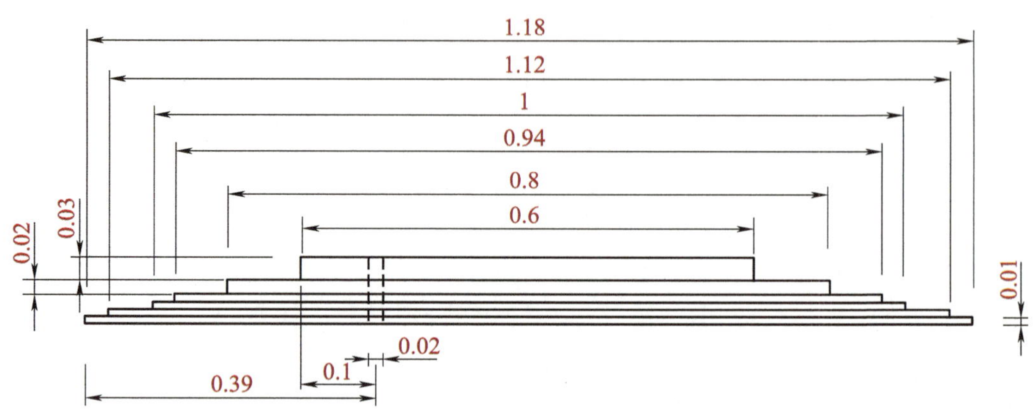

图 5-15　加载板正视图(单位:m)

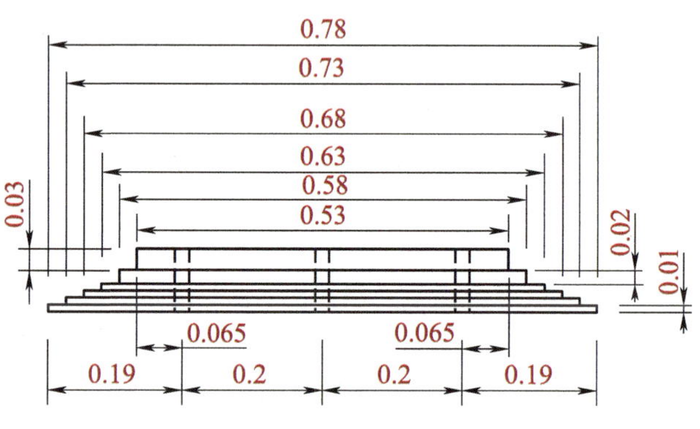

图 5-16　加载板左视图(单位:m)

图 5-17　加载板照片

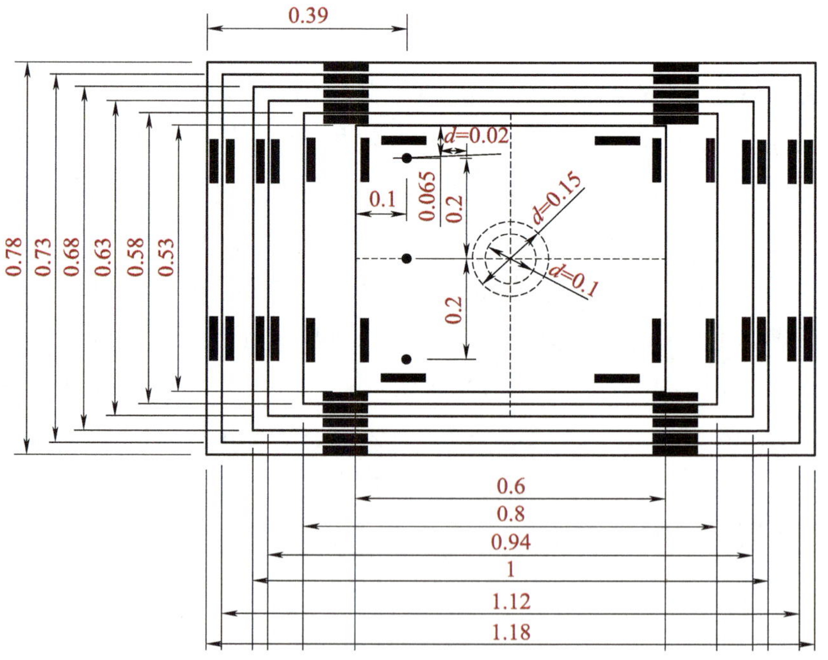

图 5-18　加载板俯视图(单位:m)

2. 荷载控制系统

荷载控制系统由力荷载传感器、控制电路、电动油泵和电动千斤顶组成。由于在试验过程中地基、路基在恒定荷载作用下随时间发生沉降变形，影响上覆荷载的恒载施加，为解决这个问题，荷载控制系统通过实时监测千斤顶施加的荷载，当加载板发生向下变形，千斤顶施加荷载减小，由力荷载传感器将信号传递至控制电路以启动电动油泵及时给千斤顶输出油压，当千斤顶达到需要的上覆荷载，断开电动油泵电源。整个加载系统如图 5-19 所示。

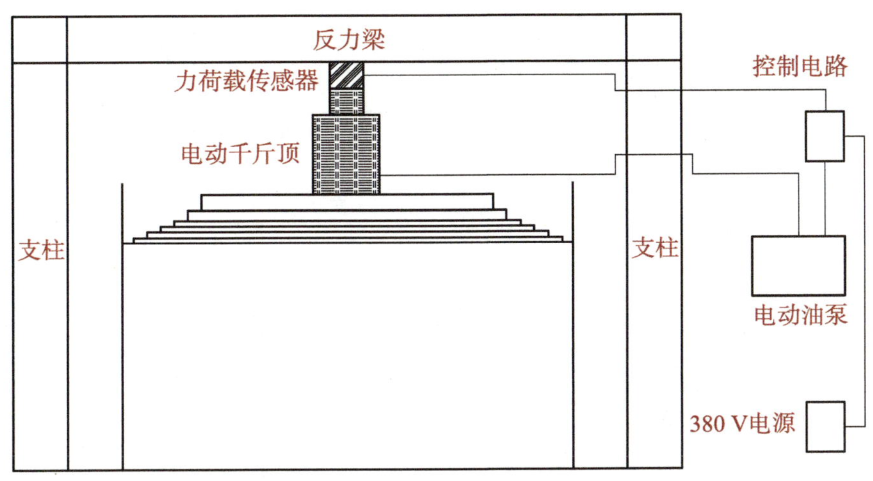

图 5-19　加载系统

三、传感器及测试系统

试验中采用传感器汇总见表 5-2。除沉降水杯通过人工读数外，其余传感器的量测均采用自动采集系统完成测试。

表 5-2　传感器

序　　号	传　感　器	量　　程	备　　注
1	力荷载	30 kN、250 kN	直径 0.08 m
2	土压力盒	0.2 MPa、0.3 MPa、0.5 MPa、2.5 MPa	直径 0.04 m
3	格栅测力装置	2.5%	自制
4	沉降水杯	10 cm	自制
5	应变片	2.5%	

1. 土压力盒

由于厂家提供的压力盒标定曲线是放置于油中或直接进行标定的，与本次试验的周围介质有所不同，考虑其影响，将土压力盒置于周围摩擦可忽略的砂介质圆筒中进行标定，结果表明两者存在一定区别，如图 5-20 和图 5-21 所示，本次试验所用土压力盒均进行了标定。

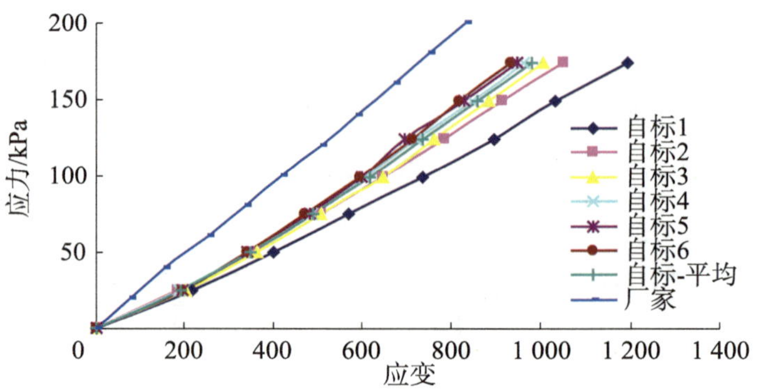

图 5-20　土压力盒标定曲线

图 5-21　土压力盒标定

2. 格栅测力装置

由于格栅存在明显的蠕变特性，故而通过测试应变的方式求出拉力存在较大困难，本次试验制作了由两片钢片组成的格栅测力装置，将该装置固定在格栅上直接测试拉力，并对相应的钢片进行标定，如图 5-22 和图 5-23 所示。

3. 沉降水杯

沉降板测试时测杆的外伸将会对加载板的移动和放置产生影响，本次试验采用改进的小型沉降水杯，导管从槽箱侧壁引出，同时为提高测试精度，水柱导管倾斜至 5.8°，通过这种方法即使采用普通测量尺进行测试时，精度能够达到 0.1 mm，如图 5-24 所示。

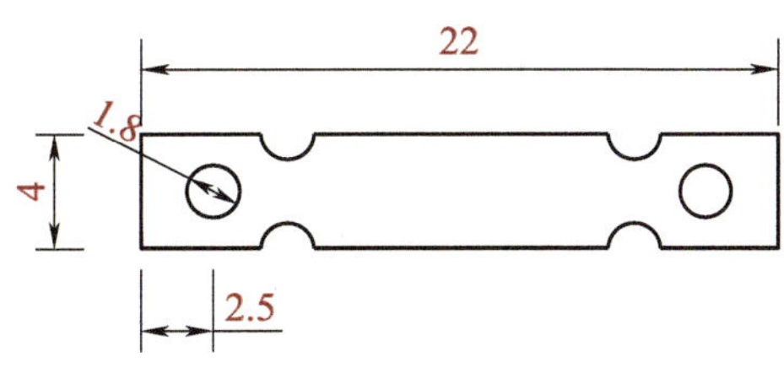

图 5-22　格栅测力装置(单位:mm)

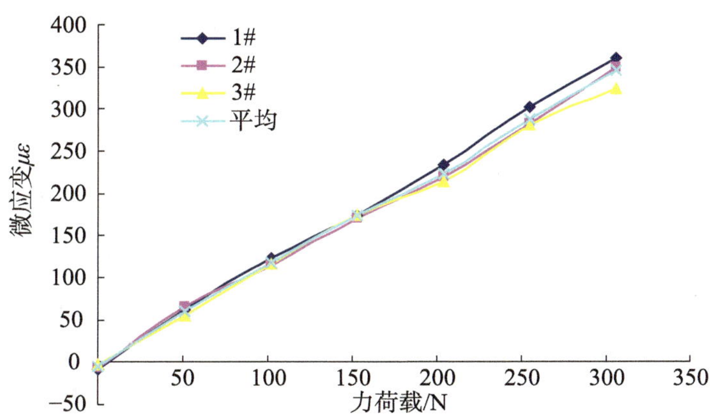

图 5-23　格栅测试装置的标定曲线

图 5-24　沉降水杯及测试导管

四、试验设计与程序

1. 插图试验设计

针对目前土拱效应和格栅拉力算法存在的差异，根据铁路路基特点主要围绕路基中心处加筋网垫的受力变形特性开展模拟试验，主要开展桩顶轴力、垫层结构上下应力、路基底部应力和格栅拉力在不同上覆荷载条件的发展情况分析。

垫层试验分别针对桩帽尺寸、格栅强度、填土性质及格栅固定方式进行共计8个工况的试验，见表5-3。

表5-3 加筋网垫试验

序号	桩间距/m	桩帽尺寸/m	格栅强度/(kN/m^{-1})	填土性质	格栅固定方式
1	0.4	0.089	40	砂	松
2	0.4	0.17	30	砂	松
3	0.4	0.089	30	砂	松
4	0.4	0.17	30	砂	紧
5	0.4	0.25	30	砂	紧
6	0.4	0.089	30	砂	紧
7	0.4	0.089	30	黏性土	紧
8	0.4	0.17	30	黏性土	紧

路基中心模拟试验的传感器埋设如图5-25所示。

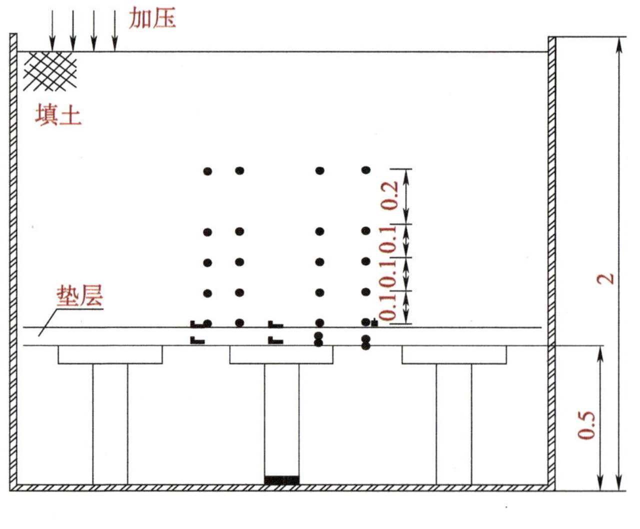

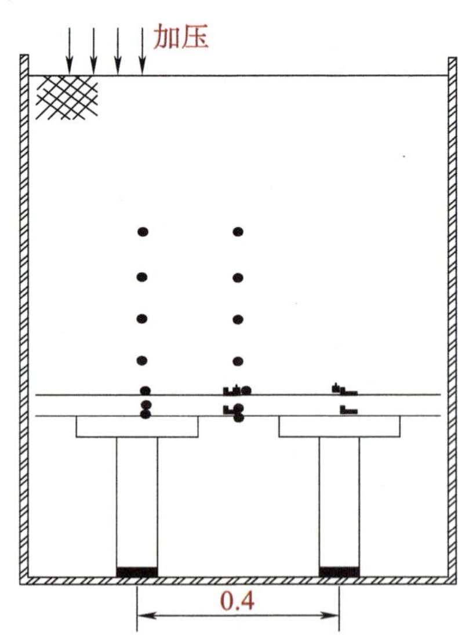

图 5-25

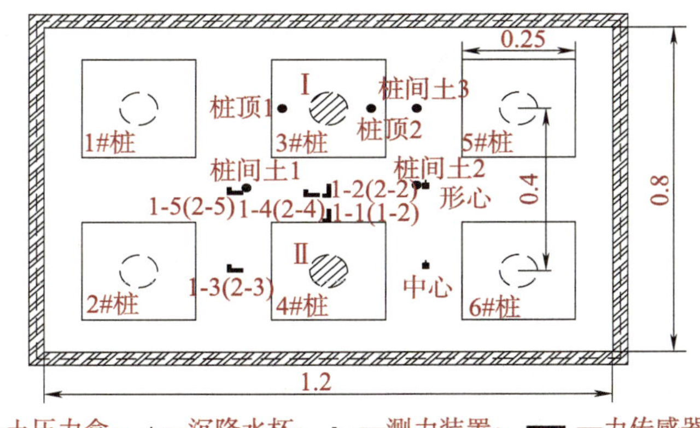

•—土压力盒； ▪—沉降水杯； ▙ —测力装置； ▬ —力传感器

图 5-25 加筋网垫模拟试验传感器布置(单位:m)

2. 试验程序

传感器标定→模型箱和材料准备(桩及桩帽、塑料苯板、格栅、碎石、填料)→放置力传感器→放置地基土和桩→放置土压力盒→填筑碎石 0.02 m→放置底层格栅→放置土压力盒、沉降水杯→填筑碎石 0.08 m→放置上层格栅→填筑碎石 0.02 m→放置土压力盒→填筑路基→放置压力盒→千斤顶加载→卸载。填筑同时进行各项测试。试验过程如图 5-26 所示。

(a) 泡沫切割

(b) 桩的组装

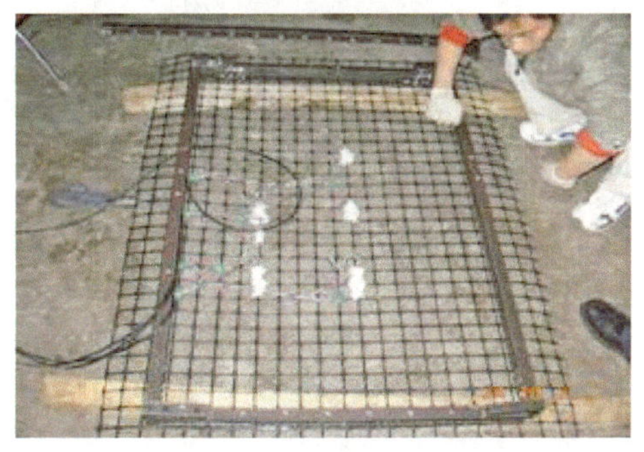

(c) 格栅及测力装置

(d) 填筑碎石

图 5-26

(e) 放置格栅　(f) 放置土压力盒

(g) 铺撒色粉　(h) 放置水杯

(i) 吊装槽箱　(j) 千斤顶加载

(k) 试验全貌　(l) 卸载

图 5-26　试验过程

五、公式试验结果

1. 桩顶轴力

图 5-27 为 1#工况中 3#和 4#桩的桩顶轴力随外荷载增加的测试结果，可见桩顶轴力随外荷载增加而增加。图 5-28 为 1#工况中两桩承担的荷载平均值占外荷载的比例，可知在路基填筑前期，荷载比例随着路基高度增加而显著增加，比例迅速达到 60%左右后保持微小波动至 65%左右。2#工况桩顶轴力随外荷载增加的测试结果如图 5-29 所示，桩承担的荷载占外荷载的比例如图 5-30 所示，比例变化趋势与 1#工况较为接近，但比例最终维持桩 87%附近。3#、4#、5#、6#、7#和 8#的桩顶轴力和占外荷载比例分别如图 5-31～图 5-42 所示，桩顶轴力和与外荷载的比例增长趋势与前者较为接近，荷载比例有所不同，相比之下，比例随桩帽尺寸增大而增大，5#工况荷载比例达到 93%。

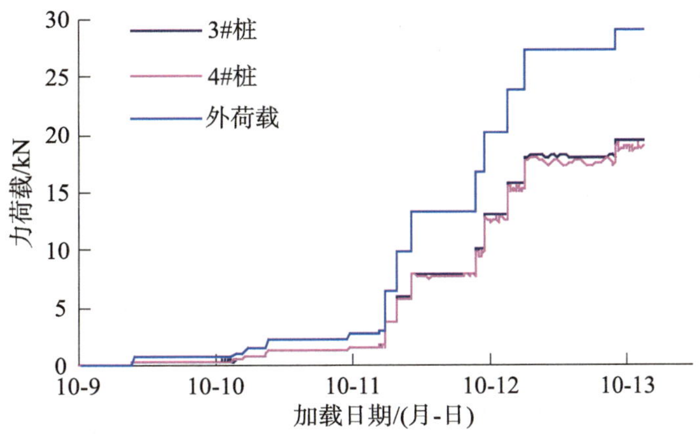

图 5-27　1#工况桩顶轴力

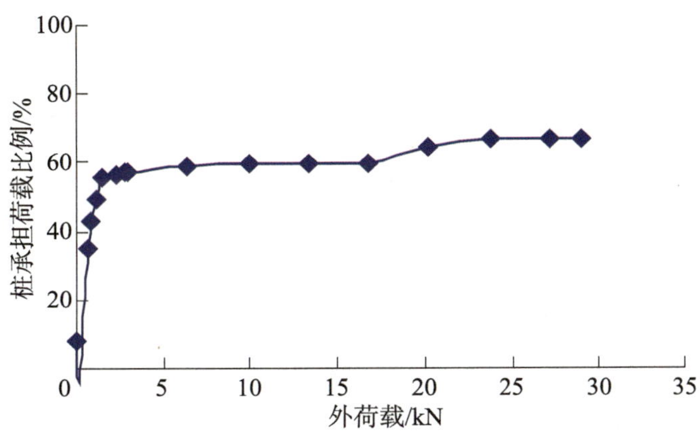

图 5-28　1#工况桩承担荷载比例

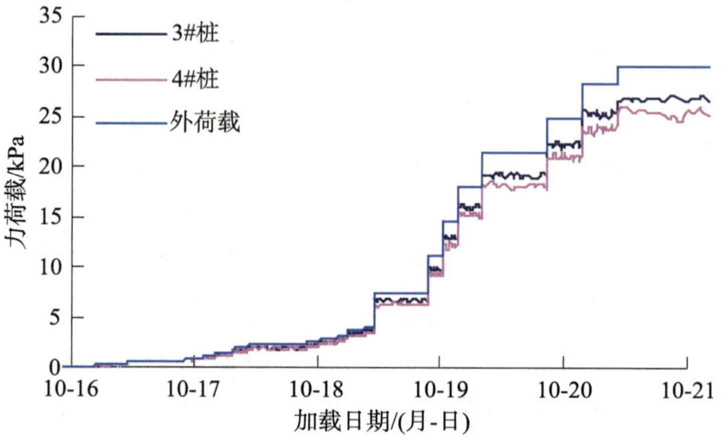

图 5-29　2#工况桩顶轴力

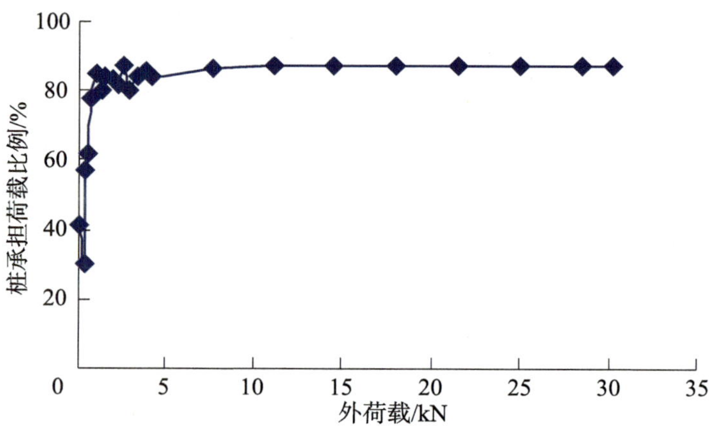

图 5-30　2#工况桩承担荷载比例

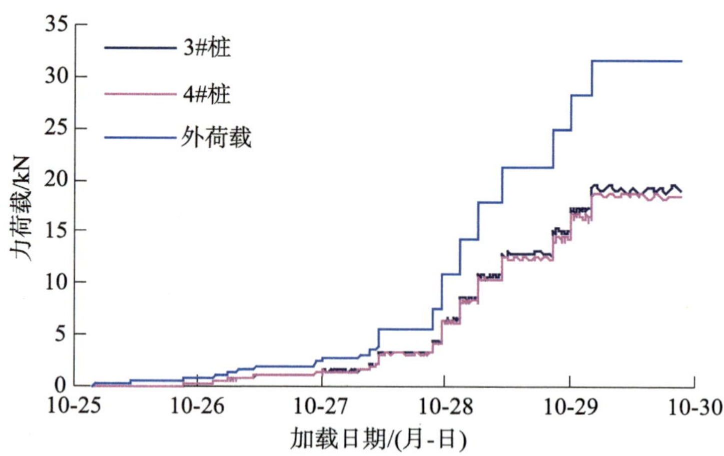

图 5-31　3#工况桩顶轴力

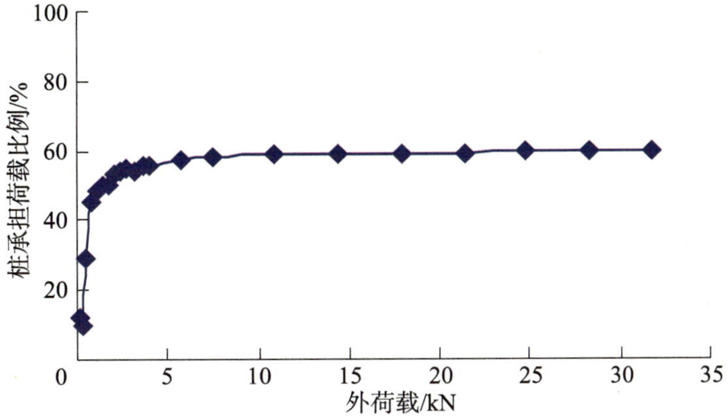

图 5-32　3#工况桩承担荷载比例

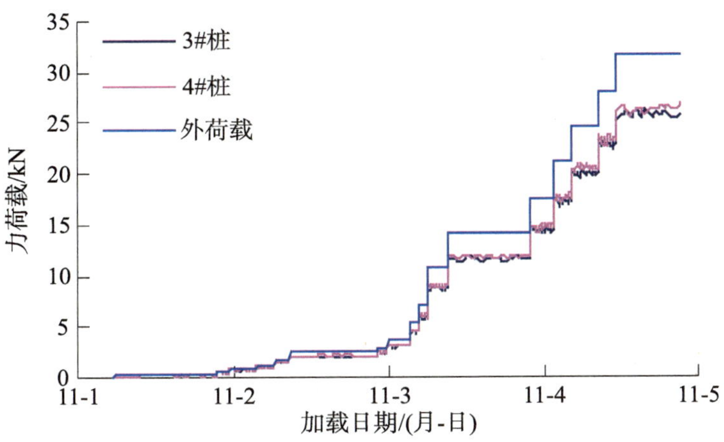

图 5-33　4#工况桩顶轴力

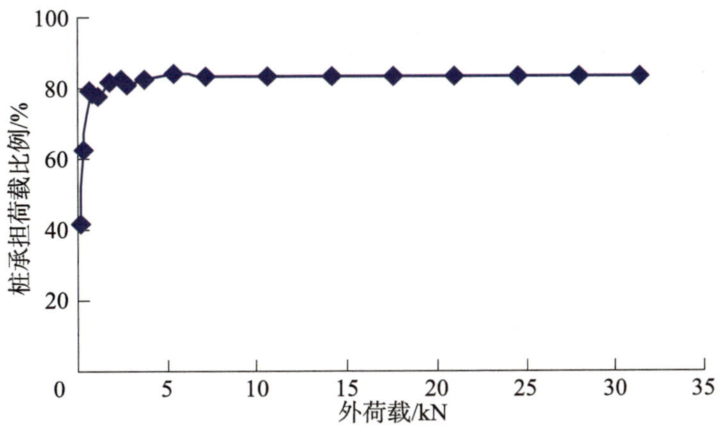

图 5-34　4#工况桩承担荷载比例

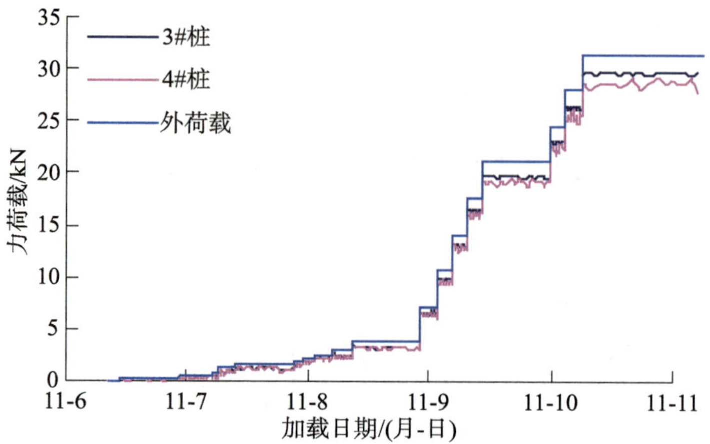

图 5-35　5#工况桩顶轴力

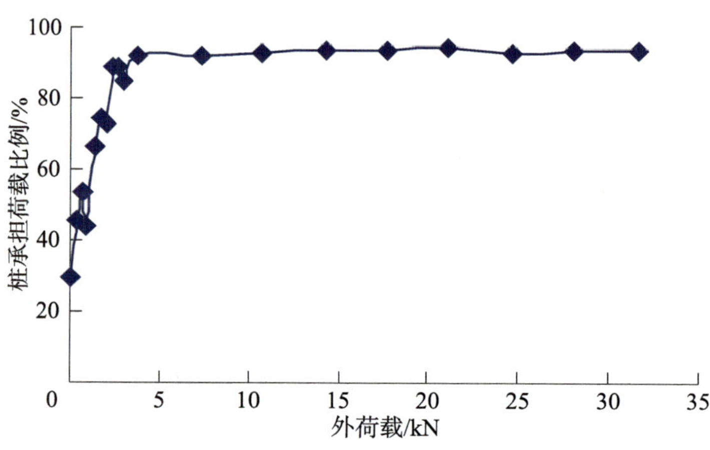

图 5-36　5#工况桩承担荷载比例

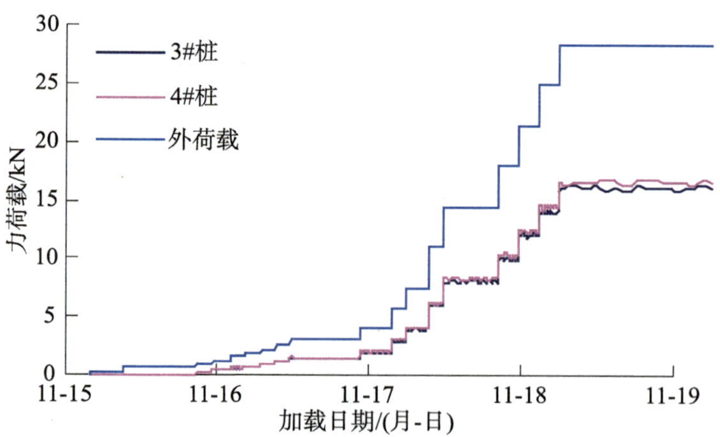

图 5-37　6#工况桩顶轴力

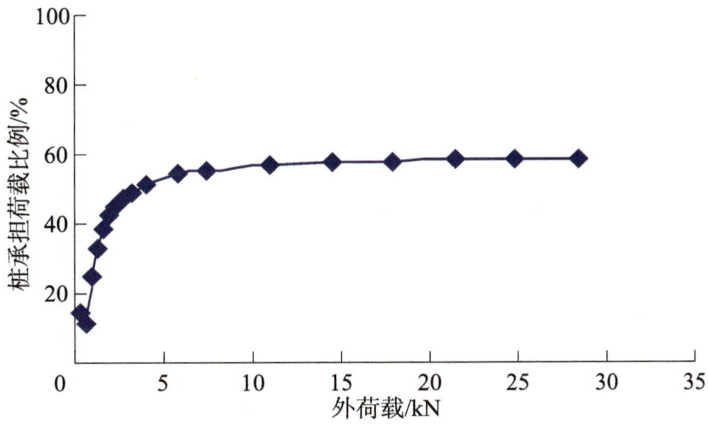

图 5-38　6#工况桩承担荷载比例

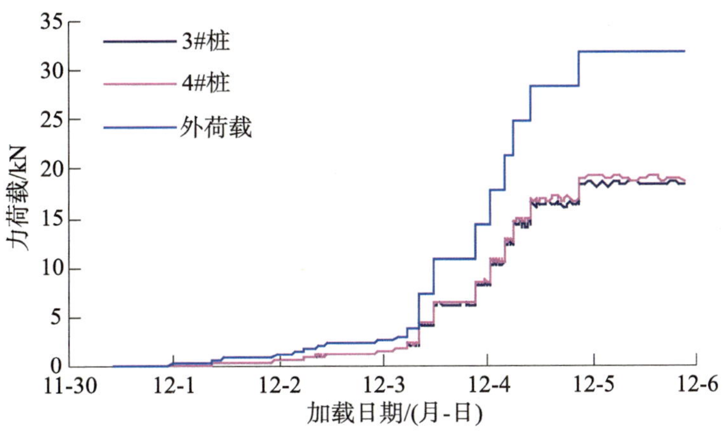

图 5-39　7#工况桩顶轴力

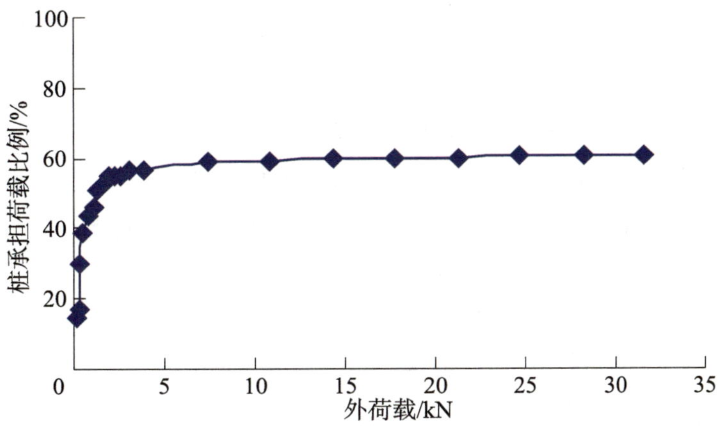

图 5-40　7#工况桩承担荷载比例

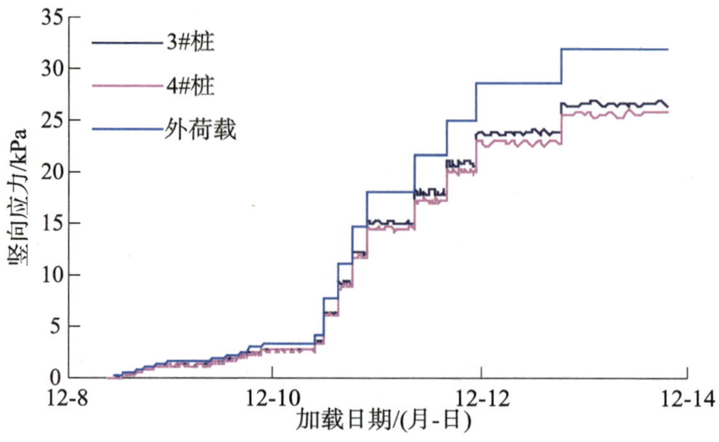

图 5-41　8#工况桩顶轴力

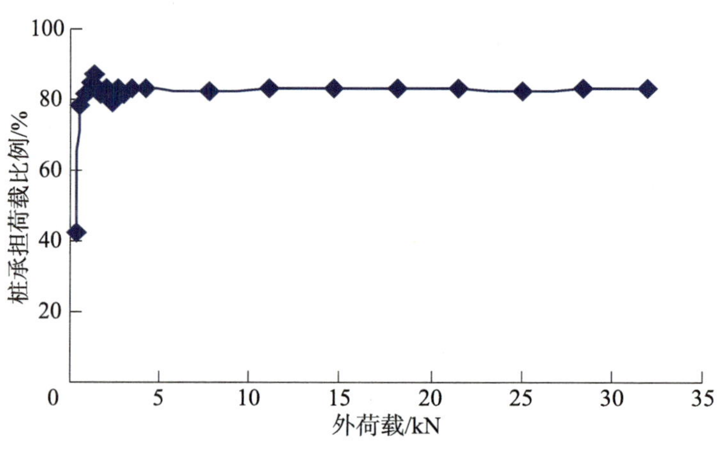

图 5-42　8#工况桩承担荷载比例

2. 桩土与路基应力

在 1#工况中，格栅加筋层下桩顶和桩间土形心竖向应力随外加荷载变化的测试结果如图 5-43 所示，桩顶应力随外荷载变化显著增加，荷载增加至 1 730 kPa 左右，桩间土形心竖向应力随外荷载增加而有所增加，但增长幅度很小；图 5-44 和图 5-45 分别为两层格栅之间和格栅上的桩顶和桩间土形心处竖向应力随外荷载变化，桩顶和桩间土应力变化趋势与格栅下的变化趋势较为一致，两层格栅相比格栅上方的应力，桩顶有所增加，桩间土有所减小。图 5-46～图 5-49 分别为桩顶平面上方 20 cm、30 cm、40 cm 和 60 cm 高度处桩顶和桩间土不同位置的竖向应力随外荷载增加的变化结果，随着路基高度的增加，桩顶和桩间土应力逐渐接近，至 40 cm 高度处两者应力已经较为接近；两桩桩顶应力较为接近，桩间土不同位置中形心处应力稍大。

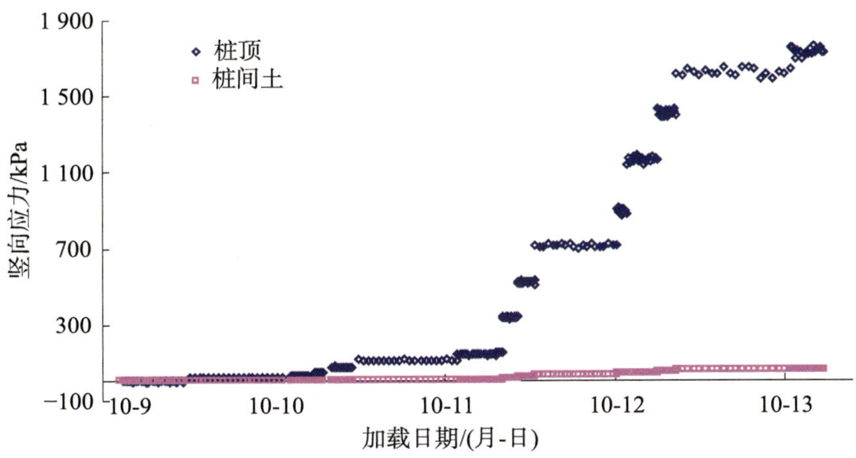

图 5-43　1#工况格栅下桩土应力

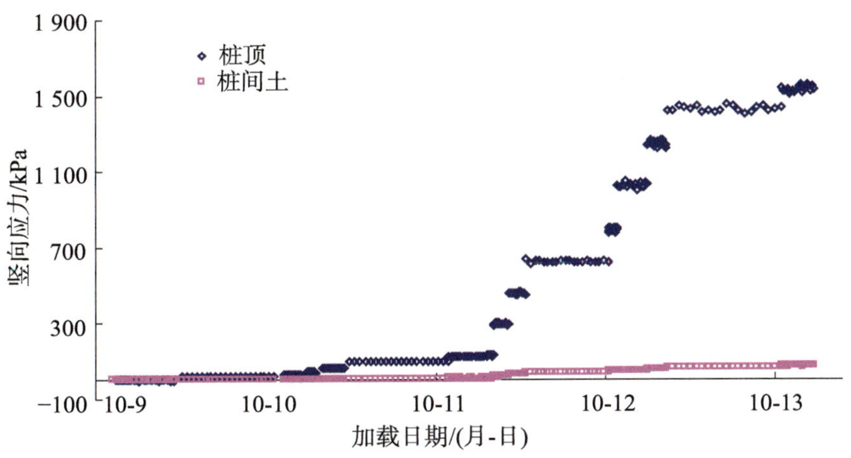

图 5-44　1#工况两格栅之间桩土应力

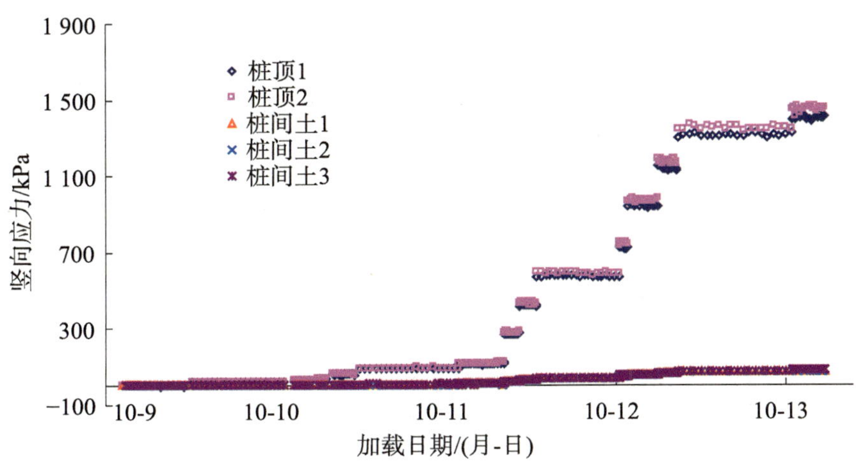

图 5-45　1#工况格栅上方桩土应力

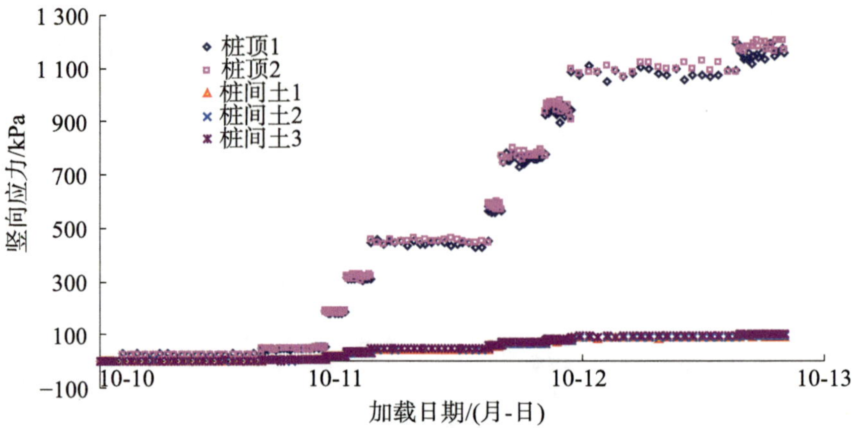

图 5-46　1#工况桩顶上 20 cm 处桩土应力

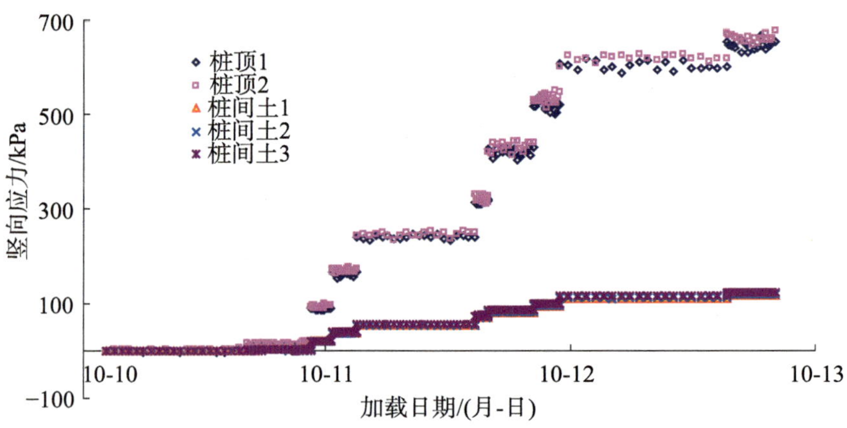

图 5-47　1#工况桩顶上 30 cm 处桩土应力

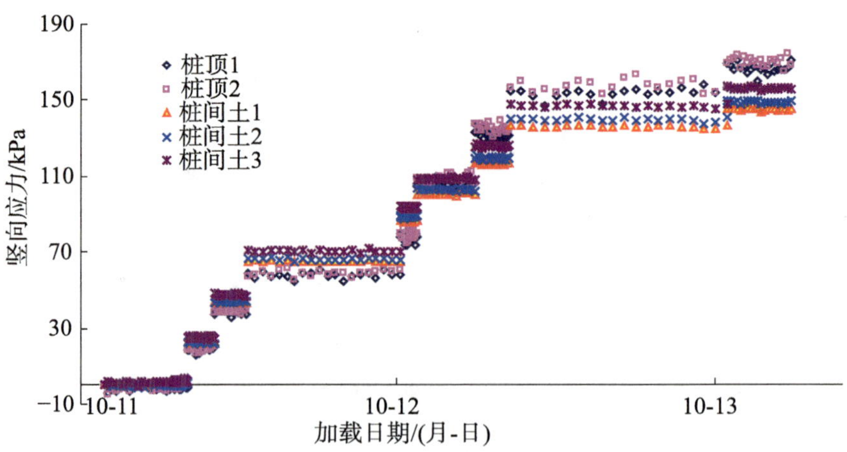

图 5-48　1#工况桩顶上 40 cm 处桩土应力

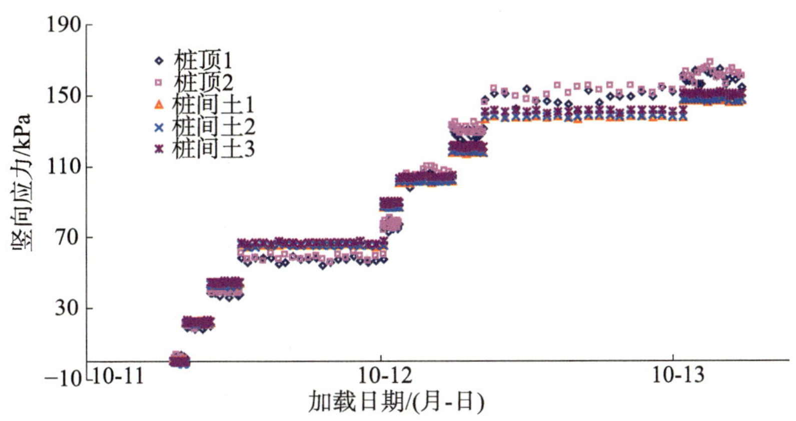

图 5-49 1#工况桩顶上 60 cm 处桩土应力

图 5-50～图 5-56 为 2#工况中不同路基高度处桩顶和桩间土应力随外荷载增加的变化过程，各位置应力变化趋势与 1#工况较为接近，相比之下，变化幅值有所变化，桩顶应力有所减小，桩间土应力有所增大。图 5-57～图 5-63 为 3#工况桩顶和桩间土应力变化情况，图 5-64～图 5-70 为 4#工况桩顶和桩间土应力变化情况，图 5-71～图 5-77 为 5#工况桩顶和桩间土应力变化情况，图 5-78～图 5-84 为 6#工况桩顶和桩间土应力变化情况，图 5-85～图 5-91 为 7#工况桩顶和桩间土应力变化情况，图 5-92～图 5-98 为 8#工况桩顶和桩间土应力变化情况。

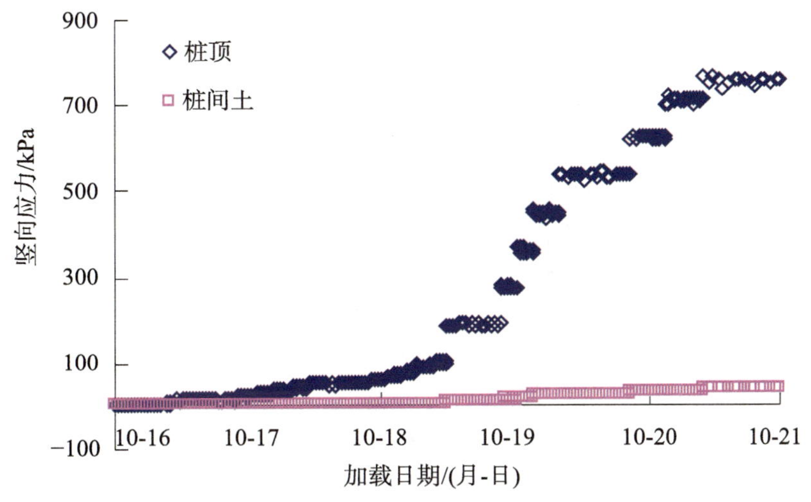

图 5-50 2#工况格栅下桩土应力

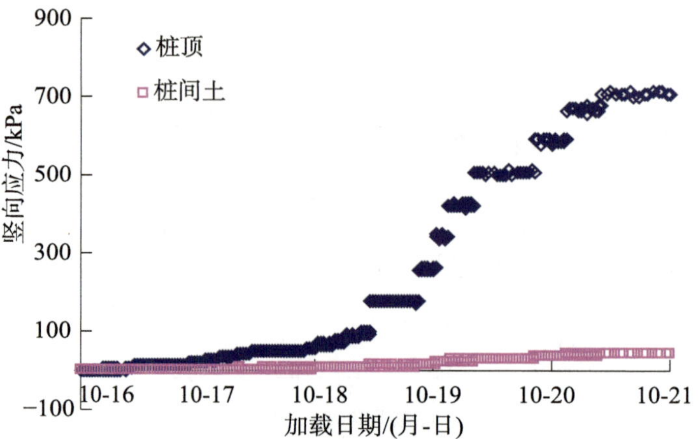

图 5-51　2#工况两格栅之间桩土应力

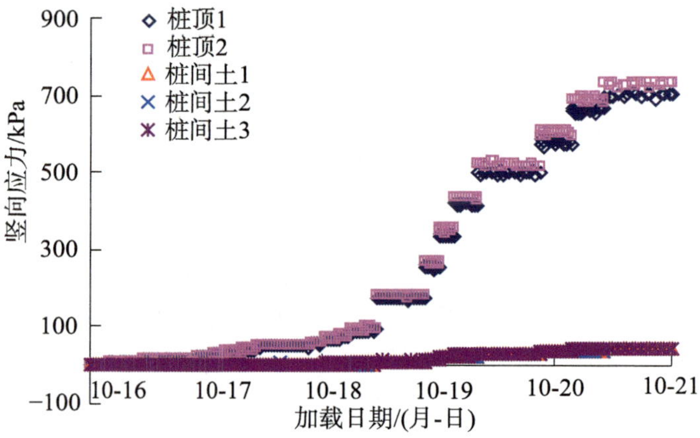

图 5-52　2#工况格栅上方桩土应力

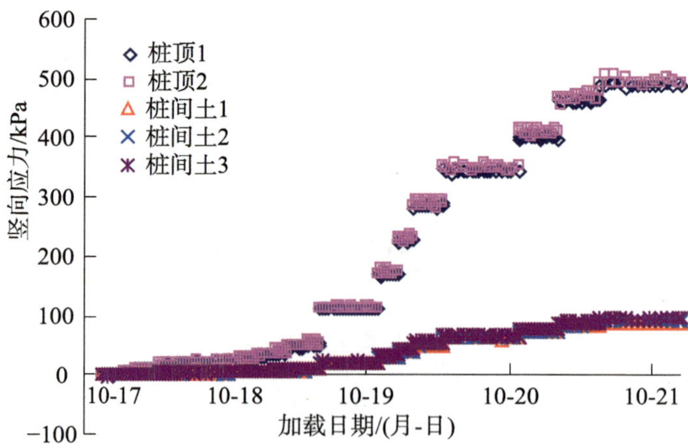

图 5-53　2#工况桩顶上 20 cm 处桩土应力

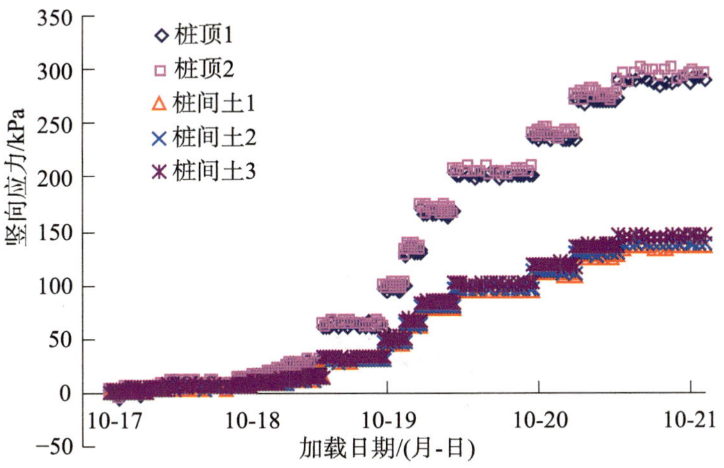

图 5-54　2#工况桩顶上 30 cm 处桩土应力

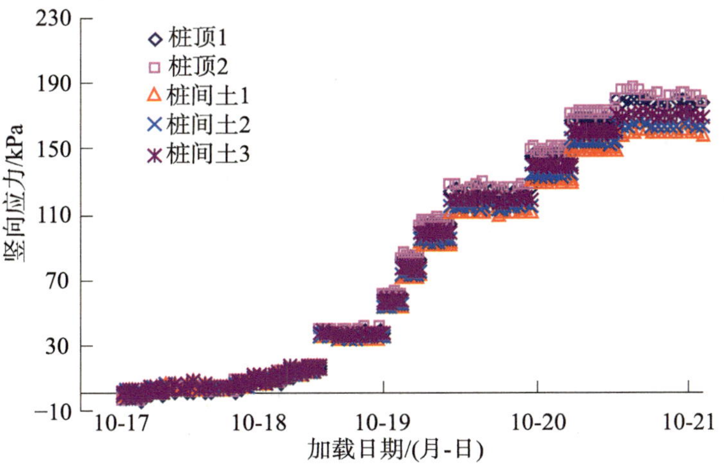

图 5-55　2#工况桩顶上 40 cm 处桩土应力

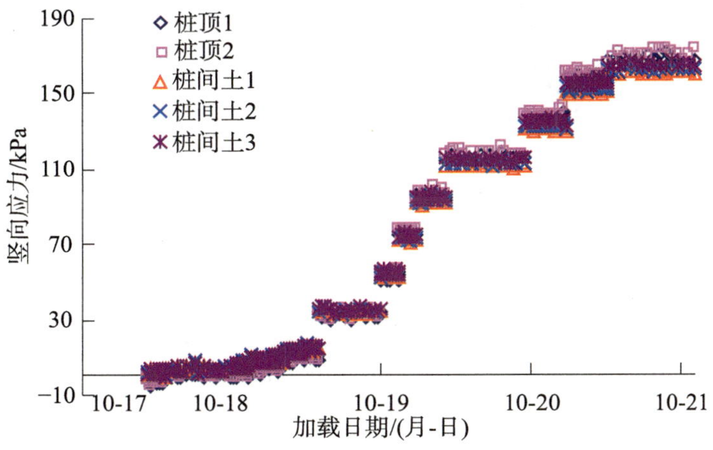

图 5-56　2#工况桩顶上 60 cm 处桩土应力

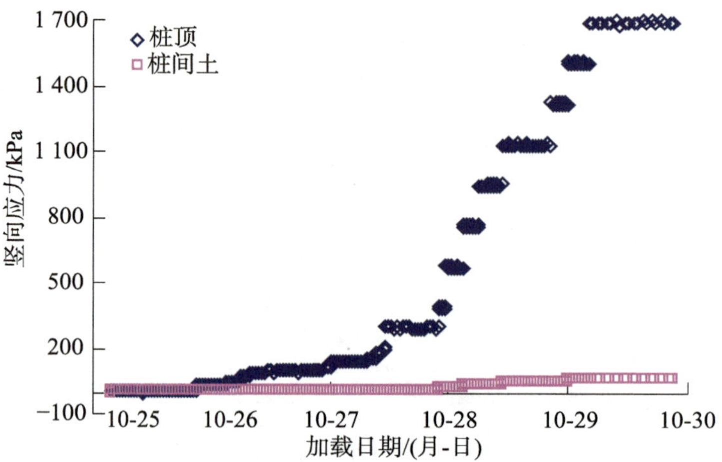

图 5-57　3#工况格栅下桩土应力

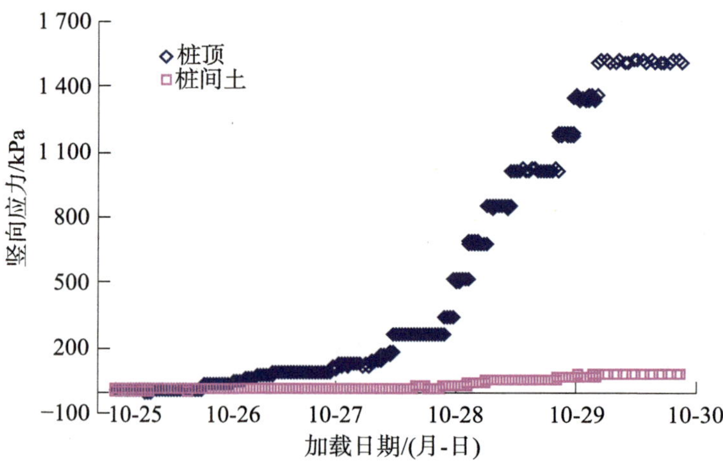

图 5-58　3#工况两格栅之间桩土应力

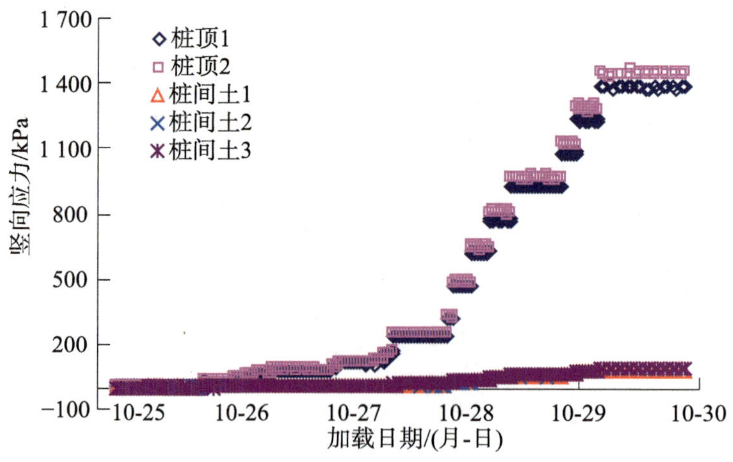

图 5-59　3#工况格栅上方桩土应力

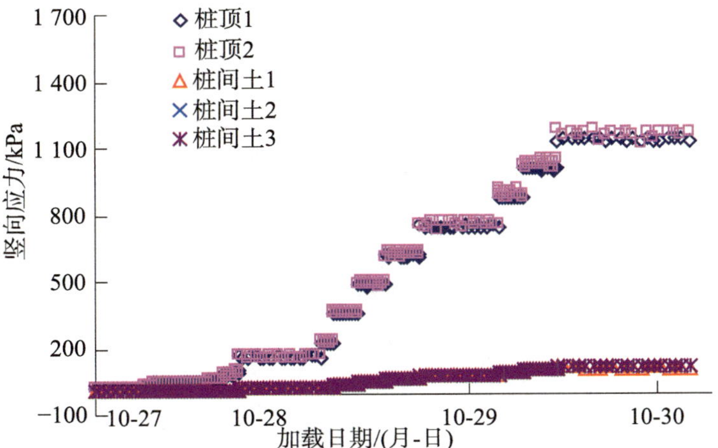

图 5-60　3#工况桩顶上 20 cm 处桩土应力

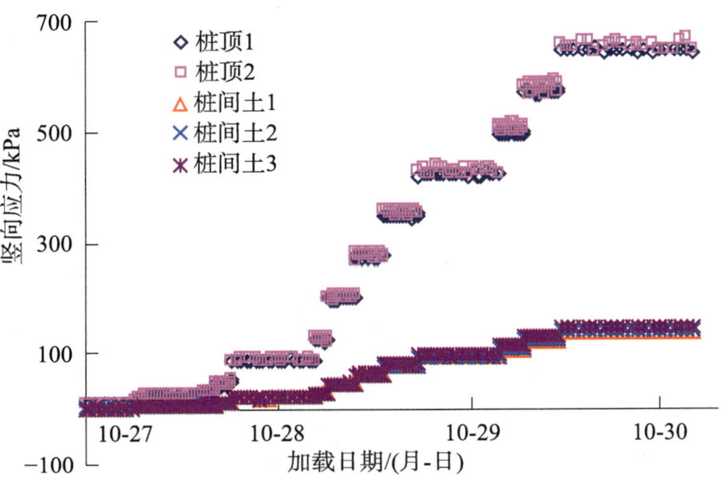

图 5-61　3#工况桩顶上 30 cm 处桩土应力

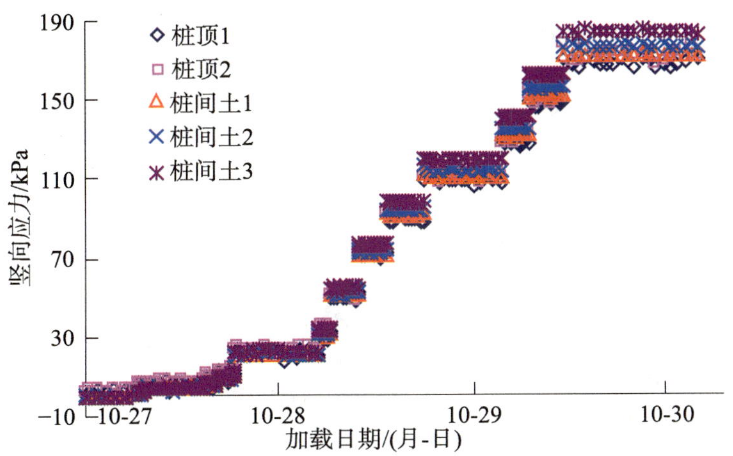

图 5-62　3#工况桩顶上 40 cm 处桩土应力

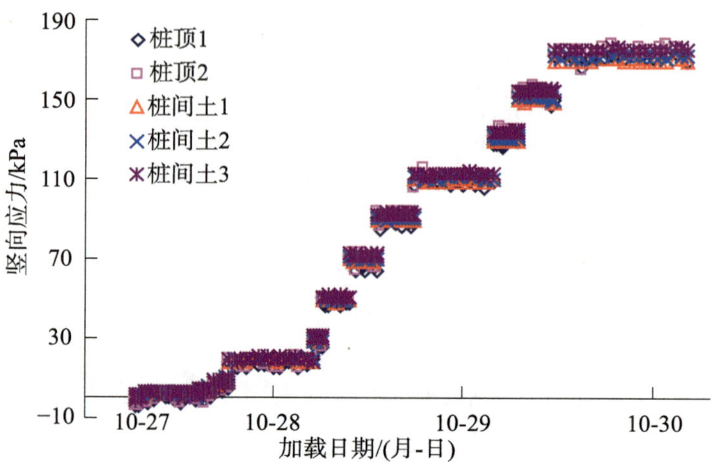

图 5-63　3#工况桩顶上 60 cm 处桩土应力

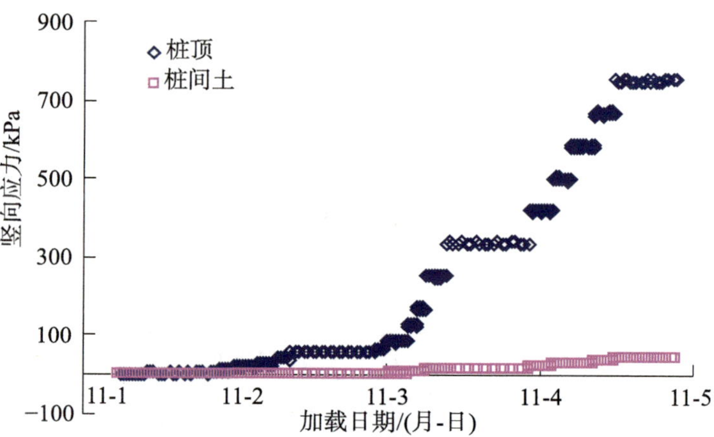

图 5-64　4#工况格栅下桩土应力

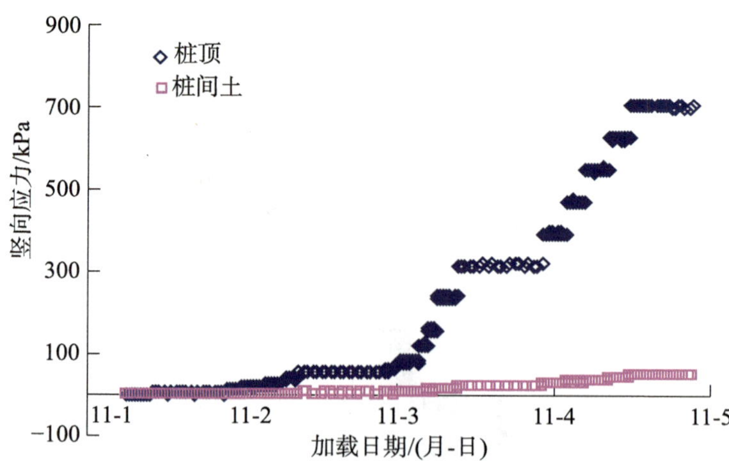

图 5-65　4#工况两格栅之间桩土应力

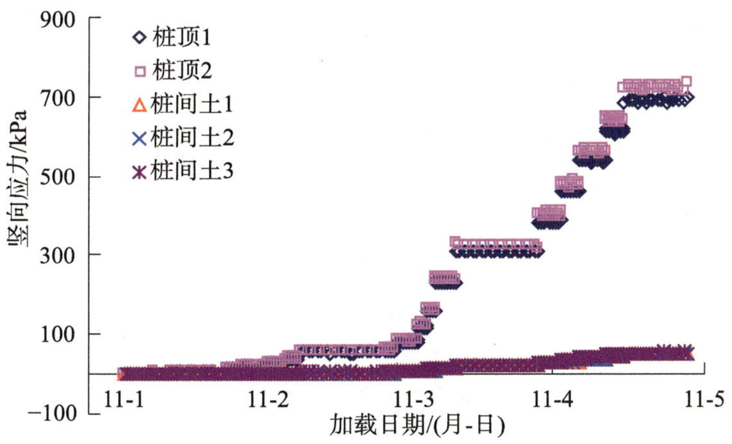

图 5-66　4#工况格栅上方桩土应力

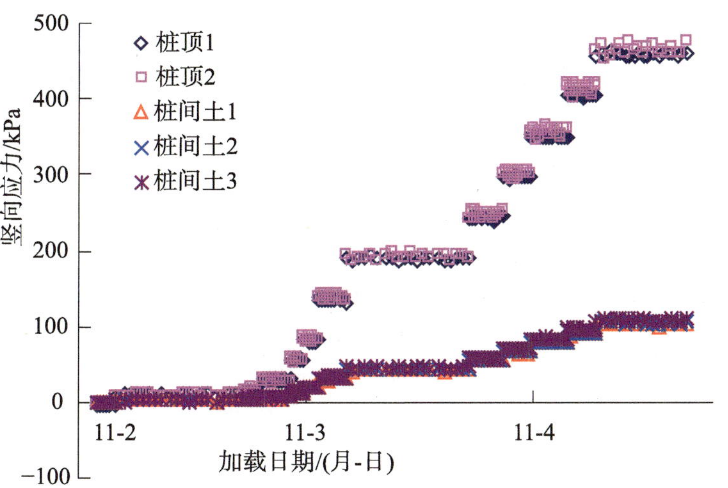

图 5-67　4#工况桩顶上 20 cm 处桩土应力

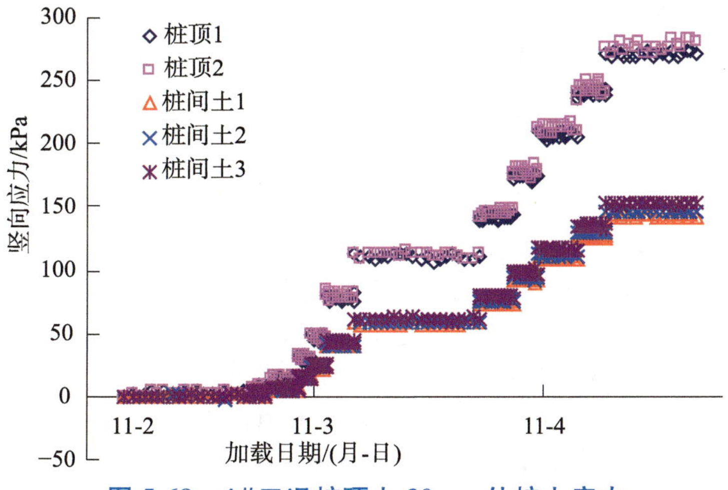

图 5-68　4#工况桩顶上 30 cm 处桩土应力

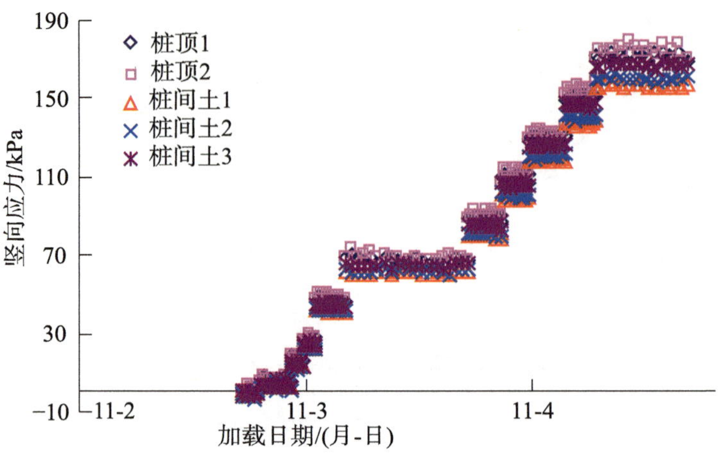

图 5-69　4#工况桩顶上 40 cm 处桩土应力

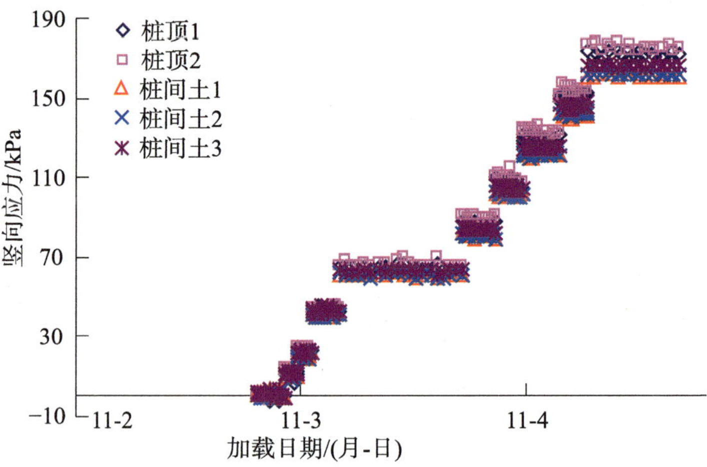

图 5-70　4#工况桩顶上 60 cm 处桩土应力

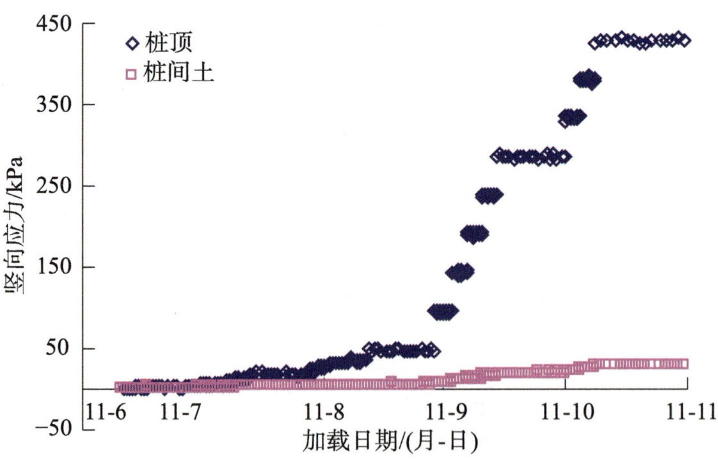

图 5-71　5#工况格栅下桩土应力

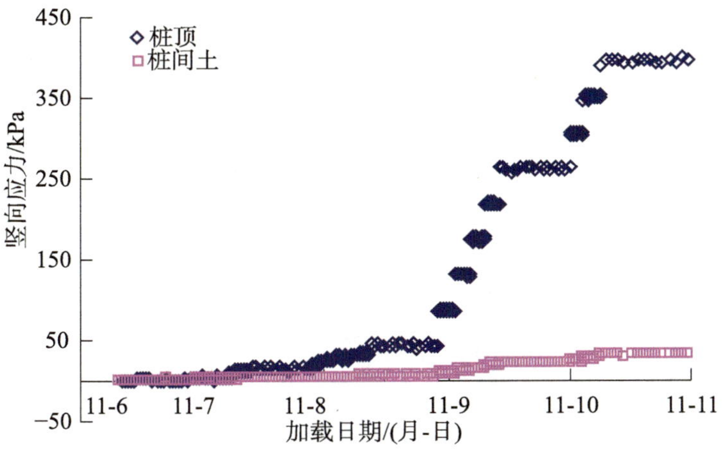

图 5-72　5#工况两格栅之间桩土应力

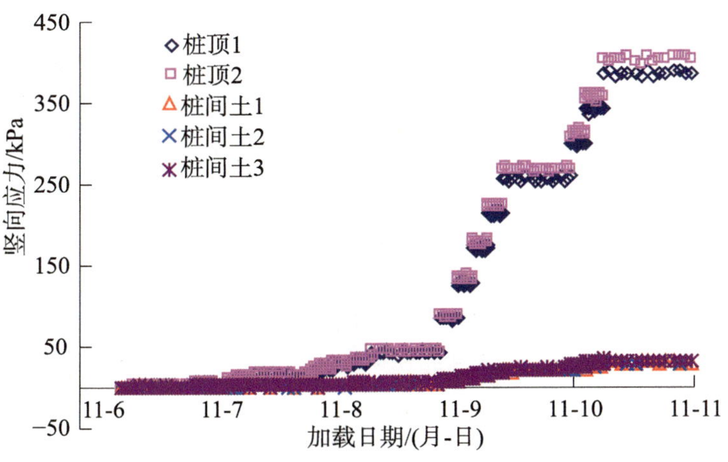

图 5-73　5#工况格栅上方桩土应力

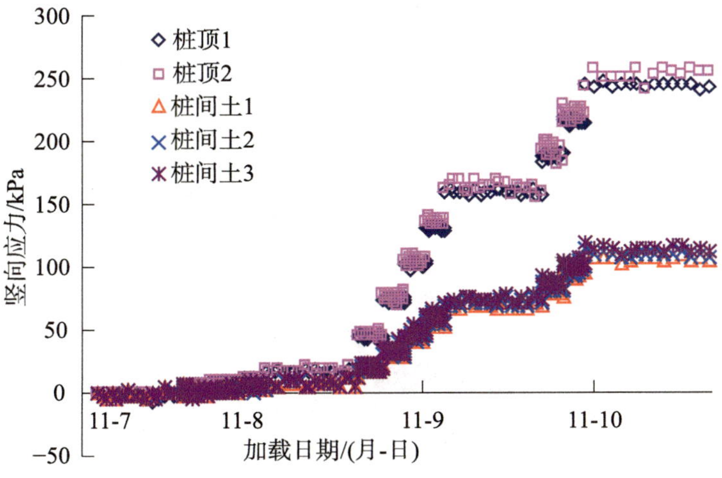

图 5-74　5#工况桩顶上 20 cm 处桩土应力

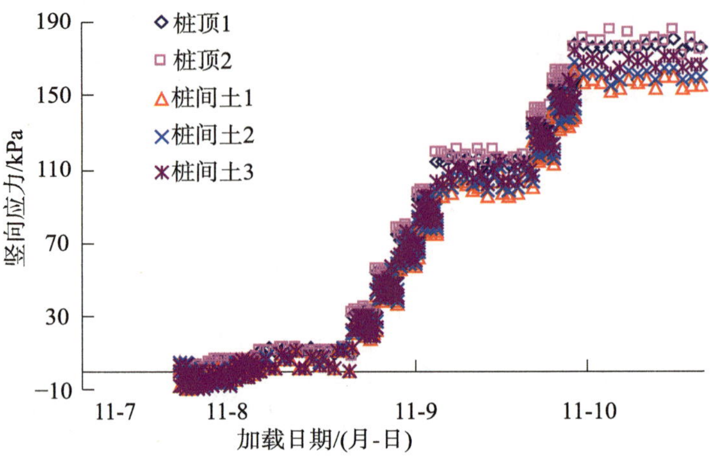

图 5-75　5#工况桩顶上 30 cm 处桩土应力

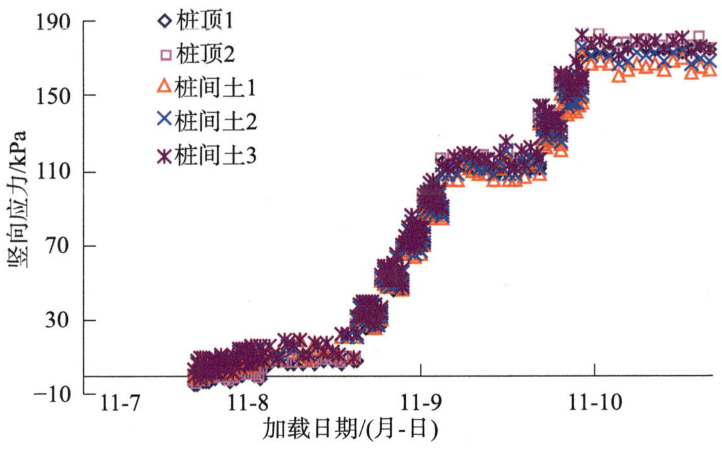

图 5-76　5#工况桩顶上 40 cm 处桩土应力

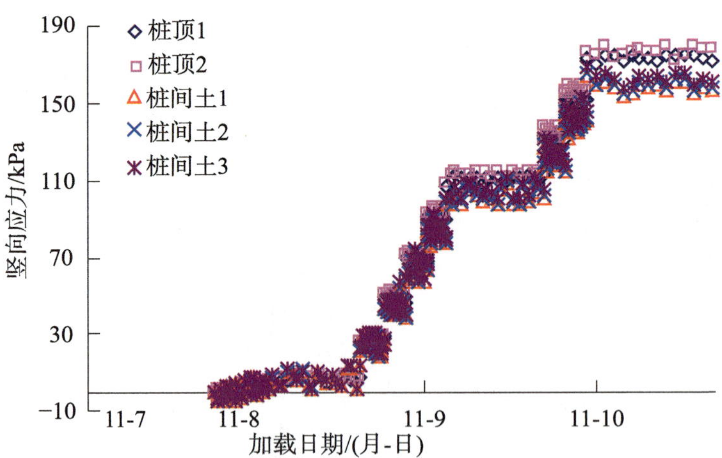

图 5-77　5#工况桩顶上 60 cm 处桩土应力

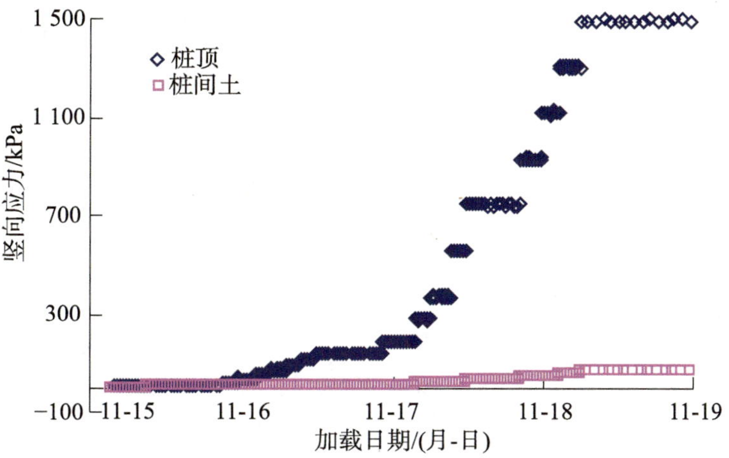

图 5-78　6#工况格栅下桩土应力

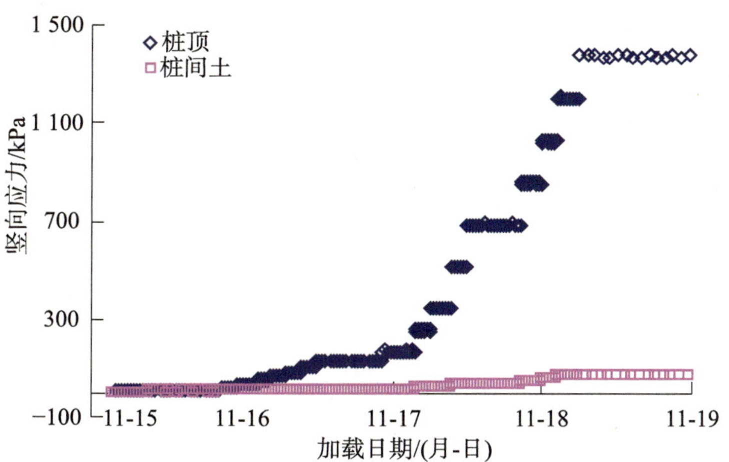

图 5-79　6#工况两格栅之间桩土应力

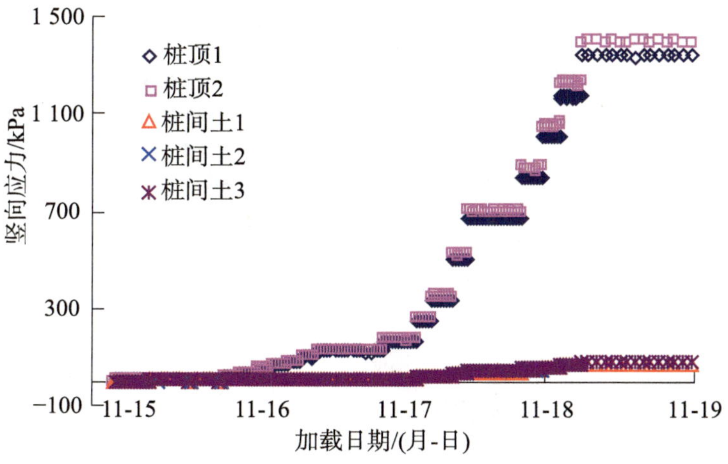

图 5-80　6#工况格栅上方桩土应力

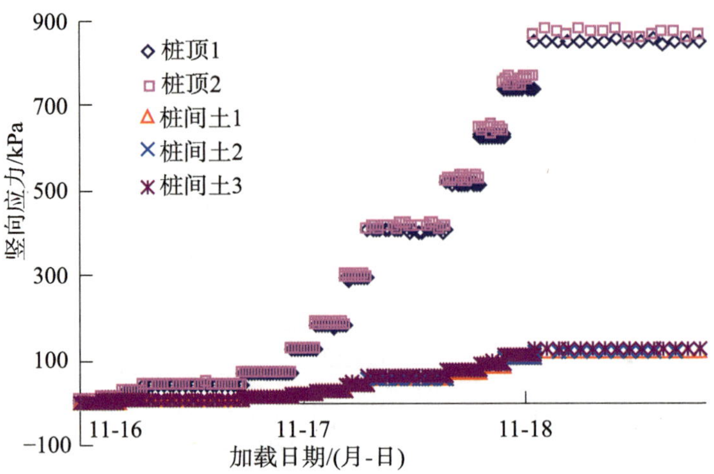

图 5-81 6#工况桩顶上 20 cm 处桩土应力

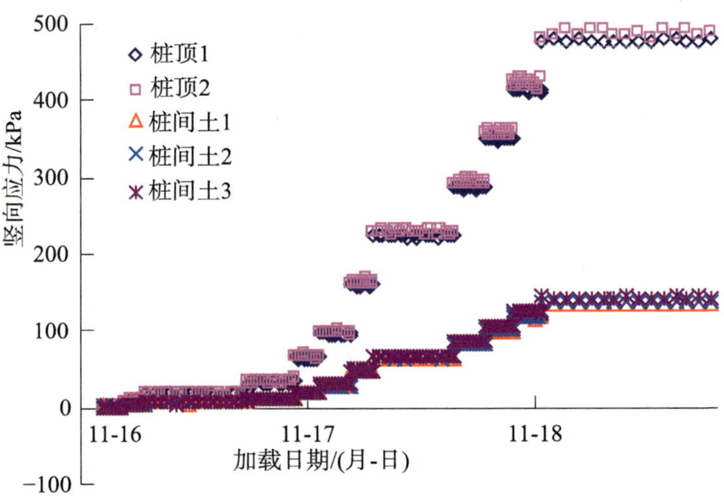

图 5-82 6#工况桩顶上 30 cm 处桩土应力

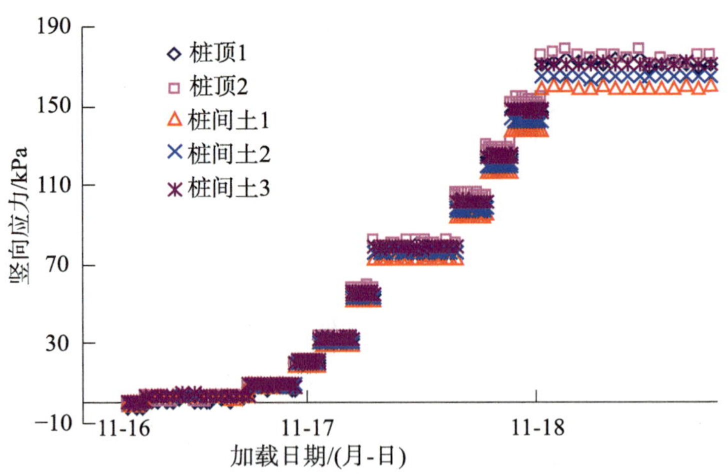

图 5-83 6#工况桩顶上 40 cm 处桩土应力

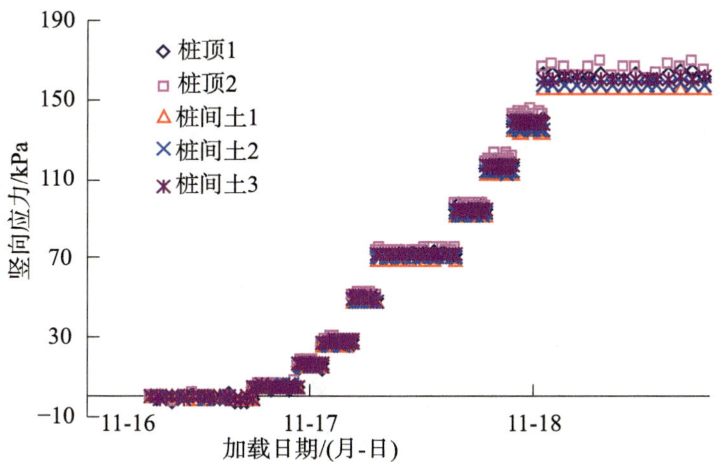

图 5-84　6#工况桩顶上 60 cm 处桩土应力

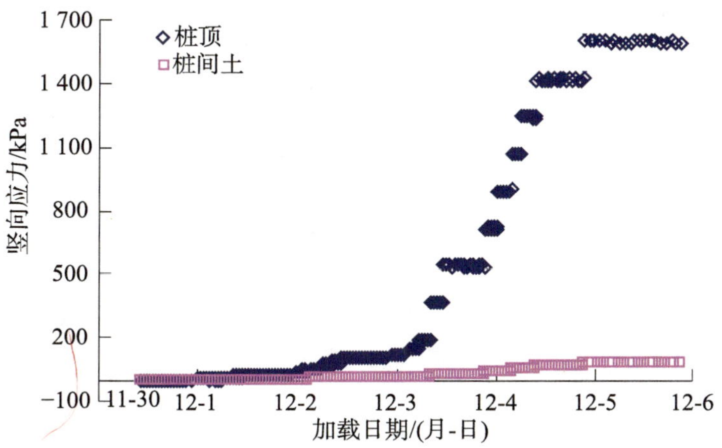

图 5-85　7#工况格栅下桩土应力

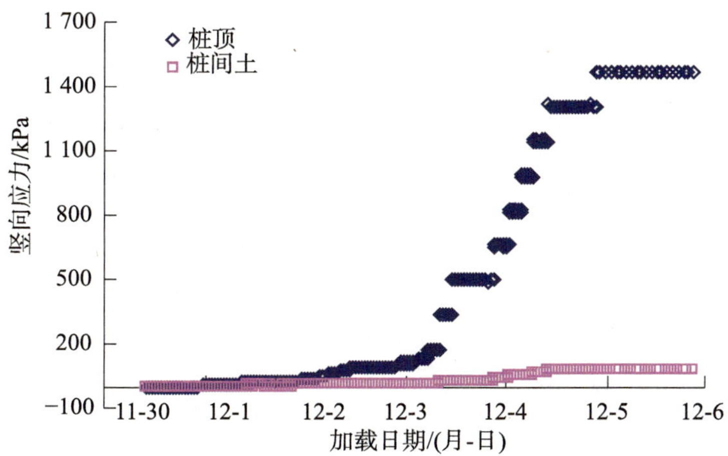

图 5-86　7#工况两格栅之间桩土应力

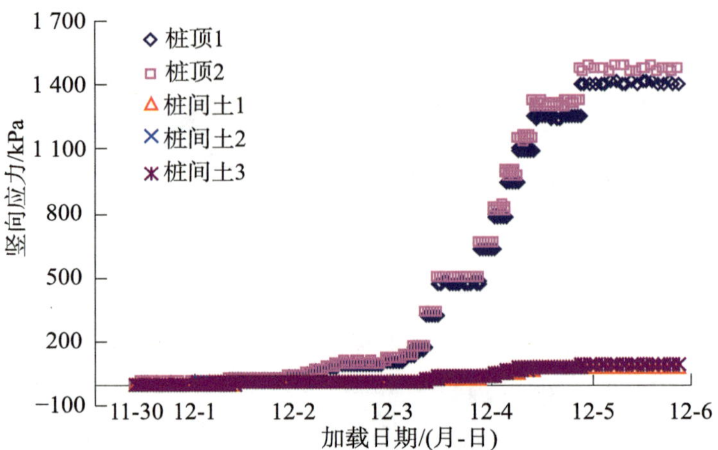

图 5-87 7#工况格栅上方桩土应力

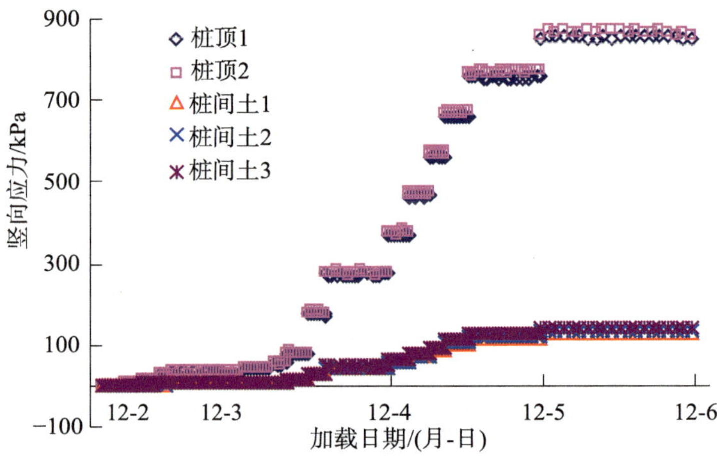

图 5-88 7#工况桩顶上 20 cm 处桩土应力

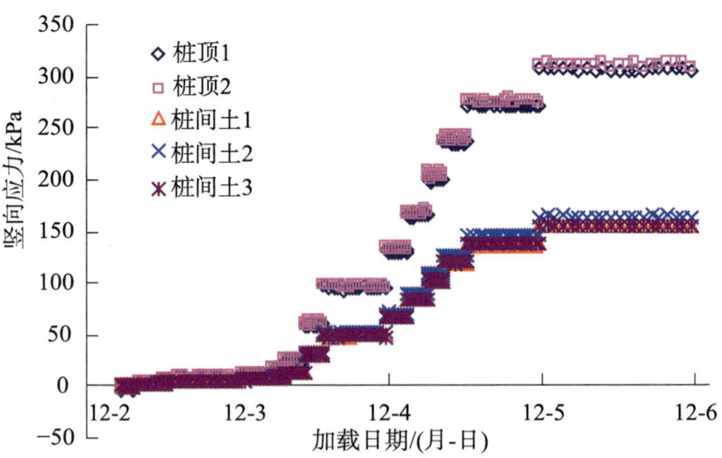

图 5-89 7#工况桩顶上 30 cm 处桩土应力

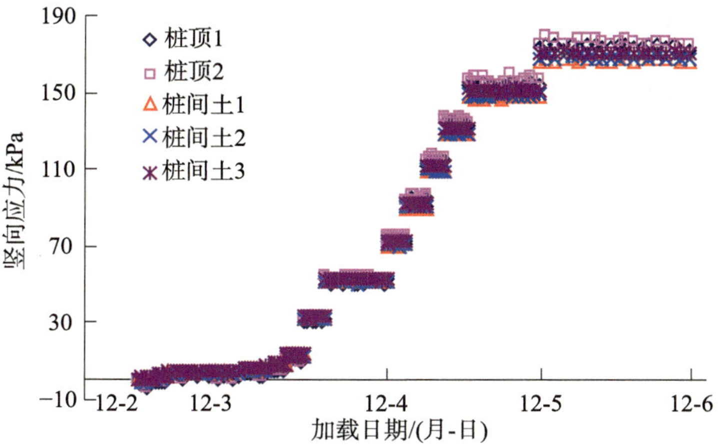

图 5-90　7#工况桩顶上 40 cm 处桩土应力

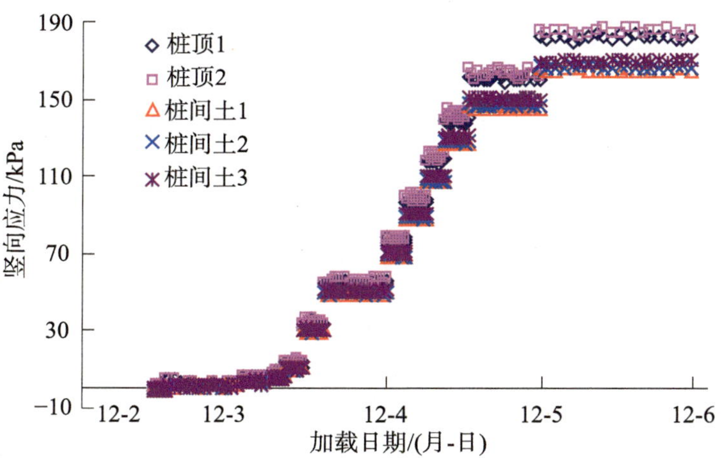

图 5-91　7#工况桩顶上 60 cm 处桩土应力

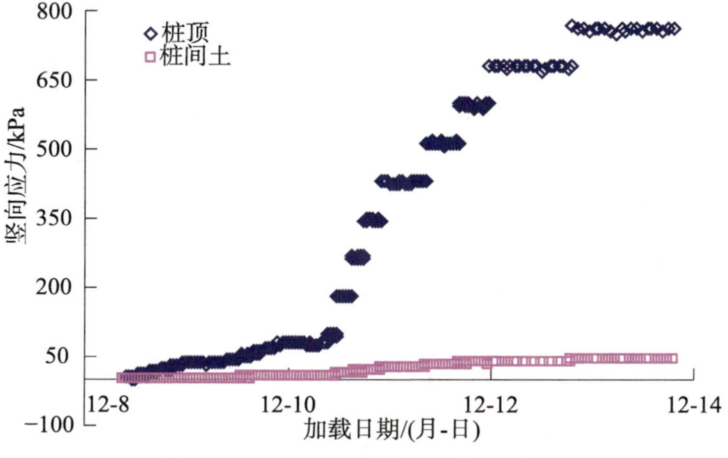

图 5-92　8#工况格栅下桩土应力

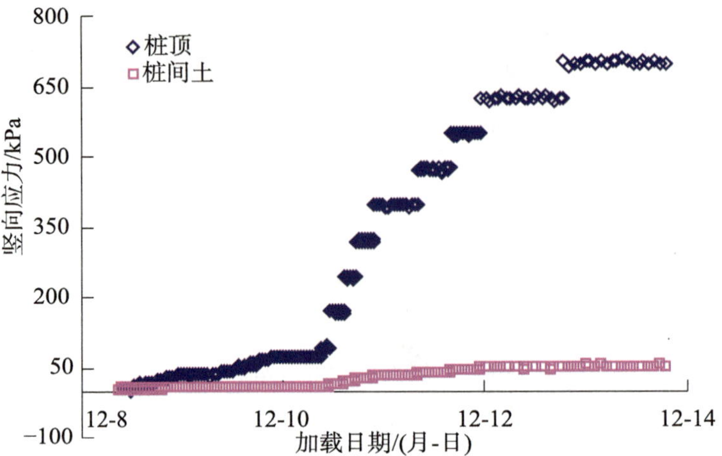

图 5-93　8#工况两格栅之间桩土应力

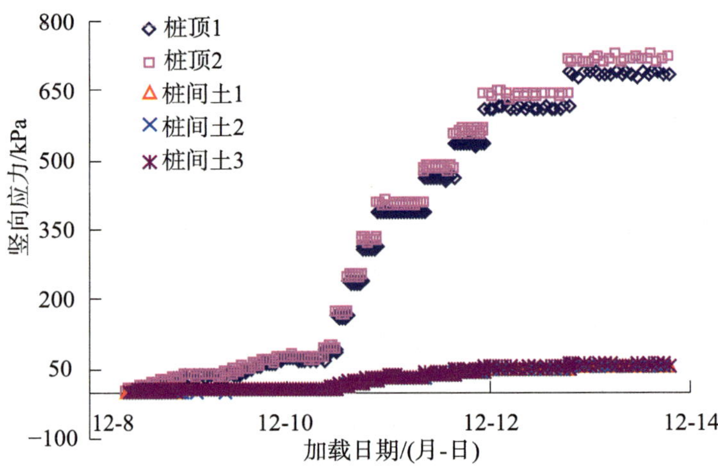

图 5-94　8#工况格栅上方桩土应力

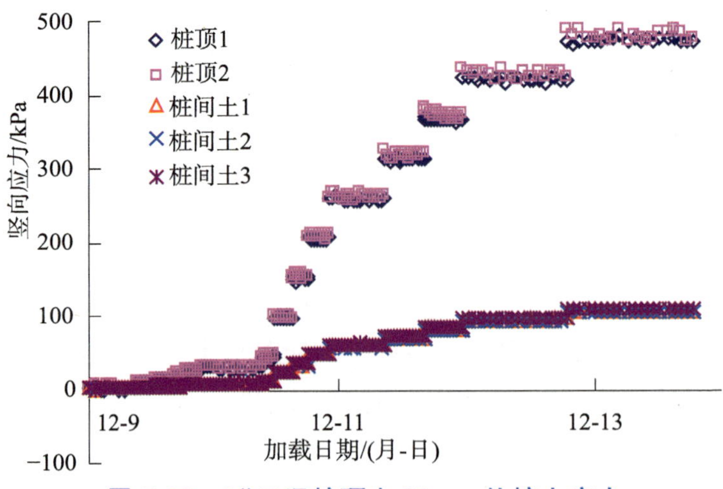

图 5-95　8#工况桩顶上 20 cm 处桩土应力

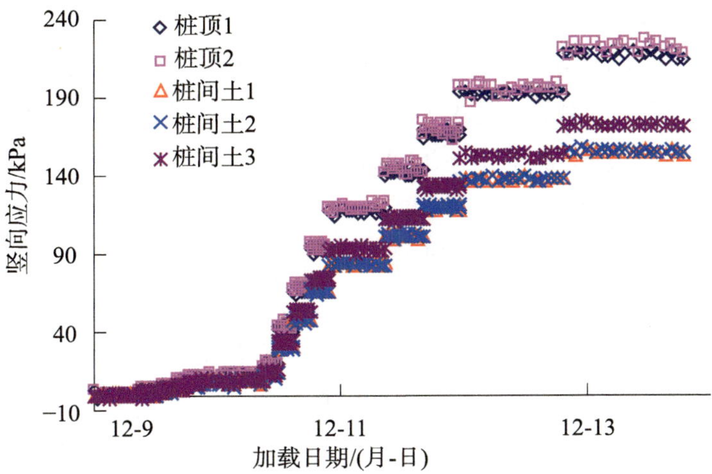

图 5-96　8#工况桩顶上 30 cm 处桩土应力

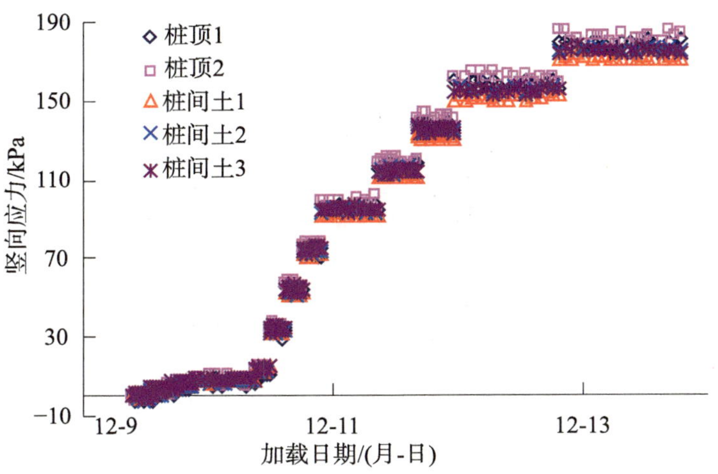

图 5-97　8#工况桩顶上 40 cm 处桩土应力

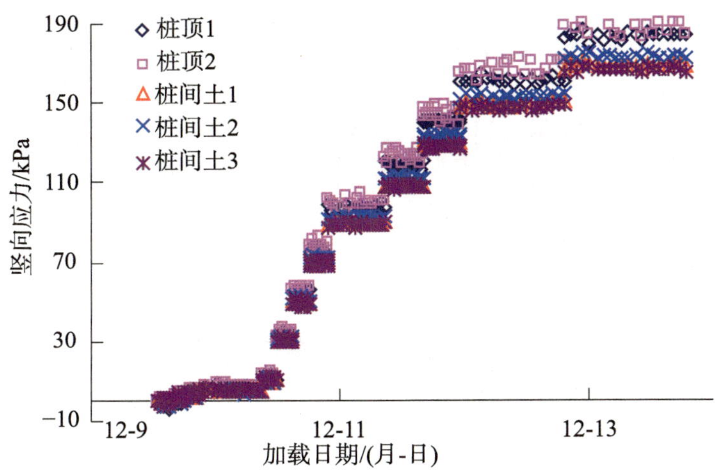

图 5-98　8#工况桩顶上 60 cm 处桩土应力

3. 桩土应力比

取桩顶应力平均值与桩间土形心应力之比作为桩土应力比。图 5-99 为 1#工况桩土应力比随外荷载/时间增加的变化情况,结果表明应力比随荷载增加呈增长趋势,随路基高度增加而显著减小,桩顶上方 40 cm、60 cm 处的应力比接近于 1,说明 1#工况的土拱高度低于桩顶 40 cm;格栅下应力比最大,格栅上应力比达到 20 左右,格栅上与格栅之间的差值小于格栅之间与格栅下的差值,说明下层格栅传递竖向荷载效率比上层格栅高;路基荷载较小时测试结果波动较大。图 5-100 为 2#工况桩土应力比随外荷载增加的变化情况,变化趋势与 1#工况较为接近,格栅上应力比在 17 左右,相比之下,土拱高度范围内的应力比偏小。图 5-101～图 5-106 分别为 3#～8#工况桩土应力比随外荷载变化情况,总体上,桩净距和格栅初始松紧状态影响应力比,桩净距越大,桩土应力比越大,格栅初始状态越松,应力比越大。

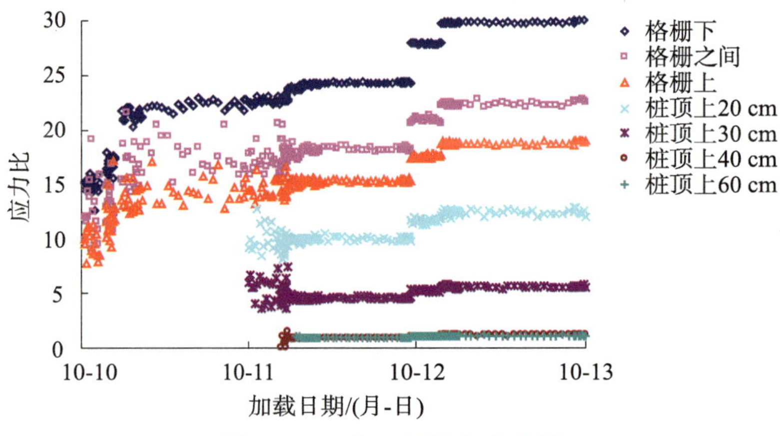

图 5-99　1#工况桩土应力比

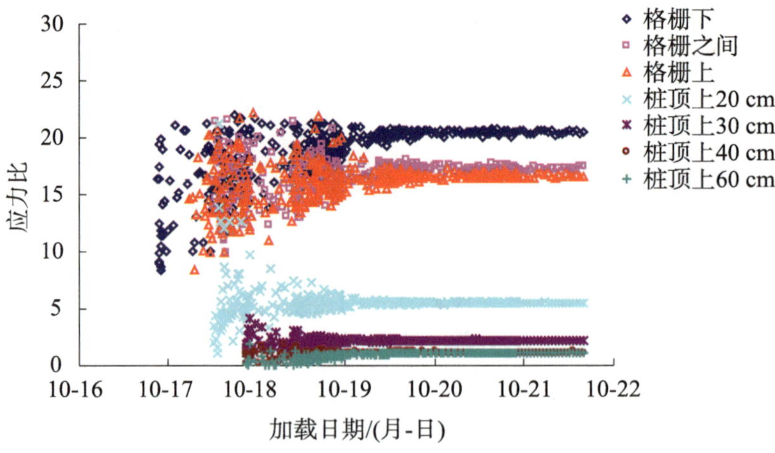

图 5-100　2#工况桩土应力比

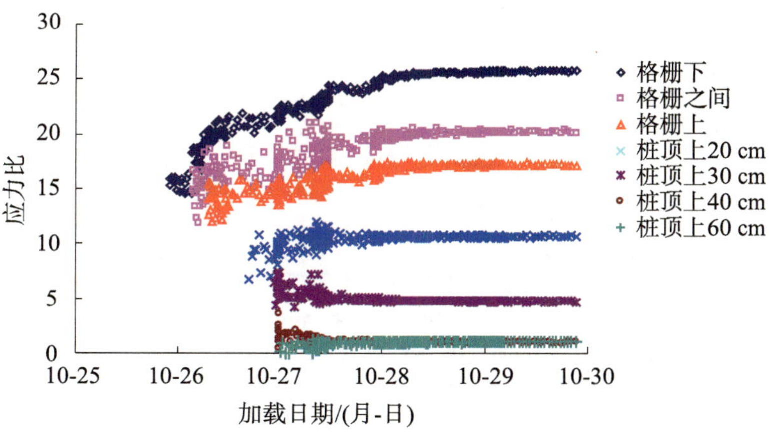

图 5-101　3#工况桩土应力比

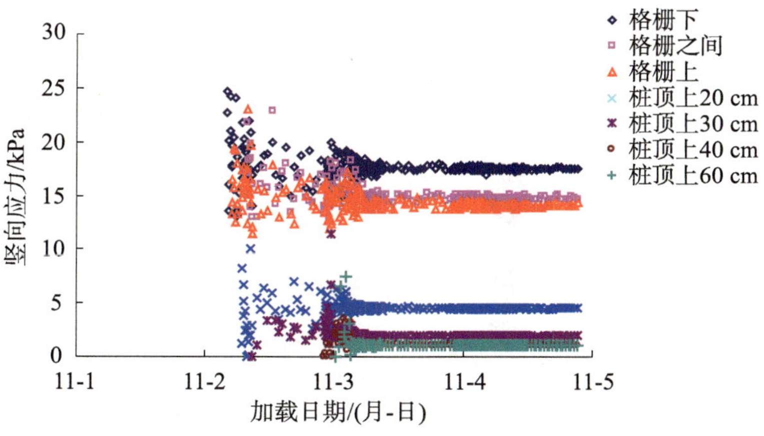

图 5-102　4#工况桩土应力比

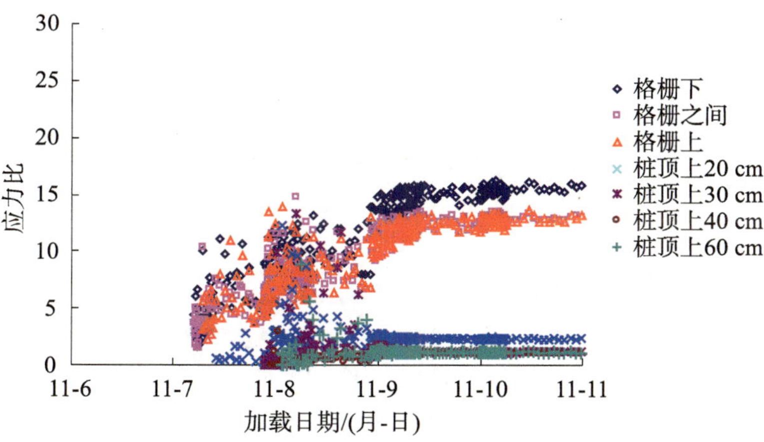

图 5-103　5#工况桩土应力比

第五章　桩网结构室内模拟试验

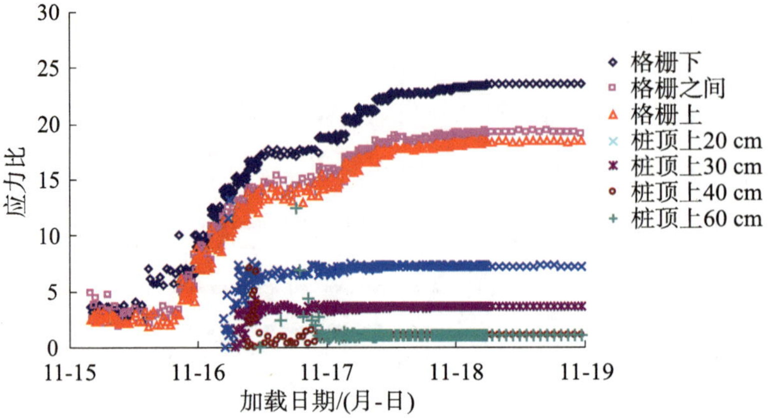

图 5-104　6#工况桩土应力比

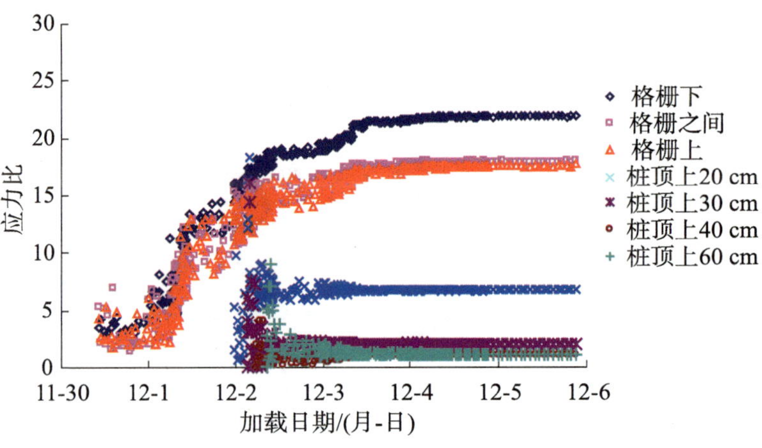

图 5-105　7#工况桩土应力比

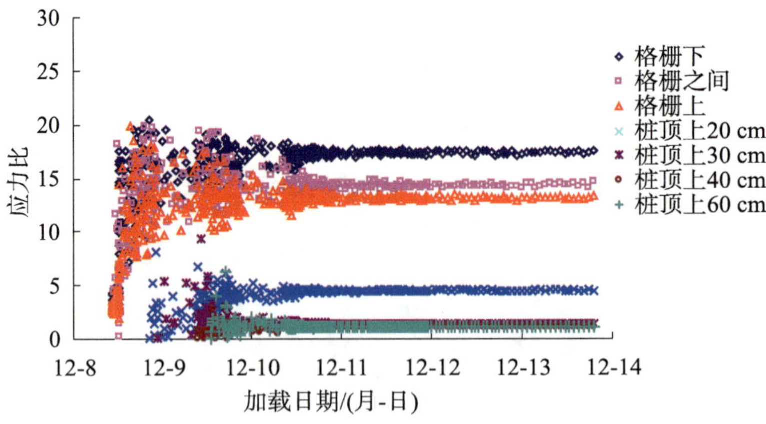

图 5-106　8#工况桩土应力比

4. 格栅拉力

图 5-107 为 1#工况格栅拉力随时间/外荷载增加的变化情况，格栅沿桩帽边垂直方向(1-1#、1-2#和 1-3#)拉力相对较大，与桩帽边平行方向格栅(1-4#)拉力相对较小；下层格栅拉力相比上层格栅偏大；总体上格栅拉力随着荷载的增加而增加，在荷载作用前期格栅拉力随时间增长而减小并趋于稳定；格栅最大拉力为 696 N。图 5-108 为 2#工况格栅拉力随时间/外荷载增加的变化情况，拉力变化趋势与 1#工况较为接近，相比 1#工况桩净距减小，格栅拉力明显减小，最大拉力 229 N。图 5-109～图 5-114 分别为 3#～8#工况格栅拉力随外荷载增长的变化情况。格栅拉力随桩净距增大而增大，格栅初始状态松紧程度影响格栅拉力，初始状态较松，拉力较小，黏性土填料（7#和 8#工况）相比砂填料(6#和 4#)的格栅拉力偏大。

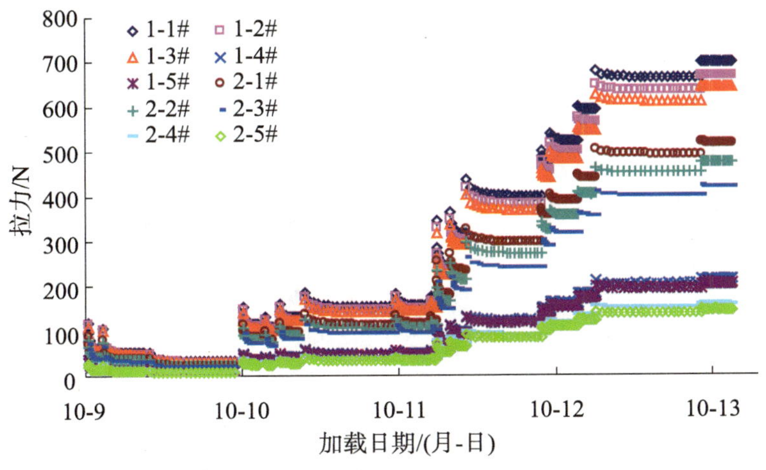

图 5-107　1#工况格栅拉力

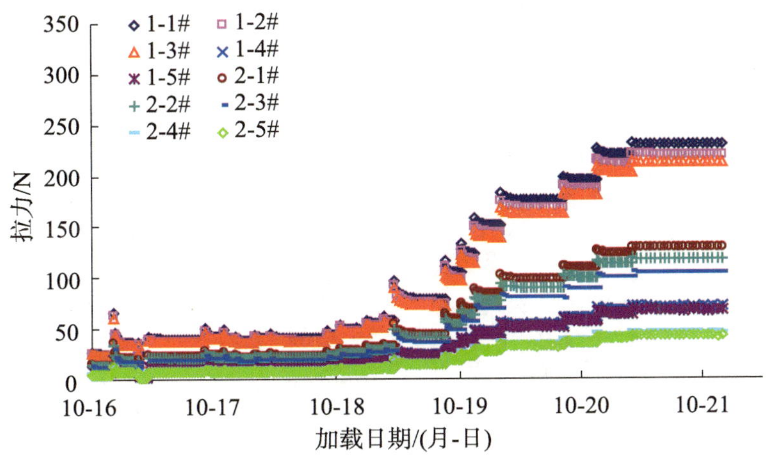

图 5-108　2#工况格栅拉力

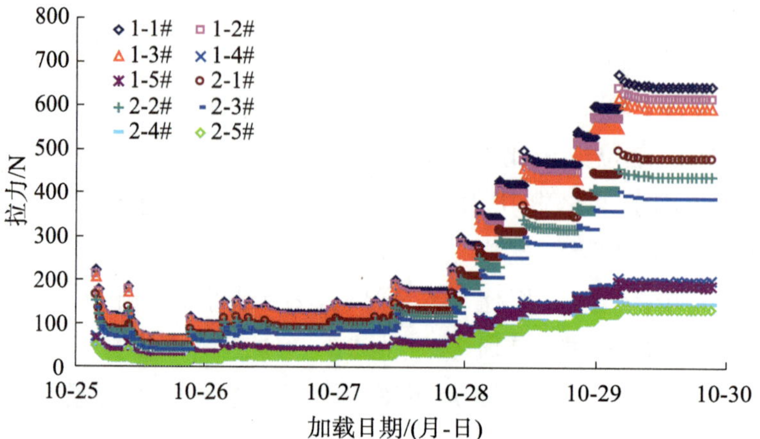

图 5-109　3#工况格栅拉力

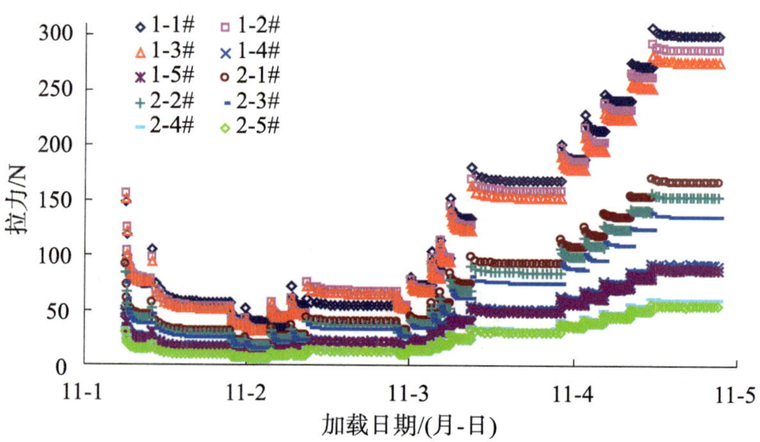

图 5-110　4#工况格栅拉力

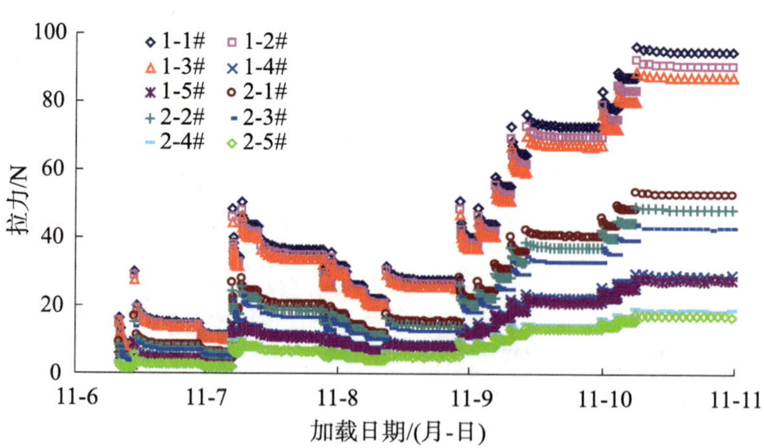

图 5-111　5#工况格栅拉力

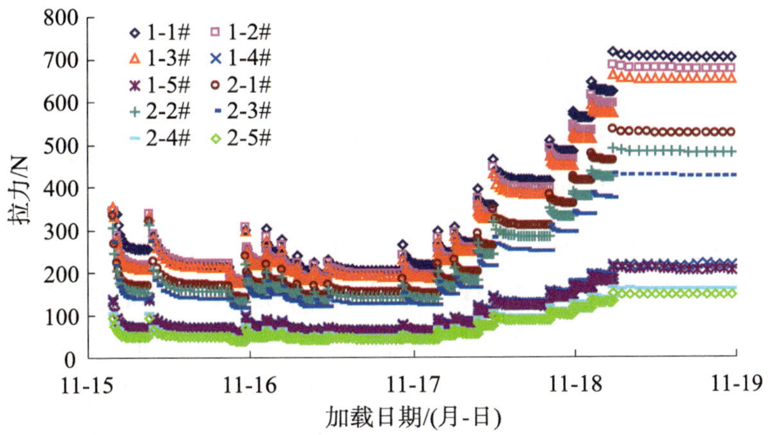

图 5-112　6#工况格栅拉力

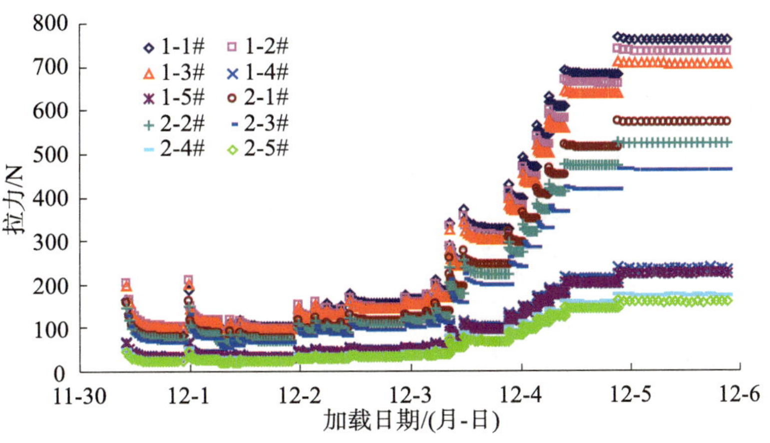

图 5-113　7#工况格栅拉力

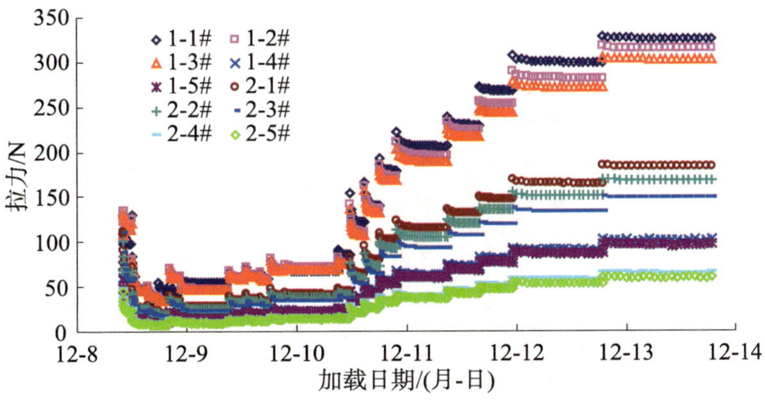

图 5-114　8#工况格栅拉力

5. 桩间土沉降

图 5-115 为 1#工况桩间土四桩形心和两桩中心沉降随路基荷载变化情况，荷载施加初期沉降增长较快，荷载施加后期沉降增长较慢，这是说明路基高度超过土拱高度后荷载更大程度地传递至桩，桩间土受到的荷载增量相对减小。桩间土形心沉降偏大于两桩中心，形心沉降为 30.4 mm。通过卸载前水杯测试的形心和中心沉降修正卸载后色粉测试的剖面沉降，获得最后一级荷载作用下的剖面沉降如图 5-116 所示，从图中可知，两桩之间横断面沉降曲线近似呈现悬链线形式。图 5-117 和图 5-118 为 2#工况桩间土沉降和剖面沉降，桩帽尺寸相比 1#工况增大，沉降减小。图 5-119～图 5-130 分别为 3#～8#工况桩间土和剖面沉降，沉降发展趋势与 1#工况较为接近，沉降受桩净距影响最大。

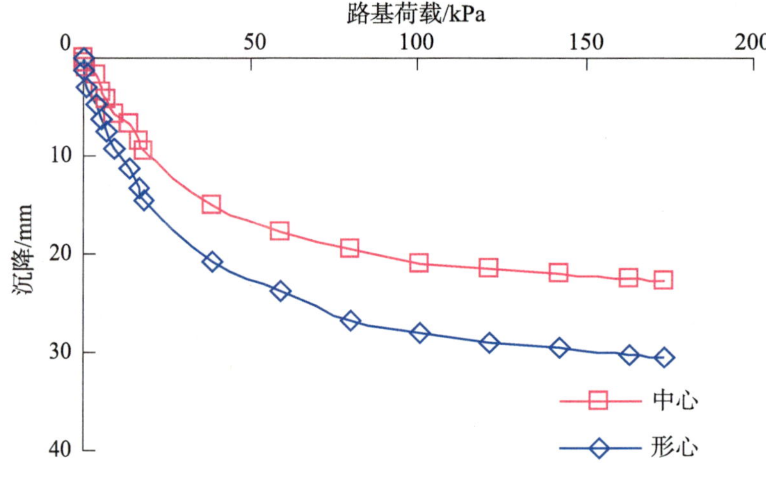

图 5-115 1#工况桩间土沉降

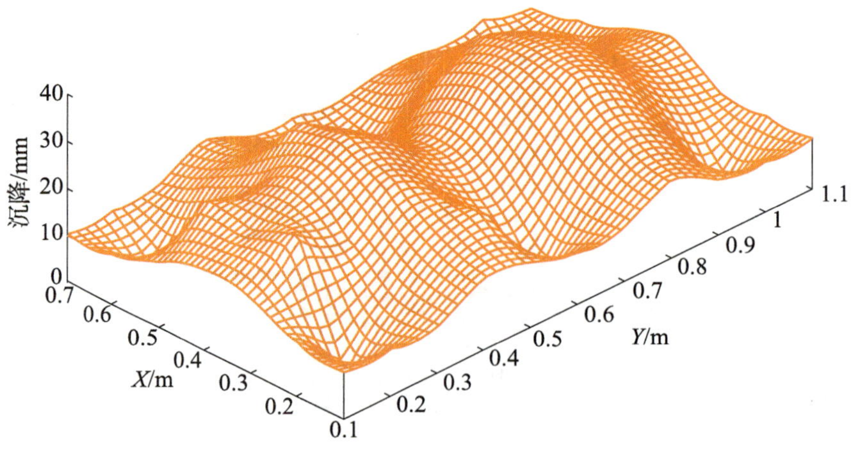

图 5-116 1#工况最终沉降

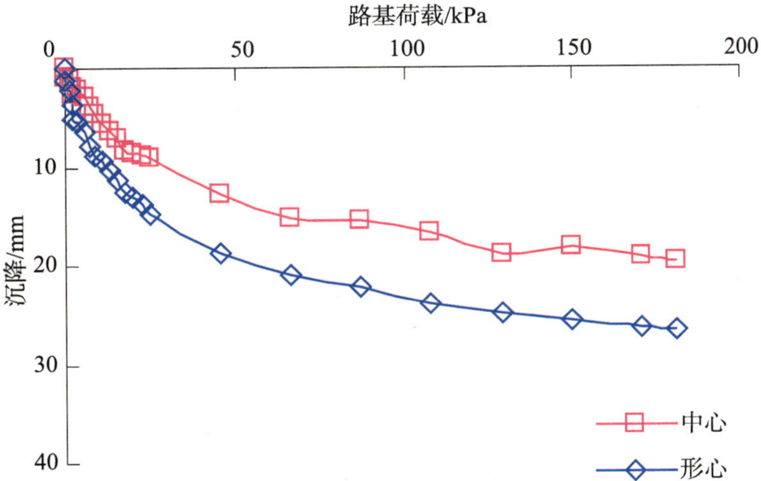

图 5-117　2#工况桩间土沉降

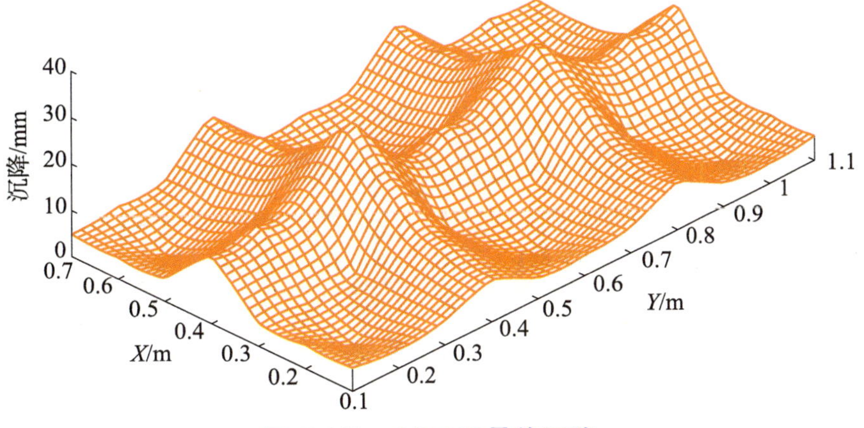

图 5-118　2#工况最终沉降

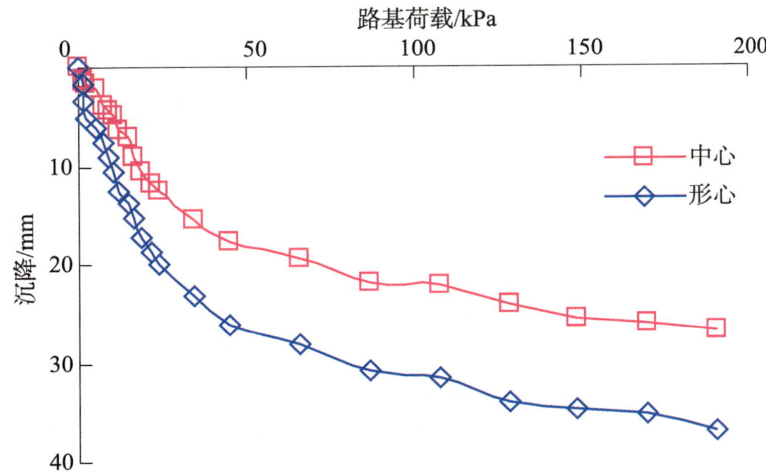

图 5-119　3#工况桩间土沉降

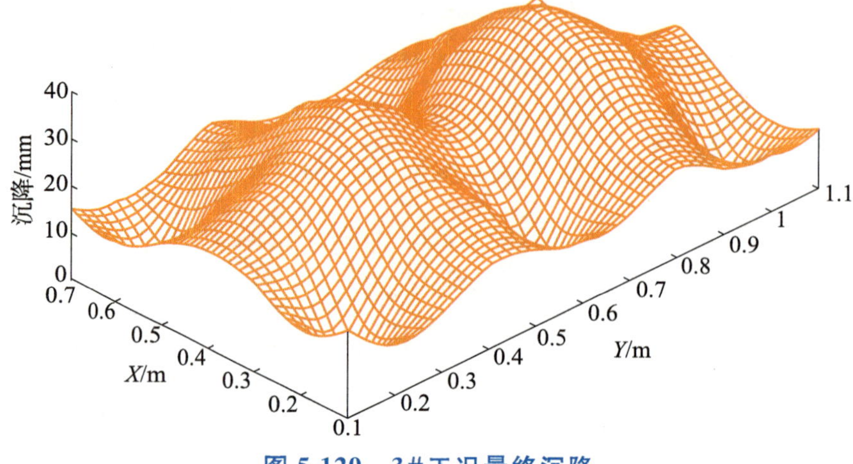

图 5-120　3#工况最终沉降

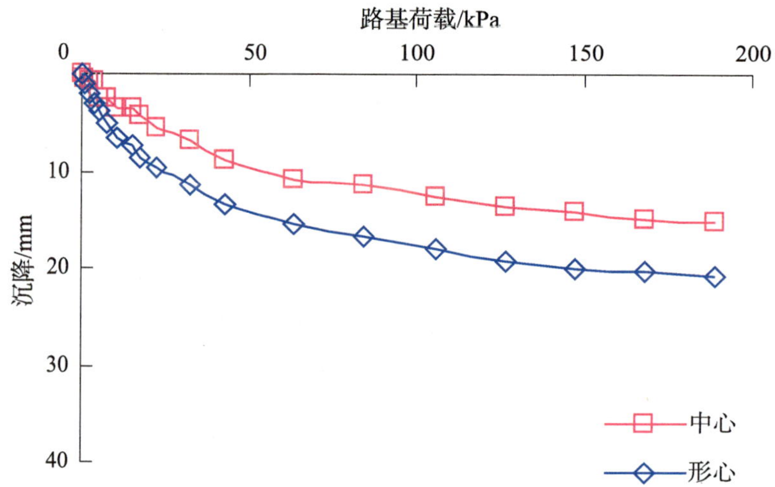

图 5-121　4#工况桩间土沉降

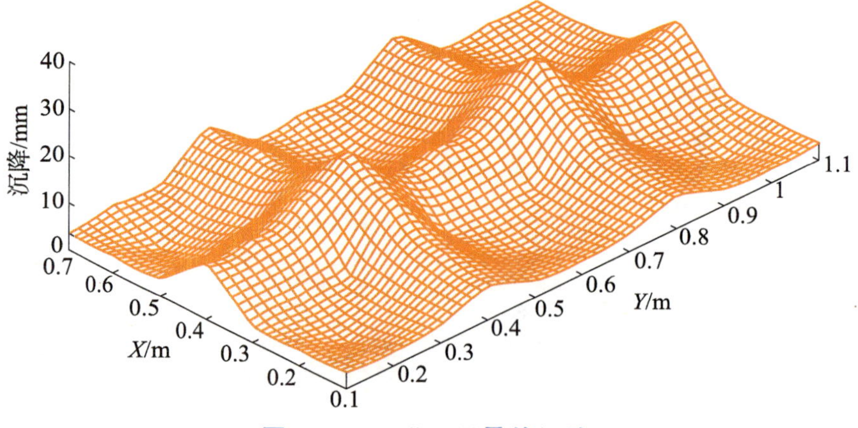

图 5-122　4#工况最终沉降

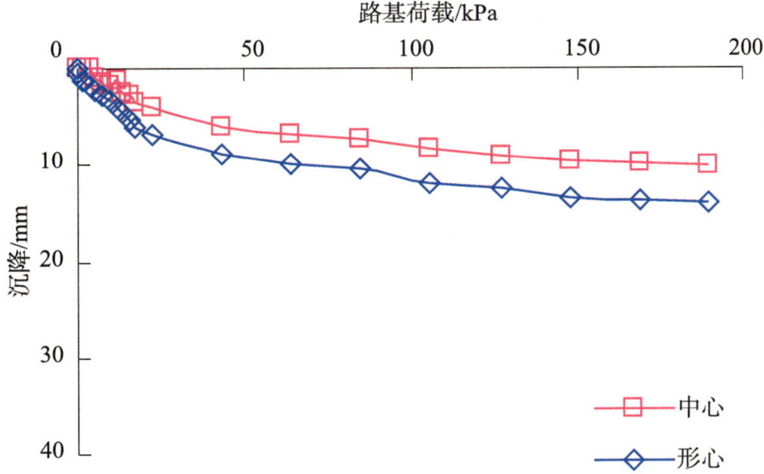

图 5-123　5#工况桩间土沉降

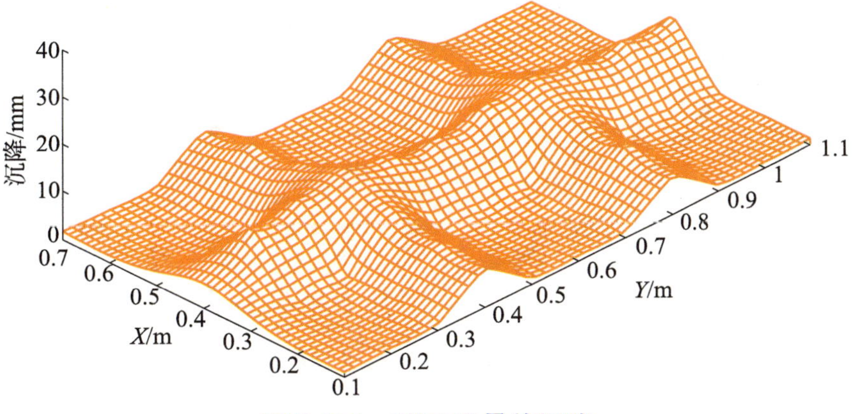

图 5-124　5#工况最终沉降

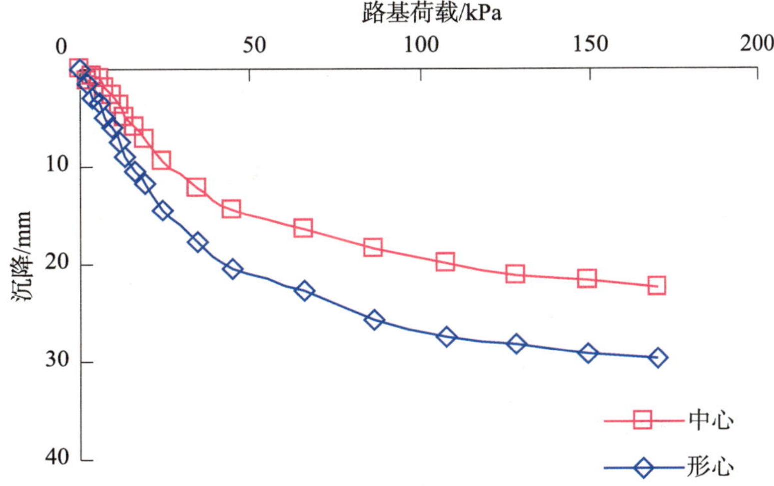

图 5-125　6#工况桩间土沉降

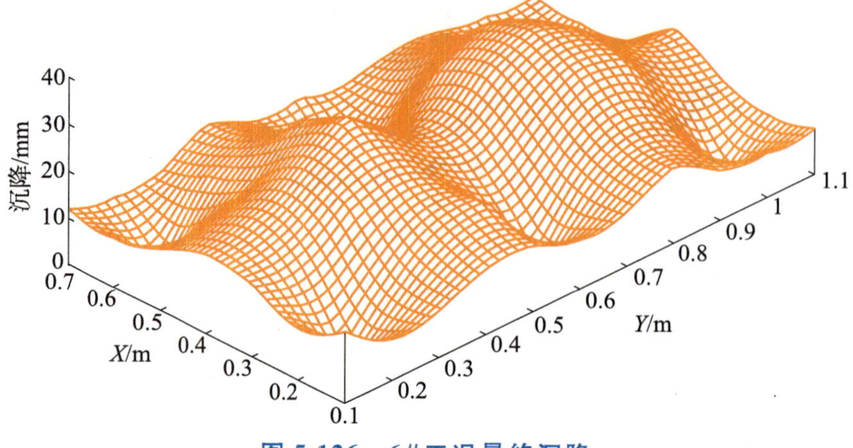

图 5-126　6#工况最终沉降

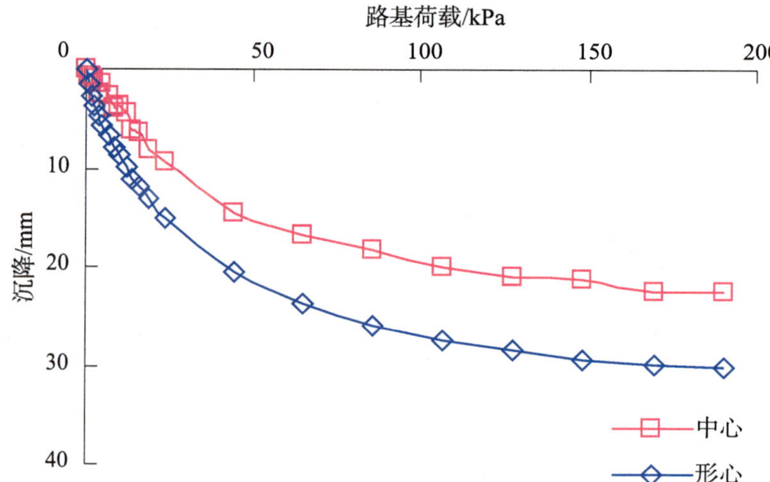

图 5-127　7#工况桩间土沉降

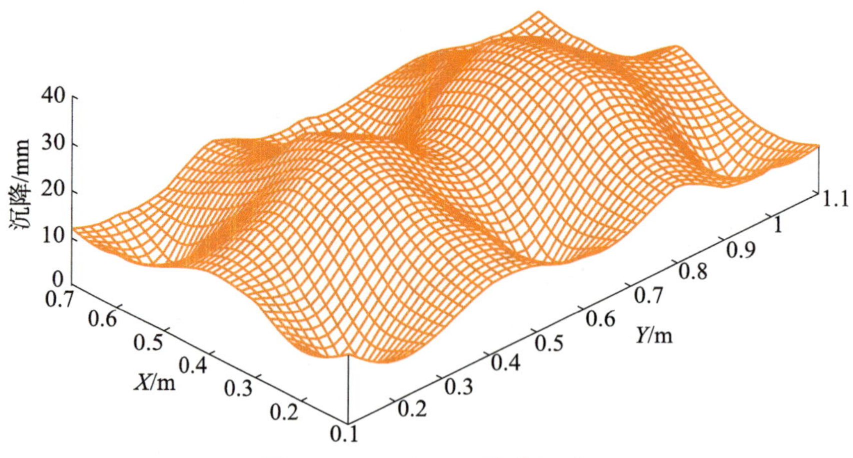

图 5-128　7#工况最终沉降

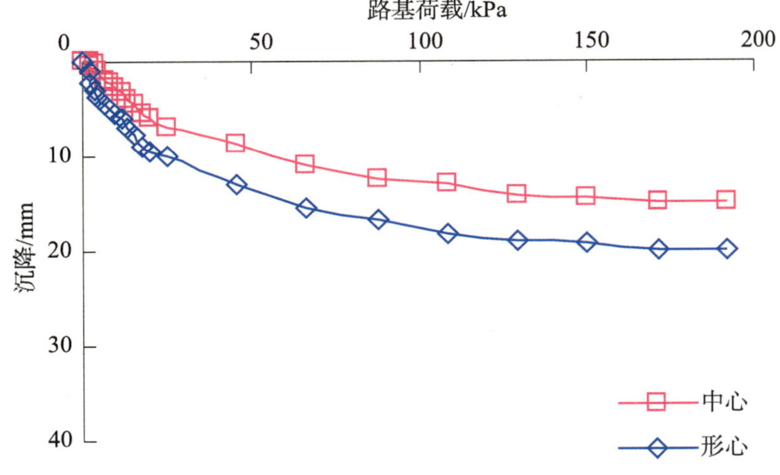

图 5-129　8#工况桩间土沉降

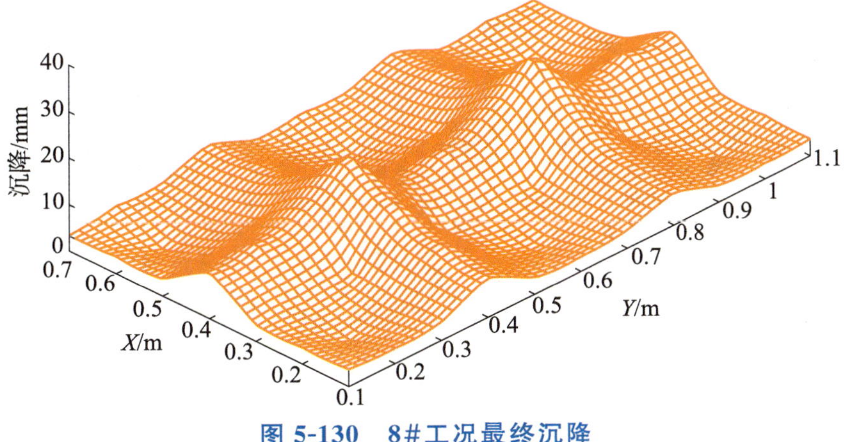

图 5-130　8#工况最终沉降

六、结果分析

1. 桩间土应力

根据模拟试验工况条件，对采用 4 个国外规范计算桩间土竖向应力和模拟试验实测结果进行对比。上覆应力 $q=0$ 时，桩帽尺寸 $a=0.089$ m、$a=0.17$ m 和 $a=0.25$ m 条件下桩间土平应力计算与实测结果分别如图 5-131～图 5-133 所示。实测结果包括加筋垫层下方和上方两个位置的测试结果，位于垫层上方的桩间土应力实测值与德国规范计算结果较为接近，其次接近英国规范结果，北欧规范结果最大，日本规范结果最小。垫层下方仍存在一定的竖向应力。从图中实测结果可知，对于相同参数条件下，格栅的松紧程度对桩间土应力有一定的影响，初始状态松，垫层上方的应力偏小，垫层下方的应力偏大；初始状态紧，垫层上方的应力偏大，垫层下方的应力偏小，这是说明格栅的初始状态对土拱成拱效率有一定的影响，格栅初始状态松，有利于在较低路基高度时成拱，致垫层上方应力相比较小，格栅变形较大，地基反力有所增大，致使垫层下方应力相比较大。

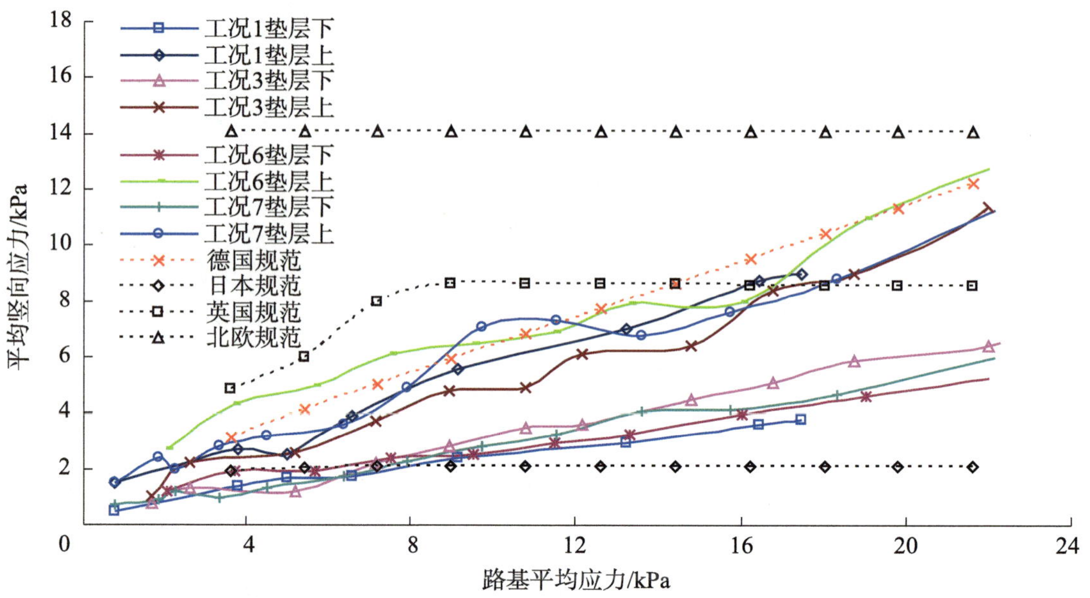

图 5-131　桩间土平均应力比较(s=0.4 m，a=0.089 m，q=0)

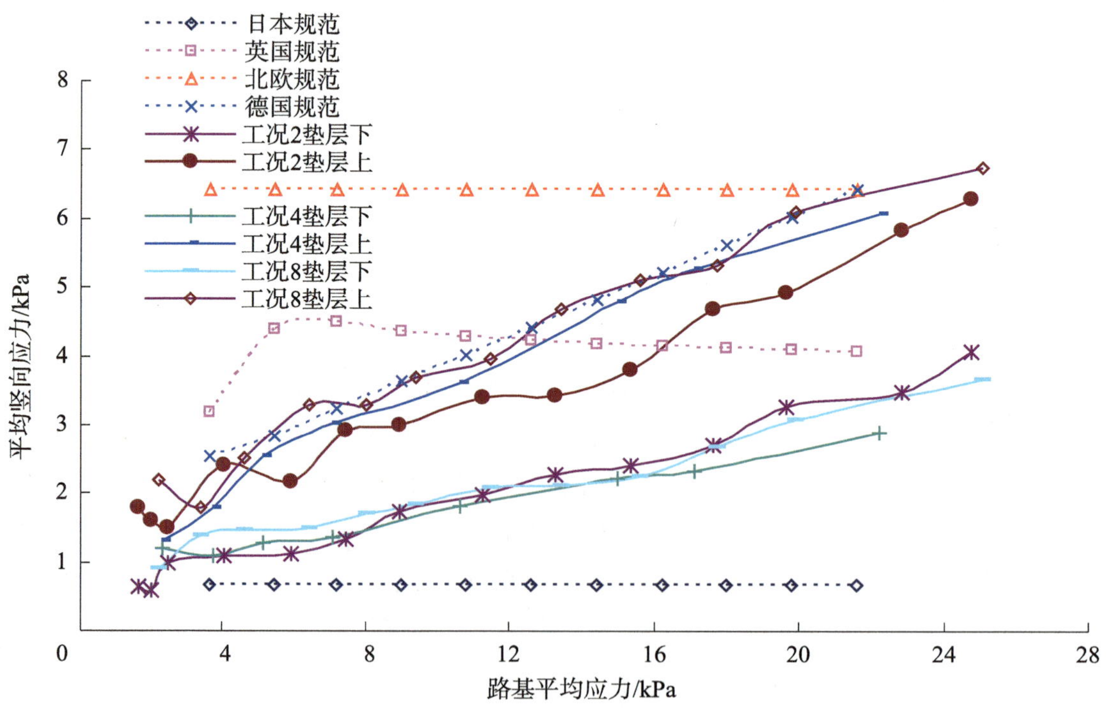

图 5-132　桩间土平均应力比较(s=0.4 m，a=0.17 m，q=0)

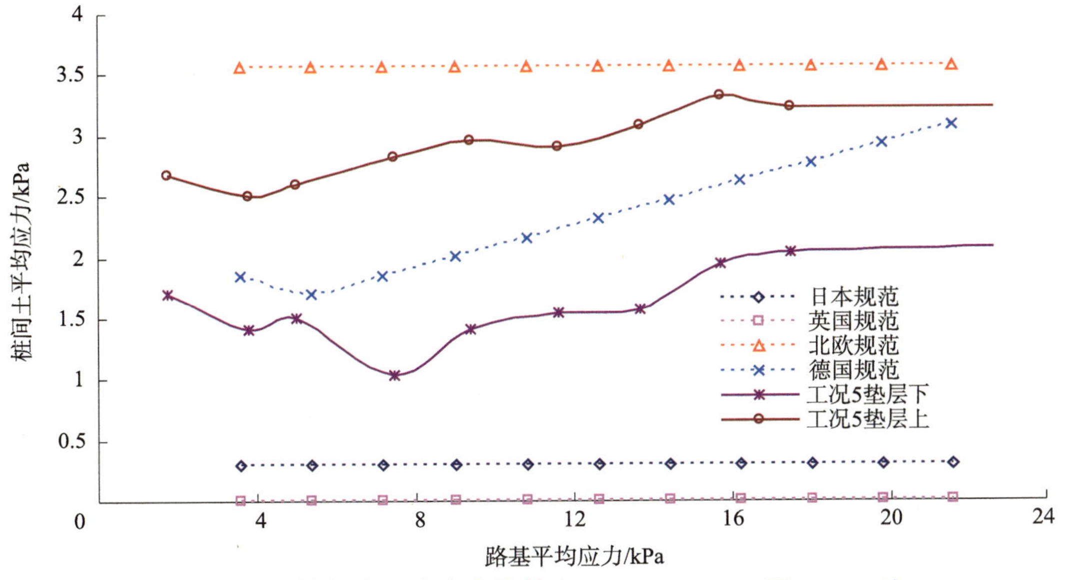

图 5-133　桩间土平均应力比较(s=0.4 m,a=0.25 m,q=0)

当路基填筑至 1.1～1.2 m 开始施加均布应力(0～150 kPa),a=0.089 m、0.17 m 和 0.25 m 对应工况桩间土增加的应力分别如图 5-134～图 5-136 所示。由于路基高度已经远超出土拱高度,英国、北欧和日本规范均不考虑上覆应力对桩间土的影响。本次试验表明,垫层上下方应力仍有不同程度的增加,垫层上方增加的应力与德规范较为接近;对于黏性土填筑的路基,垫层上方的竖向应力偏大于相同参数条件下砂土路基的应力。格栅的松紧程度对桩间土应力影响有相同趋势,因此,格栅现场铺设考虑其初始状态松铺的施工工艺将有利于其受力状态,在下面章节中将从理论上分析格栅中点挠度对格栅拉力和沉降的影响。

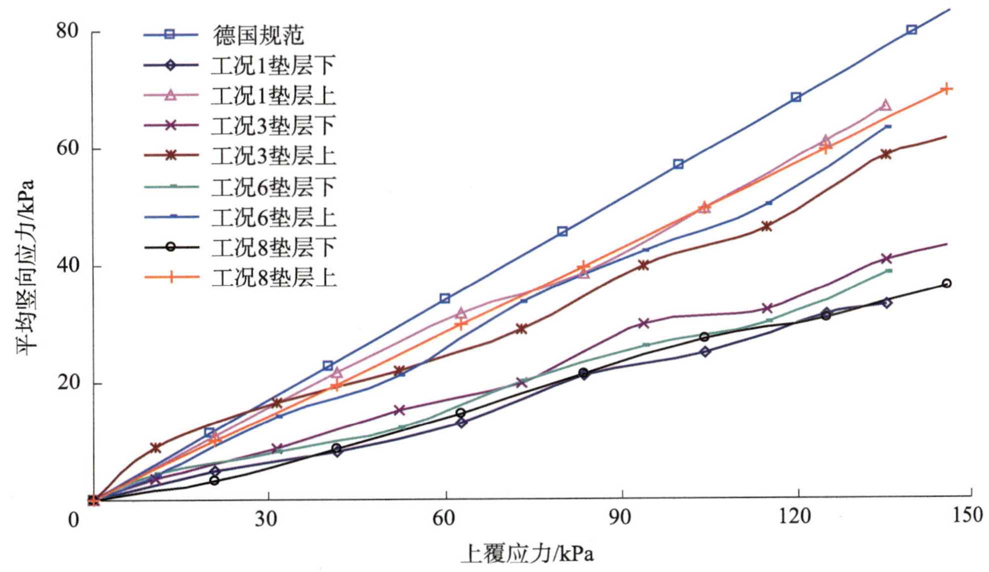

图 5-134　桩间土增加的平均应力比较(s=0.4 m,a=0.089 m,q=0～150 kPa)

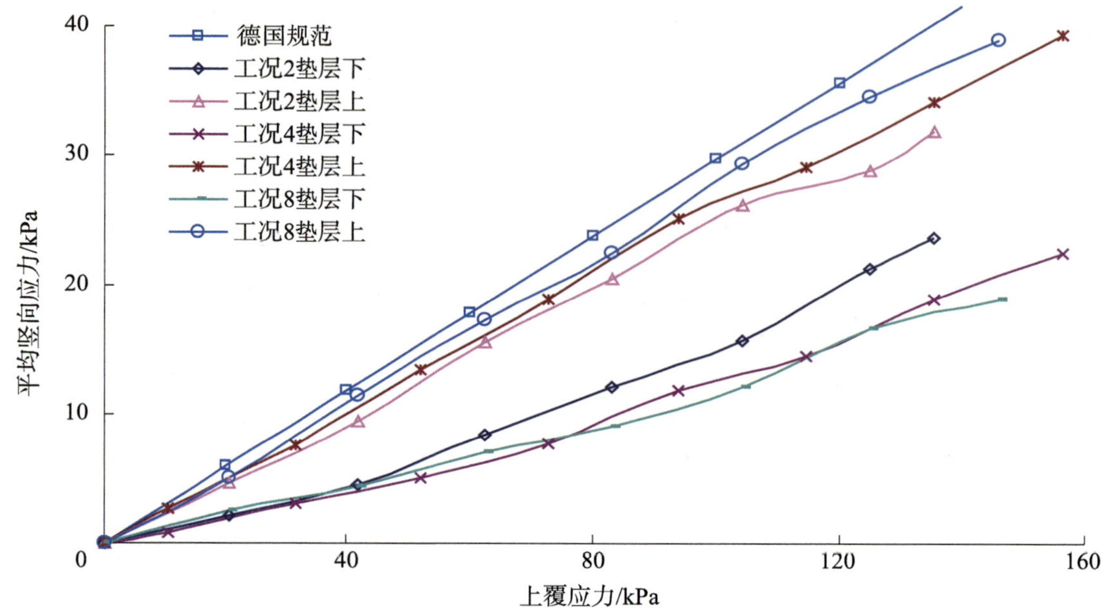

图 5-135　桩间土增加的平均应力比较($s=0.4$ m,$a=0.17$ m,$q=0\sim150$ kPa)

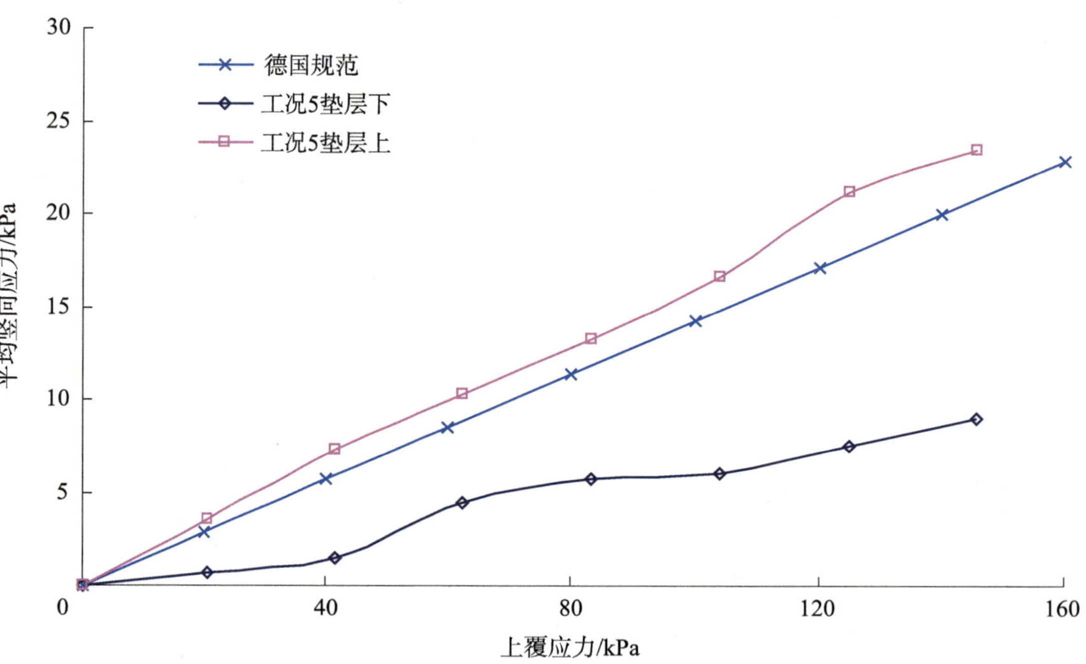

图 5-136　桩间土增加的平均应力比较($s=0.4$ m,$a=0.25$ m,$q=0\sim150$ kPa)

2. 荷载比

根据桩顶轴力测试结果可计算桩承担荷载比例实测结果,根据德国规范由桩顶平均应力和桩间土平均应力可以计算相应的荷载比,对于 $a=0.089$ m、$a=0.17$ m 和 $a=0.25$ m 参数的计算结果如图 5-137～图 5-139 所示。结果表明,实测结果基本介于德国规范由桩顶和桩间土平均应力计算的荷载比之间，实测结果比桩顶平均应力计算结果偏小，说明桩顶应力计算结果比实测结果偏大，这说明德国规范计算桩应力已经取用了较为保守的结果。

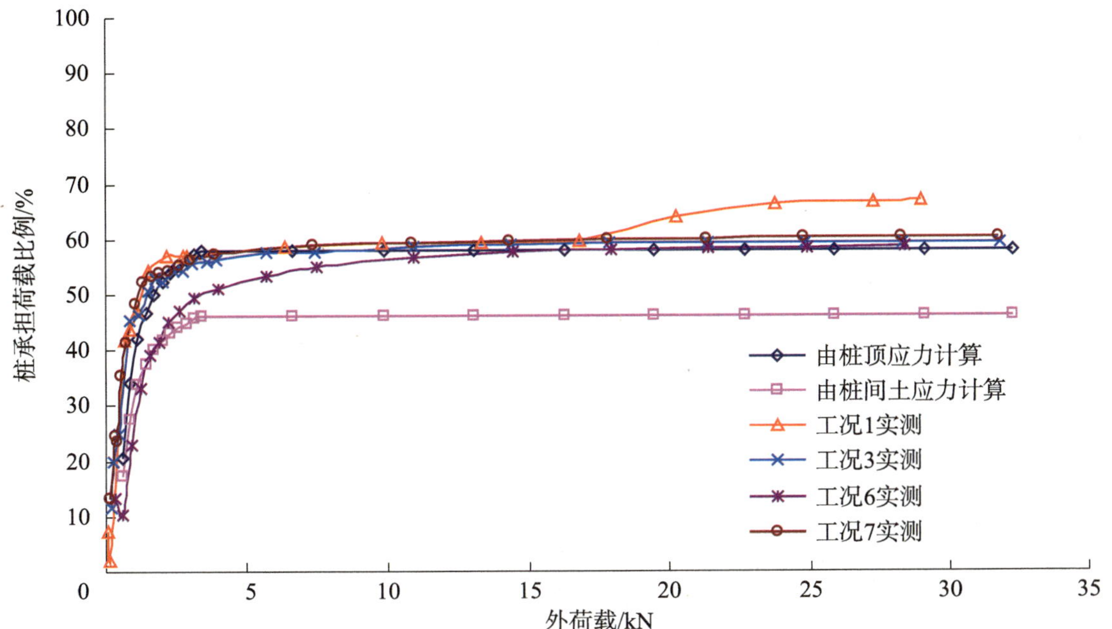

图 5-137　荷载比的比较($s=0.4$ m，$a=0.089$ m)

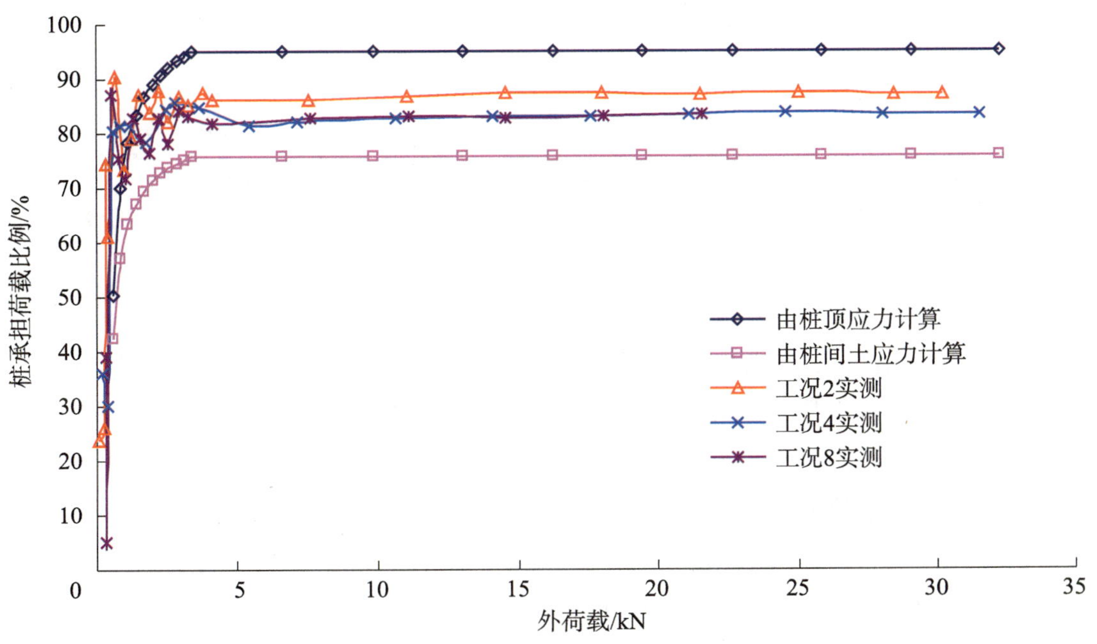

图 5-138　荷载比的比较($s=0.4$ m，$a=0.17$ m)

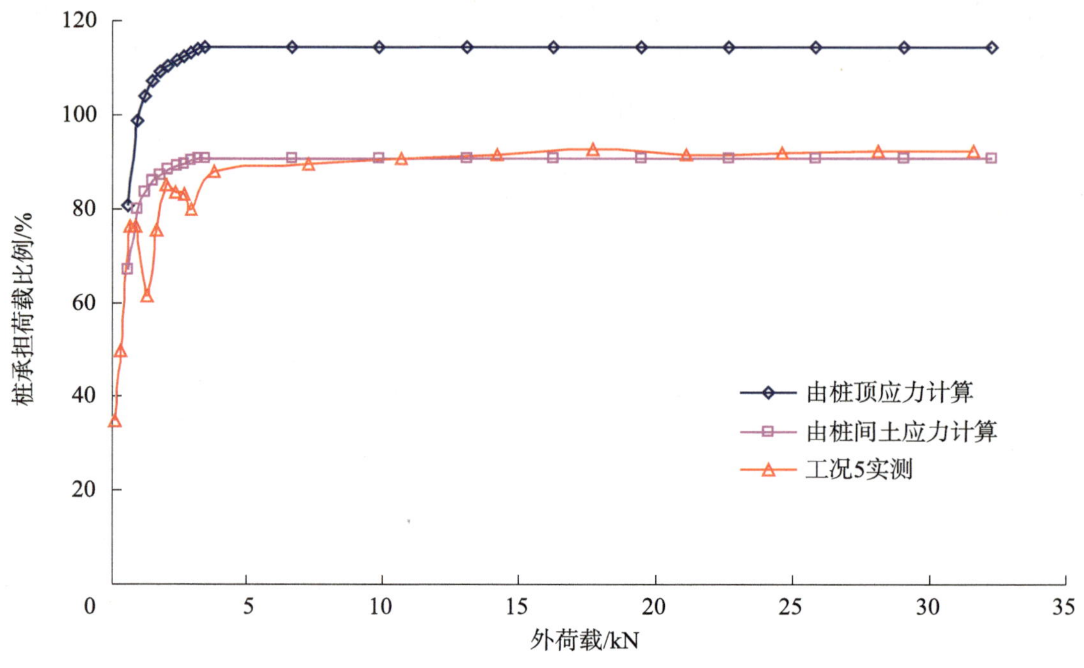

图 5-139　荷载比的比较(s=0.4 m,a=0.25 m)

3. 格栅变形

格栅变形形状是建立格栅拉力计算方法的基础,试验中采用多种方法对格栅变形后的形状进行确定。路基填筑时在碎石垫层上方铺撒一层色粉(图 5-140),在试验加载过程中,色粉层跟踪格栅变形发展趋势,卸载后色粉层变形形状基本反应格栅变形后形状,如图 5-141～图 5-143 所示,可知格栅变形基本呈现悬索形状。图 5-144 和图 5-145 为荷载卸除后格栅的形状。由于模拟地基的泡沫板在卸载后存在一定程度的反弹,观测变形量比实际变形肯定会有所减小。因此,为了完整确定格栅变形形状,在试验加载完成时,对垫层进行注浆以保留格栅实际变形形状。注浆前,在垫层上下层铺设塑料薄膜,并对相应模型箱开孔作为注浆孔。图 5-146 为卸载后的注浆碎石垫层,图 5-147 为对注浆垫层进行切割情况,图 5-148 和图 5-149 为切割后通过桩顶形心连线截面和桩间土形心连线截面的格栅变形形状,从中可知看出桩顶变形后格栅呈现悬索形状,上层格栅变形偏小,下沉格栅变形偏大,桩间土形心较为一致,变形较小。国外分析资料以及计算假设也表明,格栅在桩网结构中受力后的变形形状基本呈现悬索或二维膜的形状。因此,在后续的格栅拉力计算方法推导中,假设在桩网结构中的格栅受力后变形形状为悬索形状,并主要由桩帽尺寸范围内的格栅承担荷载。

图 5-140　加载时碎石层上方 4 cm 撒色粉

图 5-141　卸载后的色粉 1

图 5-142　卸载后的色粉 2

图 5-143　卸载后的色粉 3

图 5-144　卸载后第一层格栅的变形情况

图 5-145　卸载后第二层格栅的变形情况

图 5-146　卸载后注浆碎石垫层

图 5-147　注浆碎石垫层切割

图 5-148　注浆碎石垫层格栅变形(桩顶)

图 5-149　注浆碎石垫层格栅变形情况（桩间土）

4. 竖向荷载引起的格栅拉力

在加筋网垫路基中心模拟试验中，格栅拉力是作用在垫层上方的竖向应力和桩间土反力的合力引起。由于土拱效应的存在，作用在垫层上方的竖向应力远小于桩顶的竖向应力。桩间土反力与桩间土模量、桩净距及格栅模量等参数有关。

表 5-4　最后一级荷载作用下的测试拉力(N)

	1-1#	1-2#	1-3#	1-4#	1-5#	2-1#	2-2#	2-3#	2-4#	2-5#
工况 1	697.2	665.8	641.4	212.4	202.4	517.6	474.8	418.3	156.7	143.8
工况 2	229.9	219.5	211.5	70.1	67.0	128.0	117.4	103.5	45.3	41.4
工况 3	646.4	617.3	594.7	196.8	188.7	479.9	440.2	387.8	145.4	133.6
工况 4	300.8	286.5	276.0	91.2	87.3	167.1	153.2	135.0	59.0	54.4
工况 5	94.9	90.6	87.3	28.9	27.6	52.8	48.5	42.7	18.6	17.1
工况 6	702.3	674.1	649.4	215.4	205.9	524.1	480.7	423.5	159.5	145.5
工况 7	758.6	730.7	703.9	232.6	222.9	568.1	521.0	459.1	172.0	157.6
工况 8	325.5	313.5	302.0	100.4	95.9	182.8	167.7	147.7	64.6	59.2

注：1-1#(2-1#)位于桩帽边并垂直桩帽边；1-2#(2-2#)位于桩间土中点并垂直与桩帽边；1-3#(2-3#)位于桩间土中点并垂直于桩帽边；1-4#(2-4#)位于桩间土中点并平行于桩帽边；1-5#(2-5#)位于桩间土形心。

8 个工况的施加总荷载基本一致，表 5-4 为最后一级荷载作用下的格栅拉力测试结果。格栅的拉力与其所处位置和方向有较大关系，在桩间土四桩形心位置的拉力最小，在两桩之间垂直于桩帽边的格栅拉力最大，这与双向格栅布置相关，平行于桩帽边的肋条承担的荷载最终通过与桩帽边垂直的肋条传递至桩帽。因此，对于格栅拉力的计算中，采用对拉力总荷载进行整个截面分担取平均值的方法不符合其受力特点，从保守的角度出发，拉力总荷载由桩帽边长范围内的格栅来承担较为合理。

由于加筋垫层在厚度方向的变形相当于向下弯曲变形，垫层下部弯曲变形较大，上部弯曲变形较小，因而下层格栅承担的竖向荷载较多，受到的拉力较大。从表中可知，下层格栅拉力基本为上下层格栅拉力合力的 1/2～2/3，与国外试验资料也较为一致，对于双层格栅受力可以按照这个比例范围进行分担。

综合考虑上述因素，通过解析分析建立了后文中格栅拉力计算的建议方法。根据模拟试验的参数条件，对格栅拉力在最后级荷载条件下的拉力进行计算。格栅应变通过中点沉降按照悬索变形得到应变，根据泡沫板弹性模量获取地基反力，计算三种桩帽尺寸在最后一级荷载作用下的格栅拉力见表 5-5，与测试结果较为接近，计算最大拉力略大于实测拉力，而且基本符合下层肋条拉力按照 1/2～2/3 比例分担。

表 5-5　最后一级荷载作用下的计算拉力

桩帽尺寸/s	格栅分布力/(kN·m^{-1})	每根肋条拉力/N	下层肋条拉力(按 2/3 分担)/N	上层肋条拉力(按 1/3 分担)/N	下层肋条拉力(按 1/2 分担)/N	上层肋条拉力(按 1/2 分担)/N
0.09	56.8	2 272.4	1 514.9	757.5	1 136.2	1 136.2
0.17	13.6	544.0	362.7	181.3	272.0	272.0
0.25	3.7	147.2	98.1	49.1	73.6	73.6

本次加筋网垫模拟试验表明，加筋网垫下方的桩间土承担一定的竖向应力，德国规范计算的竖向应力是假设下方无支承结构的计算结果，相当于加筋网垫与桩间土承担的竖向应力之和，并与实测结果较为接近。在分析加筋网垫承担的荷载时应考虑地基反力的作用，这与基底模量和变形有关。对于土拱效应竖向应力引起的格栅拉力，下层格栅拉力是上下层格栅合力的 1/2～2/3，对于下层格栅铺设位置应尽量靠近桩顶，位于桩帽尺寸范围内并垂直于桩帽边的格栅拉力变形大于桩间土平行桩帽边的格栅拉力。通过桩间土中心和形心沉降观测、观察变形后格栅变形、垫层上方铺撒色粉、施加荷载完毕后对碎石垫层进行注浆等方法均表明，格栅变形形状可近似为悬索形状，结合格栅拉力测试结果，可假设竖向荷载主要由桩帽范围内并垂直于桩帽边的格栅承担。格栅的初始松紧状态对土拱成拱效率有一定的影响，在相同参数条件下，初始状态松，网垫上方的应力略小，网垫下方的应力略大；初始状态紧，网垫上方的应力略大，网垫下方的应力略小。黏性土路基加筋网垫上方的竖向应力略大于相同参数条件下砂土路基的应力，其成拱效率略低于砂土路基。

第三节　单桩承载力试验

一、概　　述

单桩试验主要通过改变不同桩长、桩帽尺寸、桩径、垫层厚度等参数研究单桩、桩间土的受力特性以及单桩承载力特性，包括单桩极限承载力和单桩复合地基承载力。

试验设置桩长为0.8 m和1.2 m两种类型，桩径为0.07 m和0.04 m两种，桩帽为无、0.17 m和0.25 m三种，同时进行有无垫层结构及不同垫层厚度的比较，地基土采用粉质黏土，加固区和持力层通过调整含水率来区分。模拟工况共有12组，详见表5-6，表中w为含水率，h为土层厚度。

表5-6　单桩模拟试验工况

序号	桩长/m	桩径/m	桩帽尺寸/m	垫层/m	持力层	加固区
1	0.8	0.07	无	无	w=20%、h=0.9 m	w=25%、h=0.8 m
2	0.8	0.07	无	0.03	w=20%、h=0.9 m	w=25%、h=0.8 m
3	0.8	0.07	无	0.10	w=20%、h=0.9 m	w=25%、h=0.8 m
4	0.8	0.07	0.17(小桩帽)	无	w=20%、h=0.9 m	w=25%、h=0.8 m
5	0.8	0.07	0.17(小桩帽)	0.03	w=20%、h=0.9 m	w=25%、h=0.8 m
6	0.8	0.07	0.17(小桩帽)	0.10	w=20%、h=0.9 m	w=25%、h=0.8 m
7	0.8	0.07	0.25(大桩帽)	无	w=20%、h=0.9 m	w=25%、h=0.8 m
8	0.8	0.07	0.25(大桩帽)	0.03	w=20%、h=0.9 m	w=25%、h=0.8 m
9	1.2	0.04	0.25(大桩帽)	0.10	w=20%、h=0.9 m	w=25%、h=0.8 m
10	1.2	0.04	无	无	w=20%、h=0.5 m	w=25%、h=1.2 m
11	1.2	0.04	无	0.03	w=20%、h=0.5 m	w=25%、h=1.2 m
12	1.2	0.04	无	0.10	w=20%、h=0.5 m	w=25%、h=1.2 m

二、试验装备与材料

1. 模型材料

地基土：采用粉质黏土作为地基土。试验采用调整黏土含水率的方法来区分加固区土层和下卧土层。下卧土层为含水率较小的重塑黏土，其含水率为20%。加固区土层为含水率25%的重塑黏土。

对重塑土进行不同含水率的压缩试验，每个土样同时进行三次试验取其平均值，在各级应力下的压缩模量如图5-150所示(图中竖向应力100 kPa代表试验时100～200 kPa)，压缩模量随含水率的减小而增大，随压实系数增大而增大。黏性土剪切试验结果如图 5-151 所示。图中 w 为含水率，K_h为压实系数。

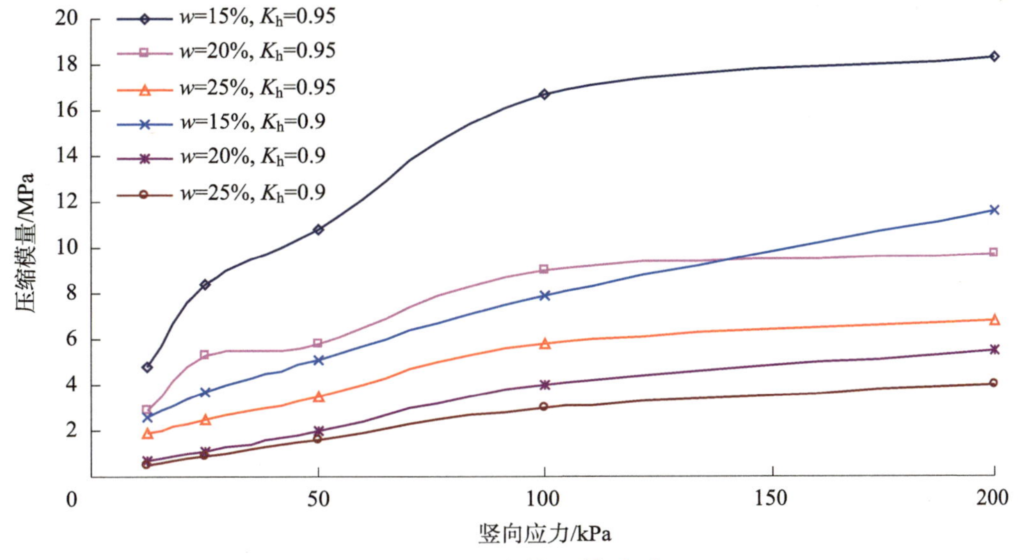

图 5-150　土的压缩试验

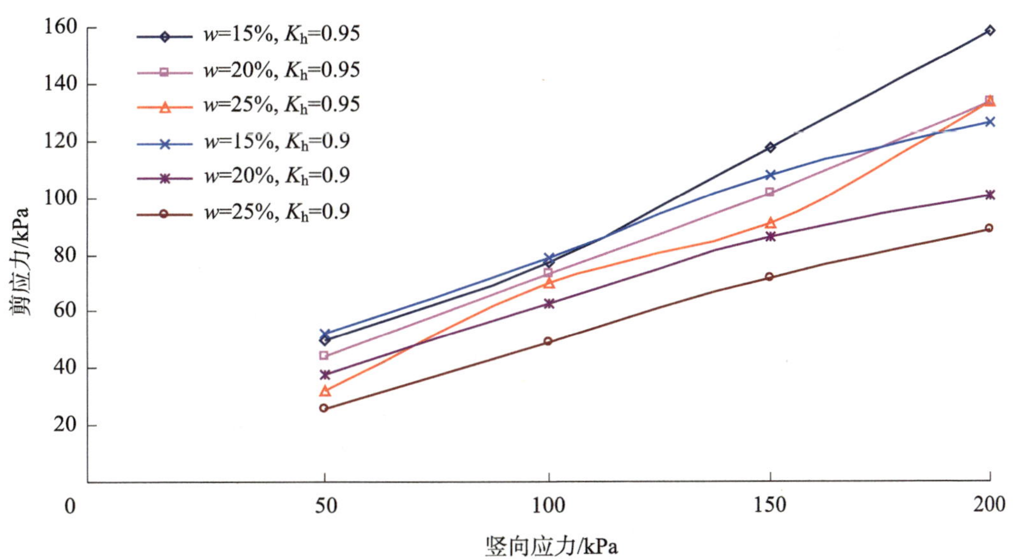

图 5-151　土的剪切试验

模型桩：考虑几何相似比确定 CFG 模型桩各材料配比。水泥：12%；粉煤灰：10%；中砂：63%；水：15%。制作模型桩，同时制作试块养护 28 天后经过试验，测得立方体抗压强度平均值为 14.5 MPa，弹性模量平均值为 7 GPa。

褥垫层：粒径为不超过 5 mm 级配碎石。

2. 桩身应力测试元件及布置

为测试桩身的轴力、侧摩阻力沿深度的分布特性，本次试验在模型桩上布置应变测试元件，再将测得的应变值转化为应力值。

本模型试验所采用应变片为邢台应变计厂生产的 BF125-3A 型应变片，其技术参数：电阻为 120 Ω±0.2 Ω；栅长×栅宽为 3 mm×2 mm；应变片的量测范围在 1～20 000 με。

根据试验内容和条件，等间距布置断面，在每个断面处对称粘贴应变片，图 5-152～图 5-153 为应变片桥路图及其粘贴情况。贴片后的绝缘、防潮处理非常重要，应严格按有关要求进行，应变片和接线端子周围用 704 胶进行防水和绝缘处理，如图 5-154 所示。

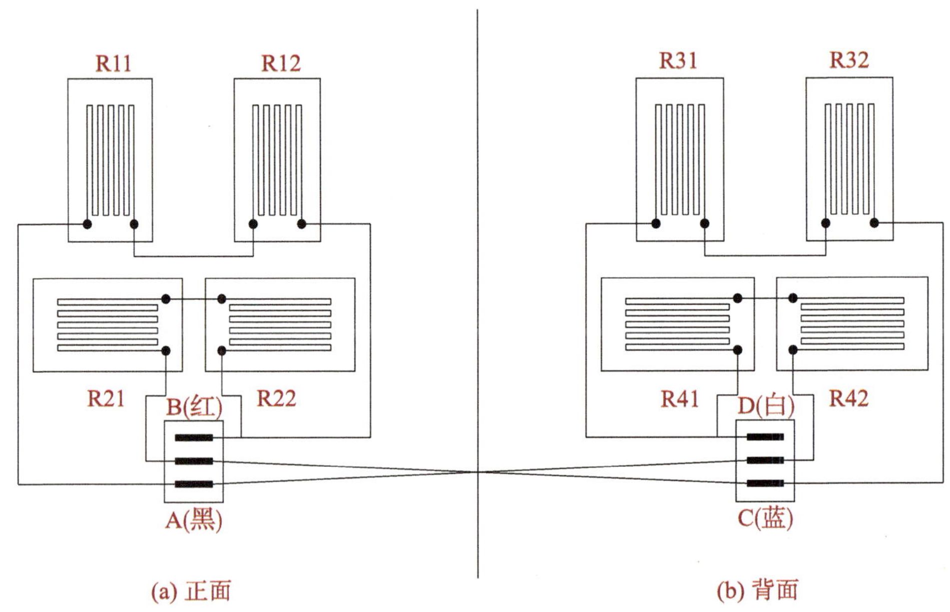

图 5-152　应变片桥路

图 5-153　应变片的粘贴

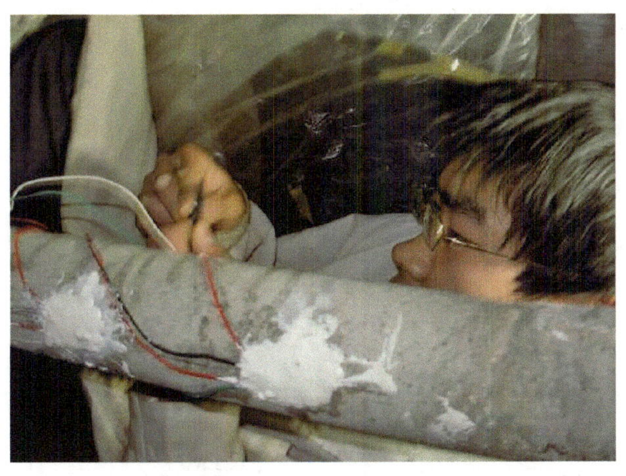

图 5-154 应变片的防潮处理

3. 桩间及桩底土压力测试元件及布置

为尽量不影响所测位置土的受力状态，选择直径为 4 cm 的小型土压盒。桩侧土压盒布置在距桩 4～15 cm 的水平位置上，与应变片所对对应的断面平齐。桩底布置两个土压盒，如图 5-155～图 5-158 所示。

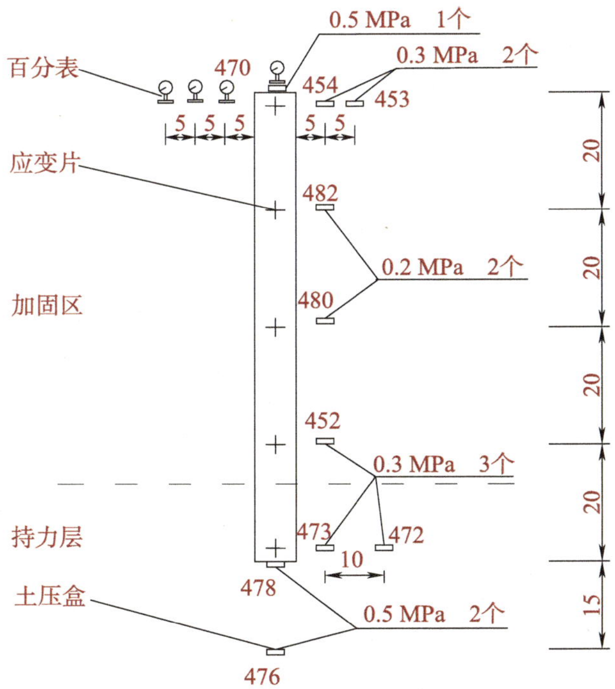

图 5-155 无桩帽 CFG 桩传感器布置(单位:cm)

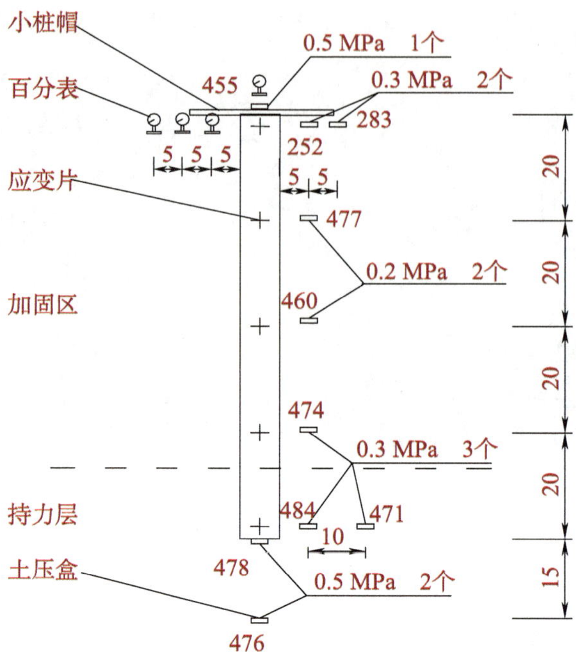

图 5-156　小桩帽 CFG 桩传感器布置(单位:cm)

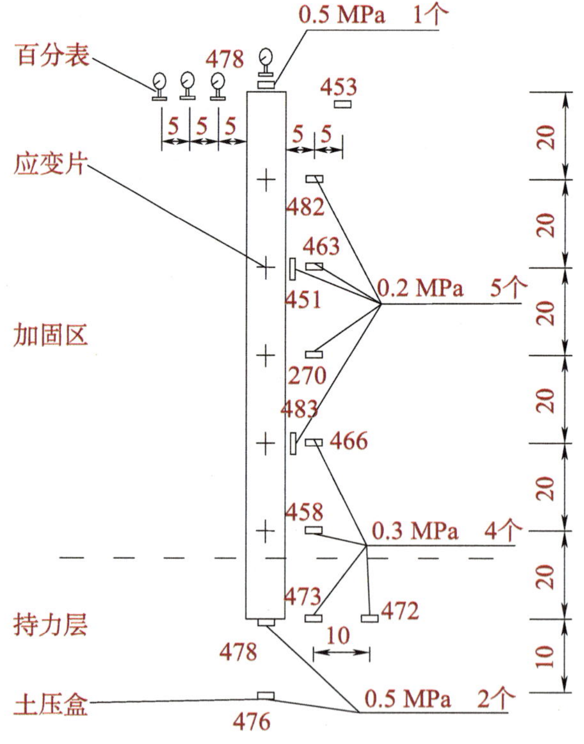

图 5-157　细长 CFG 桩周围传感器布置(单位:cm)

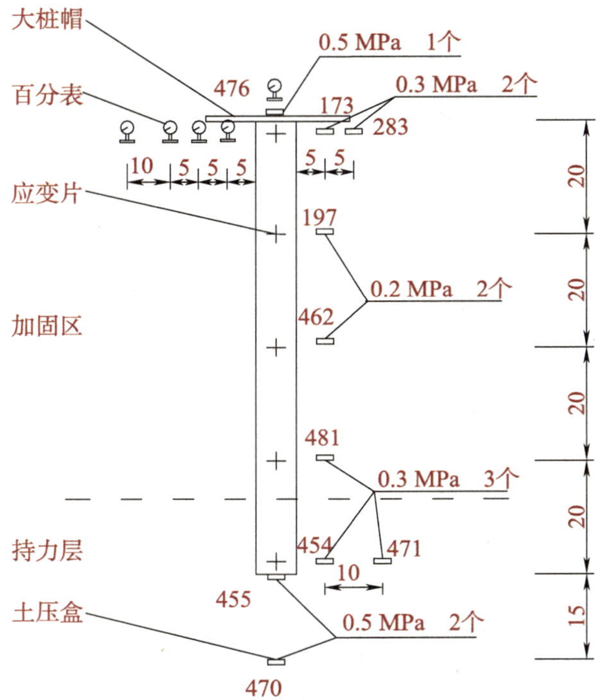

图 5-158 大桩帽 CFG 桩周围传感器布置(单位:cm)

4. 沉降测量装置

沉降测量采用百分表。在桩顶上对称安置两个百分表。

5. 模型箱和加载系统

试验所用的模型箱是由若干个钢制槽箱搭接而成,高 1.4 m,宽 0.8 m,长 1.2 m。其底部为钢制底板,每个槽箱上都有提手,以利于装卸。模型箱内表面敷上两层塑料布以防地基土漏出,如图 5-159 和图 5-160 所示。

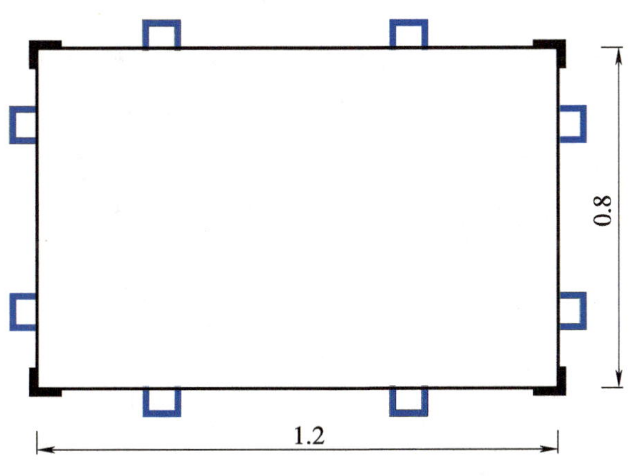

图 5-159 模型箱槽箱(单位:m)

图 5-160　底板和槽箱实物照片

本模型试验采用杠杆加载方式，杠杆比为 1∶4。桩顶上放一个小千斤顶，用于调整杠杆的水平。试验之前，通过杠杆加压对每根桩的应变片进行标定，如图 5-161～图 5-163 所示。

图 5-161　杠杆加压系统

图 5-162　桩体桥路标定

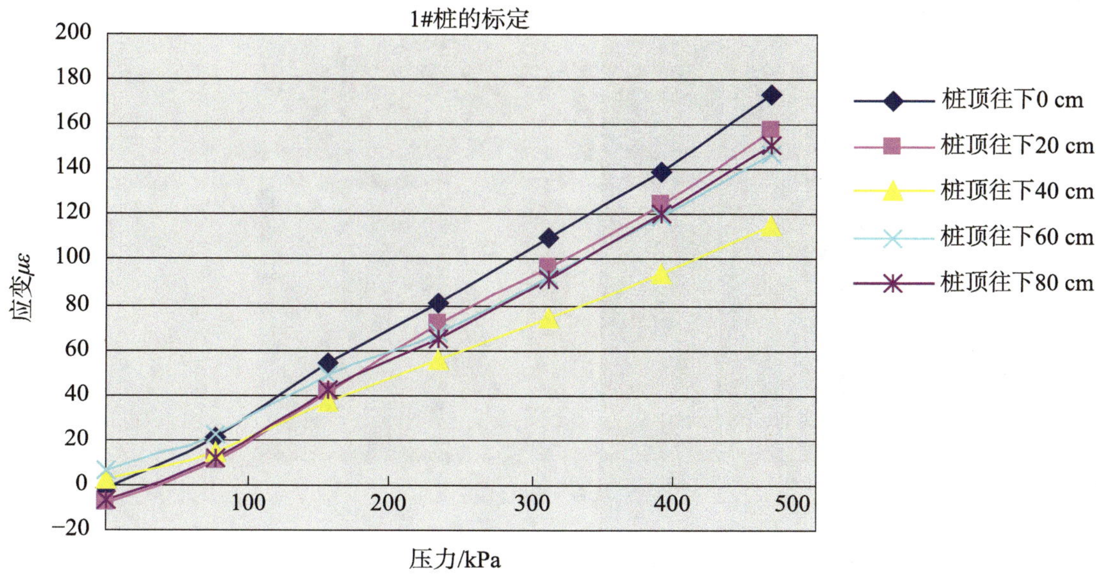

图 5-163　桩体应变片的标定系数

6. 数据量测系统

量测系统包括以下部分：

1. 桩身应变量测及土压力量测：采用电阻应变片、小土压力盒、数据采集系统 YE2539 高速静态应变仪、分线箱四台、稳压源和计算机一台。

本次试验采用 YE2539 高速静态应变测试系统，它是一种内置单片机进行控制的工程型静态电阻应变仪，可直接通过 YE29005（RS-232/RS-485 转换器）与计算机的 RS-232 串行口进行通信，构成适合在实验室、工程测量等各种应变应力测试领域广泛应用的高速数据采集处理系统。

2. 沉降变形观测：百分表。

三、试验准备工作

1. 重塑土的制备

首先对所取试验用土进行含水率试验，得到配土所需要掺入水的质量，然后通过喷壶撒水同时进行搅拌，得到最初的土样。对于持力层含水率取为 20%，加固层含水率取为 25%，分两个储藏池放置。每天对两个储藏室的土样分别进行含水率检测，两天后土样含水率达到均匀状态。

2. 地基土填筑和桩的埋置

桩的埋设与加固区地基土的填筑同时进行，采用铅锤保证桩身的垂直。填筑过程中，对地基土进行密度和含水率测试，以保证达到试验条件，桩的埋设如

图 5-164 所示。

图 5-164　桩的埋设

重塑土的填筑采用分层填筑分实的方法，每层控制压实度和含水率。填筑完毕后，静置 5 天，以恢复地基土强度及桩土之间的接触强度。

四、加载及观测方案

采用慢速维持荷载法，即逐级加载。每级荷载达到相对稳定后加下一级荷载，达到相应状态终止加载条件后，分级卸载到零。

1. 单桩竖向承载力

(1)系统检查

所有试验设备安装完毕之后，进行一次系统检查。方法是对试桩施加一较小的荷载进行预压，其目的是消除整个量测系统和被检桩本身由于安装等人为因素造成的间隙而引起的非桩身沉降。如一切正常，卸载至零，待百分表显示的读数稳定后，记录百分表初始读数，即可开始进行正式加载。

(2)加载等级

首先进行三次试桩试验，确定室内模型试验的无桩帽单桩极限承载力在 1 500 N 到 2 500 N 之间，小桩帽和大桩帽单桩极限承载力在 4 000 N 到 5 400 N 之间。因此，对于无桩帽 CFG 可按每级 200 N 进行，第一级按 2 倍分级荷载加荷，而对于小桩帽 CFG 和大桩帽 CFG 桩，则按每级 400 N 进行，第一级按 2 倍分级荷载加荷。

终止加载后开始卸载，卸载也分级进行，每级卸载量取加载时分级荷载的 2 倍，逐级等量卸载。

加、卸载时使荷载传递均匀、连续、无冲击，每级荷载在维持过程中的变化幅度不得超过分级荷载的±10%。

(3)沉降观测

每级荷载施加后，及时按规定测读桩顶的沉降量。对于慢速维持荷载法，每级荷载施加后按第 5 min、15 min、30 min、45 min、60 min 测读桩顶沉降量，以后每隔 30 min 测读一次。

(4)沉降相对稳定的标准

在每级荷载作用下，桩顶的沉降量连续两次在每小时内不超过 0.1 mm，可视为稳定(以 1.5 h 内连续三次沉降观测值计算)。

(5)终止加载的条件

某级荷载作用下，桩顶沉降量大于前一级荷载作用下沉降量的 5 倍；某级荷载作用下，桩顶沉降量大于前一级荷载作用下沉降量的 2 倍，且经 24 h 尚未达到稳定标准；某级荷载作用下，桩急剧下沉以至无法测读；已达加载反力装置的最大加载量；已达到设计要求的最大加载量；当荷载-沉降曲线呈缓变型时，可加载至桩顶总沉降量 10 mm。在特殊情况下，可根据具体要求加载至桩顶累计沉降量超过 10 mm。按照本试验模型几何比 1∶6，应当达到总沉降量的 1.7 mm，即可终止加载。

(6)卸载及卸载观测

达到终止加载条件时即开始卸载。每级卸载值为每级加载值的 2 倍。每级荷载维持 1 h，按第 15 min、30 min、60 min 测读桩顶沉降量后，即可卸下一级荷载。卸载至零后，测读桩顶残余沉降量，维持时间为 3 h，测读时间为第 15 min、30 min，以后每隔 30 min 测读一次。

2. 单桩复合地基承载力

(1)承压板尺寸

本试验中采用的承压板为 35 cm × 35 cm 的方形钢板。

(2)加载等级

加载等级可分为 8～12 级。

(3)沉降观测及稳定标准

按照《建筑地基处理技术规范》，每加一级荷载前后各记录承压板沉降量一次，以后每半个小时记录。沉降稳定的标准：当一小时内沉降量小于 0.1 mm 时，即可加下一级荷载。按照试验几何比 1∶6，本试验规定一小时内沉降量小于 0.017 mm，即可加载下一级。

(4)终止加载的条件

按照《建筑地基处理技术规范》，当出现下列现象之一时可终止试验：

沉降急剧增大，土被挤出或承压板周围出现明显的隆起；承压板的累计沉降量已大于其宽度或直径的6%；当达不到极限荷载，而最大加载压力已大于设计要求压力值的2倍。

(5)卸载及卸载观测

卸载级数可为加载级数的一半，等量进行，每卸一级，间隔半小时，读记回弹量，待卸完全部荷载后间隔三小时读记总回弹量。

五、试验结果与分析

1. 对承载力取值的规定

(1)单桩承载力

按照《建筑基桩检测技术规范》，单桩竖向抗压极限承载力可按下列方法综合分析确定：

①根据沉降随荷载变化的特征确定：对于陡降型 *Q-S*(荷载-沉降)曲线，取其发生明显陡降的起始点对应的荷载值。

②根据沉降随时间变化的特征确定：取 s-lg t(变形-时间对数)曲线尾部出现明显向下弯曲的前一级荷载值。

③某级荷载作用下，桩顶沉降量大于前一级荷载作用下沉降量的2倍，且经24 h尚未达到相对稳定标准，在此情况下取前一级荷载值。

④对于缓变型 *Q-S* 曲线可根据沉降量确定，宜取 S=40 mm对应的荷载值(按照几何相似比1∶6，对本模型试验来说应取6.78 mm)。

2. 单桩复合地基承载力

按照《建筑地基处理技术规范》，复合地基承载力特征值可按下列方法综合分析确定：

①当压力-沉降曲线上极限荷载能确定，而其值不小于对应比例界限的2倍时，可取比例界限；当其值小于对应比例界限的2倍时，可取极限荷载的一半。

②当压力-沉降曲线是平缓的光滑曲线时，可按相对变形值确定；对CFG桩复合地基，以黏性土、粉土为主时，相对变形 s/b 可取0.01对应的压力。按相对变形值确定的承载力特征值不应大于最大加载压力的一半。

2. 单桩承载力结果与分析

图5-165为无桩帽无垫层情况下(a=0.07 m，L=0.80 m)的测试结果，图5-166～图5-168分别为小桩帽(a=0.07 m，L=0.80 m)、大桩帽(a=0.25 m，L=0.80 m)和长细桩无桩帽(a=0.07 m，L=0.80 m)在无垫层条件下的测试结果。结果表明，带桩帽单桩的承载力性能与无桩帽有较大不同。至加载结束，带桩帽单桩承载力偏大，相同荷载作用下沉降偏小。长细桩在本次加载条件下，沉降变形较为稳定，没有发生失稳现象。

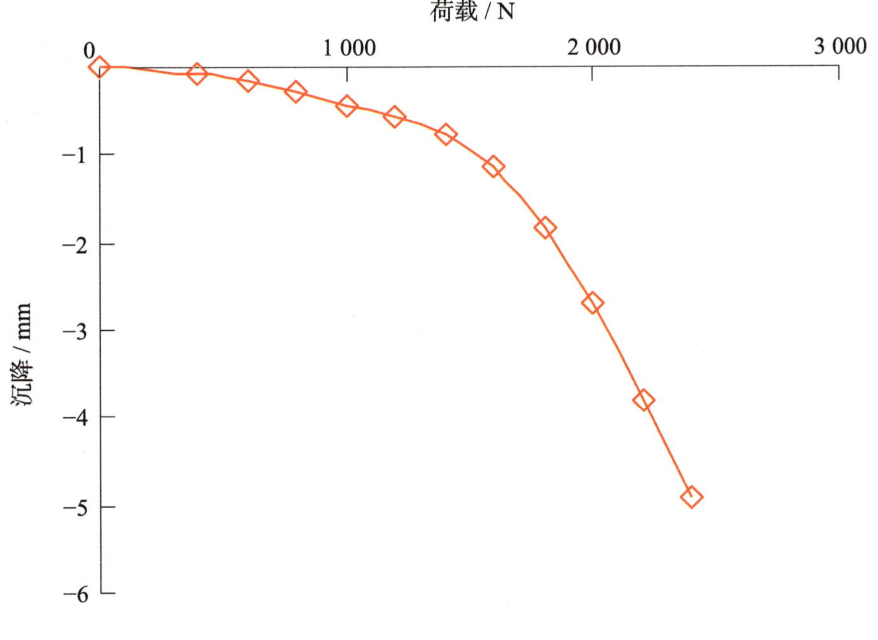

(a) 荷载–沉降关系曲线

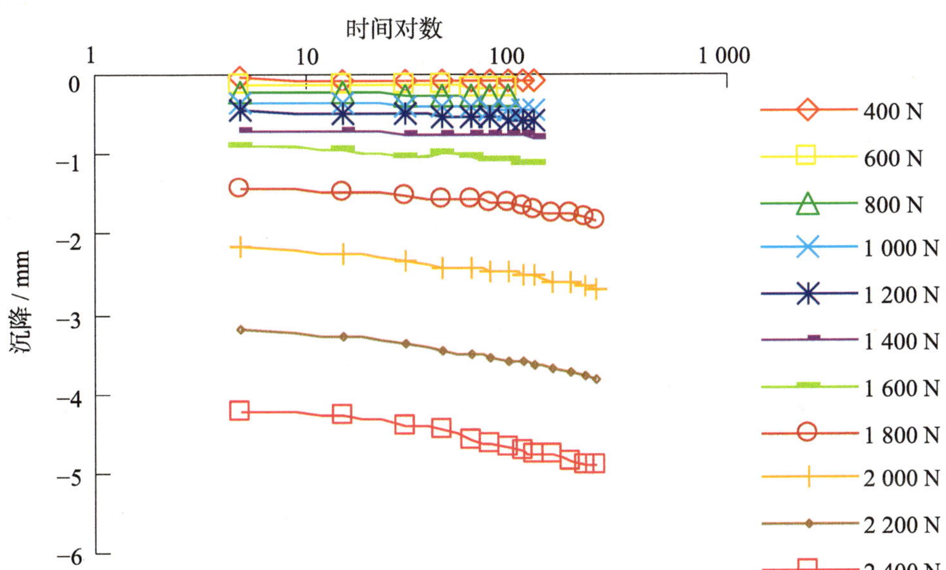

(b) 沉降–时间关系曲线

图 5-165　无桩帽无垫层 CFG 桩单桩试验结果（a=0.07 m，d=0.07 m，L=0.80 m）

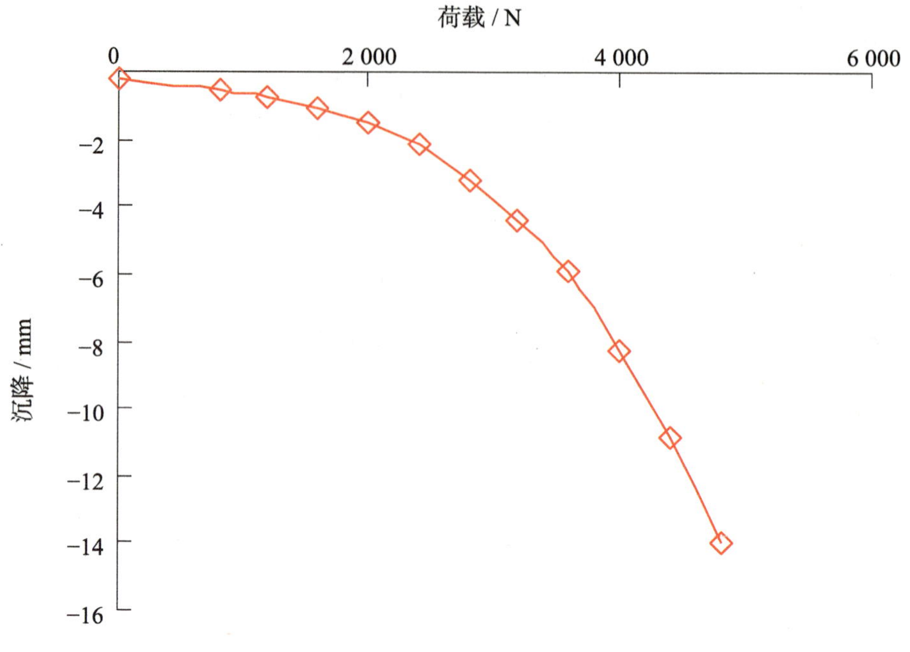

(a) 荷载–沉降关系曲线

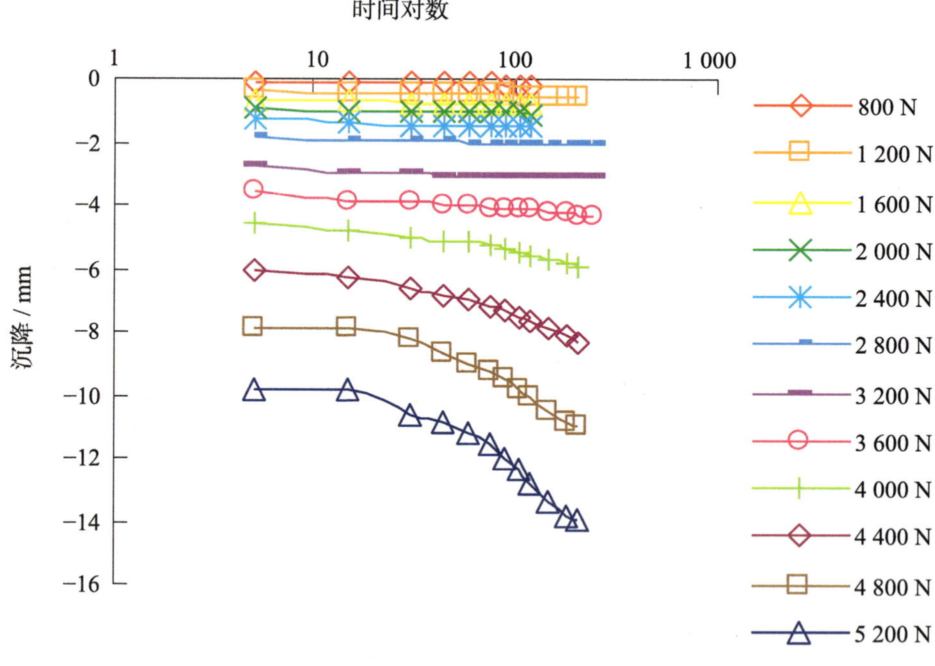

(b) 沉降–时间关系曲线

图 5-166　小桩帽无垫层 CFG 桩单桩试验结果(a=0.17 m,d=0.07 m,L=0.80 m)

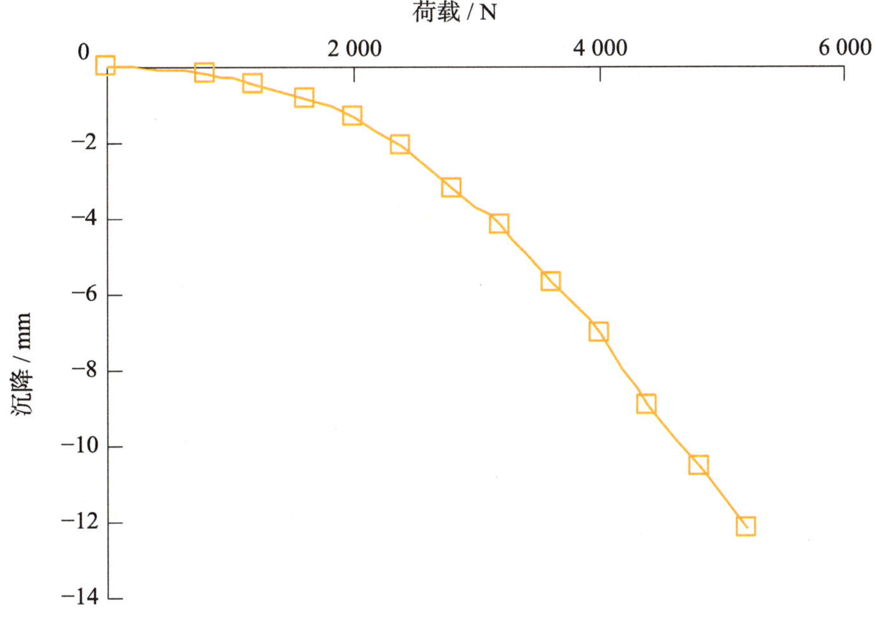

(a) 荷载–沉降关系曲线

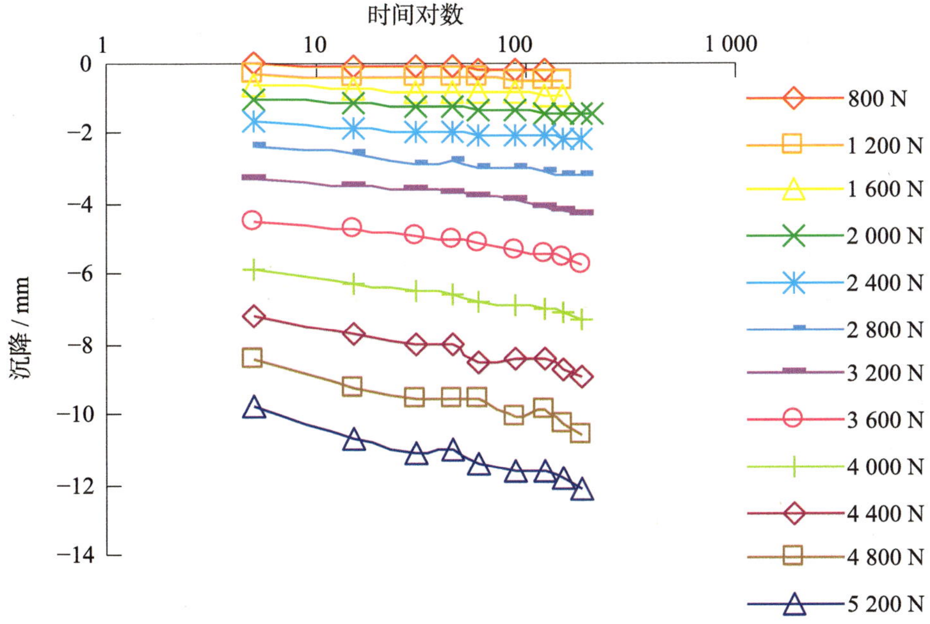

(b) 沉降–时间关系曲线

图 5-167　大桩帽无垫层 CFG 桩单桩承载力确定（a=0.25 m，d=0.07 m，L=0.80 m）

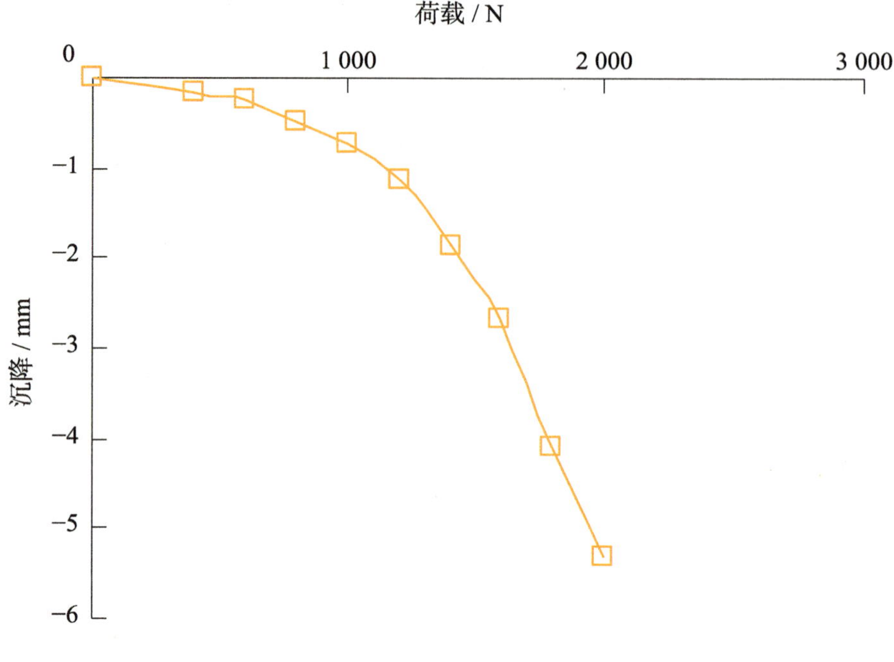

(a) 荷载–沉降关系曲线

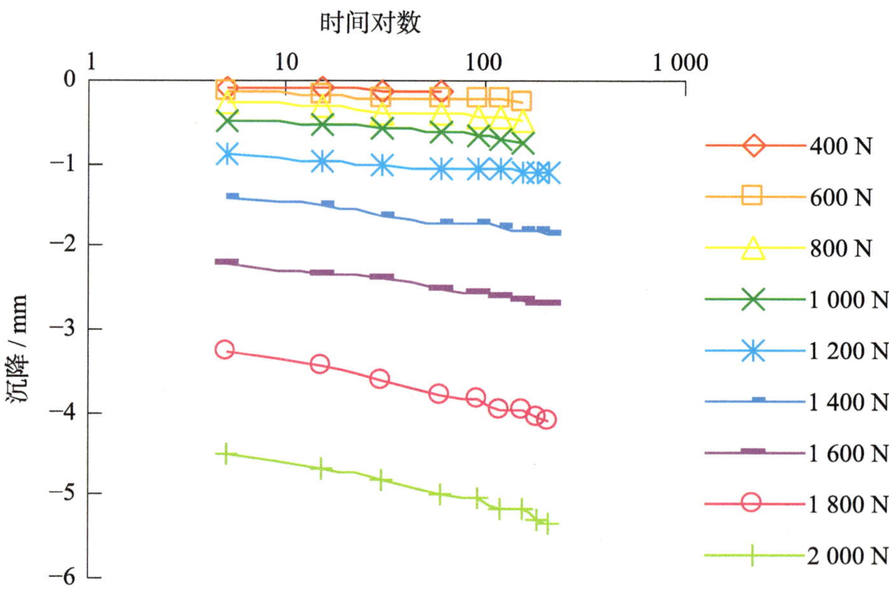

(b) 沉降–时间关系曲线

图 5-168　长细桩无桩帽无垫层 CFG 桩单桩试验结果(a=0.04 m,d=0.04 m,L=1.20 m)

汇总无垫层单桩承载力试验结果见表 5-7,从表中可知,在相同条件下,桩帽尺寸越大，单桩承载力越大，相应沉降也沉降越大，这与下卧层的变形有关。将承载力特征值与桩顶面积关系得到图 5-169，以桩帽尺寸 $a=0.07$ m 作为基准，对桩顶面积和承载力进行比较得到图 5-170，结果表明承载力随桩顶面积增大而增大，桩帽从 0.07 m 增大至 0.25 m，承载力增大至 1.75 倍，而且试验时桩体没有发生异常。

表 5-7　无垫层单桩试验汇总

序号	桩长 /m	桩径 /m	桩帽尺寸 /m	最大加载量 /N	最大沉降量 /mm	极限承载力 /N	沉降量 /mm	承载力特征值 /N
1#	0.8	0.07	0.07	2 400	4.900	1 600	1.470	800
2#	0.8	0.07	0.17	5 200	14.031	2 800	5.160	1 400
3#	0.8	0.07	0.25	5 200	12.190	2 800	5.340	1 400
4#	1.2	0.04	0.04	2 000	5.320	1 400	1.115	700

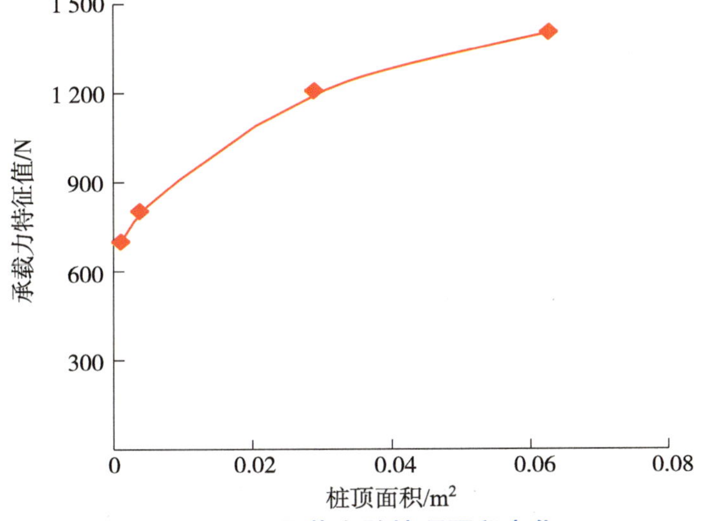

图 5-169　承载力随桩顶面积变化

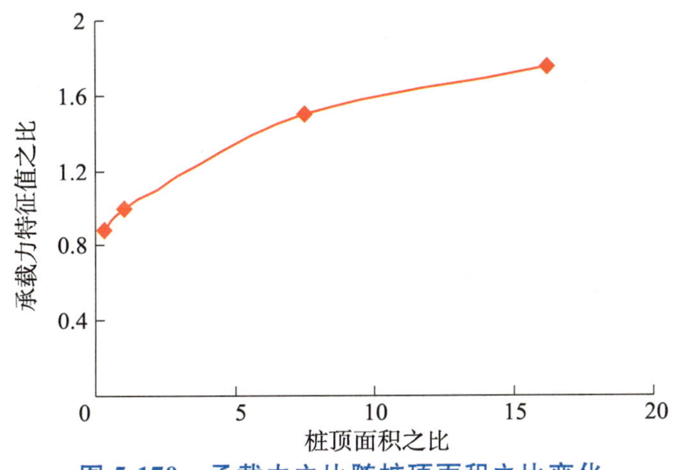

图 5-170　承载力之比随桩顶面积之比变化

3. 单桩复合地基承载力分析

调整桩帽尺寸和垫层厚度，分别进行不同情况下单桩复合地基的承载力试验，得到不同桩帽尺寸和垫层厚度情况下单桩复合地基试验结果如图 5-171 和图 5-172 所示，图中 h 代表垫层厚度。在相同荷载作用下，桩帽越大，沉降越小，垫层厚度越大，沉降越小。

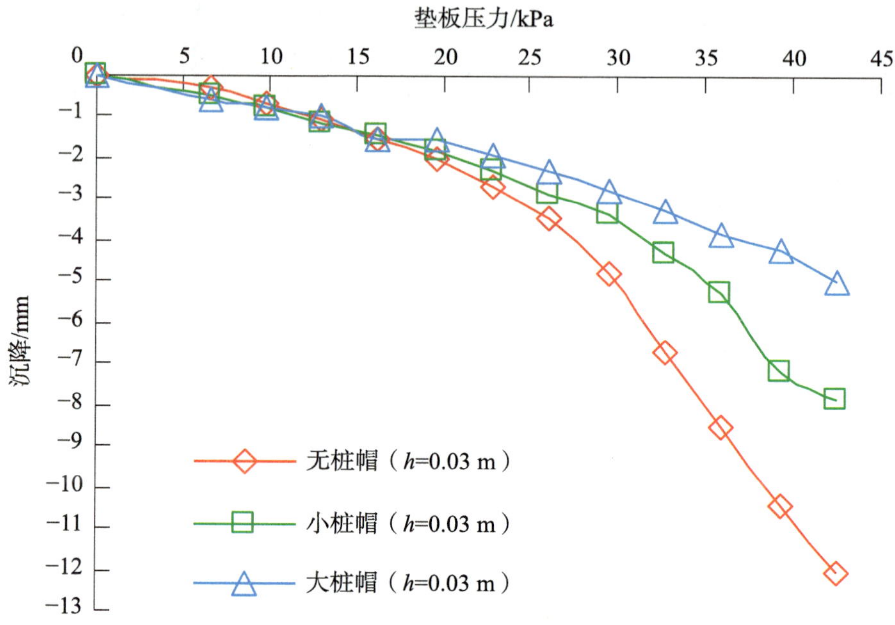

图 5-171　垫层为 0.03 m 时单桩不同桩帽尺寸的荷载-沉降关系曲线

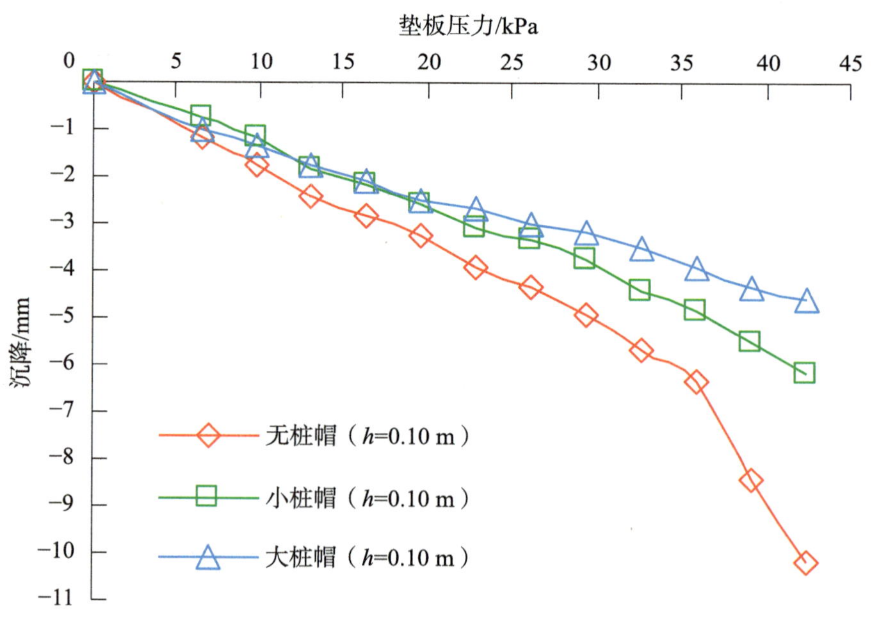

图 5-172　垫层为 0.10 m 时单桩不同桩帽尺寸的荷载-沉降关系曲线

汇总单桩复合地基承载力试验结果见表5-8。在相同荷载作用下，单桩复合地基沉降量与桩帽尺寸和垫层厚度密切相关。沉降随桩顶面积变化关系如图5-173所示，以桩顶尺寸为0.07 m为基准，沉降之比随桩顶面积之比变化如图5-174所示，桩顶尺寸从0.07 m增大至0.25 m桩顶沉降减小至0.4倍，桩帽的存在大大减小了沉降。

表5-8　桩帽尺寸与单桩复合地基承载力的关系(按照沉降控制 $s/b=0.01$)

序号	桩帽尺寸/m	垫层厚度/m	相对变形(s/b)	最大加载压力/kPa	最大沉降量/mm	极限承载力/kPa	对应的沉降/mm	承载力特征值/kPa	对应沉降量/mm
1#	0.07	0.03	0.01	42.45	12.05	—	—	19.59	2.21
2#	0.17	0.03	0.01	42.45	7.87	—	—	19.59	1.91
3#	0.25	0.03	0.01	42.45	4.99	—	—	19.59	1.60
4#	0.07	0.10	0.01	42.45	10.22	35.92	5.321	17.96	2.42
5#	0.17	0.10	0.01	42.45	6.15	—	—	19.59	2.68
6#	0.25	0.10	0.01	42.45	4.58	—	—	19.59	2.41

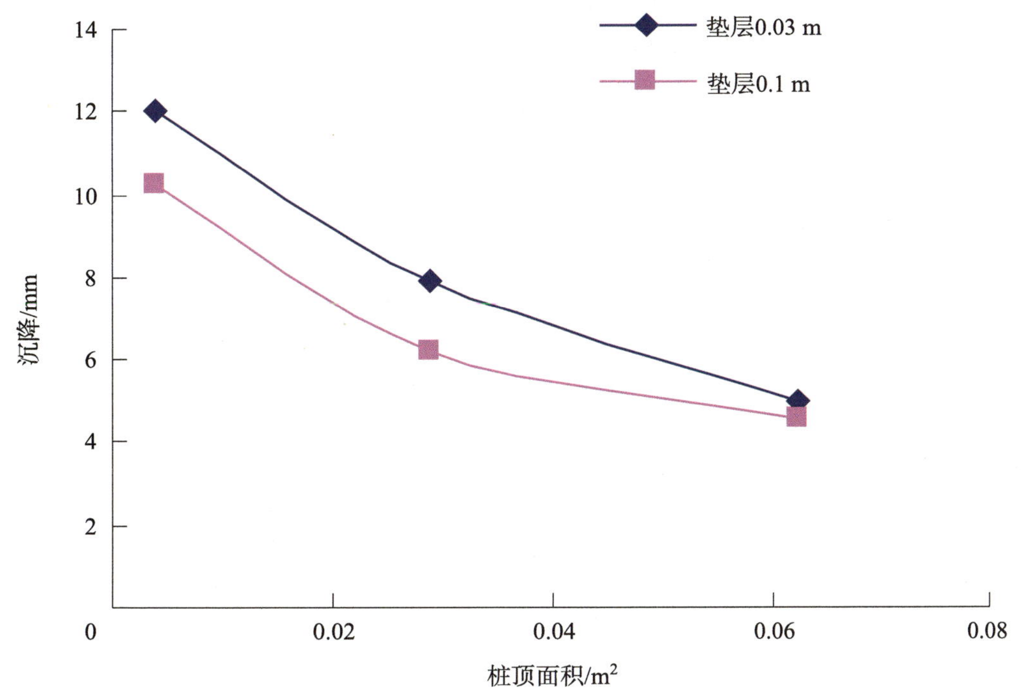

图5-173　沉降随桩顶面积变化

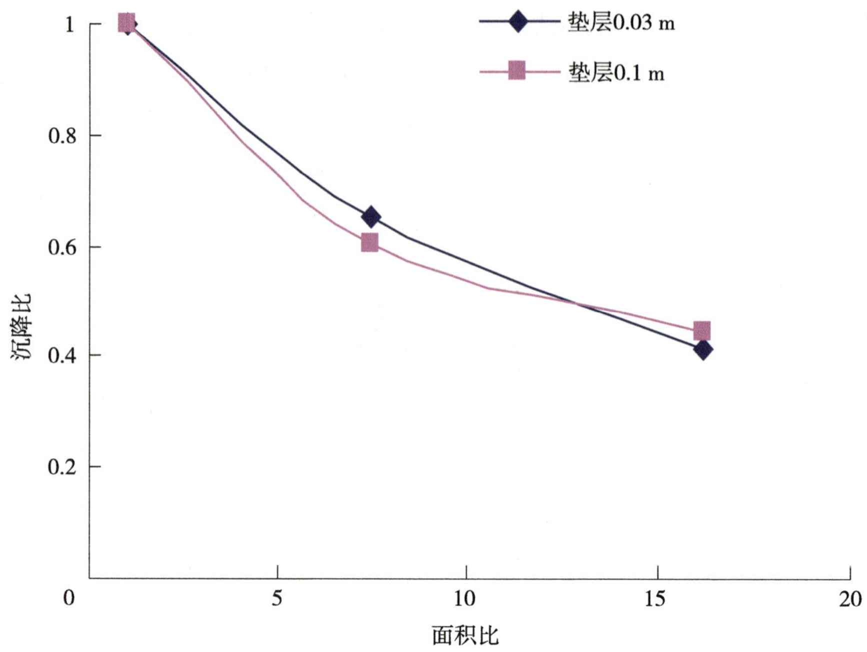

图 5-174　沉降之比随桩顶面积之比变化

4. 桩顶(帽)刺入量、桩荷载分担比及桩土应力比分析

(1)桩顶(帽)刺入量分析

图 5-175～图 5-182 为不同垫层厚度 h、桩帽尺寸和桩径条件下，桩顶(帽)和桩间土沉降随荷载的变化情况，图中 h 为垫层厚度。

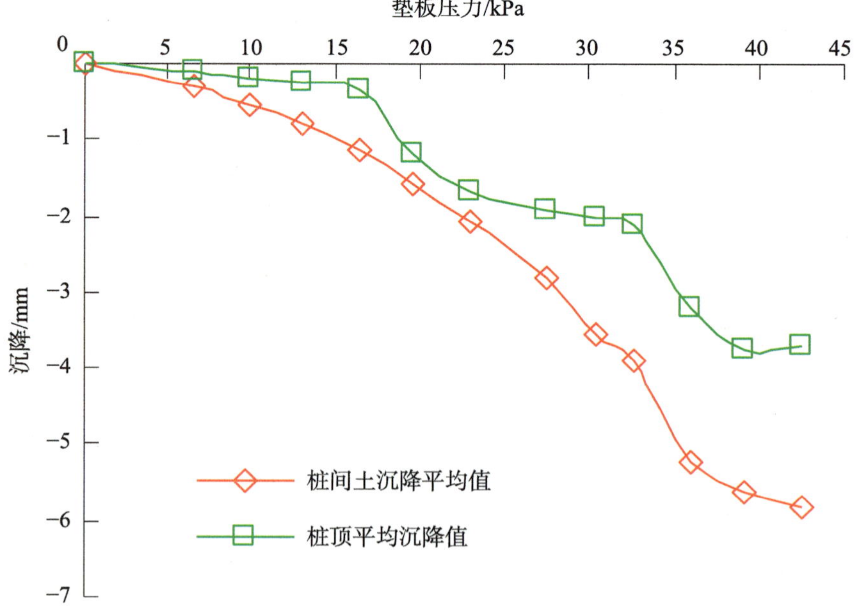

图 5-175　桩土沉降变化曲线(无桩帽 h=0.03 m)

垫板压力/kPa
0
5
10
15
20
25
30
35
40
45
-0.5
-1
-1.5
-2
-2.5
-3
沉降/mm
桩间土沉降平均值
桩顶平均沉降值

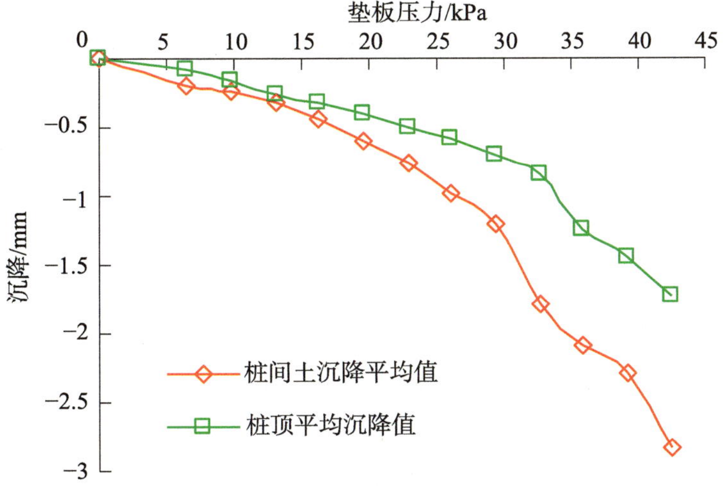

图 5-176　桩土沉降变化曲线(小桩帽 $h=0.03$ m)

垫板压力/kPa
0
20
40
60
-0.5
-1
-1.5
-2
-2.5
-3
沉降/mm
桩间土沉降平均值
桩顶平均沉降值

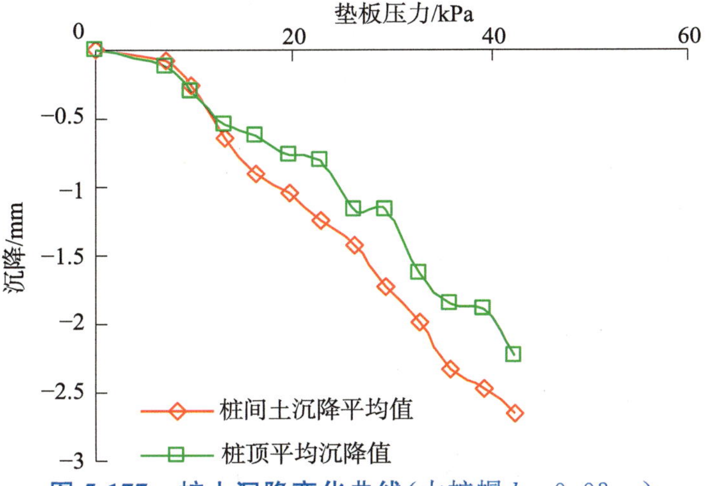

图 5-177　桩土沉降变化曲线(大桩帽 $h=0.03$ m)

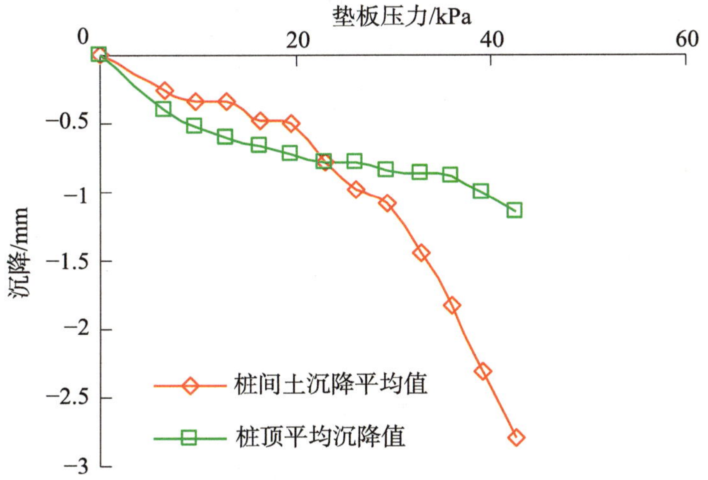

垫板压力/kPa
0
20
40
60
-0.5
-1
-1.5
-2
-2.5
-3
沉降/mm
桩间土沉降平均值
桩顶平均沉降值

图 5-178　桩土沉降变化曲线(无桩帽细桩 $h=0.03$ m)

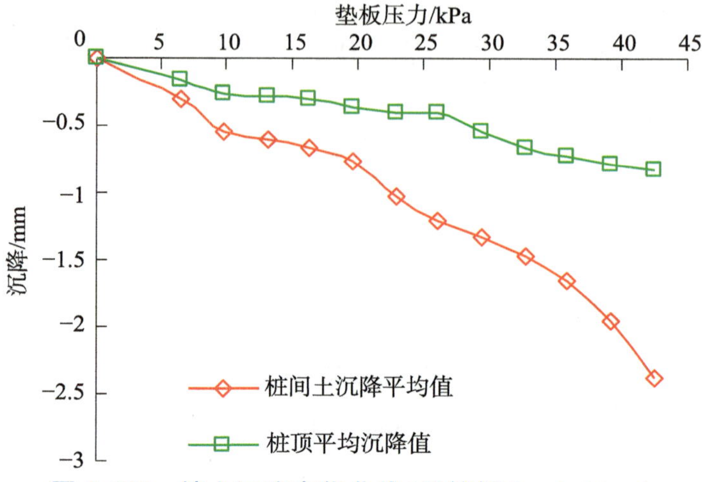

图 5-179　桩土沉降变化曲线(无桩帽 $h=0.10$ m)

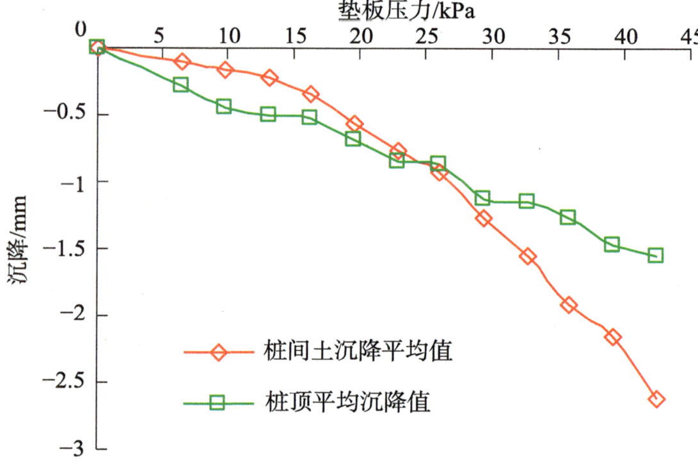

图 5-180　桩土沉降变化曲线(小桩帽 $h=0.10$ m)

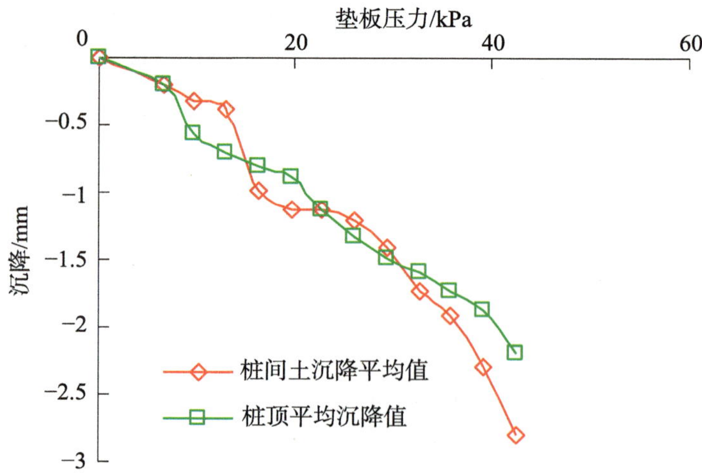

图 5-181　桩土沉降变化曲线(大桩帽 $h=0.10$ m)

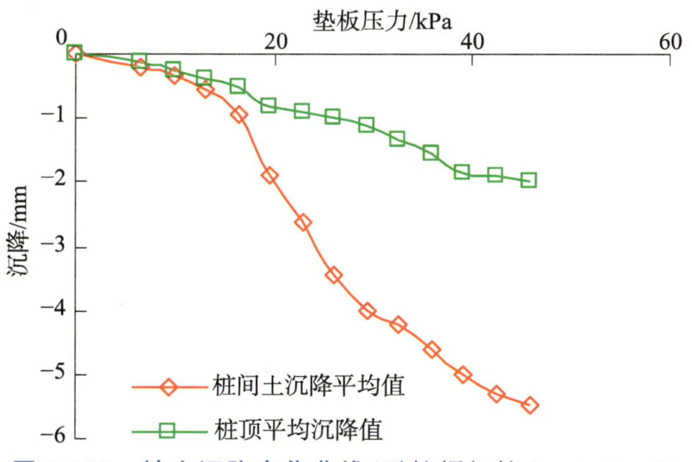

图 5-182　桩土沉降变化曲线(无桩帽细桩 h=0.10 m)

将各工况最终桩顶(帽)刺入量汇总见表 5-9。从表中可知,在垫层厚度不变的情况下,桩顶(帽)的刺入量随着桩帽尺寸增大而逐渐减小。而在桩帽尺寸不变的情况下,桩顶(帽)的刺入量随着垫层厚度的增加而增加,这说明桩间土所承担的荷载随着垫层厚度的增加而增大。

表 5-9　不同情况下桩顶(帽)刺入量

序号	桩径/m	桩长/m	桩帽尺寸/m	垫层厚度/m	桩顶刺入量/mm
1#	0.07	0.80	0.07	0.03	2.16
2#	0.07	0.80	0.17	0.03	0.74
3#	0.07	0.80	0.25	0.03	0.59
4#	0.07	0.80	0.07	0.10	3.01
5#	0.07	0.80	0.17	0.10	1.84
6#	0.07	0.80	0.25	0.10	0.64
7#	0.04	1.20	0.04	0.03	1.31
8#	0.04	1.20	0.04	0.10	3.51

(2)荷载分担比及桩土应力比分析

汇总各工况荷载分担比如图 5-183 所示,图中 h 为垫层厚度,整体上看,桩帽越大,桩荷载分担比越大,而对于同一桩帽垫层厚度越大,桩所承载的荷载越小,即垫层越厚,桩间土发挥的作用越大。对于无桩帽或桩帽较小的情况,桩的荷载分担比都有一个先升后降的过程。这说明,加载初期主要是桩周土承受荷载,桩承担的荷载相对较小,但随着外荷载的施加而迅速增加。荷载达到一定程度后,桩的作用达到自己的极限,开始克服桩周土的摩擦及端阻,桩所承担的荷载开始下降,荷载开始转向桩间土,桩间土开始承受较多荷载,因此桩荷载分担比开始趋于平缓或下降。

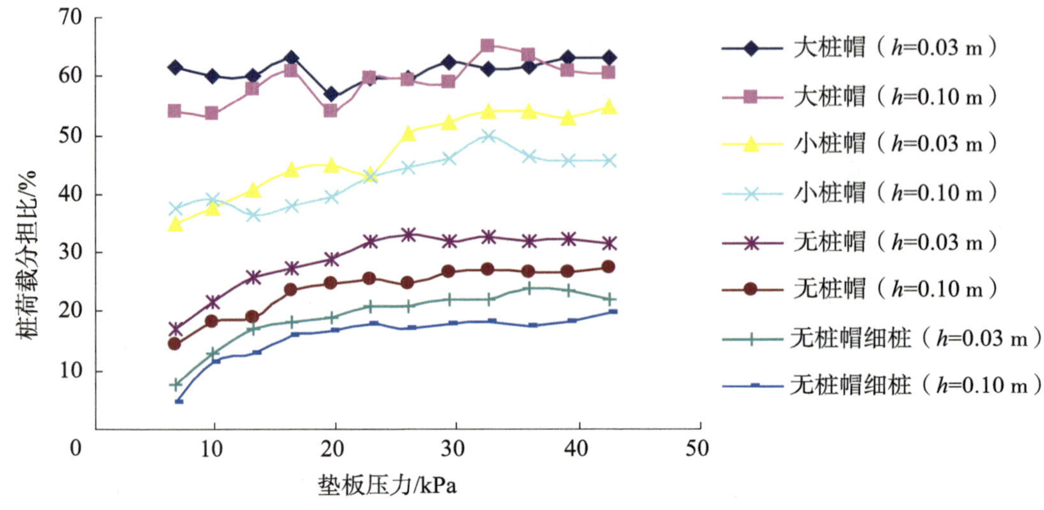

图 5-183 各种条件下荷载分担比情况

汇总各工况桩土应力比如图 5-184 所示，图中 h 为垫层厚度。结果表明，桩帽越大，桩土应力比越小，虽然较大的桩帽承担了较大的荷载，但同样也降低了桩顶上的应力集中的程度，同时由于桩帽下桩间土承担了部分桩帽的荷载，使得桩体本身的应力也相对较小。对于同一桩帽尺寸，垫层厚度越大，桩土应力比越小，这说明垫层对于调节桩土应力比有一定的作用，通过流动"补偿作用"将更多荷载传给桩间土。

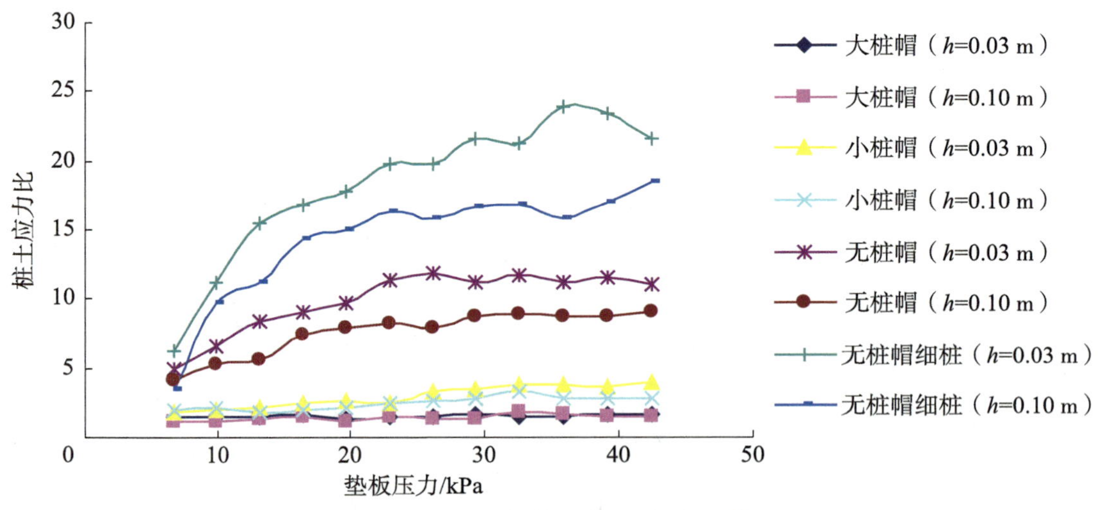

图 5-184 各种条件下桩土应力比情况

5. 桩身轴力和侧摩阻力分析

图 5-185 和图 5-186 分别为无桩帽无垫层时桩身轴力和桩侧摩阻力随荷载

变化情况。桩身轴力沿深度逐渐减小，桩身侧摩擦力沿着桩深度方向逐渐增大，在桩身中部左右达到最大，随后又逐渐减小。

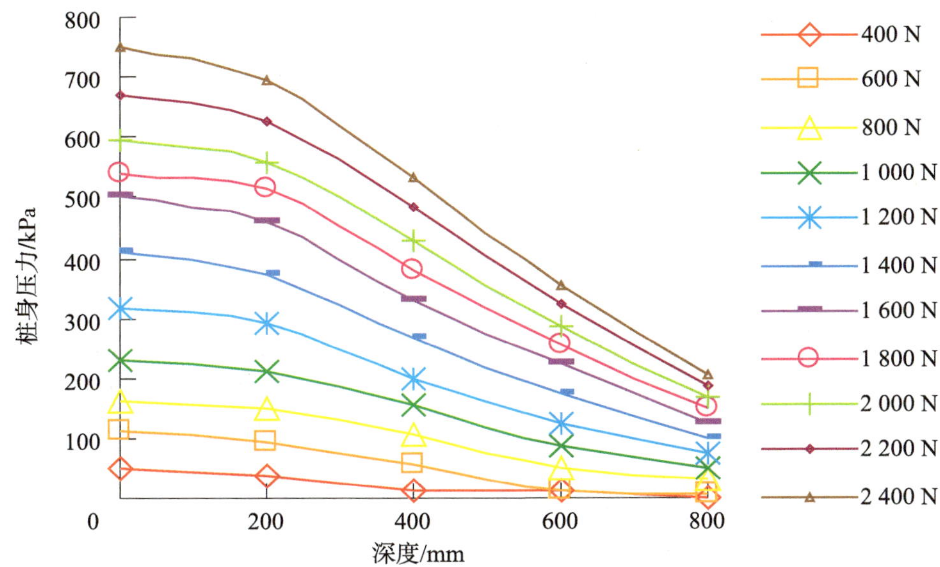

图 5-185　无桩帽无垫层试验轴力变化

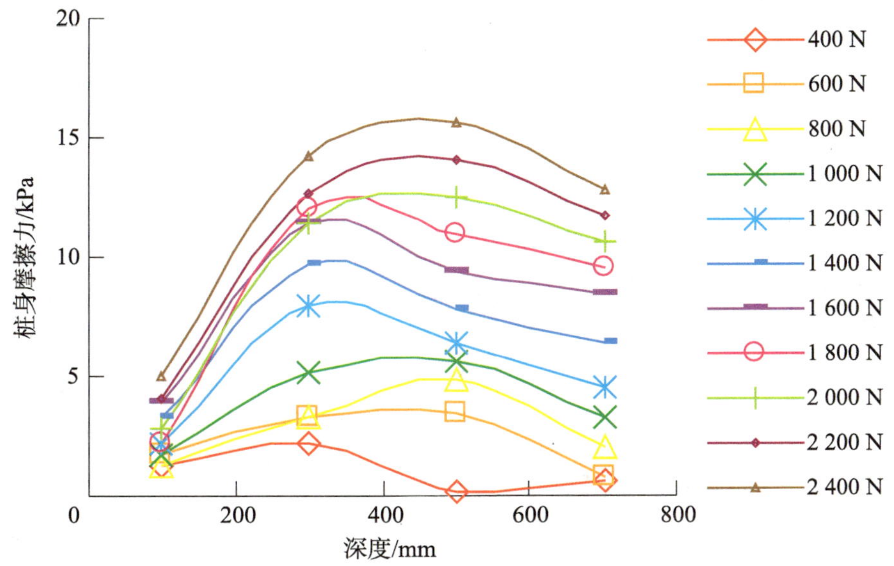

图 5-186　无桩帽无垫层试验桩侧摩擦力变化

图 5-187 和图 5-188 分别为无桩帽时垫层厚度 $h=0.03$ m 桩身轴力和桩侧摩阻力结果。在加载初期，桩的上部出现负摩阻力，即桩土相对发生了较大的位移，但随着桩土相对位移逐渐趋于稳定，在荷载达到一定程度后，桩承担了较大

的荷载，桩相对于土发生位移，负摩阻力的区域开始转向正值，但其值较小。图 5-189 和图 5-190 为无桩帽时垫层厚度 h=0.1 m 轴力和摩阻力的结果，轴力和桩侧摩擦力的变化趋势与垫层厚度 h=0.03 m 时一致。

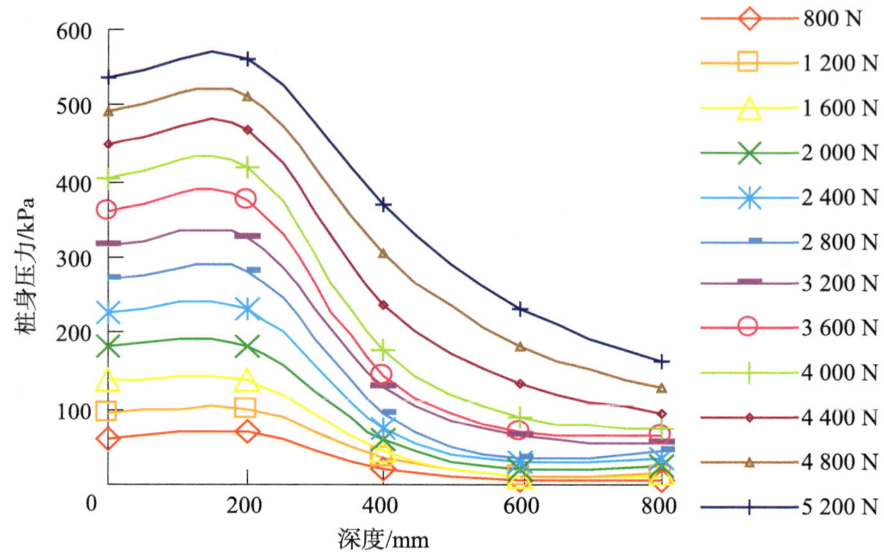

图 5-187　无桩帽 0.03 m 垫层试验轴力变化

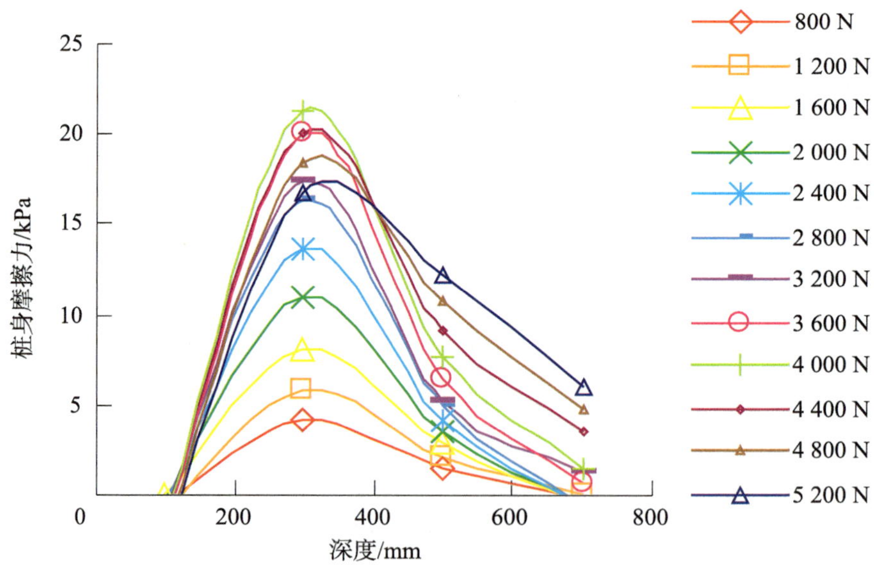

图 5-188　无桩帽 0.03 m 垫层试验桩侧摩擦力变化

高速铁路桩网结构加筋网垫理论及应用

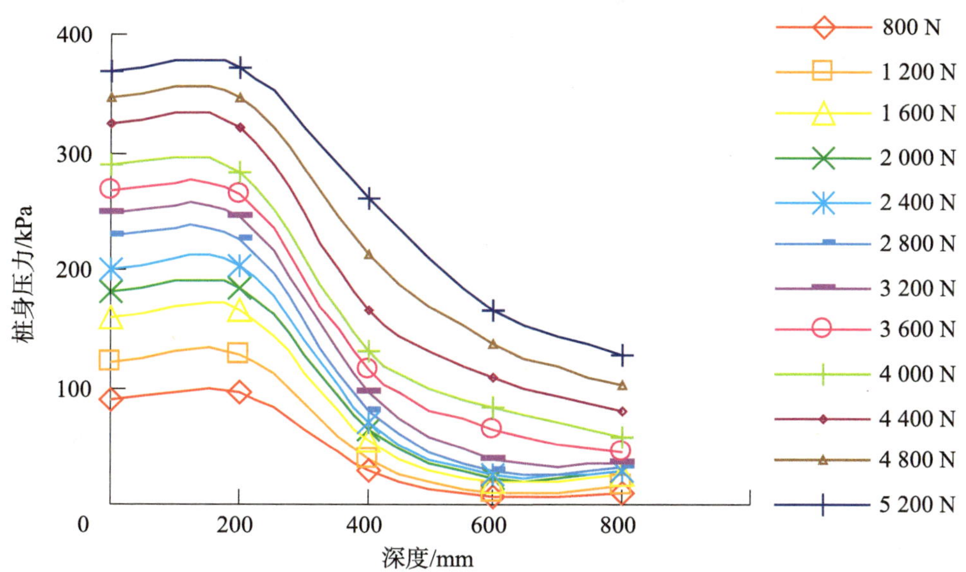

图 5-189　无桩帽 0.10 m 垫层试验轴力变化

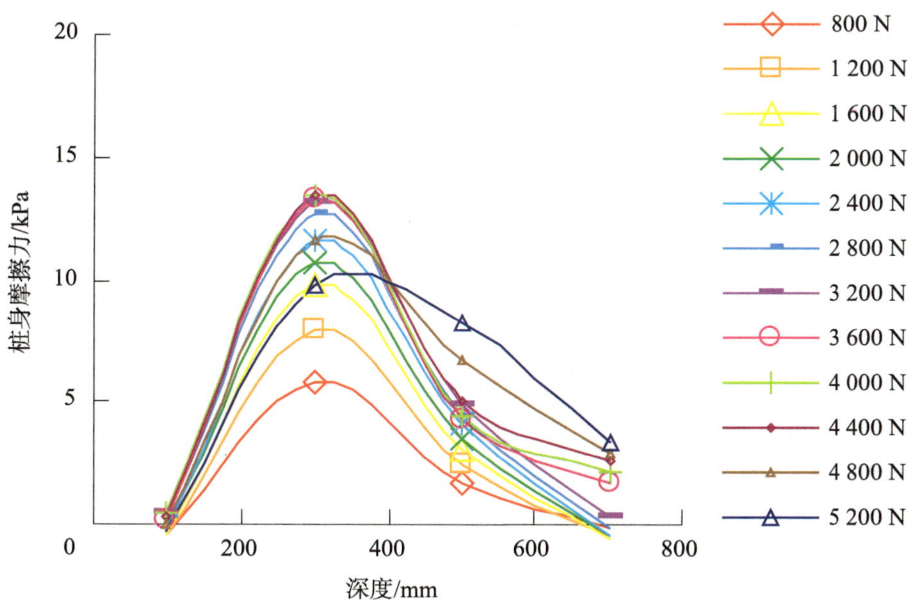

图 5-190　无桩帽 0.10 m 垫层试验桩侧摩擦力变化

图 5-191～图 5-202 为小桩帽(a=0.17 m)和大桩帽(a=0.25)时无垫层、垫层厚度 h=0.03 m 和垫层厚度 h=0.1 m 桩身轴力和桩侧摩阻力随荷载增加的变化情况。从图中可知,不同垫层厚度时轴力沿深度方向的变化和桩身摩擦力变化趋势基本接近。由于桩帽的存在减小了桩上部的桩土相对位移,从而使上

部摩阻力发挥较慢，数值较小但为正，而桩下部摩阻力相对较大，向上逐渐递减。因此，随着荷载增加，摩阻力在桩底部首先出现屈服并逐渐向桩上部发展，这使桩身轴力分布为桩顶轴力最大，随着深度的增加桩身轴力逐渐减小，桩侧摩阻力的分布始终为正。

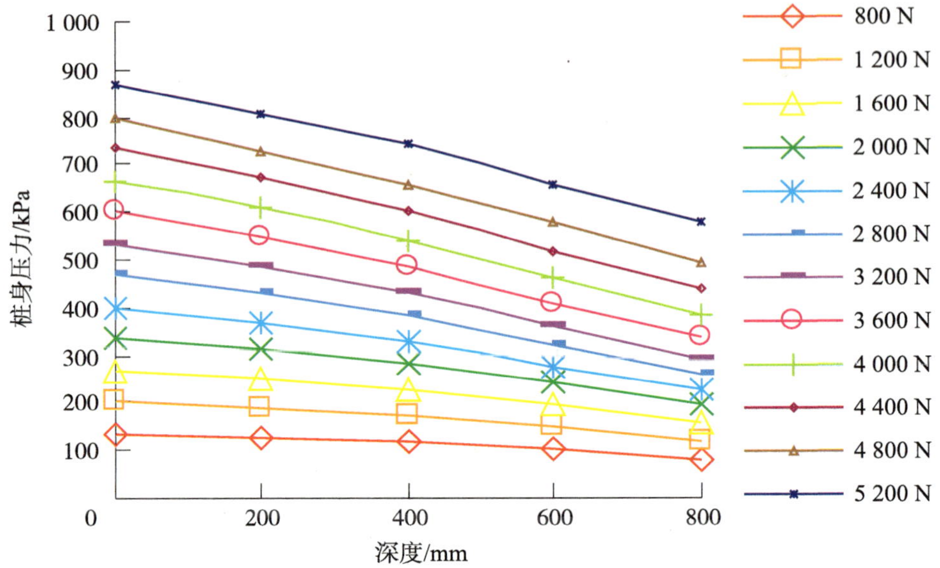

图 5-191　小桩帽无垫层试验轴力变化

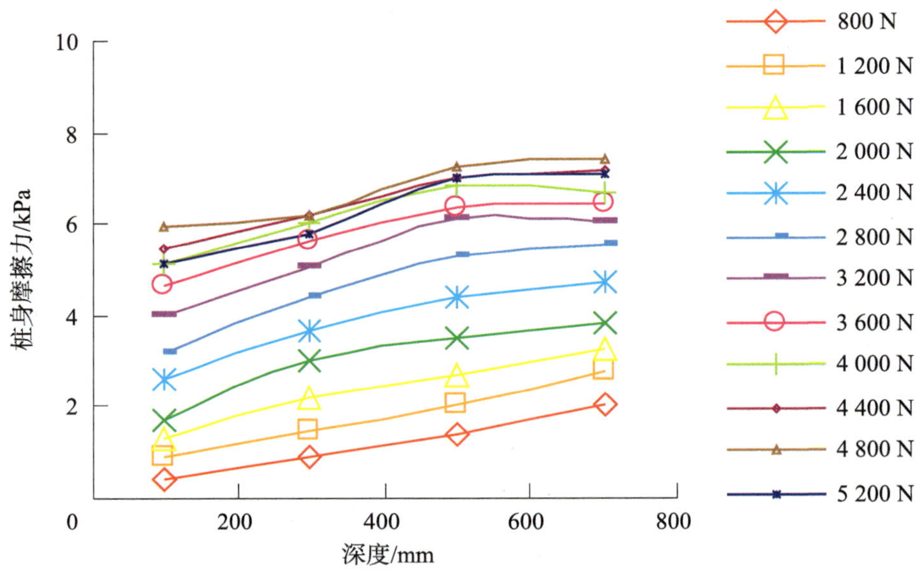

图 5-192　小桩帽无垫层试验桩侧摩擦力变化

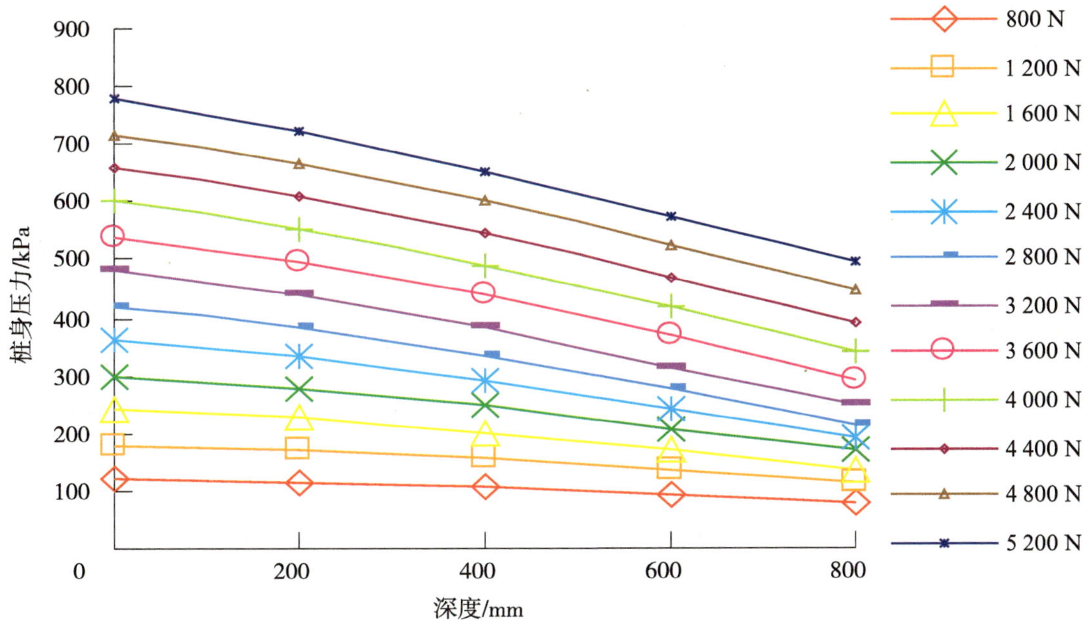

图 5-193　小桩帽 0.03 m 垫层试验轴力变化

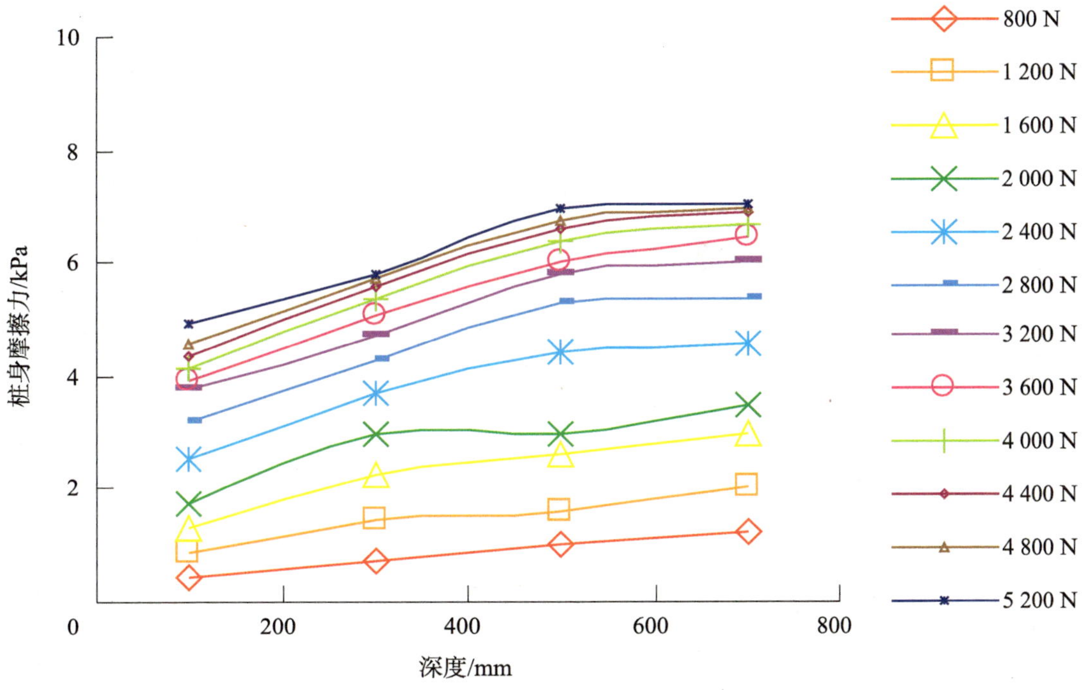

图 5-194　小桩帽 0.03 m 垫层试验桩侧摩擦力变化

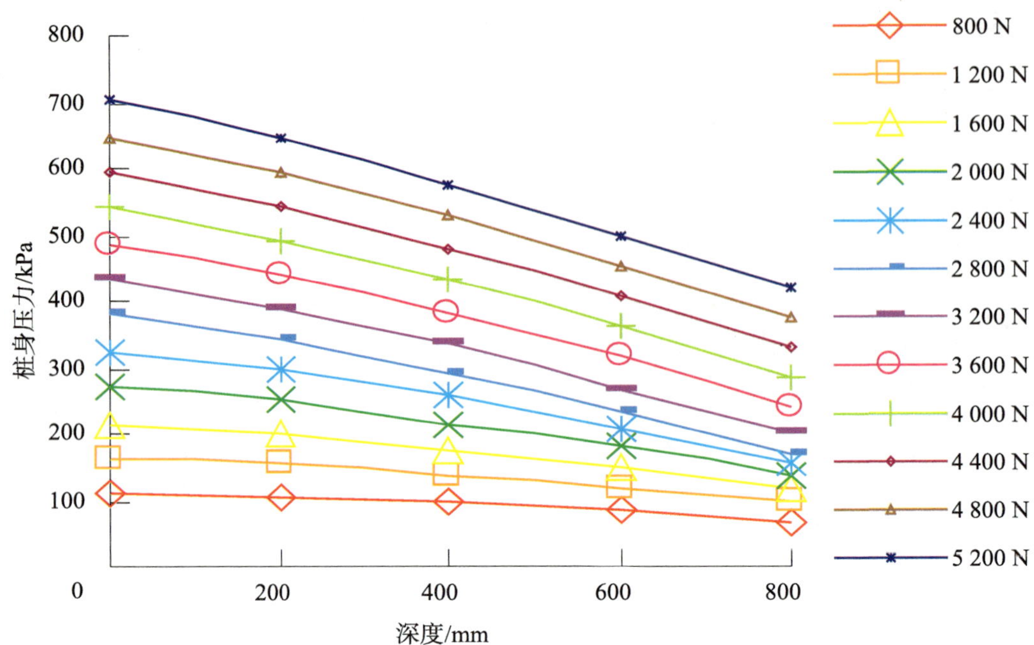

图 5-195 小桩帽 0.10 m 垫层试验轴力变化

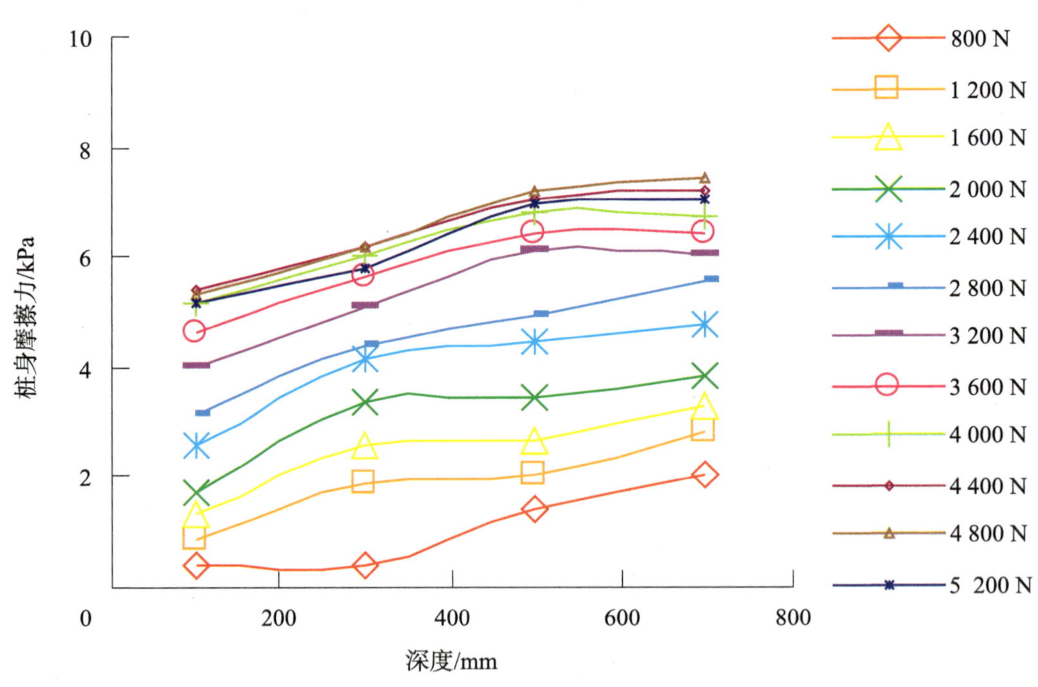

图 5-196 小桩帽 0.10 m 垫层试验桩侧摩擦力变化

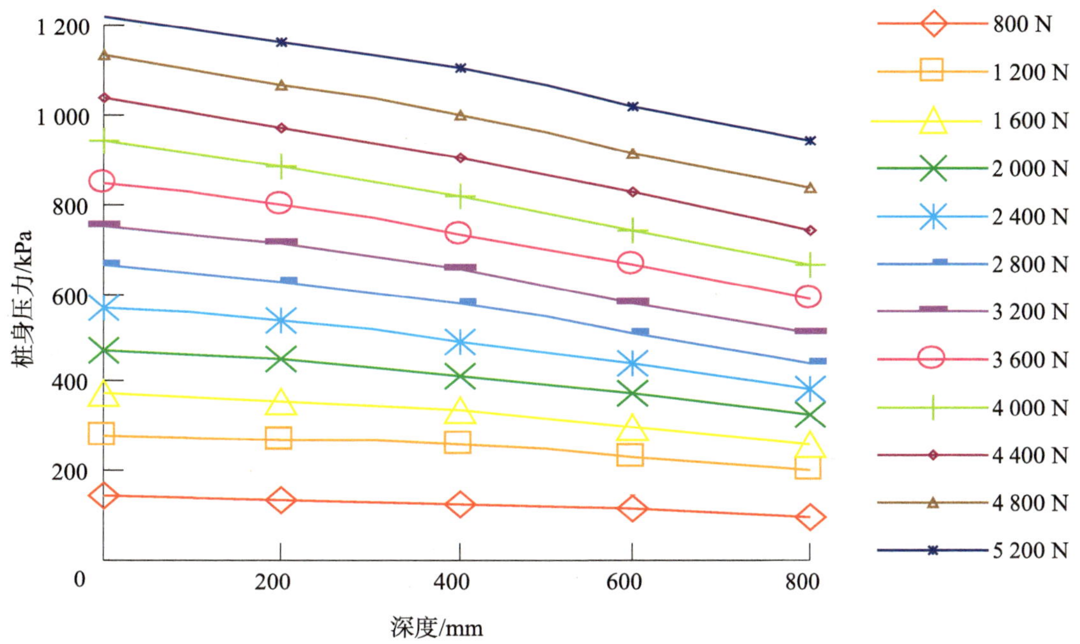

图 5-197　大桩帽无垫层试验轴力变化

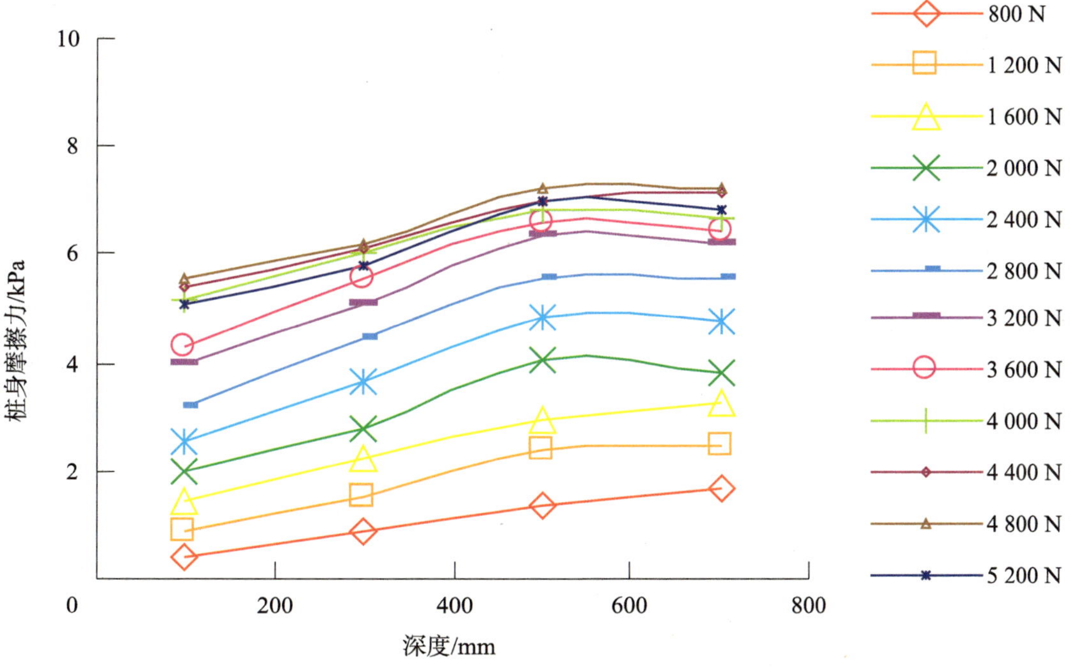

图 5-198　大桩帽无垫层试验桩侧摩擦力变化

第五章　桩网结构室内模拟试验

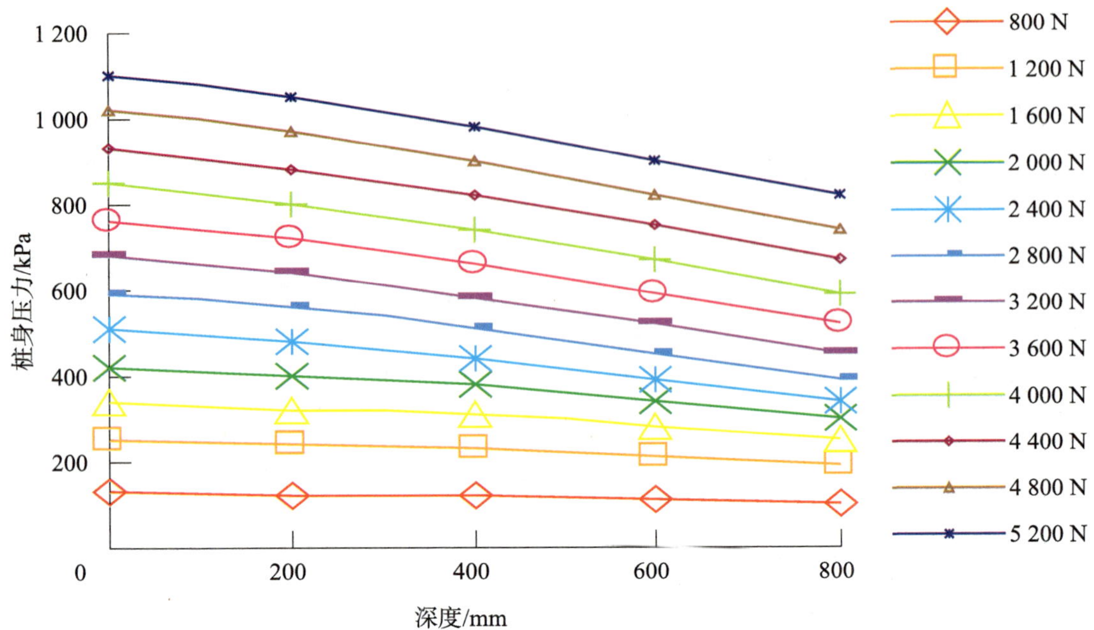

图 5-199　大桩帽 0.03 m 垫层试验轴力变化

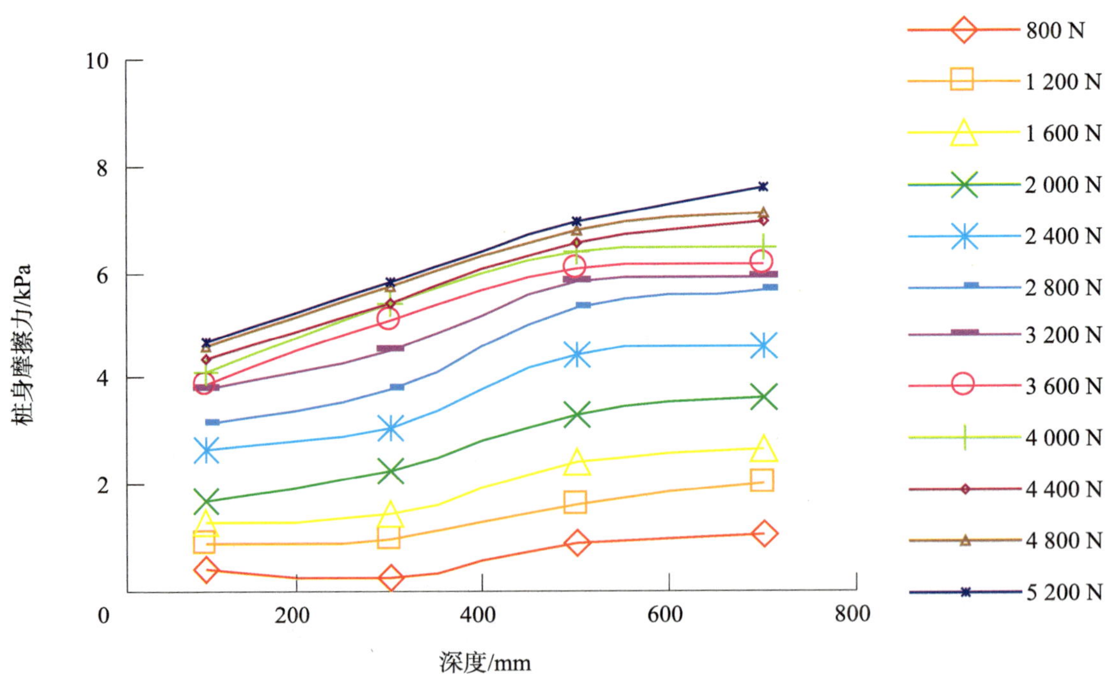

图 5-200　大桩帽 0.03 m 垫层试验桩侧摩擦力变化

高速铁路桩网结构加筋网垫理论及应用

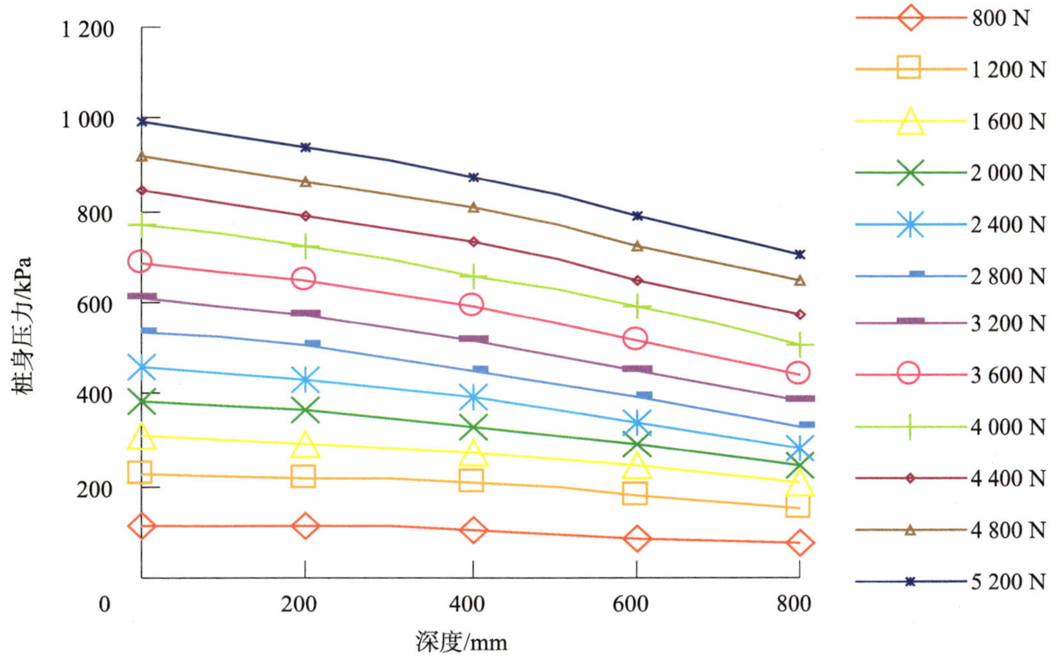

图 5-201　大桩帽 0.10 m 垫层试验轴力变化

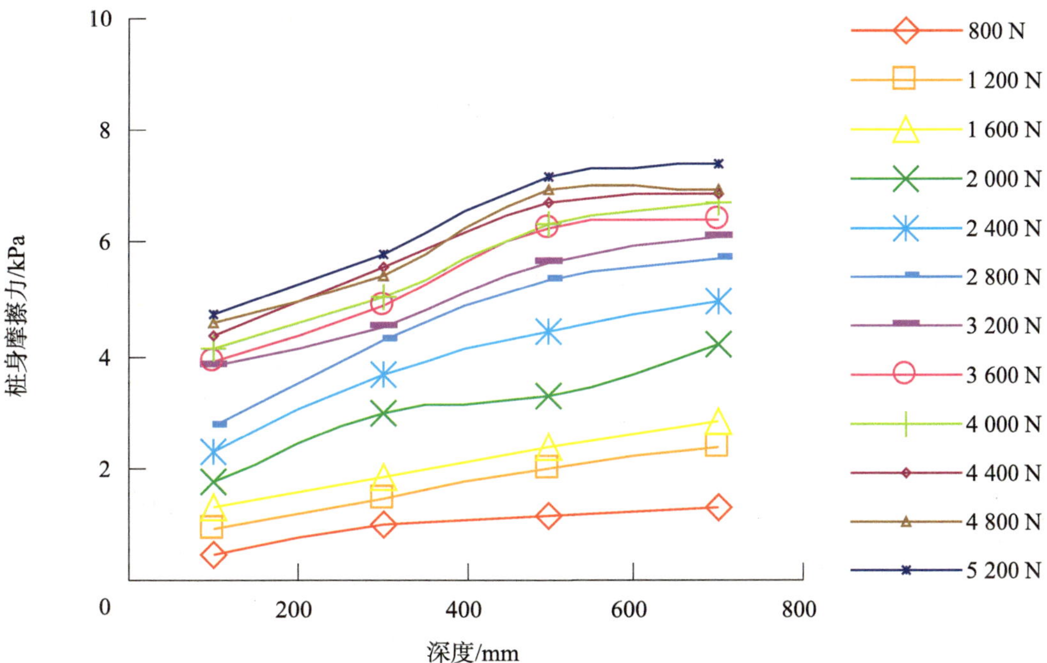

图 5-202　大桩帽 0.10 m 垫层试验桩侧摩擦力变化

6. 桩周土应力分析

图 5-203、图 5-204 和图 5-205 分别为当桩帽尺寸 $a=0.07$ m 时垫层厚度 $h=0$ m、$h=0.03$ m 和 $h=0.1$ m 情况下桩周土竖向应力在不同深度处变化结果。此

时为无桩帽情形，在垫层厚度 $h=0$ m 时，桩周土应力基本呈现从上往下逐渐增大的趋势。随着垫层厚度的增大，桩间土所承担的荷载变大，相应的桩顶平面的桩间土应力也有所增大，同时底部土体应力有所减小，但总的趋势，依然是上部小，下部大。

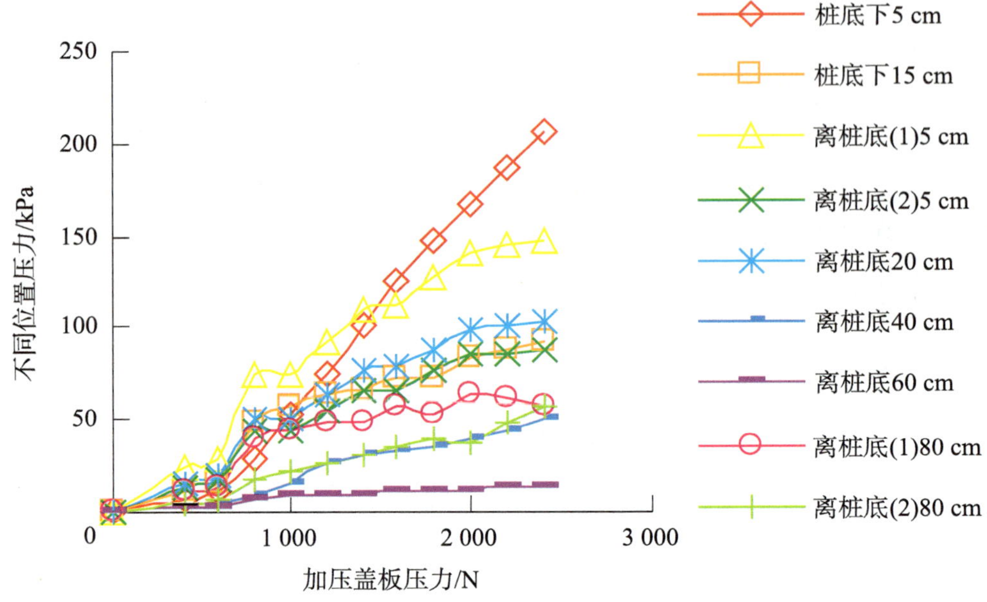

图 5-203　桩周土随荷载变化($a=0.07$ m，$h=0$ m)

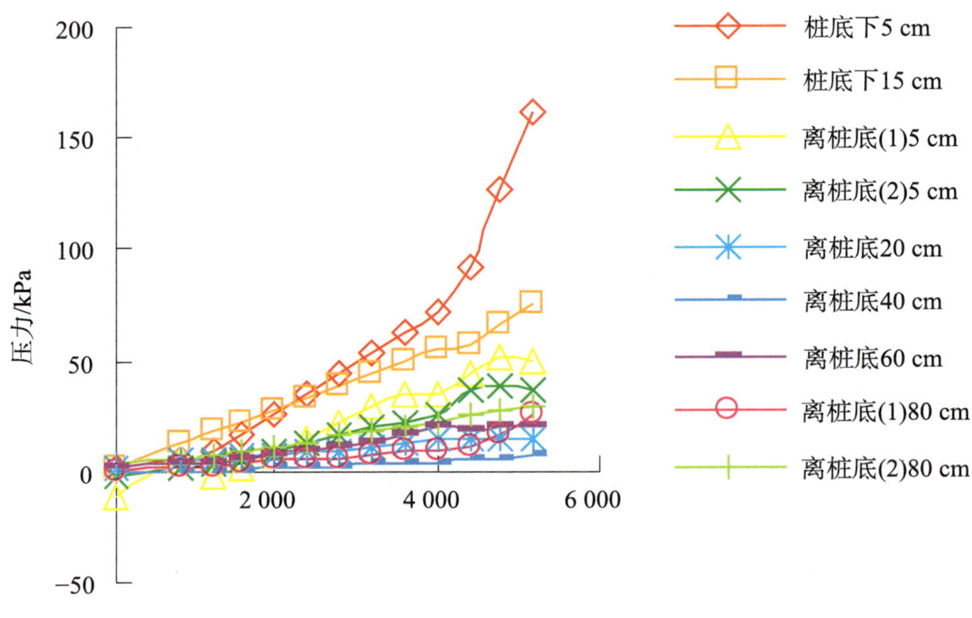

图 5-204　桩周土随荷载变化($a=0.07$ m，$h=0.03$ m)

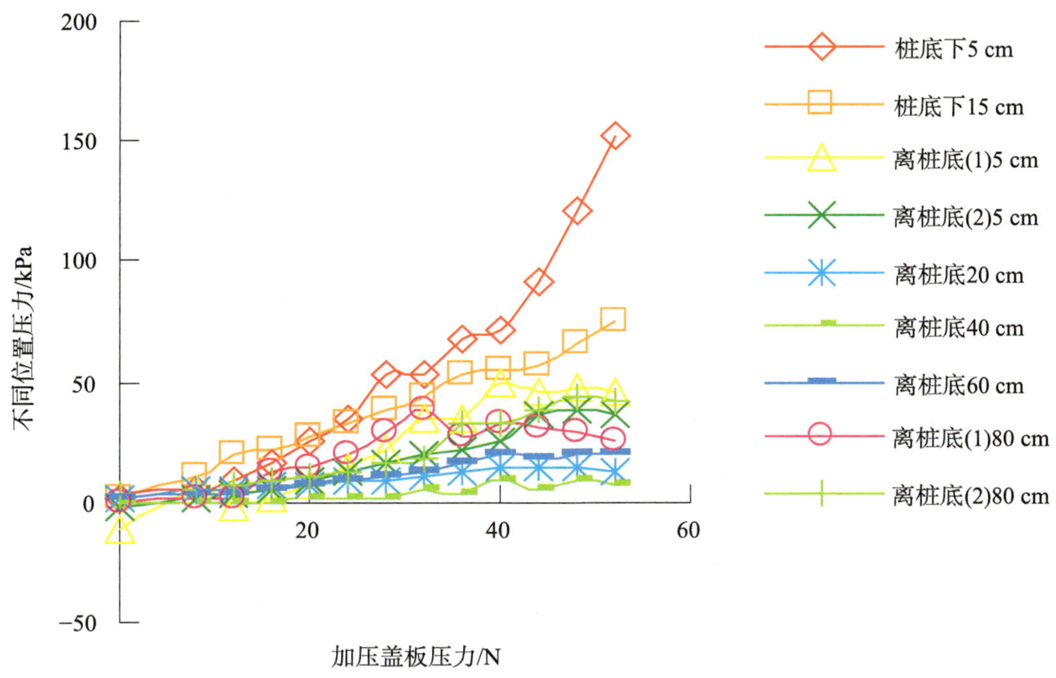

图 5-205　桩周土随荷载变化(a=0.07 m,h=0.10 m)

图 5-206～图 5-211 分别为小桩帽(a=0.17 m)和大桩帽(a=0.25 m)在不同垫层厚度条件下的桩周土竖向应力在不同深度处随荷载变化结果,其变化趋势较为一致,桩底附加应力较大,向上逐渐减小,垫层厚度对桩周土的影响较小。

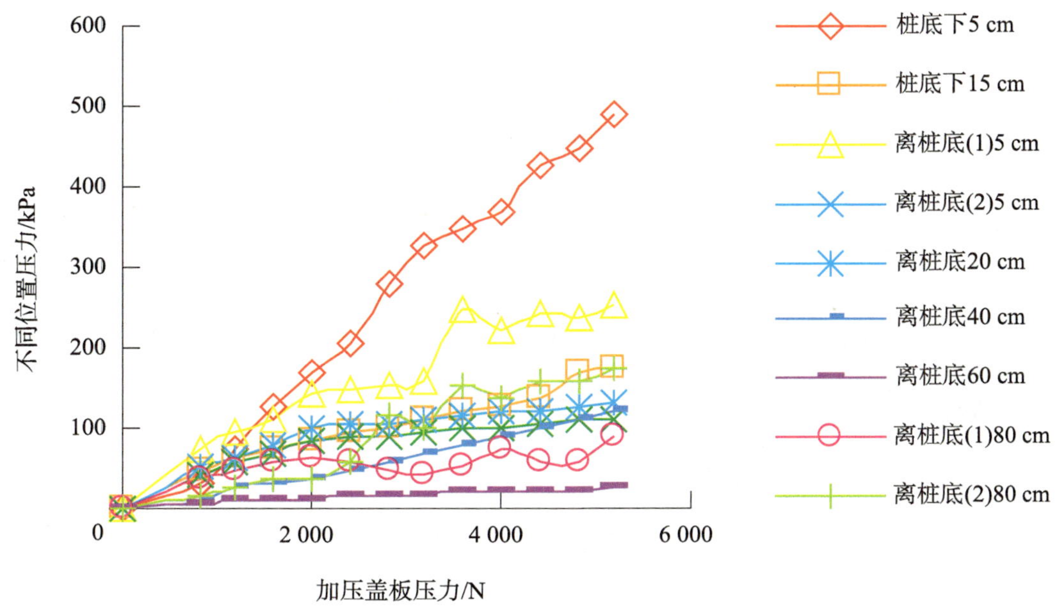

图 5-206　桩周土随荷载变化(a=0.17 m,h=0 m)

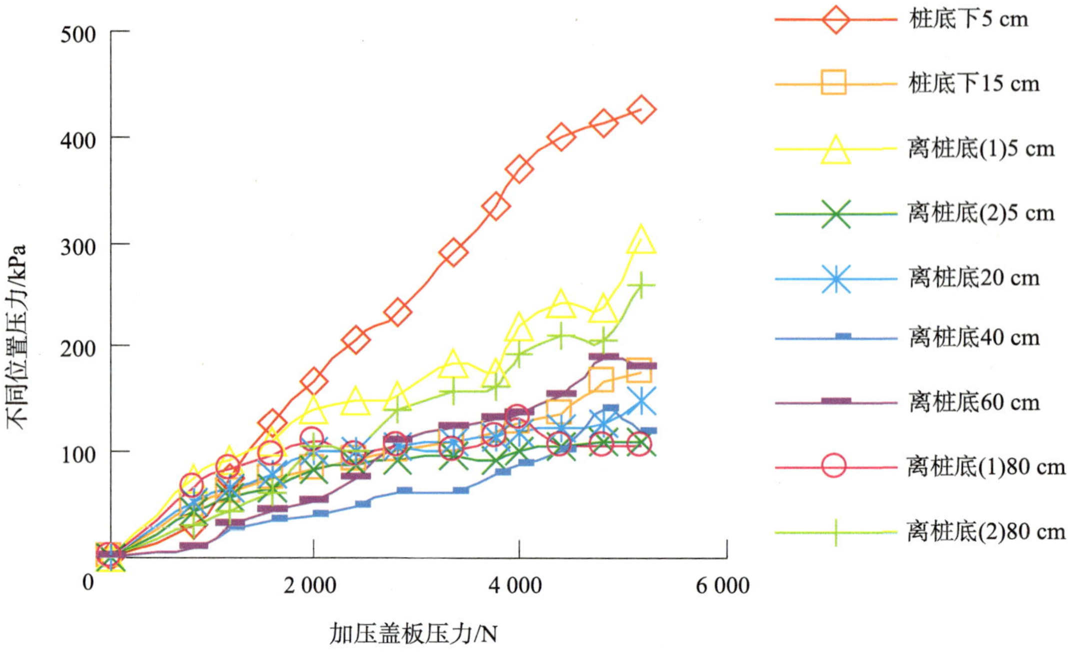

图 5-207 桩周土随荷载变化($a=0.17$ m,$h=0.03$ m)

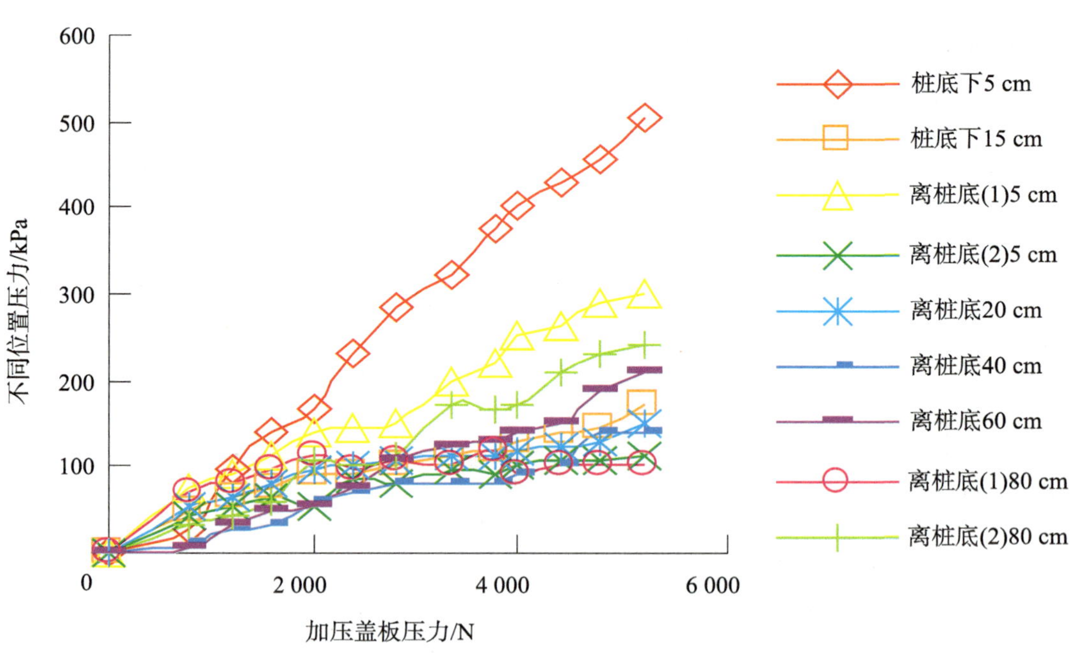

图 5-208 桩周土随荷载变化($a=0.17$ m,$h=0.10$ m)

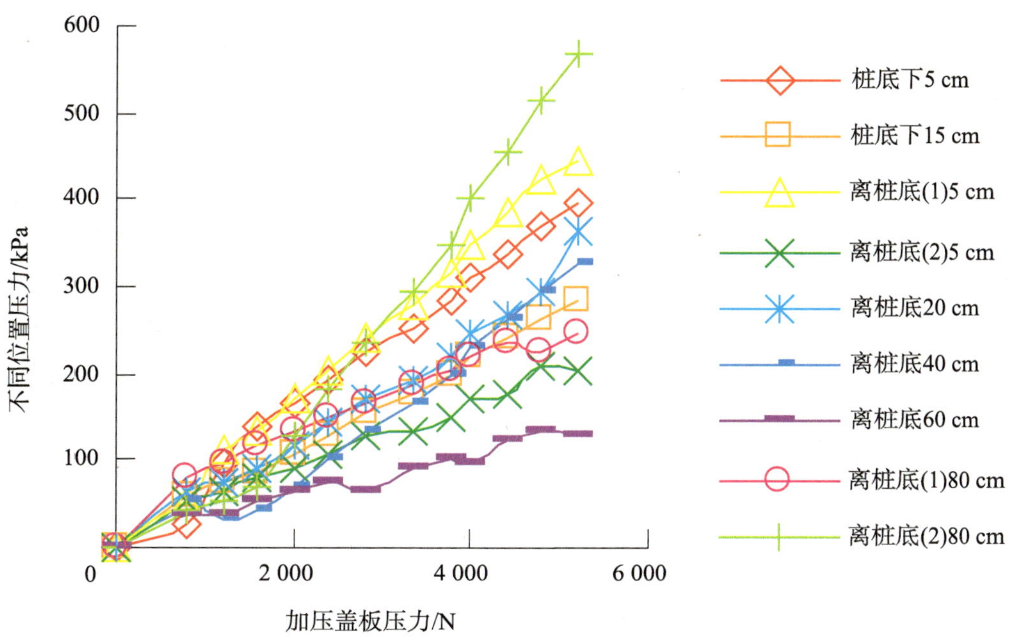

图 5-209　桩周土随荷载变化（$a=0.25$ m，$h=0$ m）

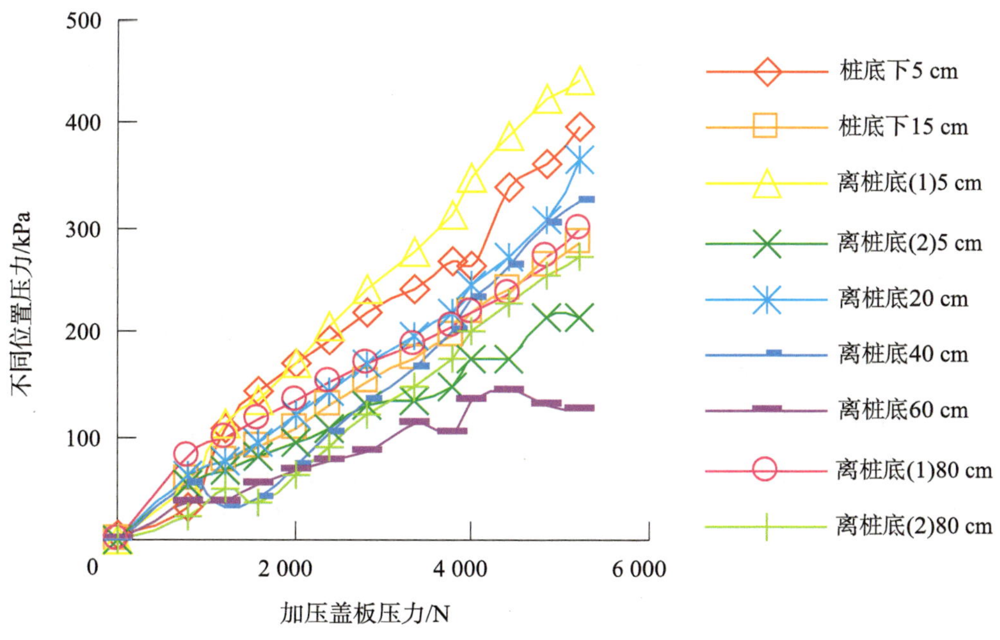

图 5-210　桩周土随荷载变化（$a=0.25$ m，$h=0.03$ m）

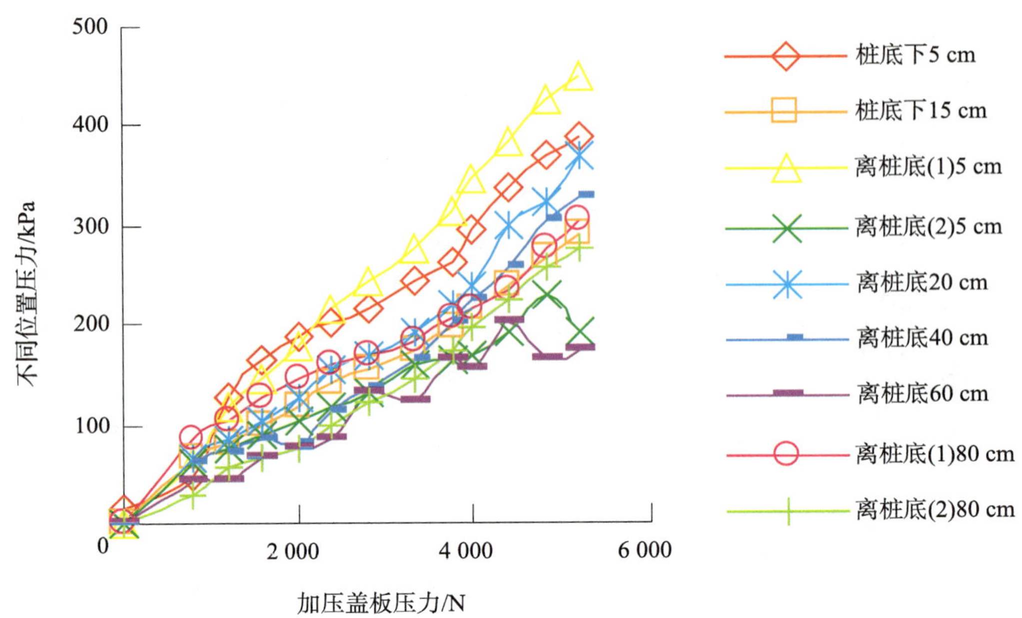

图 5-211　桩周土随荷载变化（$a=0.25$ m，$h=0.10$ m）

桩底应力与桩帽尺寸关系如图 5-212 所示，整体上桩底应力随桩帽尺寸增大而增大。

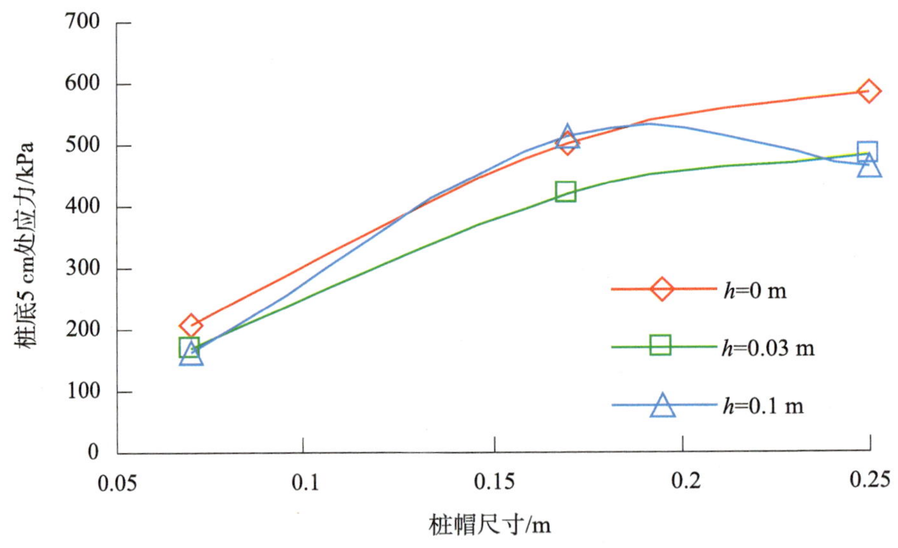

图 5-212　桩底应力与桩帽尺寸

通过单桩模拟试验表明，带桩帽单桩的承载力性能与无桩帽有较大不同，带桩帽单桩承载力偏大，带桩帽单桩复合地基沉降明显减小。在相同荷载作用下，桩帽越大，沉降越小，垫层厚度越大，沉降越小。当垫层厚度相同时，桩顶（帽）的刺入量随着桩帽尺寸增大而逐渐减小，当桩帽尺寸相同时，桩顶(帽)的刺入量随着垫层厚度的增加而增加。垫层越厚，桩间土发挥的作用越大。有桩帽时，桩侧摩阻力从桩顶至桩底逐渐增大，无桩帽时，桩侧摩阻力存在负摩擦，先增大后减小。

第四节　持力层模拟试验

一、概　　述

在前期关于加筋网垫 CFG 桩复合地基的数值分析中表明，对于桩底平面桩土应力比与持力层模量有较大关系，对于现场试验段北段而言，桩底平面桩土应力比在 7～16 之间，如图 5-213 和图 5-214 所示，然而对于应力比较小时的持力层应力分布与半无限空间应力分布较为接近，因此，试验安排的桩底平面应力比为大于和接近现场条件的工况，控制桩底处桩土应力比在 30～100 之间。桩端不同应力比通过改变柔性板刚度来实现，通过多次加载试验调整，确定试验工况见表 5-10(表中 w 为含水率，h 为厚度)，试验主要测试持力层在不同桩端处桩土应力比作用下的受力变形特性。

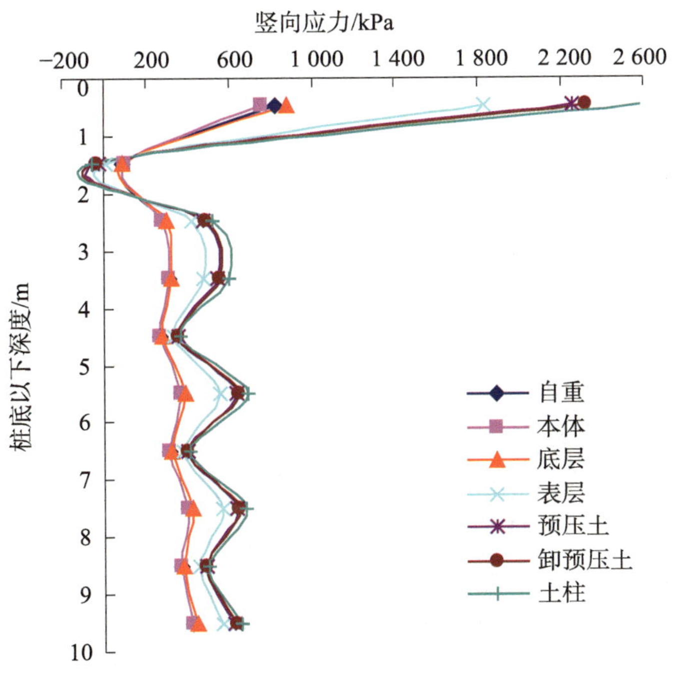

图 5-213　桩底应力

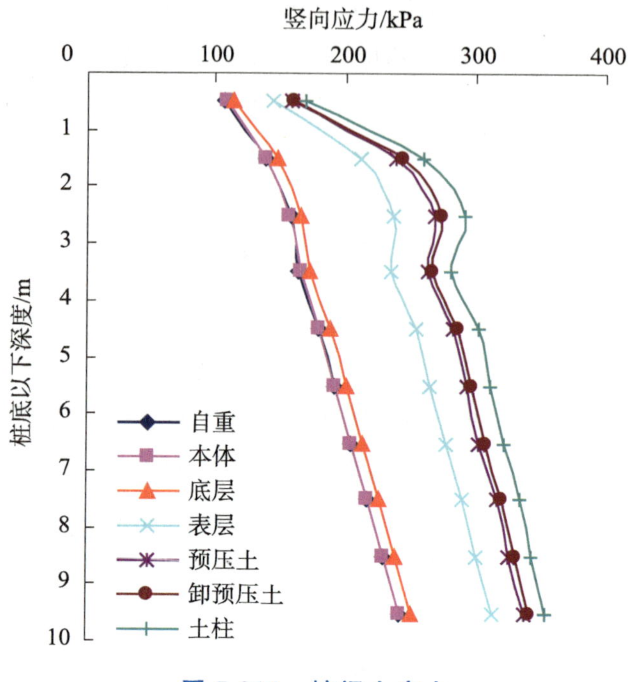

图 5-214　桩间土应力

表 5-10　持力层试验模拟工况

序号	柔性垫板厚度 b/mm	桩底应力比预估值	持力层
1	3	100	$w=20\%, h=1$ m
2	5	70	$w=20\%, h=1$ m
3	8	30	$w=20\%, h=1$ m

二、试验装备与材料

持力层用土与单桩试验用土相同，采用粉质黏土，其含水率控制在 20%附近，其制备方法与单桩试验所用方法相同。

试验中采用直径为 4 cm 的小土压盒测试持力层竖向应力，分别布置于桩底、四桩桩心连线交点(即桩间土形心)和两桩连线中点(即桩间土中点)处，在持力层填筑过程中分层填入，共分四层。沉降测量采用微型分层沉降板，布置于桩间土形心和中点，共分三层，其导杆沿着套管引出，百分表表头与导杆接触。布置示意如图 5-215 所示。

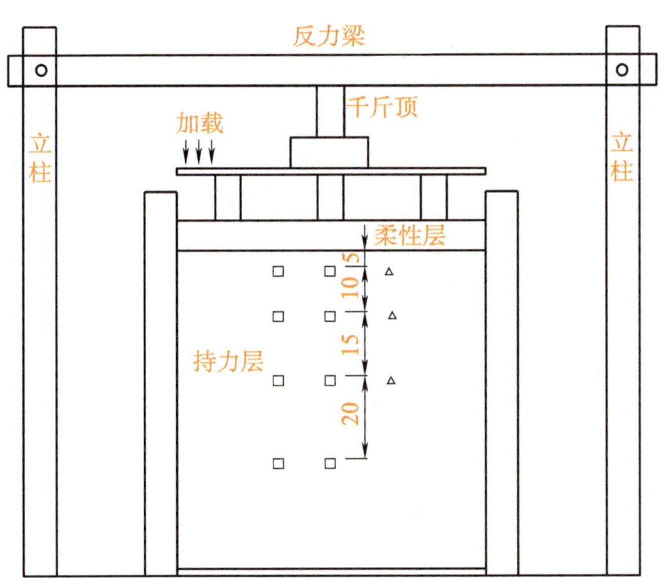

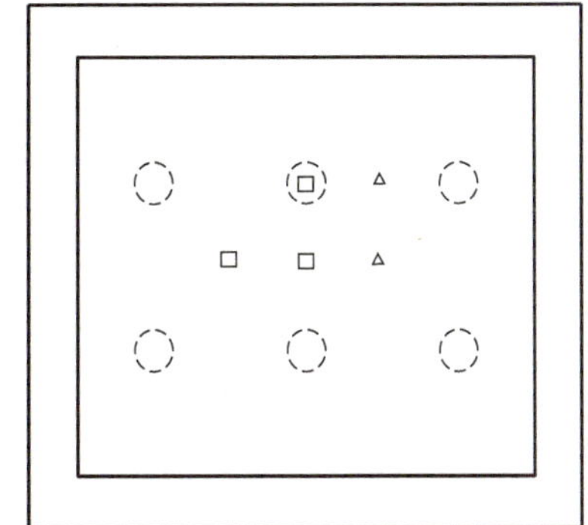

图 5-215　传感器布置

三、试验准备工作

在储存室内的土样静置两天后进行填筑，填筑过程中控制含水率和密实度。填筑完毕后，静置 2 天。

试验前，先铺设软垫，再放置六根桩，为了保证桩的垂直度，桩的周围用砂子填充。在桩顶放置加压盖板，以使上部荷载平均传递到六根桩上。

试验过程照片如图 5-216～图 5-220 所示。

图 5-216　布置分层沉降板

图 5-217　布置压力盒

图 5-218　施加荷载

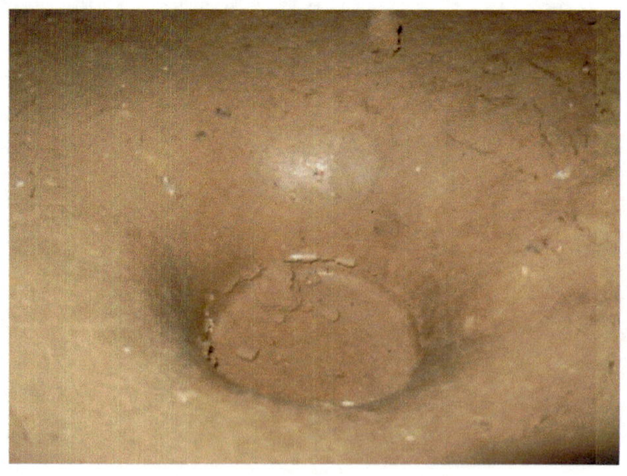

图 5-219　桩底平面变形

图 5-220　柔性层变形

四、加　　载

采用千斤顶进行加载，每级荷载为 10 kN。每级沉降稳定后读数。

五、结果与分析

1. 应力

图 5-221～图 5-224 分别为柔性层厚度 b=3 mm 时，桩底下 0.05 m(第一层)、0.15 m(第二层)、0.3 m(第三层)和 0.5 m(第四层)深度处不同位置的竖向应力随荷载变化的结果。应力随荷载增加而增加，桩底下方应力明显大于桩间土，两桩中点偏大于四桩形心。当单桩荷载加载至 9.22 kN 时，0.05 m 深度处桩底应力达到 663.9 kPa，桩间土应力为 6.6～6.8 kPa，桩土应力比(桩底应力与桩间土应力之比)为 97.6。随着深度增加，桩底下方应力逐渐减小，桩间土应力逐渐增大，至 0.5 m 深度时，桩土应力比基本接近于 1。图 5-225～图 5-228 分别为柔性层厚度 b=5 mm 时，桩底下方不同深度和位置的竖向应力随荷载变化的结果，变化趋势与 b=3 mm 较为接近，但应力幅值有所变化。当单桩荷载加载至 9.22 kN 时，0.05 m 深度处桩底应力达到 498.8 kPa，桩间土应力为 9.8～10.2 kPa，桩土应力比为 68.1。图 5-229～图 5-232 分别为 b=8 mm 时，桩底下方不同深度和位置的竖向应力随荷载变化的结果，当单桩荷载加载至 9.22 kN 时，0.05 m 深度处桩底应力达到 370.0 kPa，桩间土应力为 12.4～12.7 kPa，桩土应力比为 31.9。

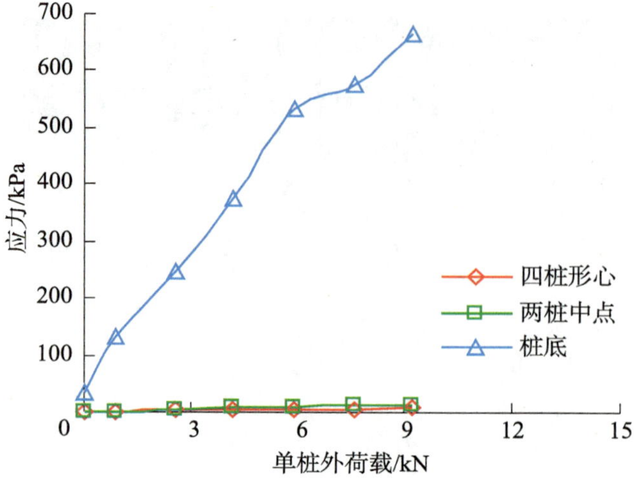

图 5-221　第一层不同位置竖向应力(b=3 mm)

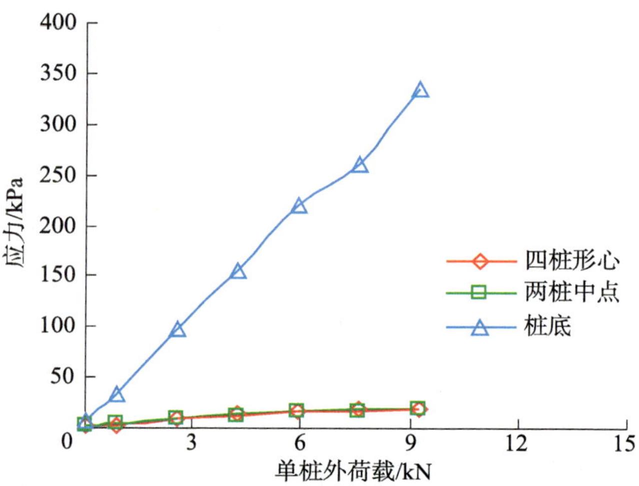

图 5-222　第二层不同位置竖向应力(b=3 mm)

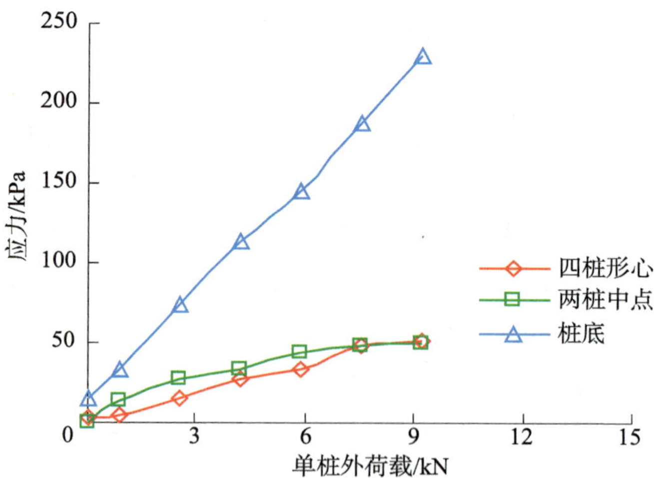

图 5-223　第三层不同位置竖向应力(b=3 mm)

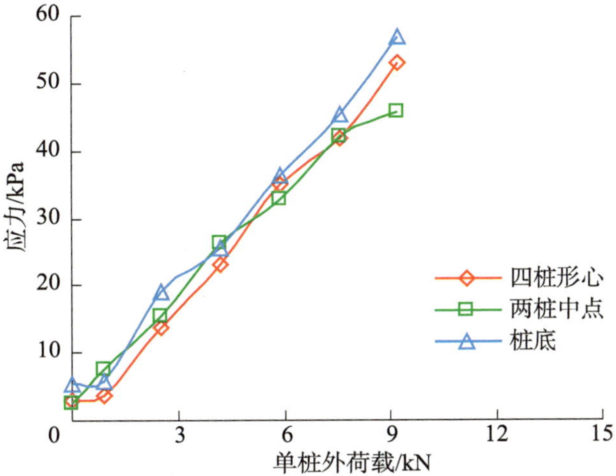

图 5-224　第四层不同位置竖向应力(b=3 mm)

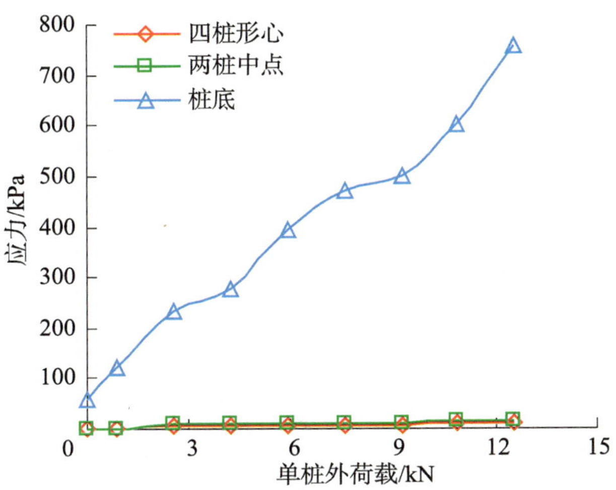

图 5-225　第一层不同位置竖向应力(b=5 mm)

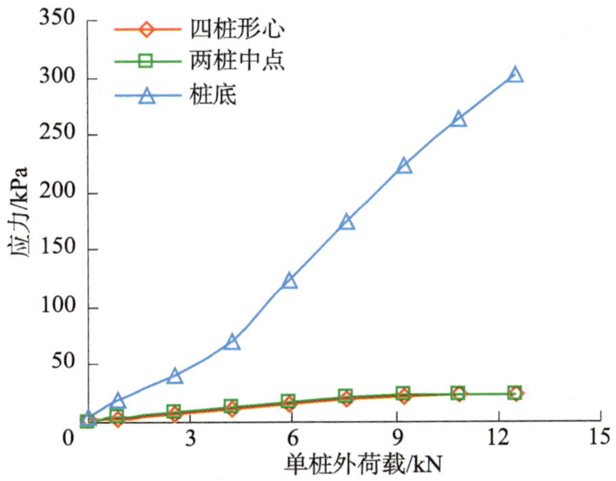

图 5-226　第二层不同位置竖向应力(b=5 mm)

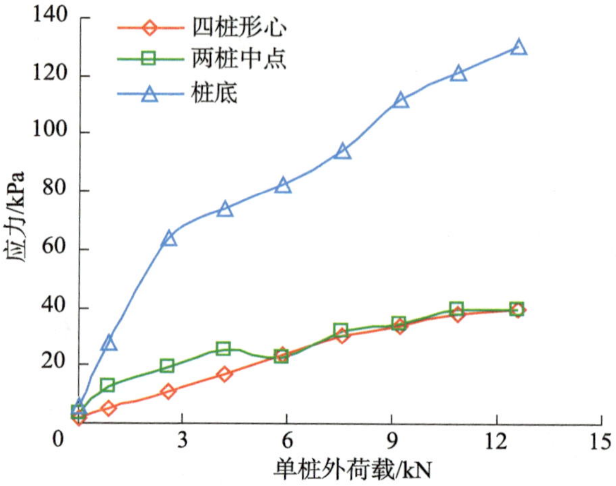

图 5-227　第三层不同位置竖向应力(b=5 mm)

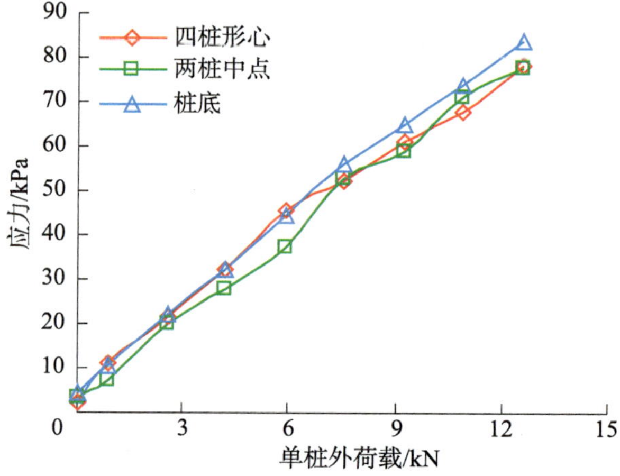

图 5-228　第四层不同位置竖向应力(b=5 mm)

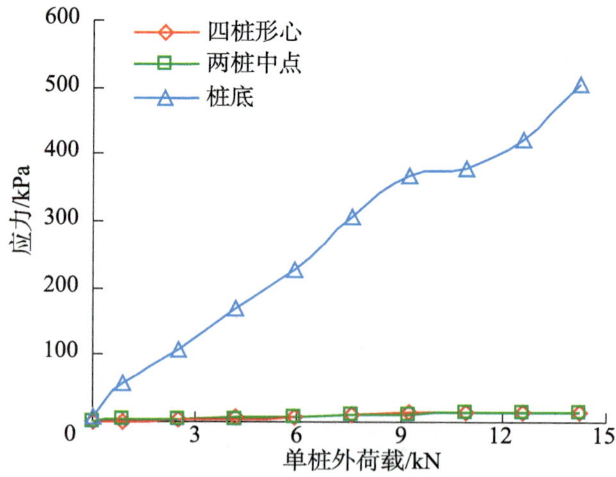

图 5-229　第一层不同位置竖向应力(b=8 mm)

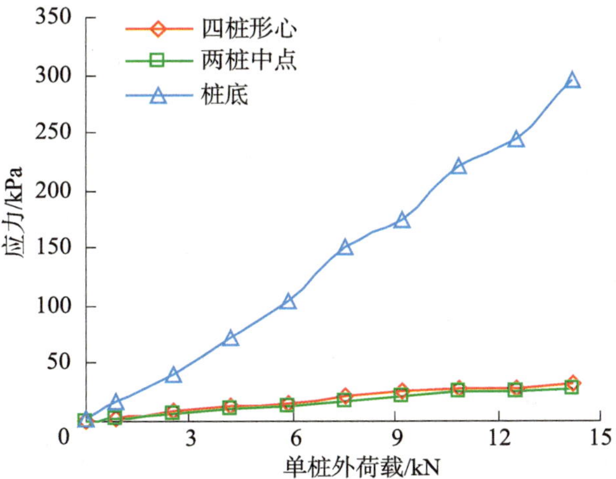

图 5-230　第二层不同位置竖向应力(b=8 mm)

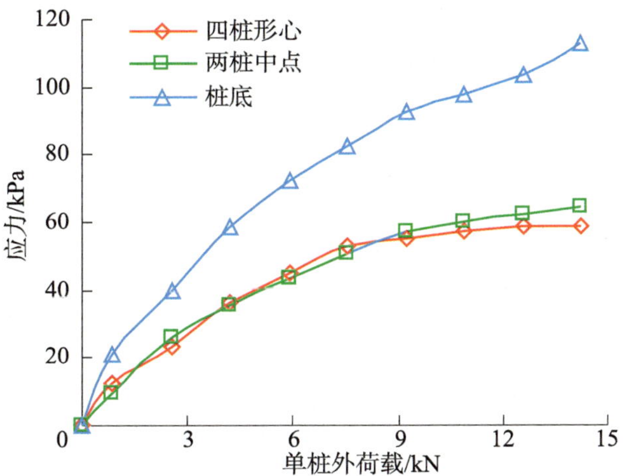

图 5-231　第三层不同位置竖向应力(b=8 mm)

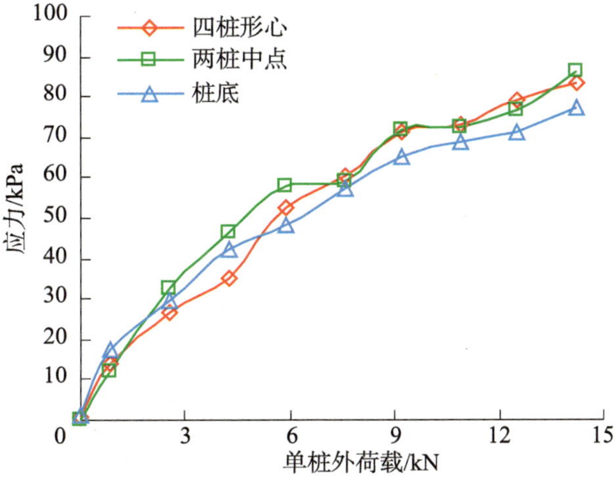

图 5-232　第四层不同位置竖向应力(b=8 mm)

本节中，取桩底对应下方应力与桩间土四桩形心处应力之比为桩土应力比。图 5-233～图 5-236 分别为三种柔性层厚度条件下桩底下方不同深度处应力比随荷载变化结果，在桩底下方 0.05 m 和 0.15 m 处应力比随荷载增加而增加，桩底下方 0.3 m 处应力比随荷载增加而减小，至 0.5 m 处应力比基本接近于 1。结果表明，桩底应力集中存在一定的范围，本次试验中超过 0.5 m 深度后竖向应力较为平均。汇总荷载为 9.22 kN 时应力比沿深度的变化如图 5-237 所示，在不同桩底应力比条件下，桩底下方应力比随着深度增加逐渐减小，桩底初始应力比越大，减小越快，在 0.5 m深度处基本接近于 1，这种应力集中现象与路基土拱极为接近，在持力层中呈倒土拱形式，本次试验中高度 h_g=0.5 m，此时桩间距 s=0.4 m，桩径 d=0.089 m，因此 h_g/s=1.25。倒土拱的高度与桩土模量比、桩与桩周土的摩擦程度存在密切关系。对于持力土层，当桩土模量之比较大，且为端承桩时，桩端会承受比较大的应力集中，倒土拱现象会比较明显。反之，倒土拱现象就会变弱，桩土应力比就会减小。

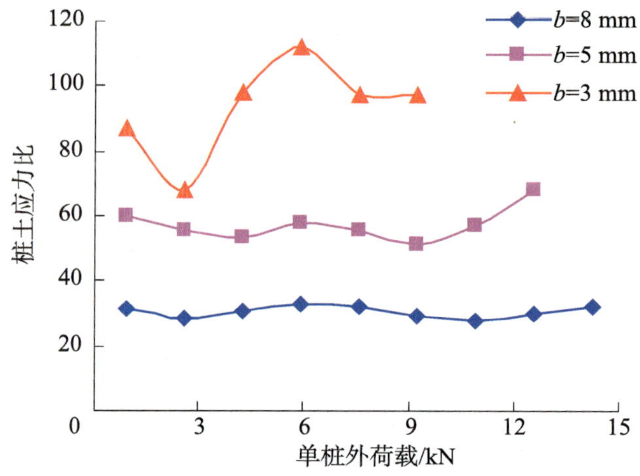

图 5-233　桩底下方 0.05 m 处应力比

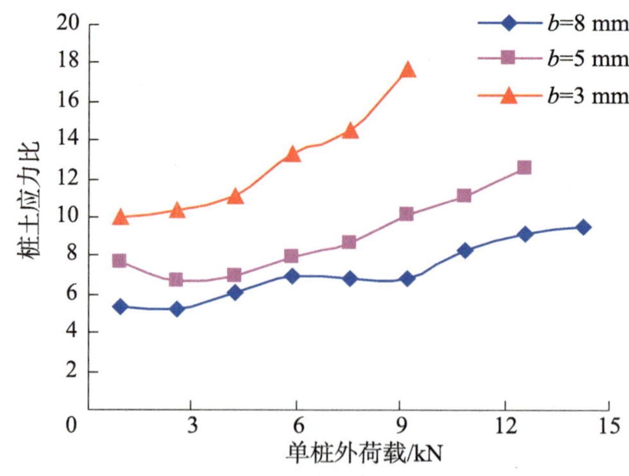

图 5-234　桩底下方 0.15 m 处应力比

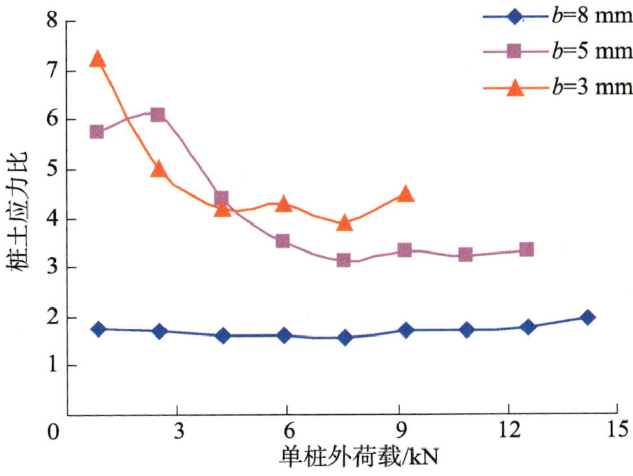

图 5-235　桩底下方 0.3 m 处应力比

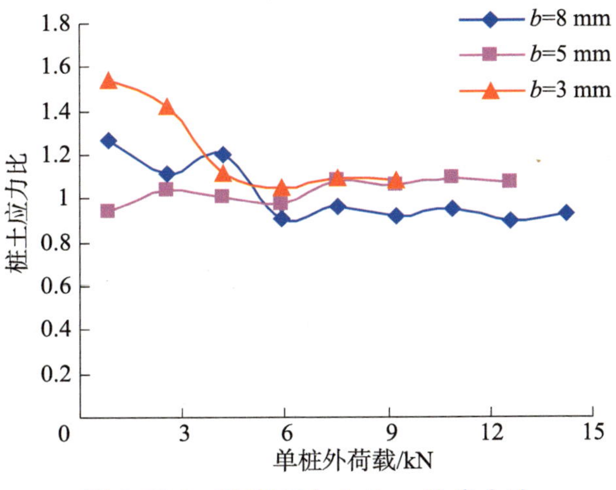

图 5-236　桩底下方 0.5 m 处应力比

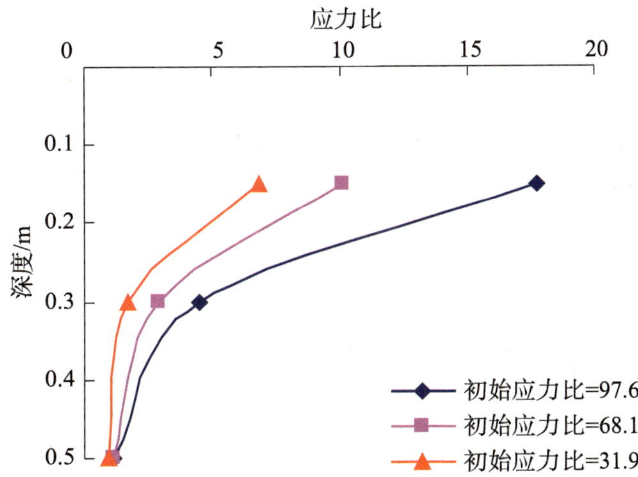

图 5-237　不同桩底应力比沿深度变化

2. 沉降

图 5-238 和图 5-239 分别为当柔性层厚度 b=3 mm 时两桩中点和四桩形心桩底不同深度处的沉降随荷载变化的结果。两桩中点和四桩形心在相同深度的沉降较为接近，两桩中点处略大于四桩形心，单桩荷载加载至 9.22 kN 时，距离桩底 0.05 m 深度处总沉降为 3.8～4.1 mm。相比之下，在距桩底较近的深度范围内的桩间土变形较小，在这深度范围内，桩间土应力也较小，这与应力变化过程是一致的，0.3 m 深度处沉降较大，约占总沉降的一半。图 5-240～图 5-241 和图 5-242～图 5-243 分别为当 b=5 mm 和 b=8 mm 时的沉降，变化趋势与 b=3 mm 时较为接近，相比之下，桩间土变形有所增大。

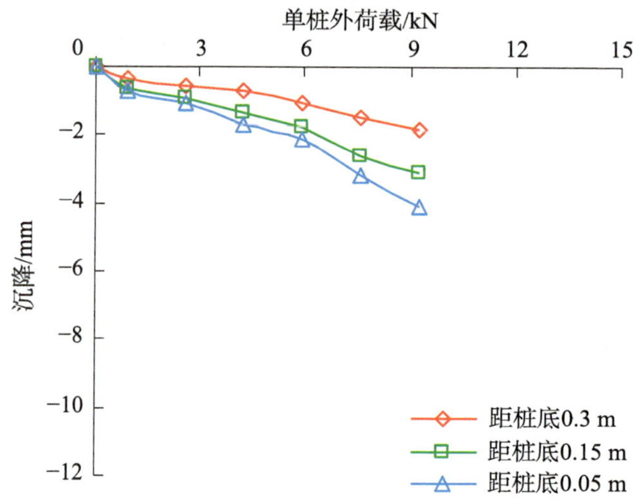

图 5-238　两桩中点不同高度处荷载-沉降(b=3 mm)

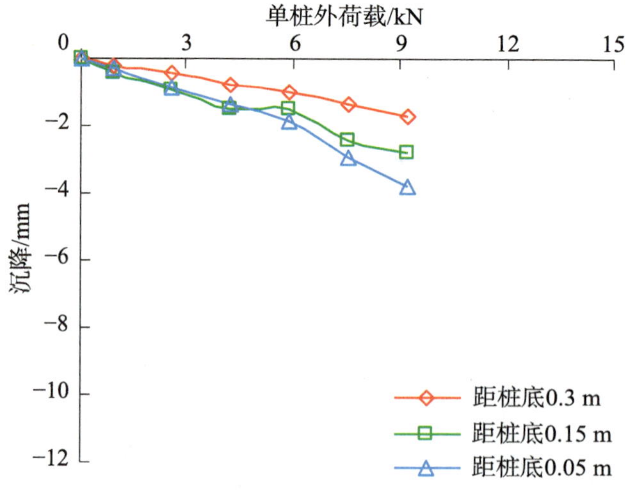

图 5-239　四桩形心不同高度处荷载-沉降(b=3 mm)

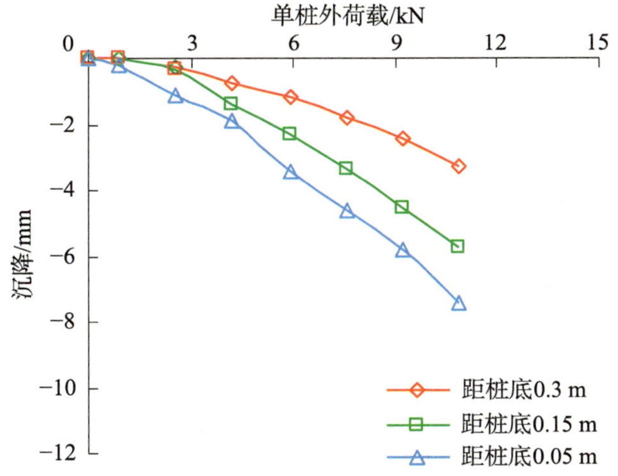

图 5-240　两桩中点不同高度处荷载-沉降(b=5 mm)

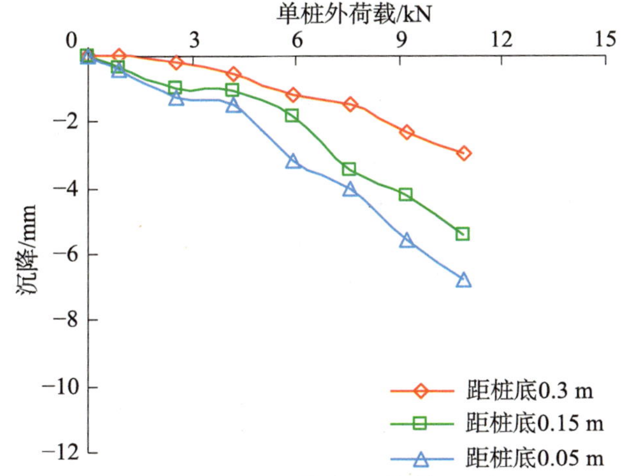

图 5-241　四桩中心不同高度处荷载-沉降(b=5 mm)

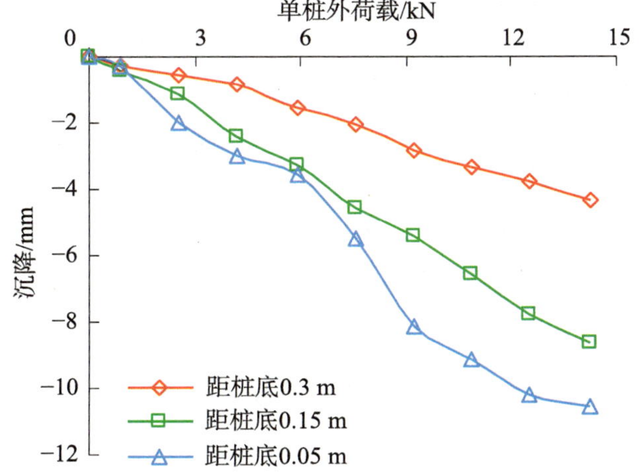

图 5-242　两桩中点不同高度处荷载-沉降(b=8 mm)

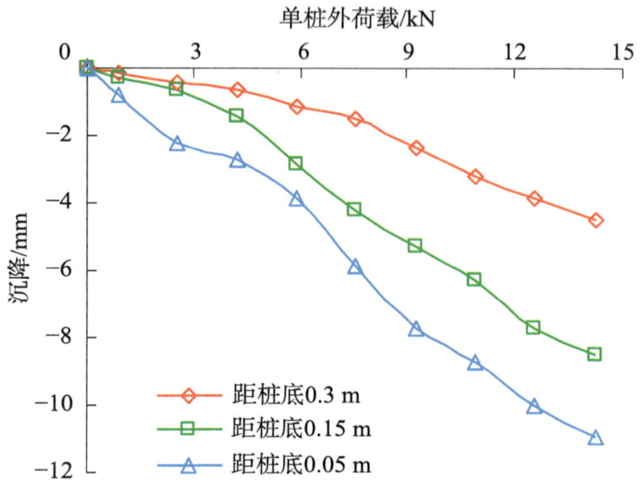

图 5-243　四桩形心不同高度处荷载-沉降(b=8 mm)

通过持力层模拟试验表明,对于土质持力层,在不同桩底应力比条件下,四桩形心与两桩中点的应力和沉降变化趋势较为接近。不同深度处桩土应力比随桩底初始应力比减小而减小,应力比沿深度逐渐减小。在本次试验条件下,持力层在桩底初始应力比条件下的应力重分布现象与路基土拱较为接近,呈倒土拱形式,倒土拱高度 h_g 与桩间距 s 关系约为 $h_g/s=1.25$。对于持力土层,当桩土模量之比较大,倒土拱现象会比较明显。

第五节　整体模拟试验

一、概　　述

在结合上述试验成果基础上,建立完整的 CFG 桩复合地基模拟试验。试验中设置压力盒、测力装置、沉降水杯、力传感器、应变片等元件,测试路基、网垫、桩、桩间土、持力层等的受力变形特性,同时复核上述各单元试验。整体试验工况共 3 组,试验改变三种桩帽尺寸(分别为无桩帽、小桩帽 0.17 m 和大桩帽 0.25 m),格栅强度 30 kN/m,格栅采用砂土填筑路基,其他参数不变。试验前设置槽箱高度为 2.2 m,并测试地基土和路基的密度。试验所采用的模型材料、仪器及设备均与前面所做的试验相同。图 5-244 为整体模拟试验示意图。

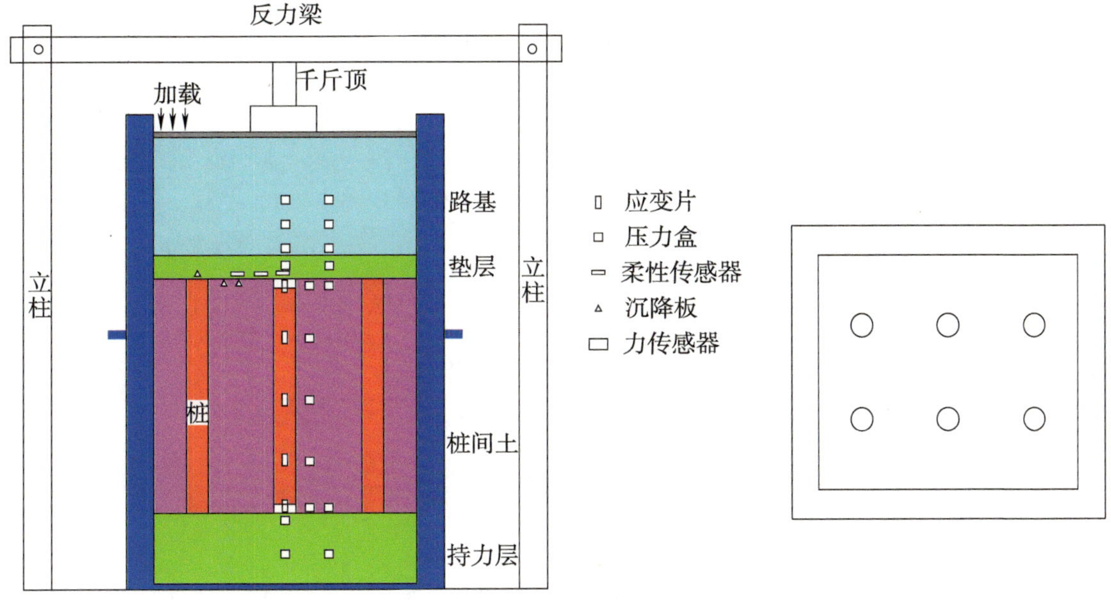

图 5-244　整体模型试验

二、试验前的准备工作

试验前的准备工作包括土样的制备及静置、桩身应变片的粘贴及标定、持力层的夯填、模型桩的埋设、垫层和路堤填土的填筑以及相应位置传感器的埋设，有关内容已在前面的单元试验中有所细述。

三、加载及观测方案

利用反力梁采用千斤顶进行加载，每级荷载为 1 t，在每级荷载下沉降的读数达到稳定后，即可施加下一级荷载。沉降读数间隔为 15 min、30 min、60 min、90 min、120 min，以此类推，在相邻两个 30 min 中，沉降量小于 0.1 mm，即视为沉降达到稳定，试验过程中采用沉降水杯进行观测，其观测精度为 0.1 mm。

四、试验结果的分析

1. 垫层及路基中应力

图 5-245～图 5-265 分别为三种桩帽时桩顶上方不同高度处土体竖向应力随荷载变化结果，a 为桩帽尺寸。从图中可知，桩顶平面存在较大的应力集中，集中的程度随着高度的增加而减小，在达到一定高度后，桩顶和桩间土上方的应力较为一致，也即达到了土拱高度。

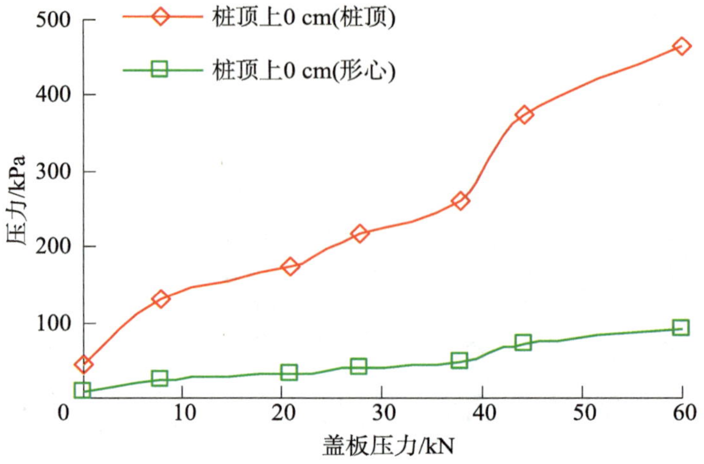

图 5-245　桩顶上应力（$a=0.07$ m）

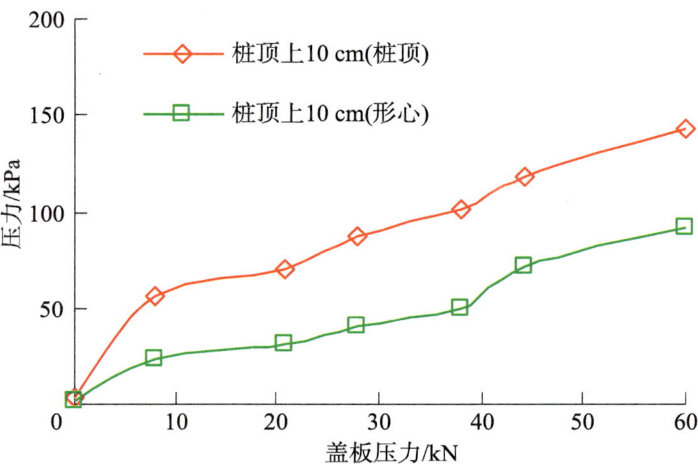

图 5-246　桩顶以上 10 cm 应力（$a=0.07$ m）

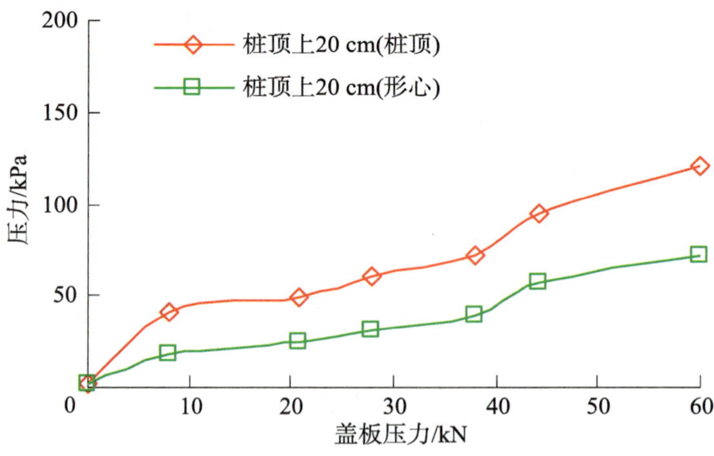

图 5-247　桩顶以上 20 cm 应力（$a=0.07$ m）

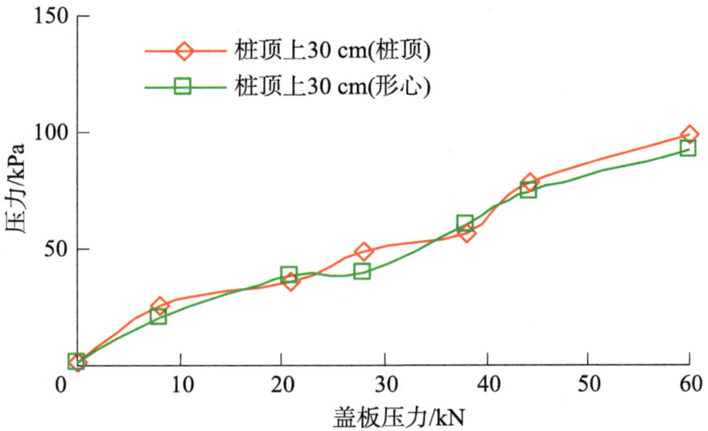

图 5-248　桩顶以上 30 cm 应力(a=0.07 m)

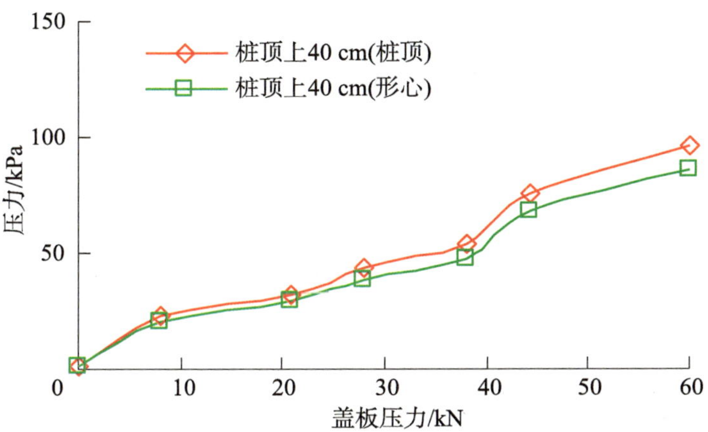

图 5-249　桩顶以上 40 cm 应力(a=0.07 m)

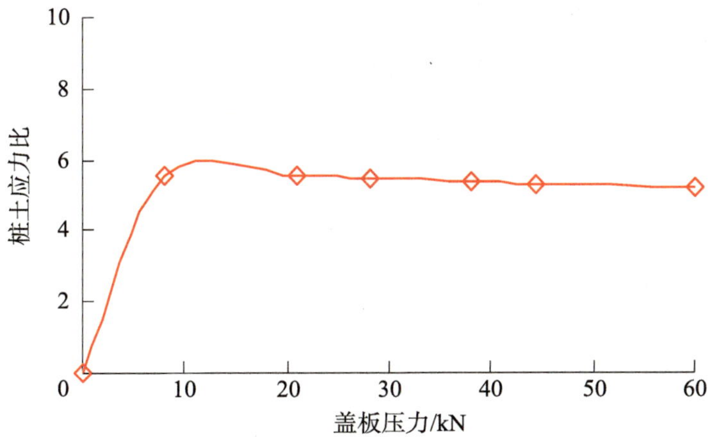

图 5-250　桩顶应力比的变化(a=0.07 m)

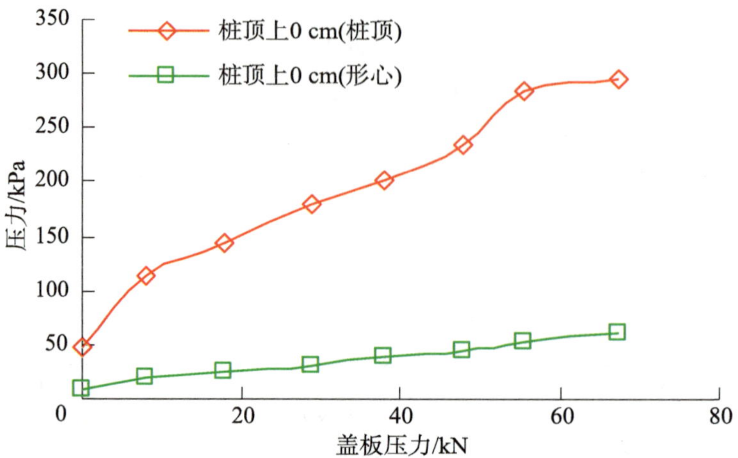

图 5-251　桩顶上应力(a=0.17 m)

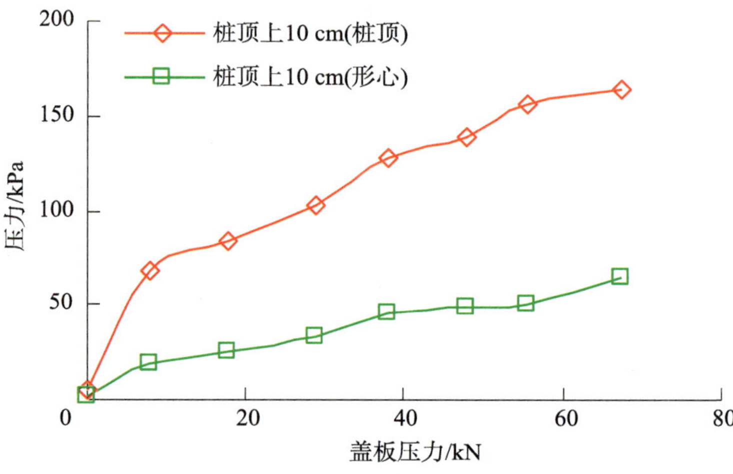

图 5-252　桩顶以上 10 cm 应力(a=0.17 m)

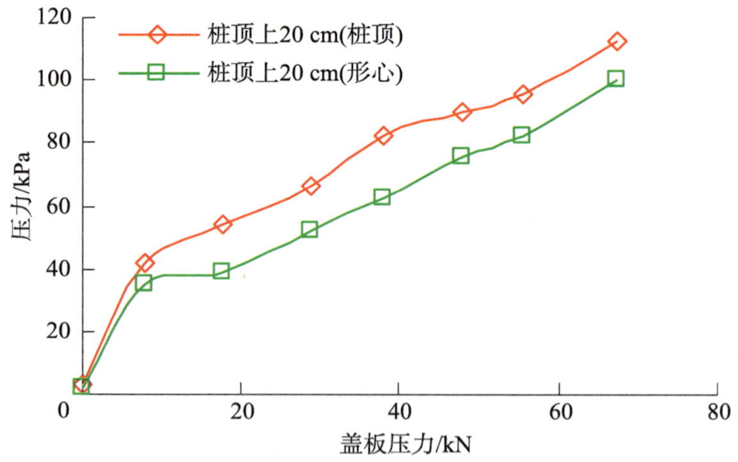

图 5-253　桩顶以上 20 cm 应力(a=0.17 m)

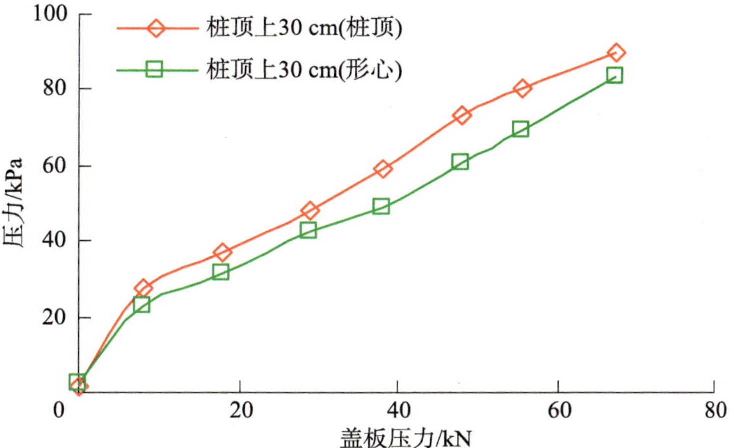

图 5-254　桩顶以上 30 cm 应力(a=0.17 m)

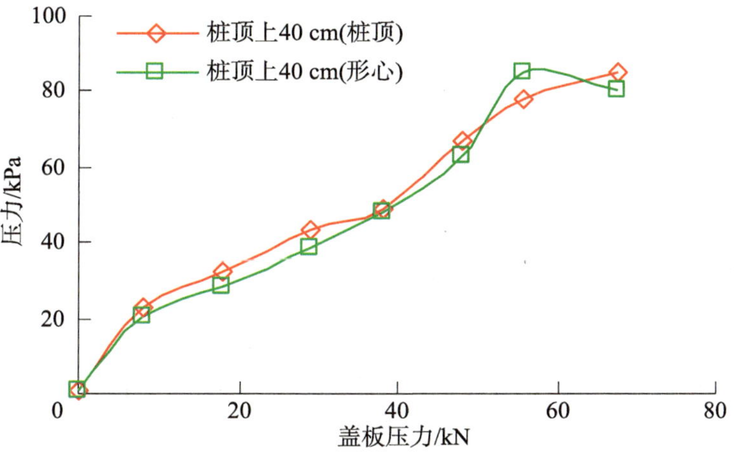

图 5-255　桩顶以上 40 cm 应力(a=0.17 m)

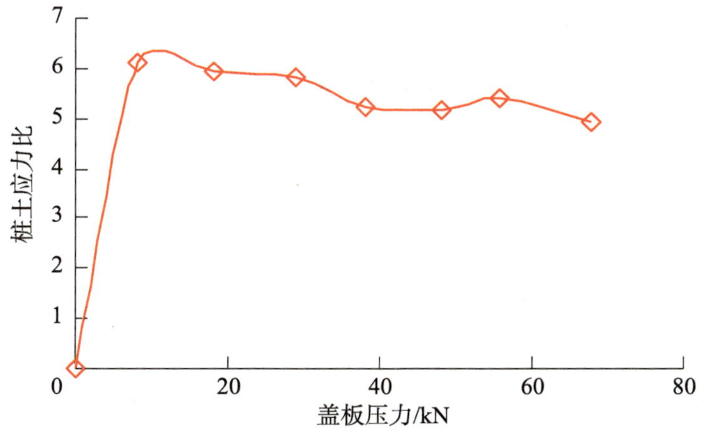

图 5-256　桩顶应力比的变化(a=0.17 m)

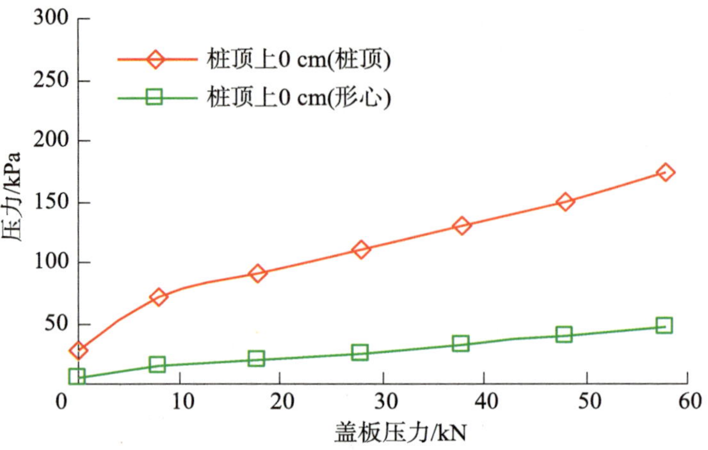

图 5-257　桩顶上应力(a=0.25 m)

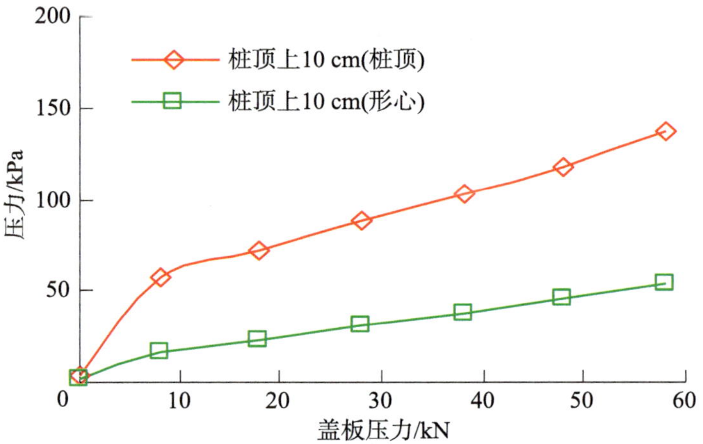

图 5-258　桩顶以上 10 cm 应力(a=0.25 m)

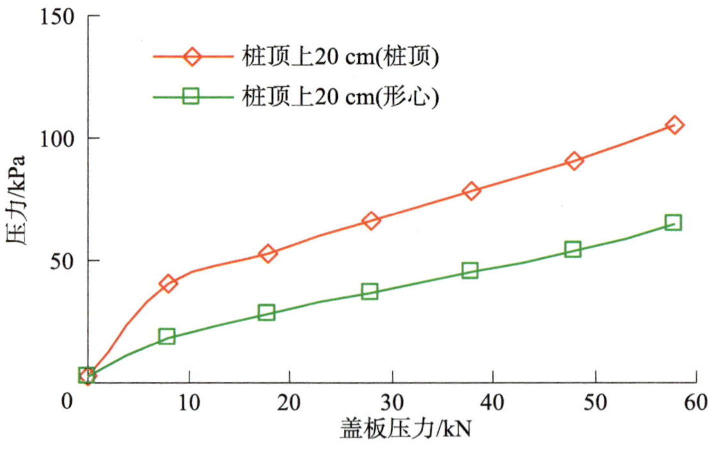

图 5-259　桩顶以上 20 cm 应力(a=0.25 m)

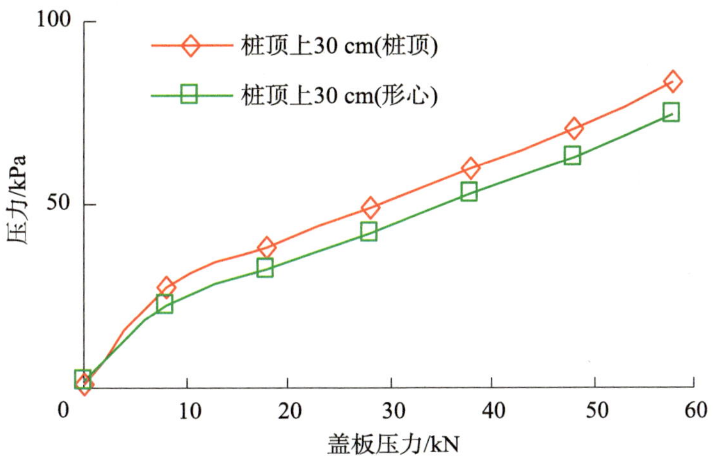

图 5-260　桩顶以上 30 cm 应力(a=0.25 m)

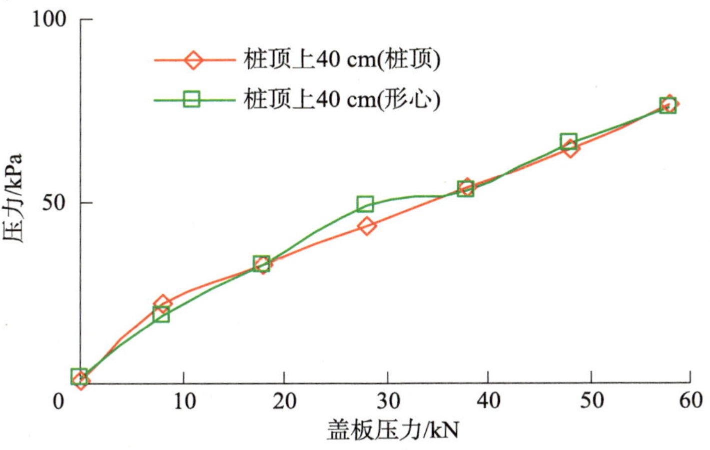

图 5-261　桩顶以上 40 cm 应力(a=0.25 m)

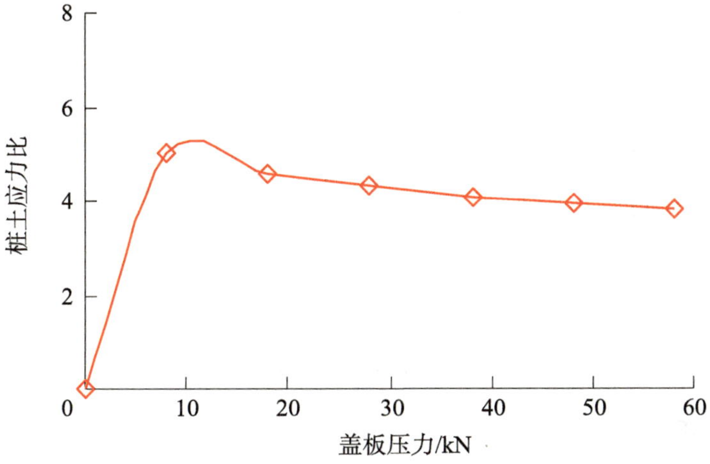

图 5-262　桩顶应力比的变化(a=0.25 m)

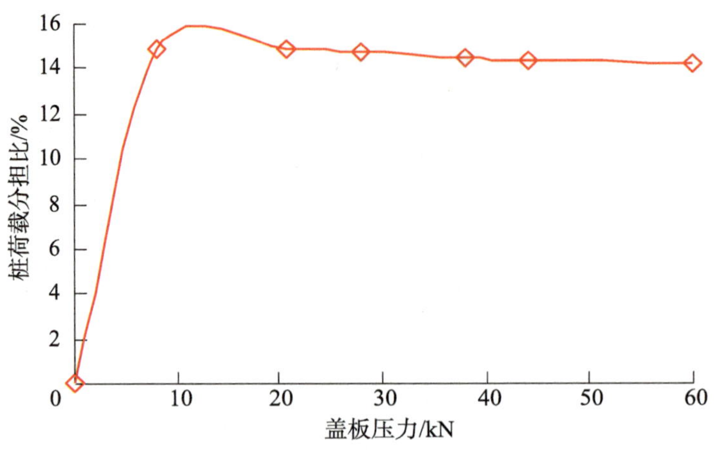

图 5-263　无桩帽桩分担荷载比

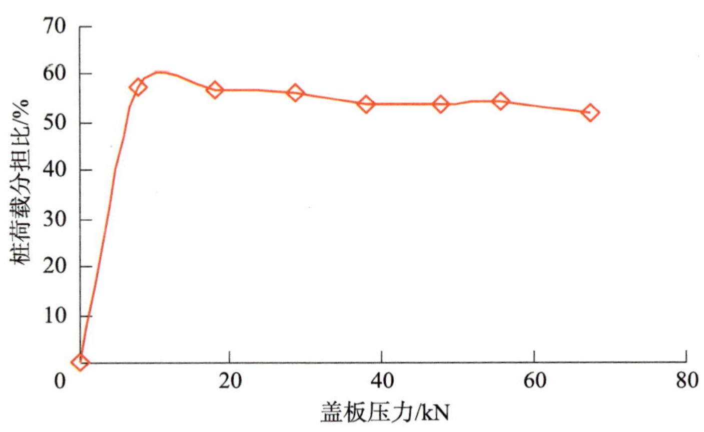

图 5-264　小桩帽桩分担荷载比

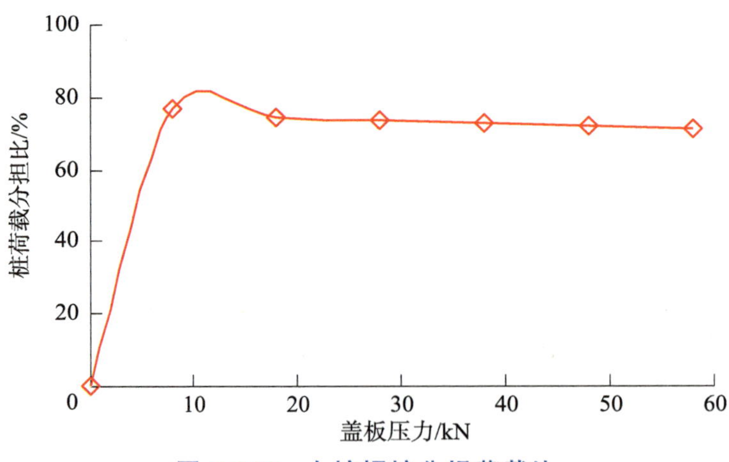

图 5-265　大桩帽桩分担荷载比

2. 沉降分析

图 5-266～图 5-271 为三种工况桩土沉降，从图中可知，随着桩帽尺寸的加

大桩底平面的沉降逐渐减小，桩土沉降差也逐渐减小。

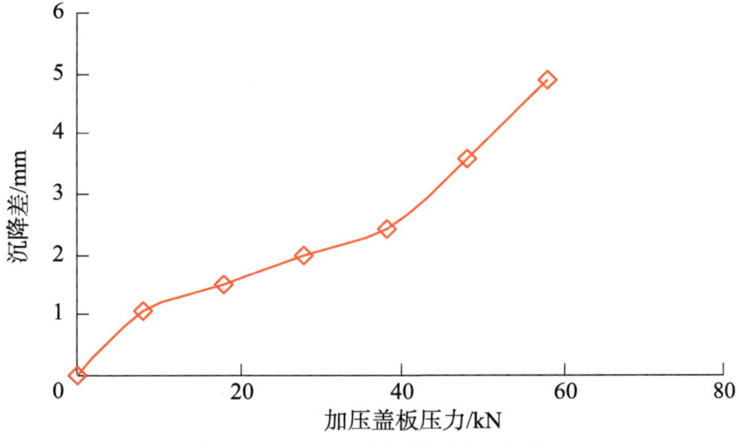

图 5-266　无桩帽桩土沉降差

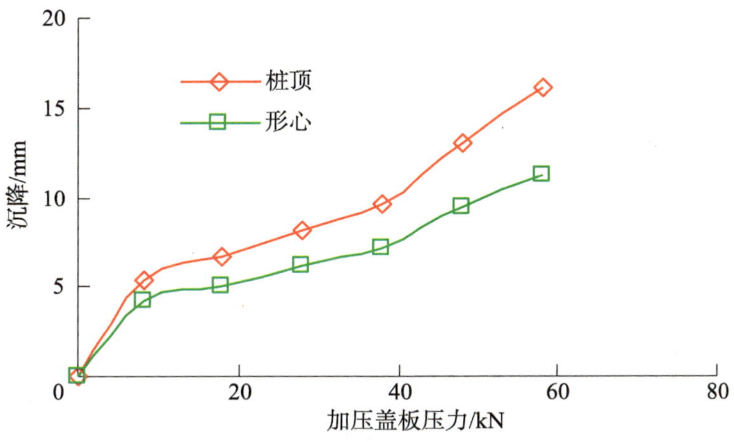

图 5-267　无桩帽桩顶和桩间土沉降

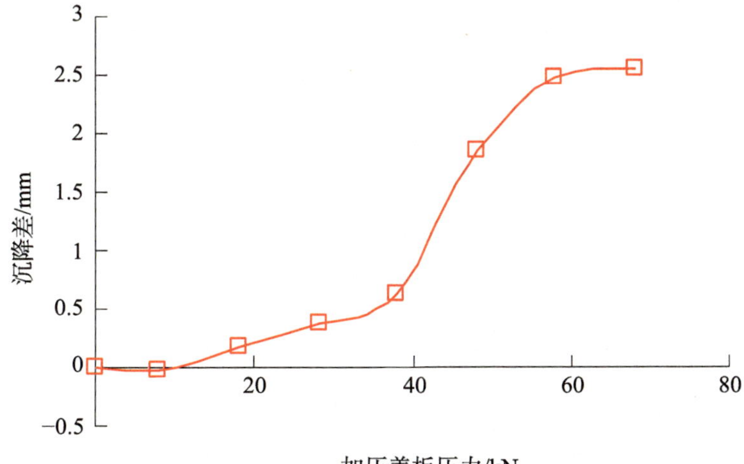

图 5-268　小桩帽桩土沉降差

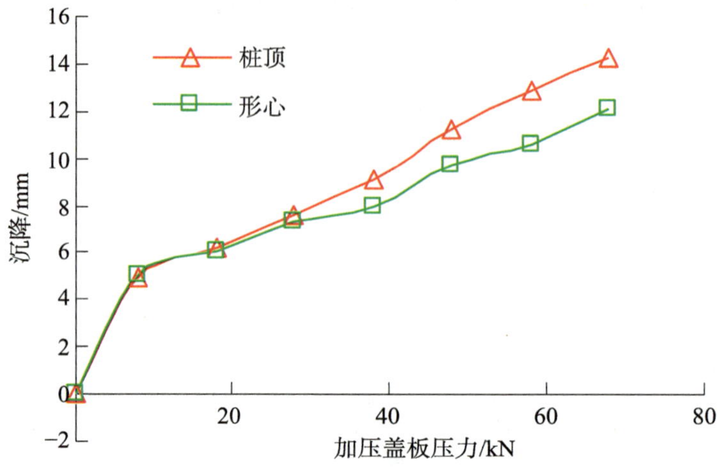

图 5-269　小桩帽桩顶和桩间土沉降

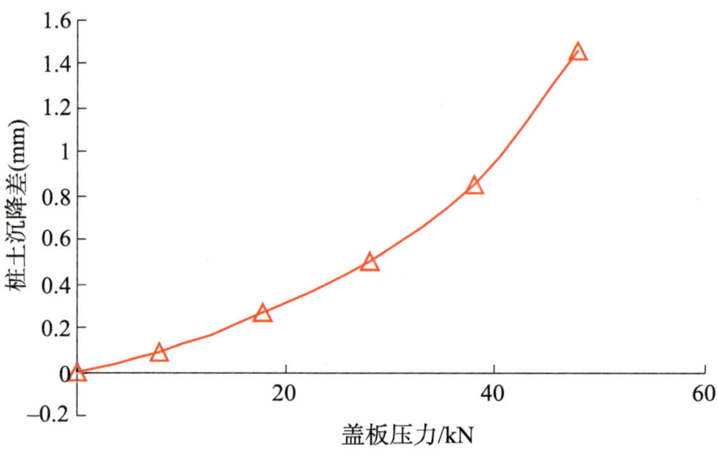

图 5-270　大桩帽桩土沉降差

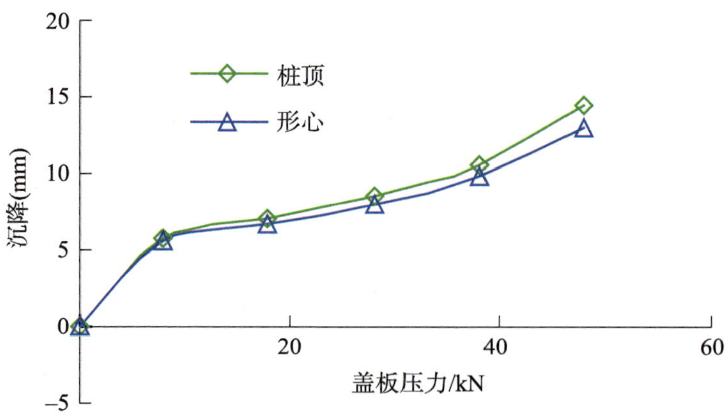

图 5-271　大桩帽桩顶和桩间土沉降

3. 桩身轴力、摩阻力

图 5-272～图 5-277 分别为三种工况桩身轴力和摩阻力变化结果。结果表明，对于无桩帽情况，桩身存在负摩阻力，其中性点在桩身中点附近。对于小桩帽和大桩帽情况，桩身摩阻力的变化趋势基本一致，在较小荷载时，摩阻力沿着深度逐渐增大，随着荷载的增加，其中点附近的摩擦力相对其他位置较大。图 5-278 为桩端应力随外荷载的变化情况。结果表明，桩帽尺寸越大，随着外荷载的增大，桩端所产生的应力越大。

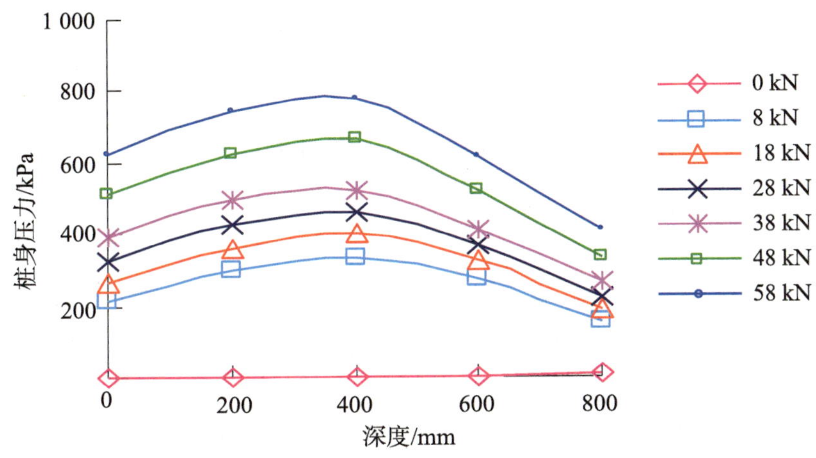

图 5-272　无桩帽桩身轴力随荷载变化情况

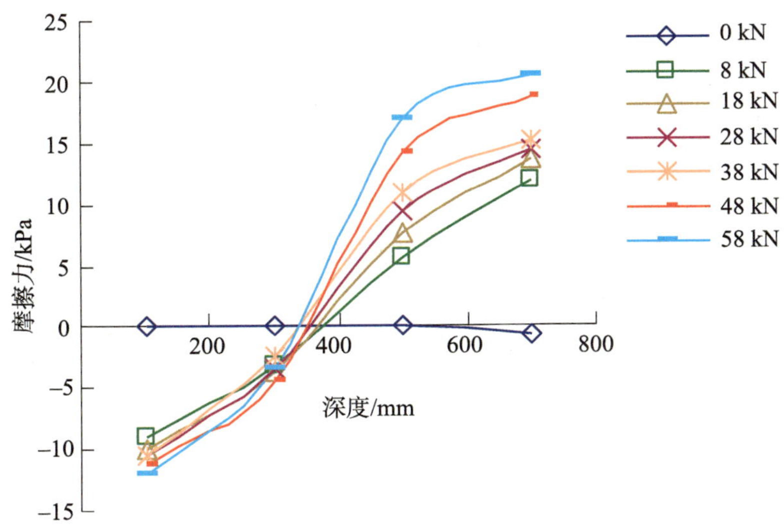

图 5-273　无桩帽桩侧摩阻力的变化情况

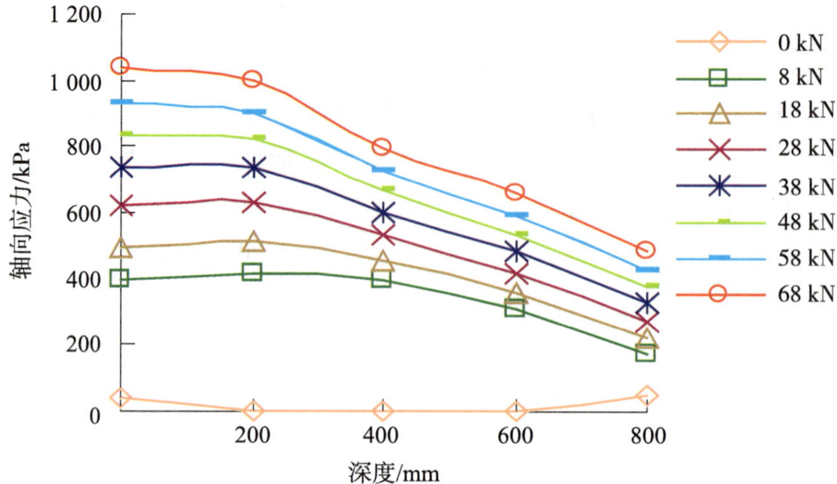

图 5-274　小桩帽桩身轴力随荷载变化情况

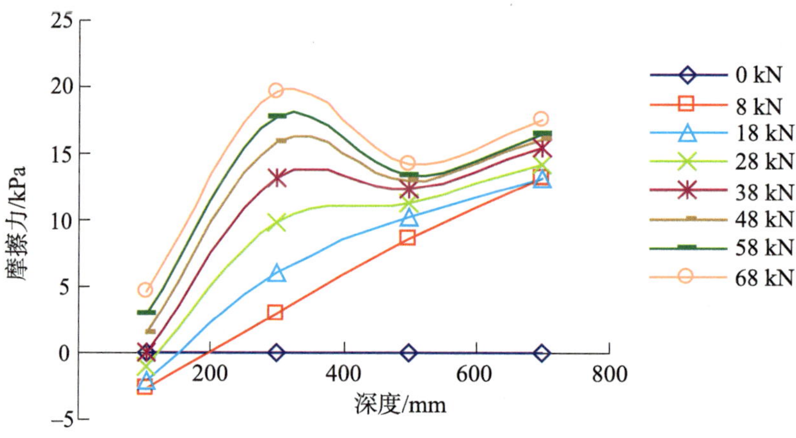

图 5-275　小桩帽桩侧摩阻力的变化情况

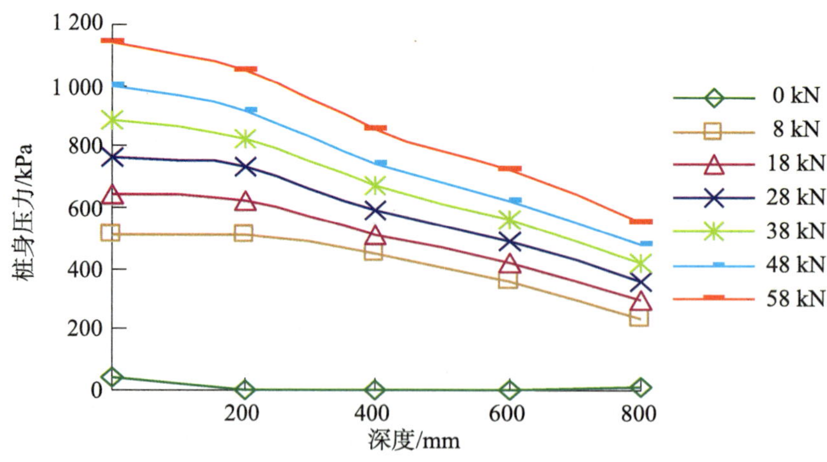

图 5-276　大桩帽桩身轴力随荷载变化情况

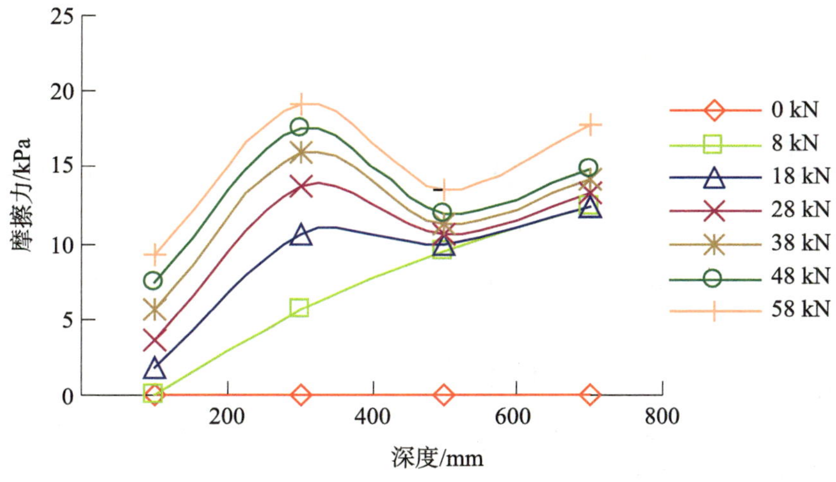

图 5-277　大桩帽桩侧摩阻力的变化情况

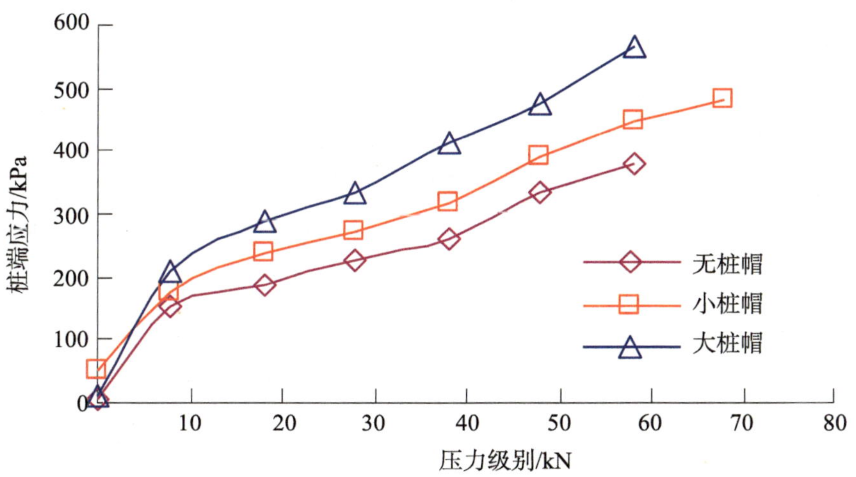

图 5-278　桩端应力随着外荷载变化曲线

通过不同桩帽大小的整体模拟试验表明，各关键结构的受力变形特性与单元结构试验变化趋势较为一致。

第六章　低矮路堤桩网结构原位动载试验

路堤荷载作用在 CFG 桩桩网结构地基上，由于桩与桩间土的模量相差较大，桩土之间存在一定的差异沉降，必将在加筋网垫上部的桩间路堤土体中形成“土拱效应”。“土拱效应”使作用在网垫上的平均应力小于作用在桩帽上的平均应力，出现应力集中和重分配，由于桩土模量差异相当悬殊，加筋网垫的“索/膜效应”使桩将承担更大荷载，桩间土承担小部分荷载。

目前静态荷载的传递特性已经较为明确，前期研究表明，桩网结构中路基中心静态填筑荷载应力重分配形成土拱，总体上符合半球形理论假设。但对于动荷载在形成土拱的路基中传递特性研究较少，特别是动荷载在 CFG 桩复合地基低矮路堤中的传递与静态荷载存在区别，需要进一步深入研究。本书在测试验证静态填筑荷载传递特性的基础上，通过模拟动车组运行动荷载，测试无砟轨道结构下 CFG 桩复合地基低矮路堤基床的动力响应特性，对振动荷载在 CFG 桩复合地基低矮路堤的传递进行研究，为 CFG 桩复合地基结构设计原则和计算方法提供参考。

第一节　桩网结构原位动载试验背景

一、试验内容

在测试分析路基填筑过程中静态应力和沉降变形的基础上，通过激振试验模拟高速运行列车的动载参数，并采用测试元件测试 CFG 桩复合地基低矮路堤基床不同位置的应力、变形等状态，根据测试数据，分析 CFG 桩复合地基低矮路堤的动态响应包括动应力、弹性变形（动变形）和基床累积变形等特性。为了测试在施加动荷载过程中基床的动态响应，于路基分别埋设动土压力盒、沉降板等测试元件。现场测试全部采用微机自动数据采集系统进行数据采集。

二、试验方法

1. 收集、分析国内外已有的相关研究成果和技术资料，特别是中国铁道科学院集团有限公司已经在上海同济、宁启、昆山、合宁等试验段开展的有砟轨道结构动载试验成果以及遂渝、东郊环形道等无砟轨道动态响应试验成果。

2. 测试元件埋设：根据施工进度在各测试断面埋设测试元件器件，包括动态土压力盒、静态土压力盒、沉降板等。

3. 填筑试验过程中进行静态荷载和沉降观测。

4. 激振试验准备：在指定位置现浇混凝土承台，并在承台上由螺栓固定激振机，组成动载试验加载系统。

5. 动态激振试验：采用激振试验模拟高速列车动荷载，测试各断面桩顶和桩间土路基不同深度处的动态响应，包括动应力传递和动变形特性。

6. 重复激振试验：测试各试断面的桩顶、垫层和路基基床动态响应及基床塑性累积变形随加载次数变化特性，从而对其长期性能进行评价。

7. 对以上项目的测试数据进行综合分析，为 CFG 桩复合地基低矮路堤的设计提供参考和依据。

第二节　桩网结构低矮路堤动载模拟试验方法

一、试验工况

试验工点位于京沪高铁正线下行 DK849＋557 和 DK849＋575 两个测试断面，地基采用 CFG 桩处理（桩间距 1.8 m，桩帽直径 1.0 m），上铺 0.6 m 厚垫层，垫层内铺设一层土工格栅，采用 0.5 m 厚碎石垫层加 0.1 m 厚中粗砂，路基基床以下填筑 AB 组填料，基床表层填筑 0.4 m 厚级配碎石。DK849＋557 和 DK849＋575 两个断面的路基高度分别为 3.0 m 和 3.2 m。DK849＋557 与 DK849＋575 断面 E_{v2} 测试值见表 6-1，K_{30} 测试值见表 6-2，DK849＋565～DK849＋645 基床底层孔隙率测试值分布在 13%～19%，满足相关规范要求。

表 6-1　E_{v2} 测试值

DK849＋557 断面		DK849＋575 断面	
高程/m	E_{v2}/MPa	高程/m	E_{v2}/MPa
48.460	149	51.394	151
48.490	152	51.426	176
48.598	174	51.658	138
50.074	140	51.966	154

续上表

高程/m	E_{v2}/MPa	高程/m	E_{v2}/MPa
50.346	134	52.144	131
50.434	160	52.176	155
50.824	153	52.408	128
51.18	136	52.716	133
51.184	154	52.926	125
51.296	143	52.894	112
51.574	133	53.466	108
51.846	134		
51.930	142		
52.408	139		
52.206	124		

表 6-2　K_{30}测试值

DK849+557		DK849+575	
标高及里程	K_{30}/(MPa·m^{-1})	标高及里程	K_{30}/(MPa·m^{-1})
48.460 m　DK849+524	187	51.154 m　DK849+579	238
49.074 m　DK849+532	185	51.658 m　DK849+576	252
50.180 m　DK849+548	196	52.176 m　DK849+590	233
51.930 m　DK849+539	241	52.408 m　DK849+572	237
51.934 m　DK849+529	250	52.926 m　DK849+587	239
52.680 m　DK849+557	244	53.466 m　DK849+630	248

二、动荷载模拟

试验充分考虑 CRTS Ⅱ型板式无砟轨道条件下路基的受力特点，建立动态模拟试验系统，如图 6-1 所示，系统包括激振机、转接板、承台及路基预埋好的各种测试元件。钢筋混凝土承台直接在现场浇筑于基床表层之上，其尺寸在符合无砟轨道结构基础上，满足动荷载输出要求，即承台下方路基面动应力基本处于无砟轨道列车实车运行产生的动应力范围 10～20 kPa 之间，承台钢筋混凝土刚度介于底座与轨道板之间，转接板的作用是固定激振机于承台上。混凝土承台宽 3.25 m，厚 0.30 m，为区别上覆动荷载，DK849+557 和 DK849+575 断面的承台长度分别为 4.90 m 和 6.45 m。

图 6-1 激振试验系统

传感器埋设和激振试验现场照片如图 6-2 所示。

(a) 土压力盒埋设

(b) 路基填筑至基床表层

(c) 浇筑混凝土承台

(d) 激振试验现场1

图 6-2

(e) 激振试验现场2

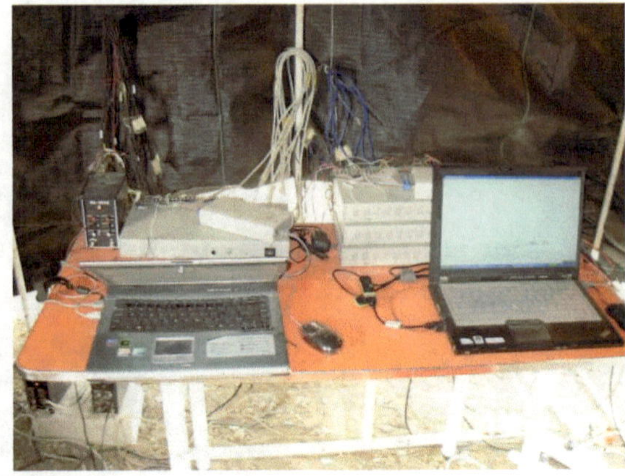

(f) 激振试验现场3

图 6-2　现场传感器埋设和试验现场

三、传感器布置

传感器布置如图 6-3 所示，两个断面各传感器竖向间距不完全相同，在下节各断面测试结果中具体说明。

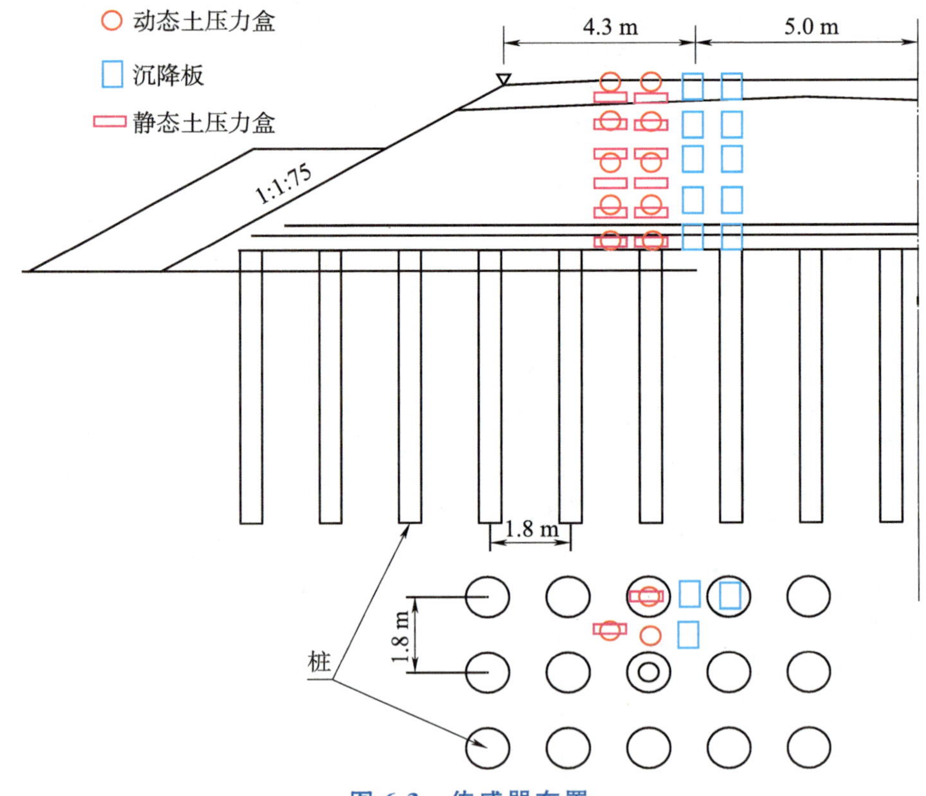

图 6-3　传感器布置

现场测试内容、元件和仪器分别见表 6-3 和表 6-4。

表 6-3 现场测试内容

序号	测试内容	测试元件	累计测点	型　号
1	动应力	动土压盒	30 个	E-02
2	土压力	钢弦压力盒	24 个	
3	弹性变形	沉降板＋位移计	30 个＋24 个	

表 6-4 测试仪器

名称	型号	性能指标	数量(套/个)
动态应变仪		8 通道	5
A/D 采集卡	UA301	32 通道	2
微机	IBM	双核	2
数据处理系统	Z2002.2		2
激振机	SBZ30	最大激振力 300 kN,30 Hz	1
激振力相位器	HR-1	360/0.01	1
转接板	0.9 m×0.8 m×0.1 m		2
钢筋混凝土承台	6.45 m×3.25 m×0.3 m(DK849＋575) 4.9 m×3.25 m×0.3 m(DK849＋557)		各 1

四、测试方法与典型结果

数据采集使用微机自动采集各传感器的测试数据,可以隔时采集或按照隔次采集,也可按需手动采集。激振器的动力输出可以通过调整其偏心距和振动频率来改变,偏心距需停机调整,振动频率可以通过变频器连续变换。

1. 插测试方法

静态荷载的测试采用钢弦式土压力盒测试,测试填土过程中桩顶、桩间土的应力。通过测量沉降板的高程差得到沉降变形,动态荷载下的应力,采用应变式土压力盒测量,动变形采用电涡流是位移计测量。动态荷载通过激振器施加。微机自动采集动态测试数据。

静态试验是伴随路基的填土加载进行的,边施工边测试。动态试验的循环荷载是由激振器输出,通过混凝土底座作用于路基,然后测量路基的动态变形、动应力等动态数据。

2. 典型结果

动载测试中的动应力-时间的关系曲线如图 6-4 所示。

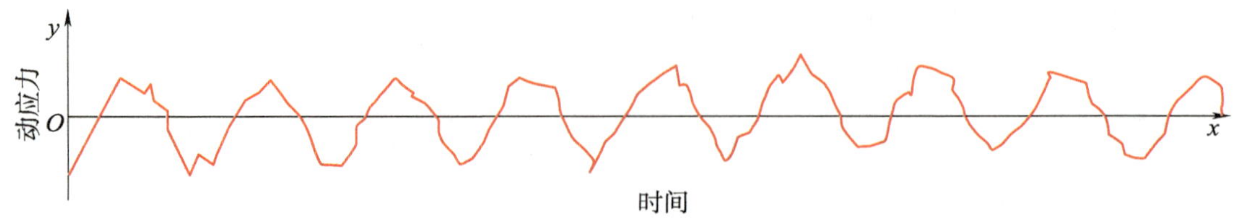

图 6-4　典型动应力-时间曲线

动载测试中动变形-时间关系曲线，如图 6-5 所示。

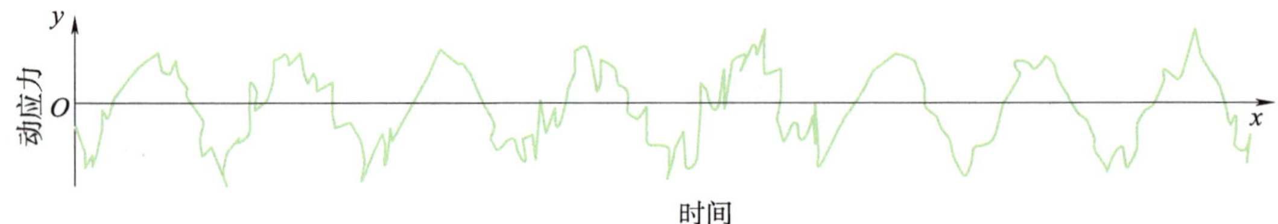

图 6-5　典型动变形-时间曲线

第三节　填筑期间路基静态荷载试验结果与分析

一、DK849＋557 断面应力分析

DK849＋557 断面静态荷载试验主要测试了桩顶平面上方 0.4 m、桩顶平面上方 1.00 m、桩顶平面上方 1.38 m、桩顶平面上方 1.71 m、桩顶平面上方 3.1 m 和基床表层顶面桩顶、桩间土的应力。桩顶、桩间土应力与填土荷载的关系曲线分别如图 6-6、图 6-7 所示。试验期间进行了 550 万次激振试验，静态应力值略有波动，基本处于稳定状态，这说明路基土拱在长期动荷载作用下是较为稳定的。

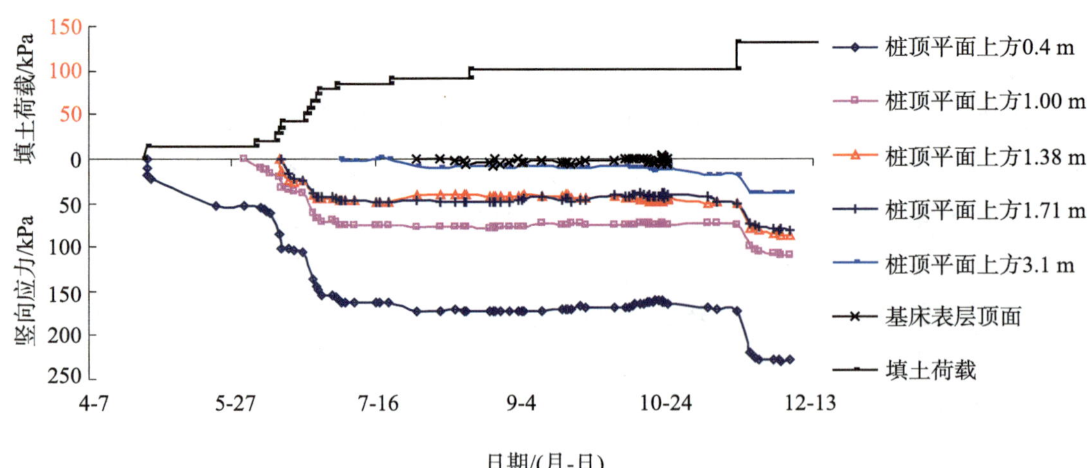

图 6-6　DK849＋557 各层测点桩顶应力

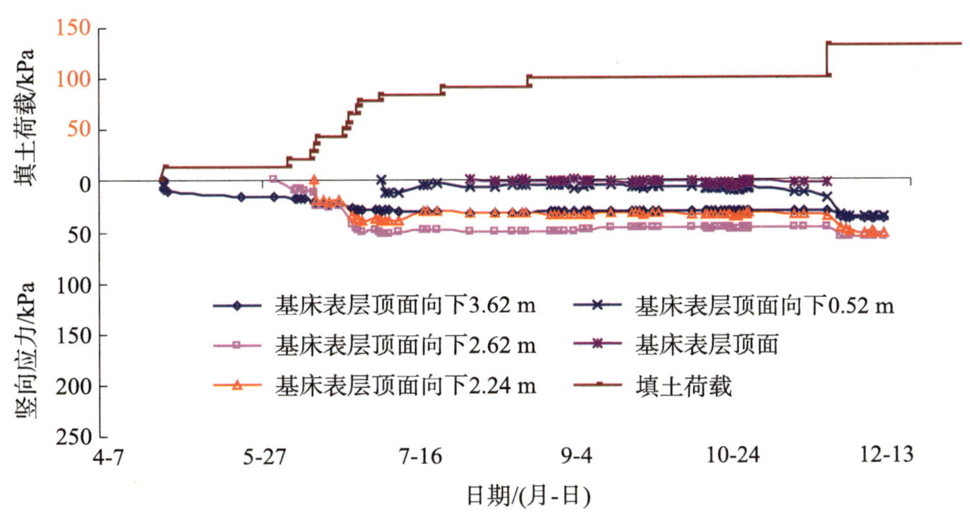

图 6-7　DK849＋557 各层测点桩间应力

将桩顶和桩间应力与荷载的关系按层划分，如图 6-8～图 6-13 所示。随着填土荷载的增加，桩顶平面上方 0.4 m 处的最大应力差达到 190 kPa，桩顶平面上方 1 m 处的应力差开始逐渐减小，桩顶平面上方 1.38 m 的最大应力差为 15 kPa。

由以上比较可见，格栅平面处（桩顶平面上方 0.4 m 处）应力差别随着填土高度的增加而出现，上覆填土荷载愈大，其应力差也愈大，桩顶平面上方 1 m 以上路基应力几乎相等。

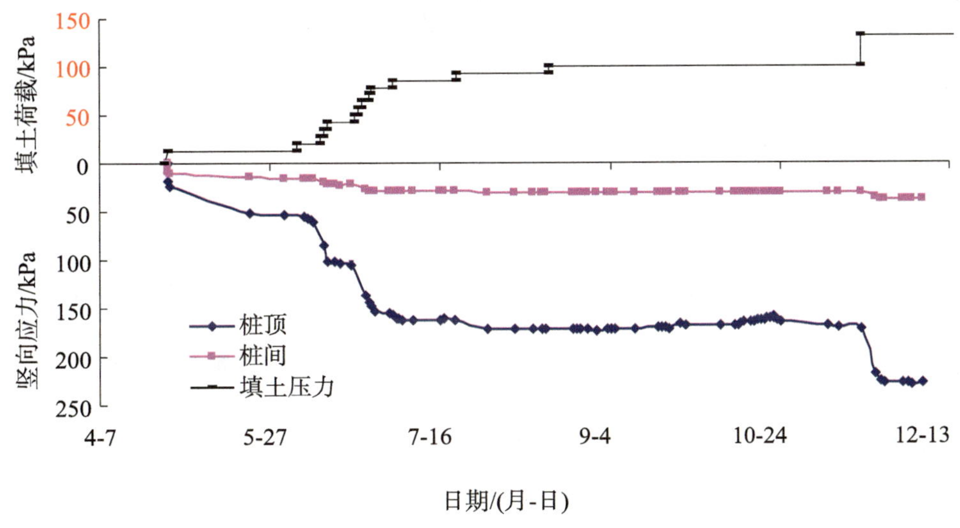

图 6-8　DK849＋557 桩顶平面上方 0.4 m 处应力

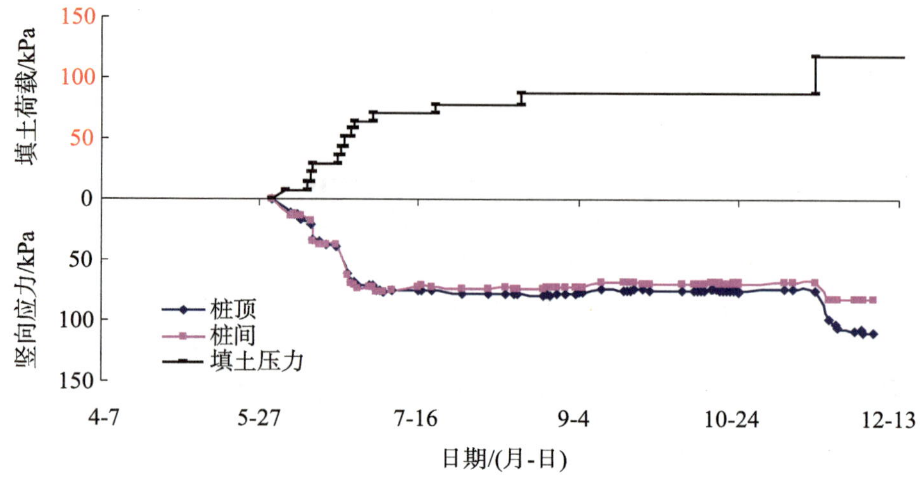

图 6-9　DK849＋557 桩顶平面上方 1 m 处应力

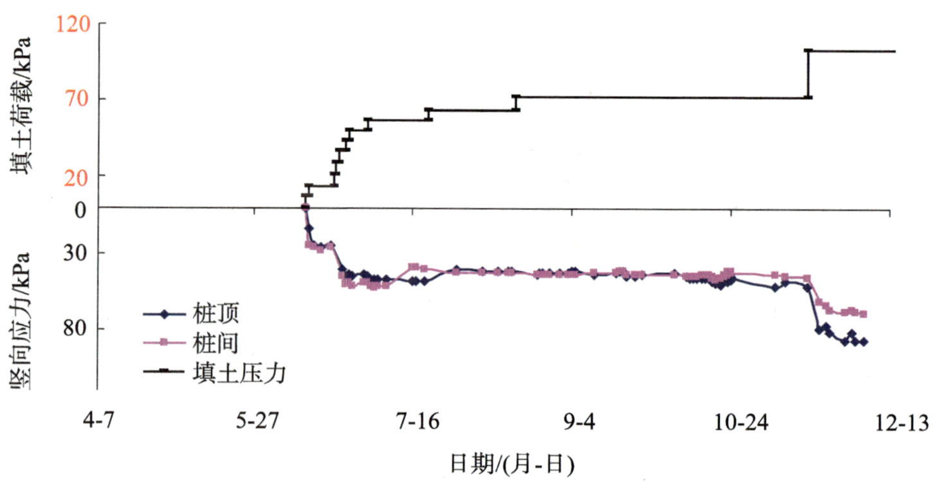

图 6-10　DK849＋557 桩顶平面上方 1.38 m 处应力

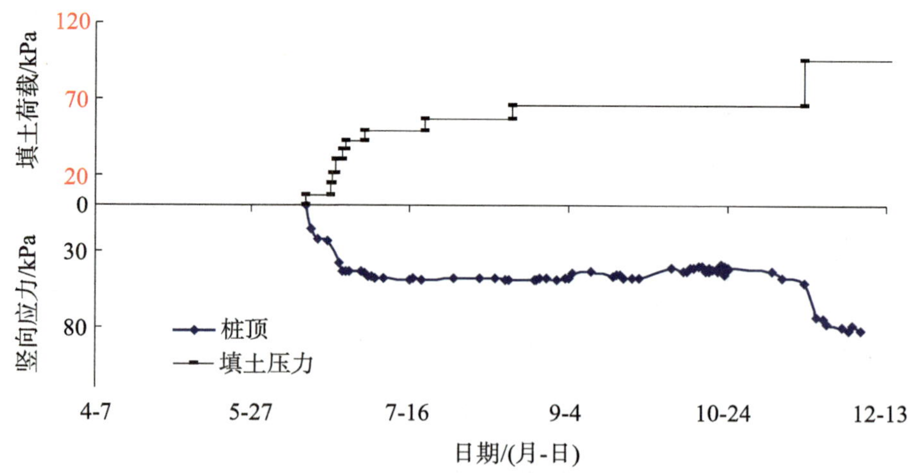

图 6-11　DK849＋557 桩顶平面上方 1.71 m 处应力

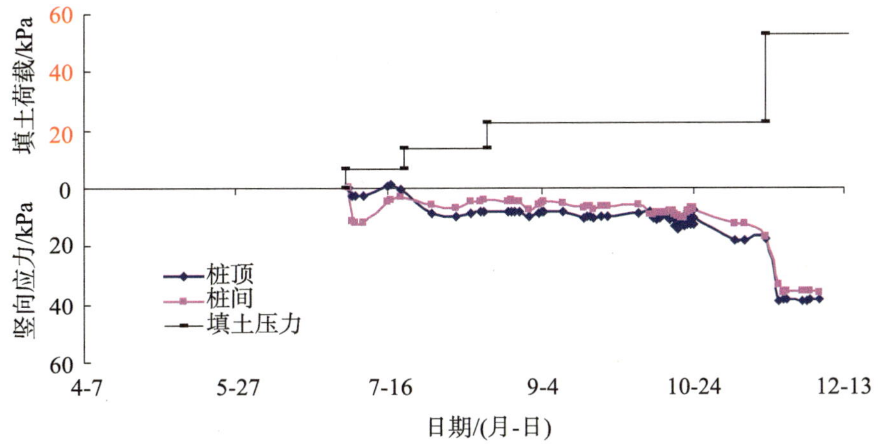

图 6-12　DK849＋557 桩顶平面上方 3.1 m 处应力

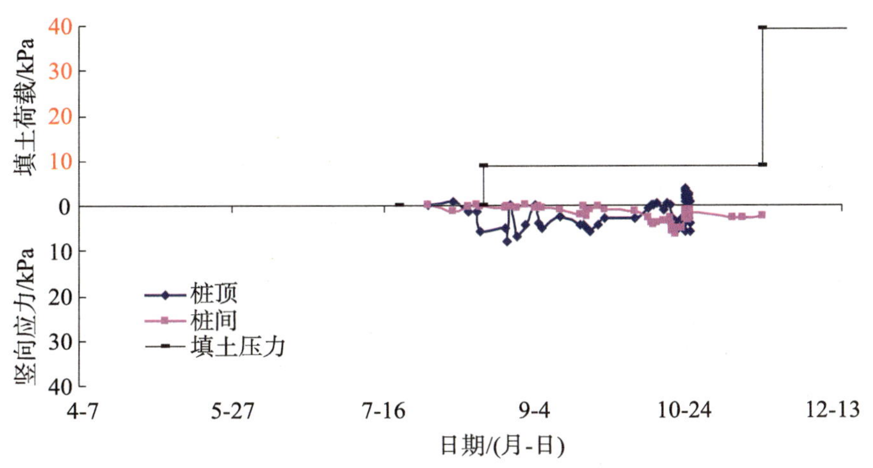

图 6-13　DK849＋557 基床表层顶面应力

各层对应于桩顶与桩间的应力比与荷载变化的关系如图 6-14 所示。桩顶平面上方 0.4 m 处的桩顶、桩间的应力之比总体上随填土荷载的增加而增大，填土荷载超过 20～30 kPa 后，应力比快速增长，填土荷载达 75 kPa 左右后，应力比较为稳定，在 5.4 左右。填土荷载在 80～100 kPa 之间，除桩顶平面上方 3.1 m 处应力比波动外，桩顶平面上方 1.0 m 处、桩顶平面上方 1.38 m 处桩顶、桩间应力比值其变化幅度不大，基本维持在 1 左右。

二、DK849＋557 断面沉降分析

DK849＋557 断面在填土加载沉降变形试验过程中，主要沉降观测点为桩顶平面、桩顶平面上方 0.95 m、桩顶平面上方 1.7 m。其观测数值与填土加载关

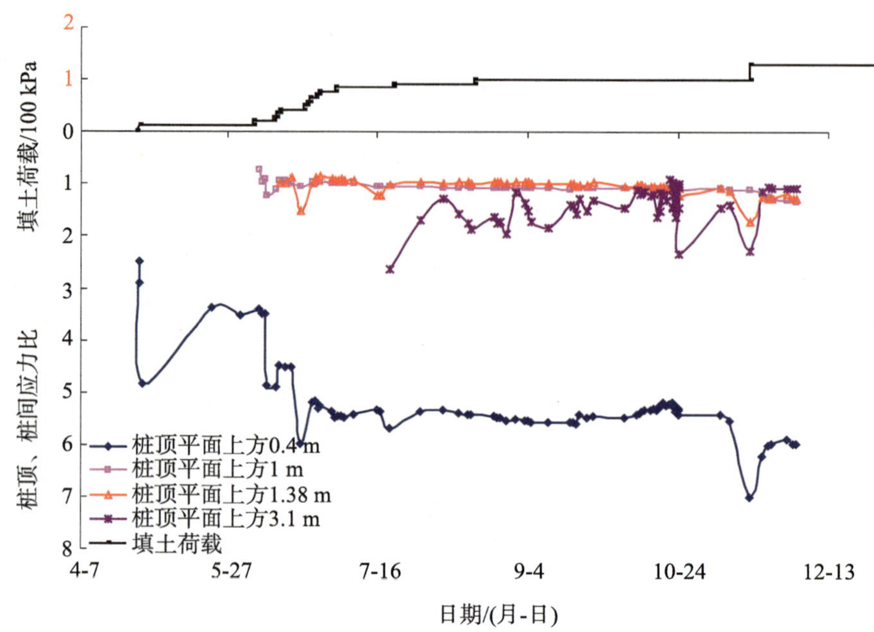

图 6-14　DK849＋557 桩顶、桩间应力比与荷载关系

系如图 6-15～图 6-17 所示。两根相距最近的桩连线的中点称为“桩顶平面桩间中心”，四根桩所围成的正方形的形心称为“桩顶平面桩间形心”。可以看出随着填土荷载的增加，在桩顶平面处，桩间土形心处的沉降变形达到 16.2 mm，桩间中心的沉降变形为 15.7 mm，对应桩顶的变形为 10.8 mm。在桩顶平面上方 0.95 m 处桩间土形心处的沉降变形达到 14 mm，中心处的变形为 13.7 mm，桩顶的沉降变形接近 10 mm。在桩顶平面上方 1.7 m 处桩间土沉降变形 11.5 mm，中心处的变形为 11.4 mm，桩顶处沉降变形 8.5 mm。在所测的沉降变形的最后阶段进行了动载试验。

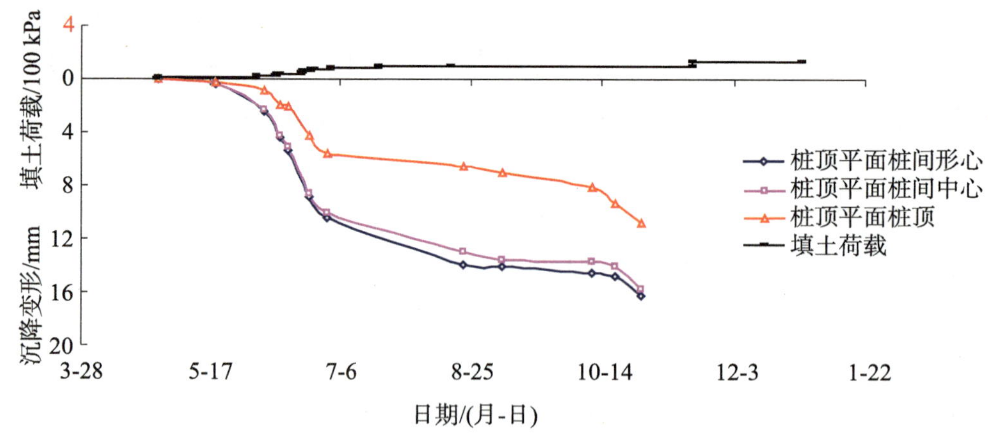

图 6-15　DK849＋557 桩顶处各点沉降变形

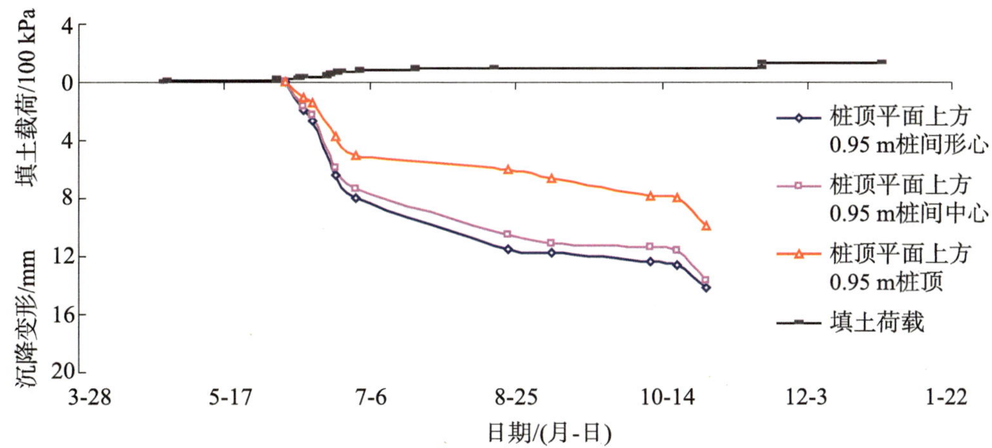

图 6-16　DK849＋557 桩顶平面上方 0.95 m 处各点沉降变形

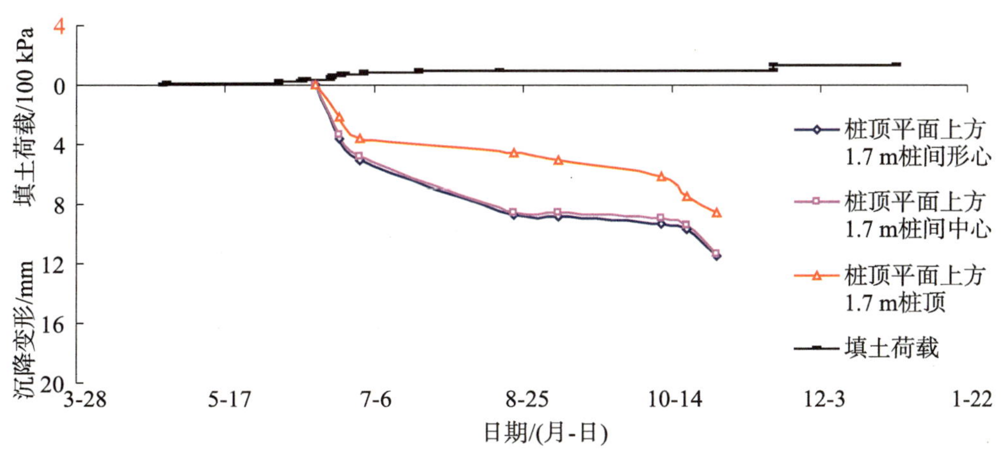

图 6-17　DK849＋557 桩顶平面上方 1.7 m 处各点沉降变形

三、DK849＋575 断面应力分析

DK849＋575 断面静态荷载试验测试了桩顶平面上方 0.4 m、桩顶平面上方 1.1 m、桩顶平面上方 1.39 m、桩顶平面上方 1.7 m、桩顶平面上方 2.25 m 和基床表层顶面各层桩顶、桩间土的应力。应力与填土荷载的关系曲线分别如图 6-18 和图 6-19 所示。一个月内进行了 550 万次激振试验，静态应力值略有波动，基本处于稳定状态。

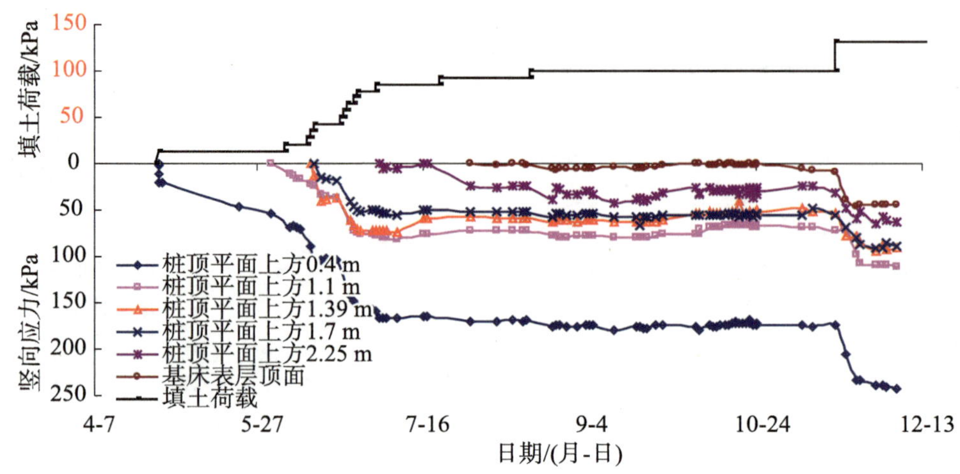

图 6-18　DK849+575 各层测点桩顶应力

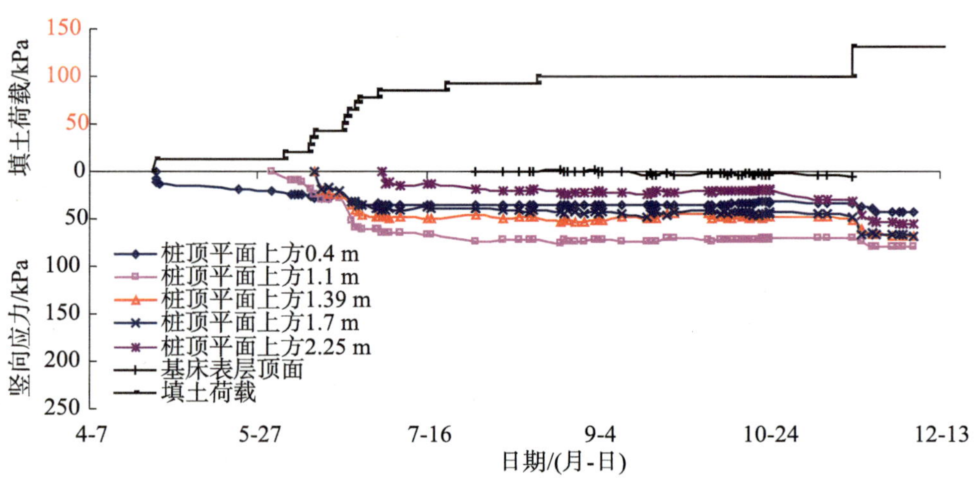

图 6-19　DK849+575 各层测点桩间应力

将桩顶和桩间应力与荷载的关系按层划分，如图 6-20～图 6-25 所示。桩顶平面上方 0.4 m 处桩顶与桩间应力最大应力差 197 kPa，桩顶平面上方 1.1 m 处开始桩顶和桩间土应力差异迅速减小，桩顶平面上方 2.25 m 处以上基本没有出现明显的应力差。

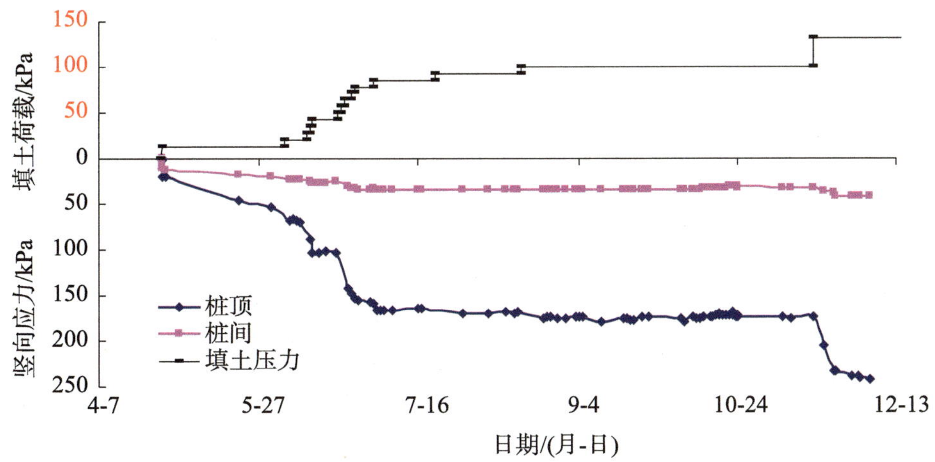

图 6-20　DK849＋575 桩顶平面上方 0.4 m 处应力

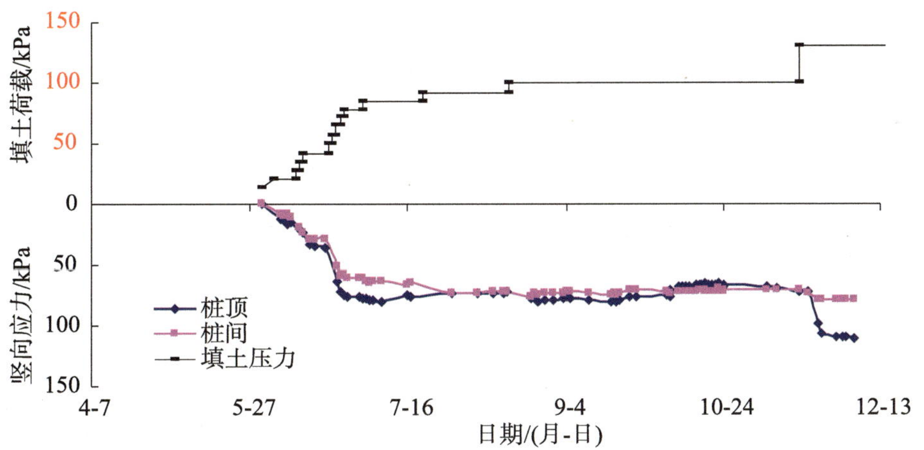

图 6-21　DK849＋575 桩顶平面上方 1.1 m 处应力

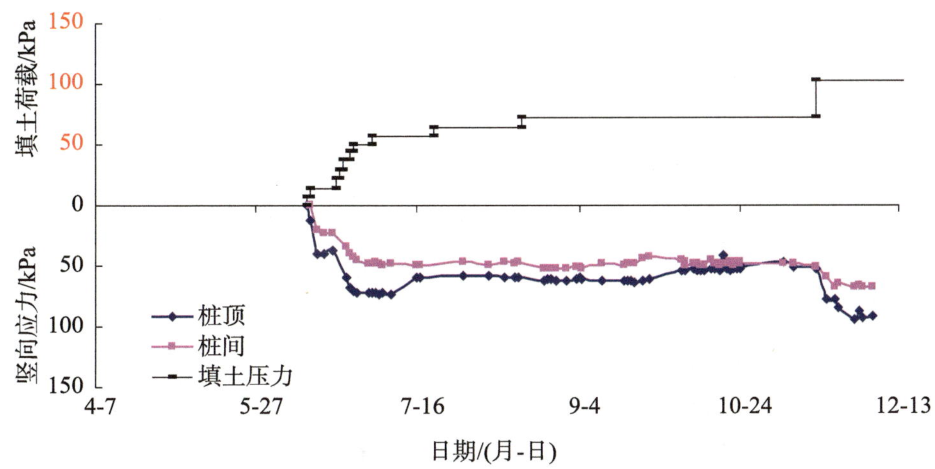

图 6-22　DK849＋575 桩顶平面上方 1.39 m 处应力

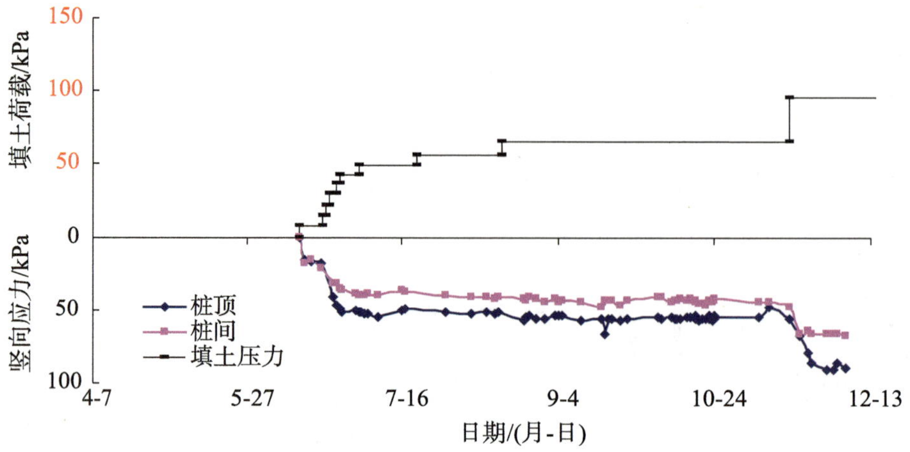

图 6-23　DK849+575 桩顶平面上方 1.7 m 处应力

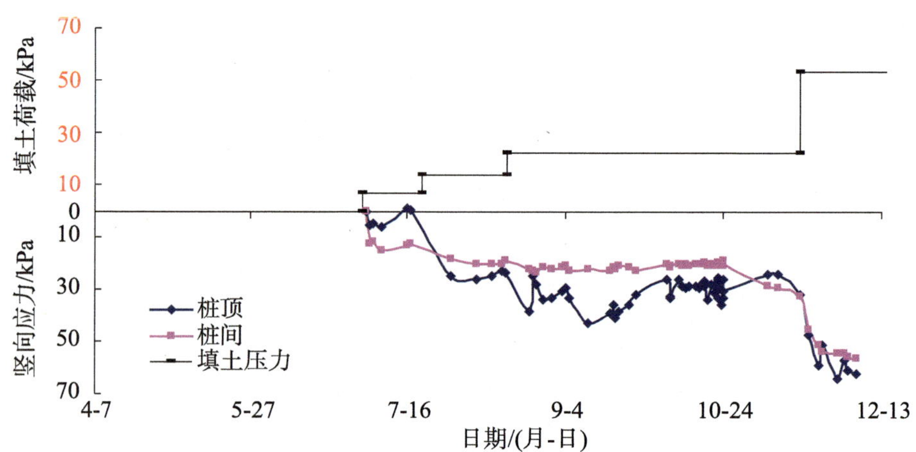

图 6-24　DK849+575 桩顶平面上方 2.25 m 处应力

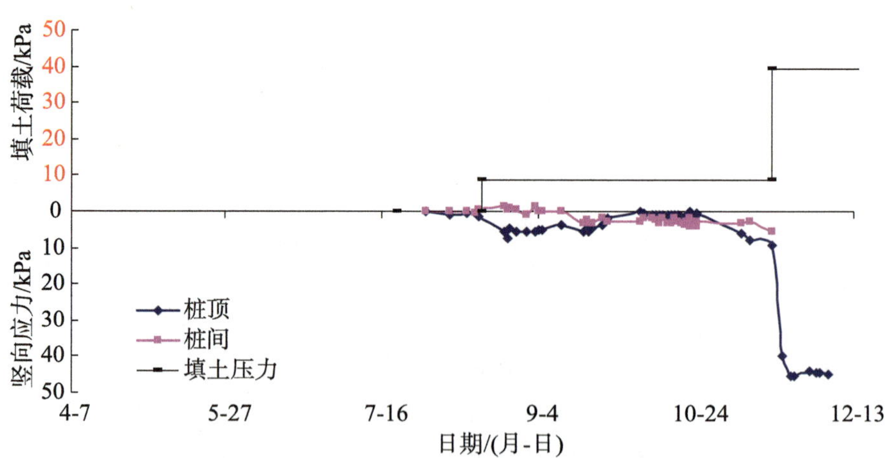

图 6-25　DK849+575 基床表层顶面应力

各层对应于桩顶与桩间的应力比与荷载变化的关系如图 6-26 所示。桩顶平面上方 0.4 m 处桩顶、桩间应力比随填土荷载的增加而增大，当填土荷载超过 20～30 kPa 后，其应力比快速增长，当填土荷载达 80 kPa 左右后，逐渐趋于稳定，在 5.6 左右。当填土荷载在 84 ～100 kPa 的情况下，桩顶平面上方 1.1 m、1.39 m、1.7 m 和 2.25 m 高度处桩顶、桩间应力的比值在 1～1.4 左右，较为稳定。

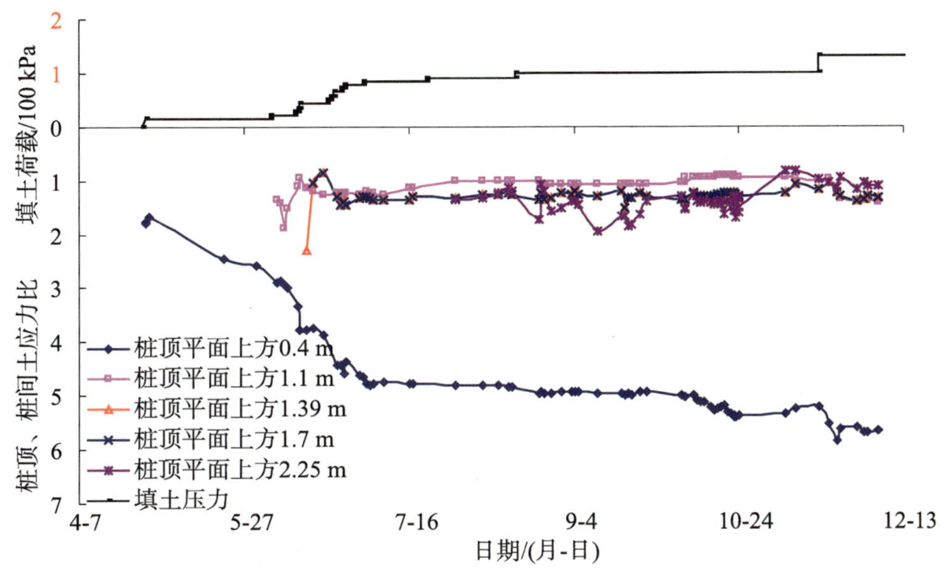

图 6-26　DK849＋575 桩顶、桩间应力之比与荷载关系

四、DK849＋575 断面沉降分析

DK849＋575 断面在填土加载沉降变形试验过程中，主要沉降观测点为桩顶平面处、桩顶平面上方 1.2 m、桩顶平面上方 1.83 m 和桩顶平面上方 2.36 m 处。其观测数值与填土加载关系如图 6-27～图 6-30 所示。

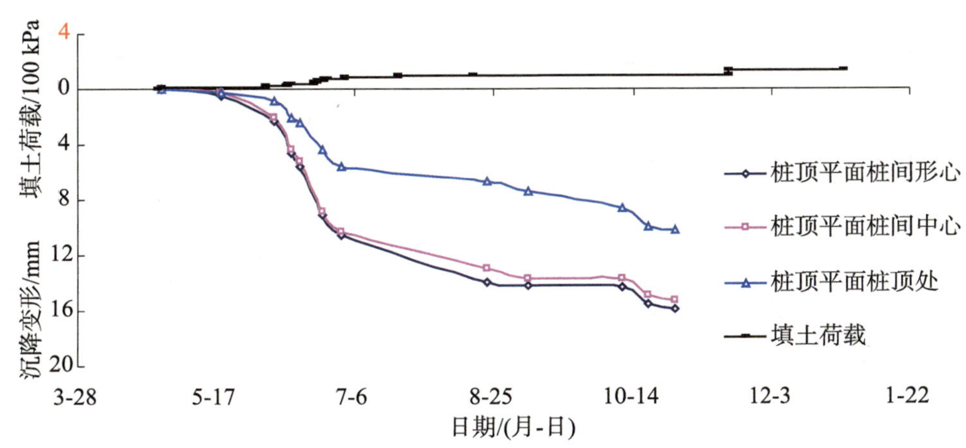

图 6-27　DK849＋575 桩顶处各点沉降变形

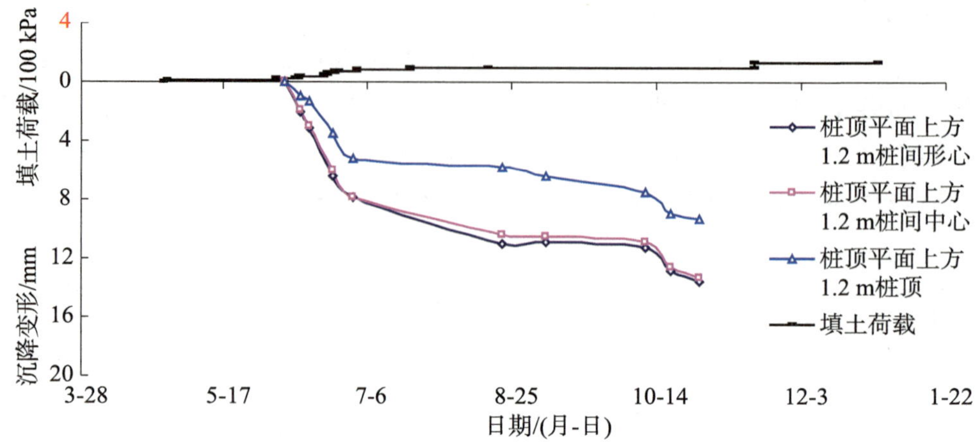

图 6-28　DK849+575 桩顶平面上方 1.2 m 处各点沉降变形

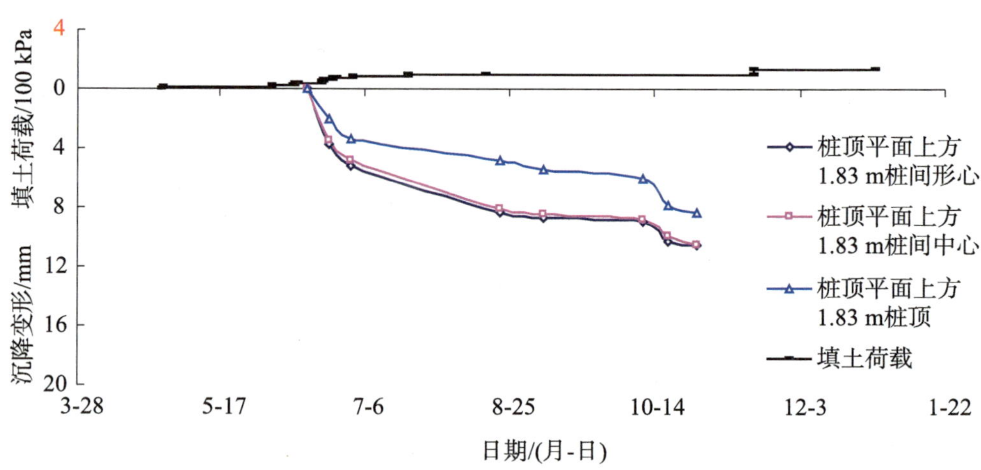

图 6-29　DK849+575 桩顶平面上方 1.83 m 处各点沉降变形

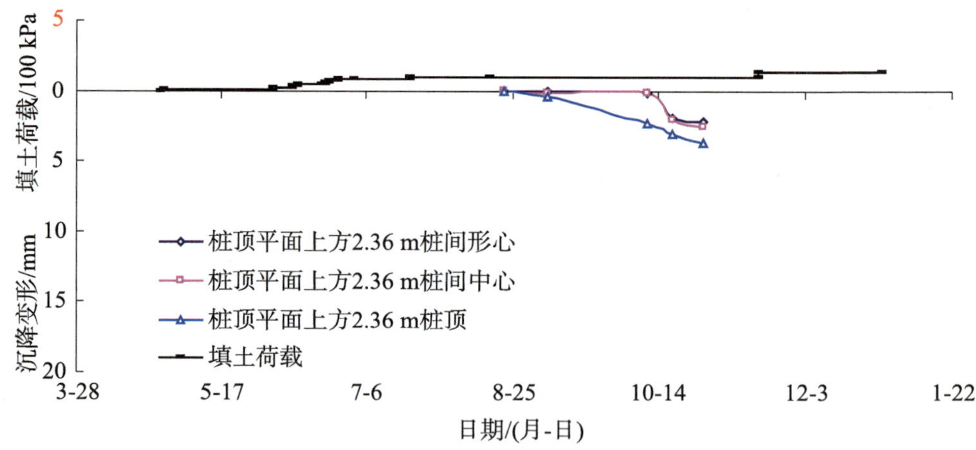

图 6-30　DK849+575 桩顶平面上方 2.36 m 处各点沉降变形

桩顶平面处桩间土形心处的沉降变形最大达到 15.9 mm，中心处的变形为 15.2 mm，桩顶的沉降变形达到 10 mm，桩顶平面上方 1.2 m 处桩间形心沉降变形达到 13.6 mm，对应桩顶处桩顶的沉降变形达 9 mm，桩顶平面上方 1.83 m 处桩间形心沉降变形为 10.5 mm，中心的沉降为 10.6 mm，对应桩顶处的沉降变形为 8.4 mm，桩顶平面上方 2.36 m 处桩间土和对应桩顶的变形为 2～4 mm。

第四节　路基动载试验动应力试验结果与分析

一、DK849＋557 断面

DK849＋557 断面处测试了桩顶平面上方 0.4 m、1.0 m、1.7 m、3.1 m 和基床表层顶面不同深度的动应力。实测的动应力与动载次数关系如图 6-31～图 6-35 所示。

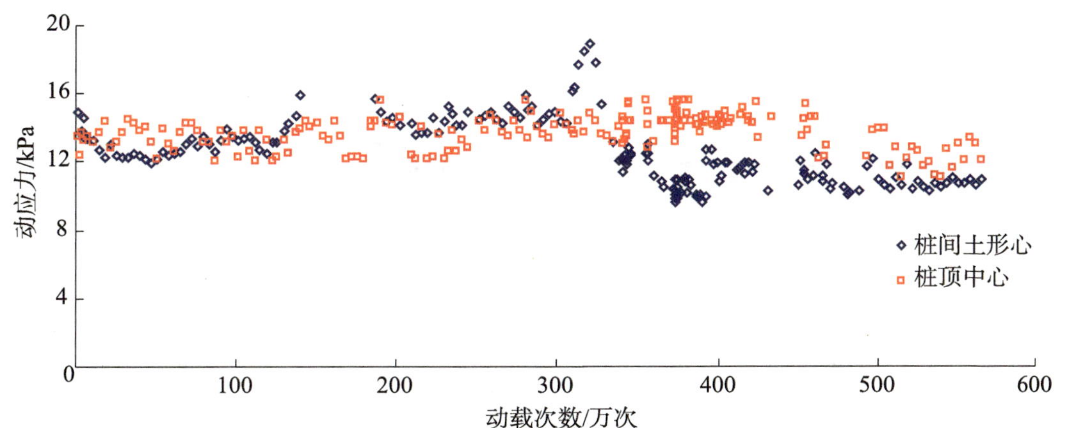

图 6-31　DK849＋557 基床表层顶面桩顶、桩间动应力与动载次数关系

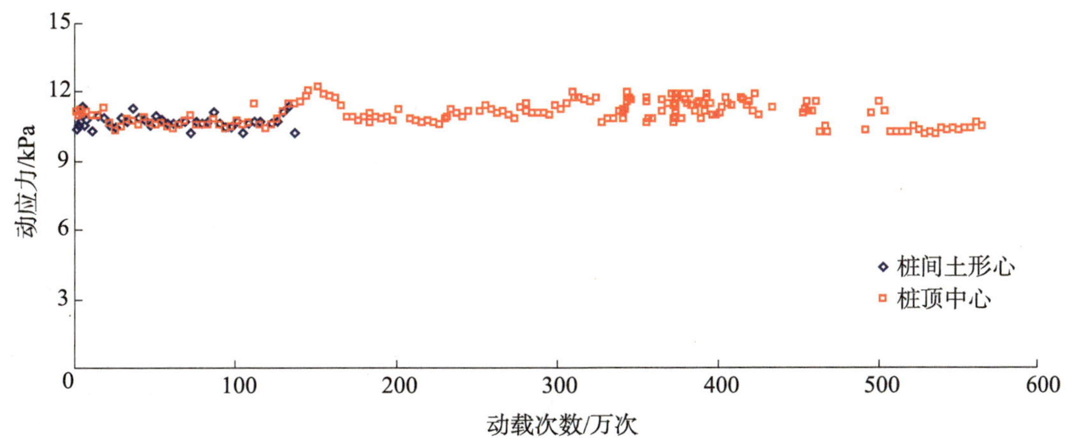

图 6-32　DK849＋557 桩顶平面上方 3.1 m 桩顶、桩间动应力与动载次数关系

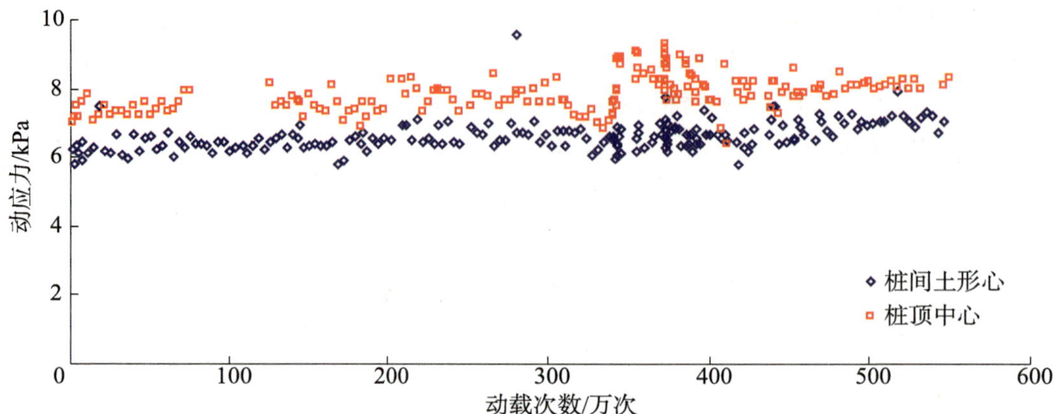

图 6-33　DK849+557 桩顶平面上方 1.7 m 桩顶、桩间动应力与动载次数关系

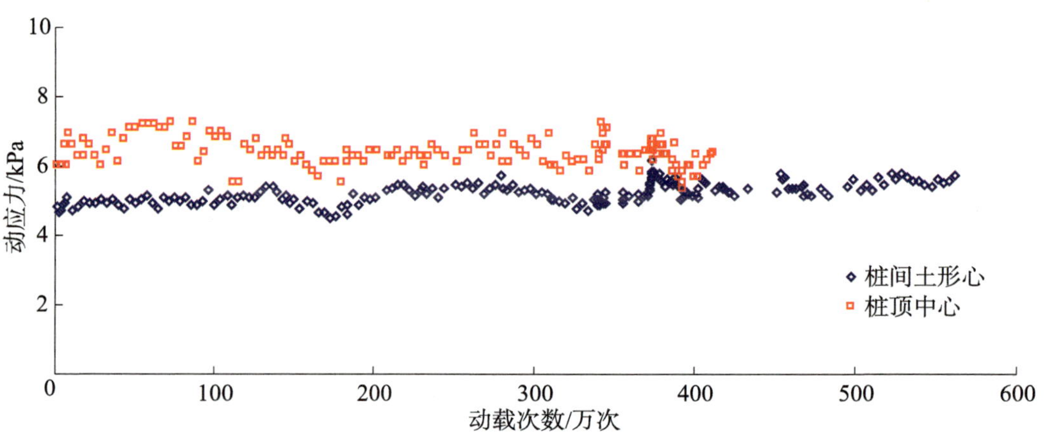

图 6-34　DK849+557 桩顶平面上方 1.0 m 桩顶、桩间动应力与动载次数关系

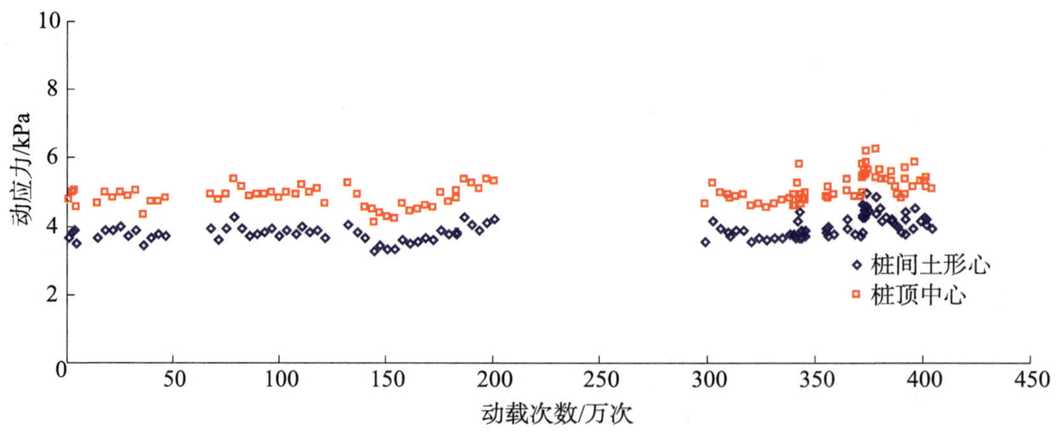

图 6-35　DK849+557 桩顶平面上方 0.4 m 桩顶、桩间动应力与动载次数关系

基床表层顶面桩顶、桩间的动应力均值分别为 13.7 kPa 和 12.5 kPa，桩顶平面上方 3.1 m 深度处桩顶、桩间动应力的均值分别为 11.0 kPa 和 10.7 kPa，桩顶平面上方 1.7 m 深度处桩顶、桩间动应力的均值分别为 7.4 kPa 和 6.3 kPa，桩顶平面上方 1.0 m 深度处桩顶、桩间动应力的均值分别为 6.4 kPa 和 4.9 kPa，桩顶平面上方 0.4 m 桩顶、桩间动应力的均值分别为 4.9 kPa 和 3.8 kPa。

桩顶、桩间动应力的平均值与距离基床表层顶面深度的关系如图 6-36 所示。总体上动应力沿深度逐渐减小，桩顶和桩间土动应力在相同深度处较为接近，桩间土动应力略小于桩顶，在整个深度上桩顶和桩间土应力比值在 1.0～1.3 之间。

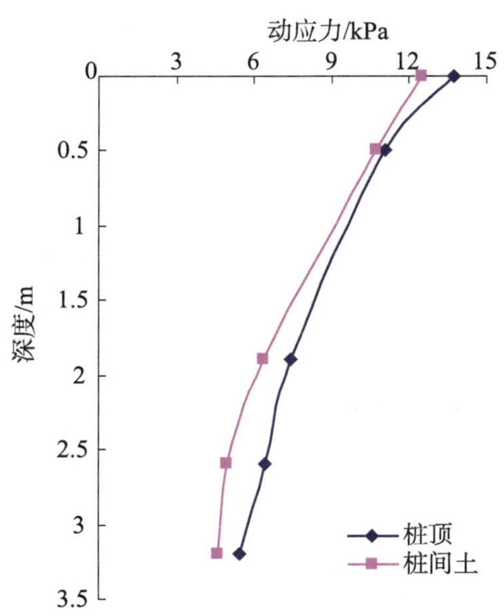

图 6-36　DK849＋557 不同深度桩顶、桩间动应力

二、DK849＋557 沉降分析

DK849＋557 断面测试了桩顶平面上方 0.95 m、桩顶平面上方 1.7 m、桩顶平面上方 3.1 m 和基床表层顶面的动变形，测量基点在桩顶平面处。路基内桩间形心、中心和桩顶不同高度处测试结果如图 6-37～图 6-39 所示。

桩间形心基床表层顶面最大动变形在 0.05 mm，均值为 0.027 mm，桩顶平面上方 3.1 m 处最大动变形为 0.04 mm，均值为 0.019 mm，桩顶平面上方 1.7 m 处动变形最大为 0.03 mm，均值为 0.01 mm，桩顶平面上方 0.95 m 处动变形均值为 0.009 mm。

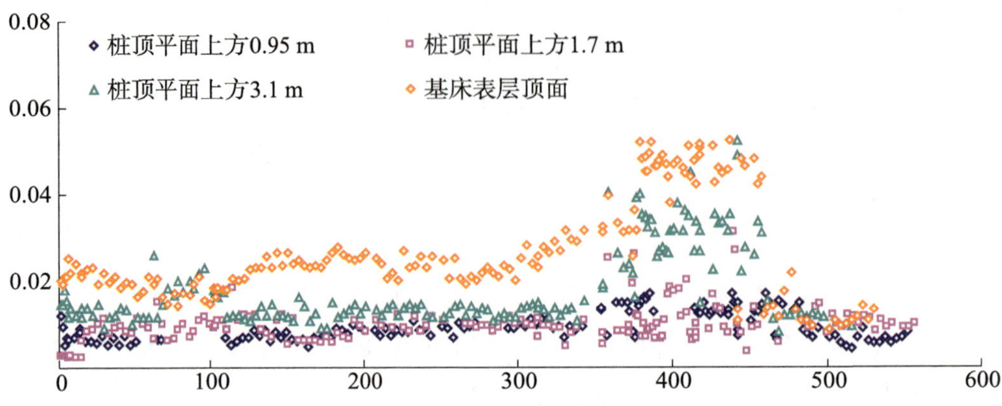

图 6-37 DK849+557 桩间形心不同高度处动变形与动载次数关系

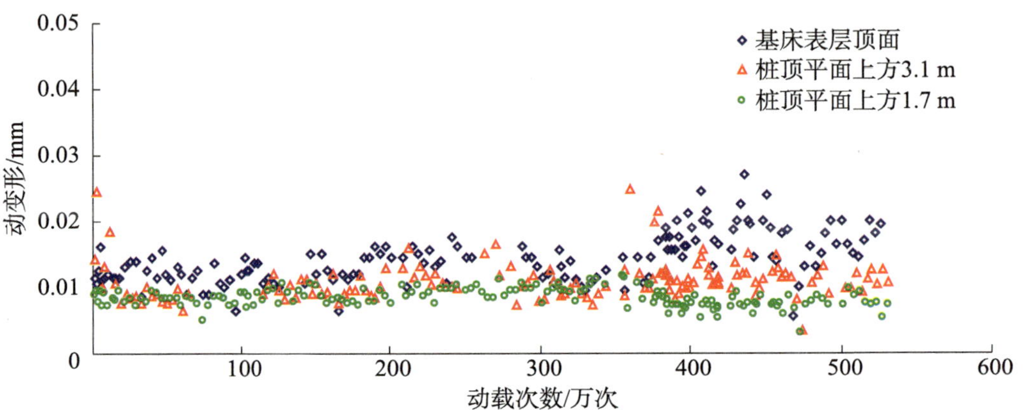

图 6-38 DK849+557 桩间中心不同高度处动变形与动载次数关系

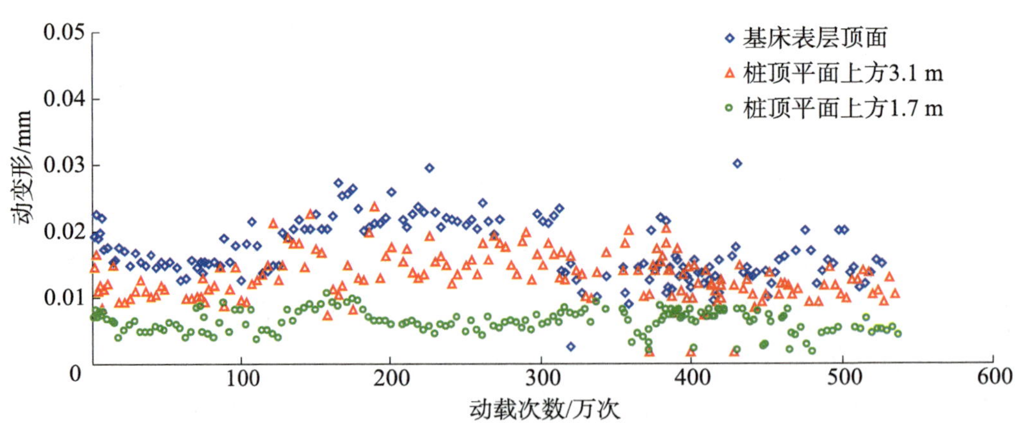

图 6-39 DK849+557 桩顶不同高度处动变形与动载次数关系

桩间中心处基床表层顶面最大动变形在 0.03 mm，均值为 0.018 mm，桩顶平面上方 3.1 m 处最大动变形为 0.025 mm，均值为 0.011 mm，桩顶平面上方 1.7 m 处动变形均值为 0.008 mm。

桩顶处基床表层顶面最大动变形在 0.03 mm，均值为 0.02 mm，桩顶平面上方 3.1 m 处最大动变形为 0.02 mm，均值为 0.013 mm，桩顶平面上方 1.7 m 处动变形均值为 0.007 mm。

在桩顶平面上方 3.1 m 处动变形为基床表层的 2/3 左右，至桩顶平面上方 1.7 m 处，为基床表层的 1/3 至 1/2。

三、DK849＋575 断面

DK849＋575 断面处测试了桩顶平面上方 0.43 m、1.2 m、1.8 m、2.4 m 和基床表层顶面处的动应力。实测的动应力与动载次数关系如图 6-40～图 6-44 所示。

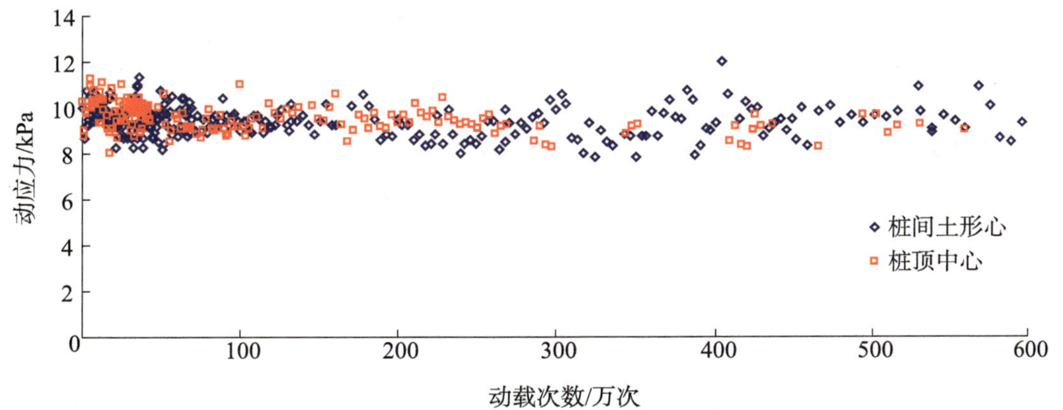

图 6-40　DK849＋575 基床表层顶面桩顶、桩间动应力与动载次数关系

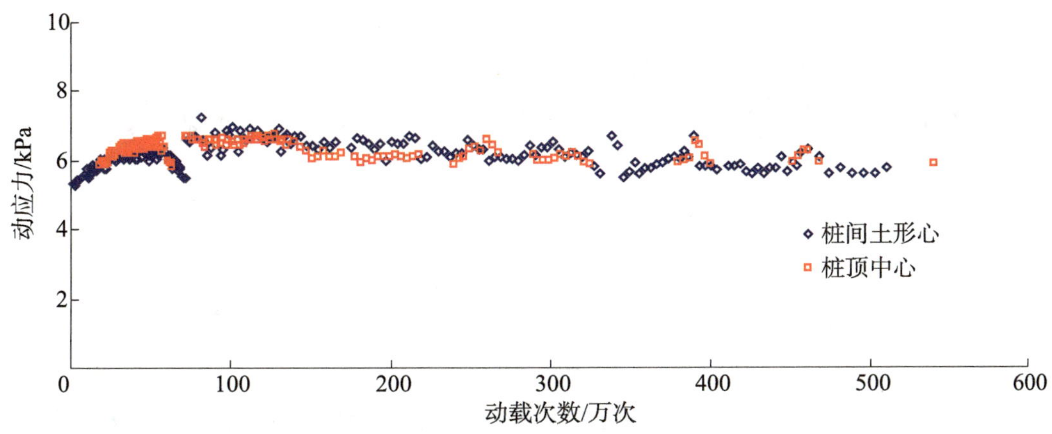

图 6-41　DK849＋575 桩顶平面上方 2.40 m 桩顶、桩间动应力与动载次数关系

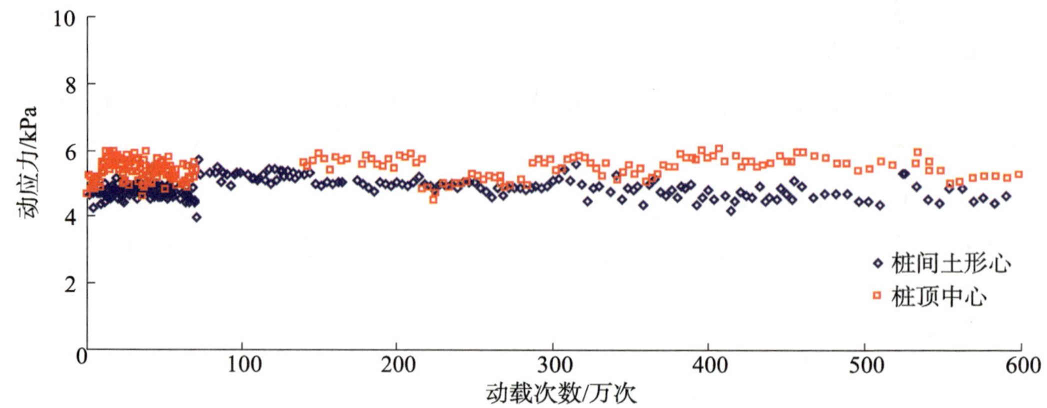

图 6-42　DK849+575 桩顶平面上方 1.8 m 桩顶、桩间动应力与动载次数关系

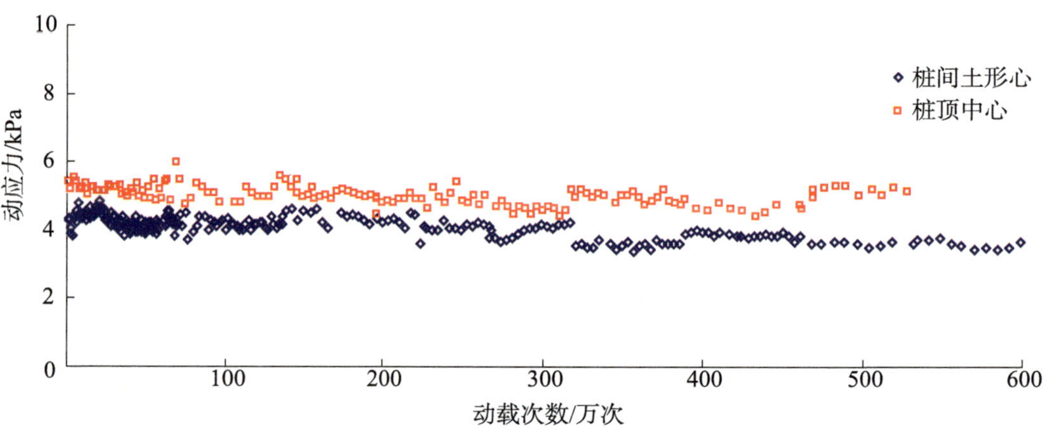

图 6-43　DK849+575 桩顶平面上方 1.2 m 桩顶、桩间动应力与动载次数关系

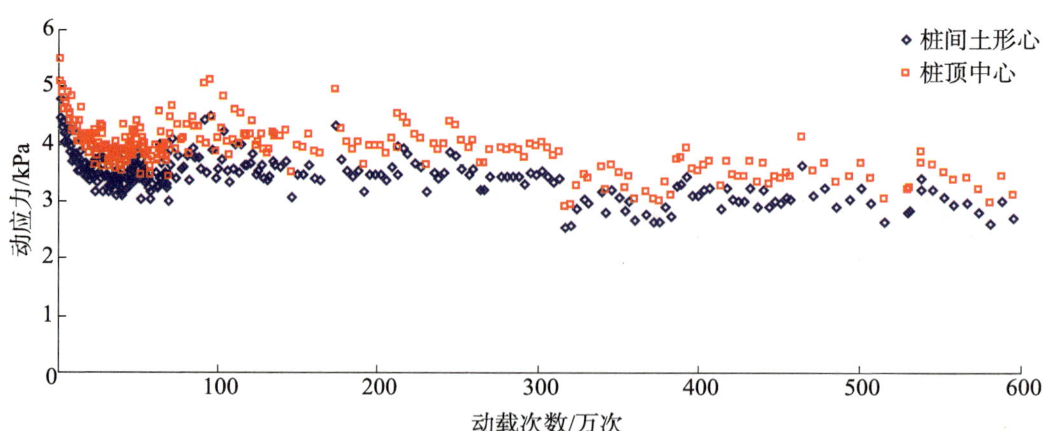

图 6-44　DK849+575 桩顶平面上方 0.43 m 桩顶、桩间动应力与动载次数关系

基床表层顶面桩顶、桩间的动应力均值分别为 9.6 kPa 和 9.4 kPa，桩顶平面上方 2.40 m 深度处桩顶、桩间动应力的均值分别为 6.3 kPa 和 6.1 kPa，桩顶平面上方 1.8 m 深度处桩顶、桩间动应力的均值分别为 5.4 kPa 和 4.8 kPa，桩顶平面上方 1.2 m 深度处桩顶、桩间动应力的均值分别为 5.0 kPa 和 4.1 kPa，桩顶平面上方 0.43 m 深度处桩顶、桩间动应力的均值分别为 3.9 kPa 和 3.4 kPa。

各层桩顶、桩间动应力的平均值与距离基床表层顶面深度的关系如图 6-45 所示。动应力沿深度变化趋势与 DK849＋557 断面接近，在相同路基深度处桩间土动应力略小于桩顶动应力，但差值很小，在整个深度上桩顶和桩间土应力比在 1.0～1.3 之间。

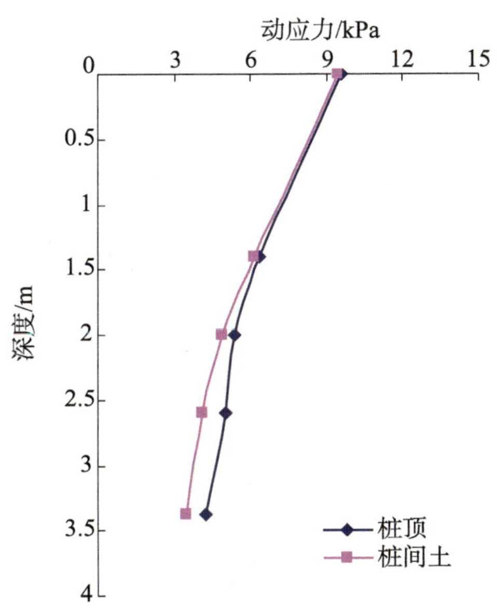

图 6-45　DK849＋575 不同深度桩顶、桩间动应力

四、DK849＋575 断面动变形

DK849＋557 断面测试了桩顶平面上方 1.83 m 和桩顶平面上方 2.36 m 和基床表层顶面的动变形，测量基点在桩顶平面处。路基内桩间不同高度处测试结果如图 6-46、图 6-47 所示，桩顶不同高度处测试结果如图 6-48 所示。

桩间形心处，基床表层顶面的最大动变形 0.031 mm，均值为 0.020 mm，桩顶平面上方 2.36 m 处动变形的均值为 0.012 mm，桩顶平面上方 1.83 m 处动变形均值为 0.005 mm。

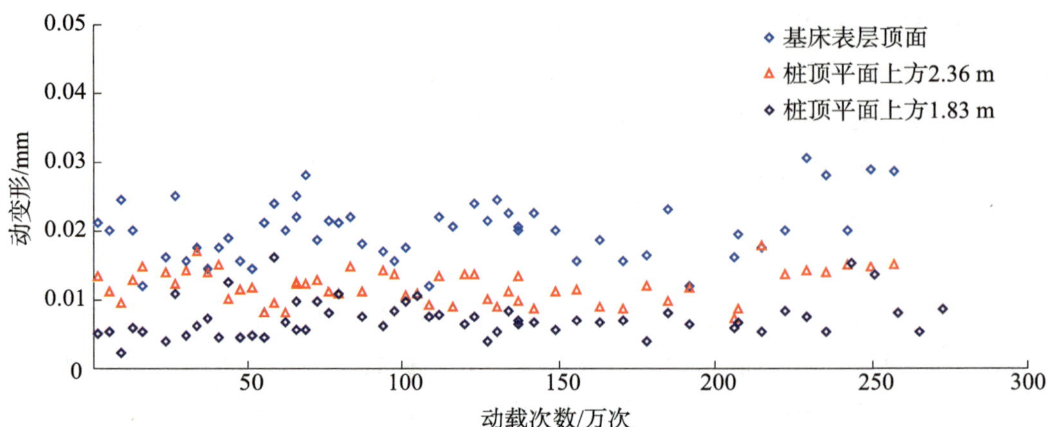

图 6-46　DK849+575 桩间形心不同高度处动变形与动载次数关系

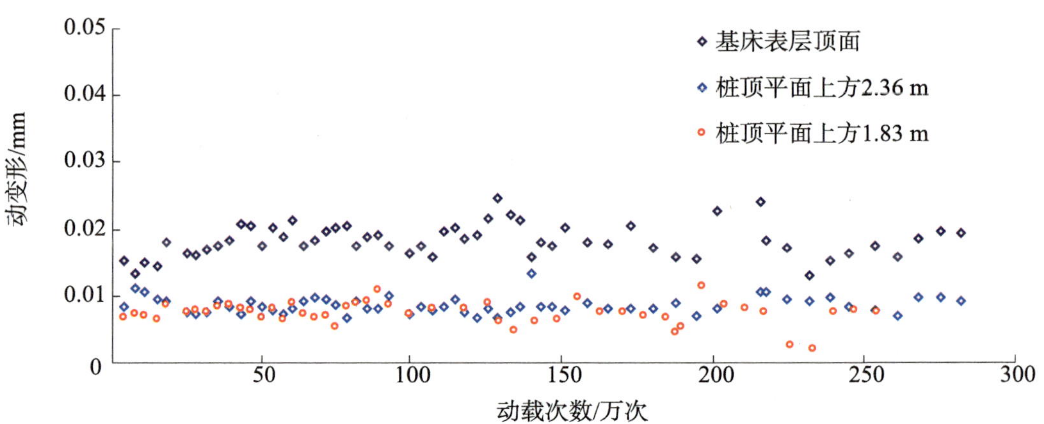

图 6-47　DK849+575 桩间中心不同高度处动变形与动载次数关系

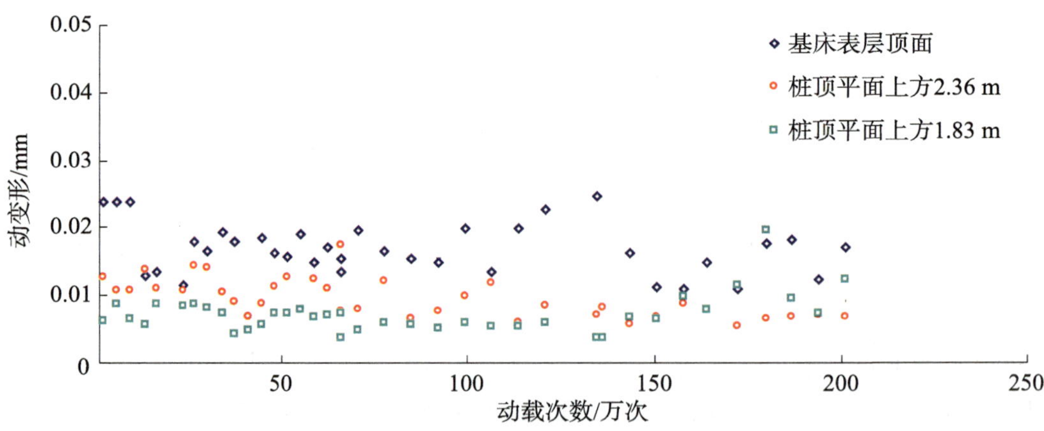

图 6-48　DK849+575 桩顶不同高度处动变形与动载次数关系

桩间中心处，基床表层顶面的最大动变形 0.025 mm，均值为 0.018 mm，桩顶平面上方 2.36 m 处动变形的均值为 0.007 mm，基桩顶平面上方 1.83 m 处动变形均值为 0.004 mm。

桩顶处，基床表层顶面的最大动变形 0.035 mm，均值为 0.017 mm，桩顶平面上方 2.36 m 处动变形的均值为 0.009 mm，桩顶平面上方 1.83 m 处动变形均值为 0.007 mm。

比较以上不同深度处动变形的变化可以发现，桩顶平面上方 2.36 m 深度处的动变形只有基床表层顶面处动变形的 50%左右。

五、DK849＋557 断面塑性变形

DK849＋557 断面桩顶和桩间土形心上方路基塑性变形随次数变化情况如图 6-49 和图 6-50 所示，总体上随次数增大而逐渐增加，总变形较小。经过550 万次激振后，桩顶和桩间土上方路基总塑性变形分别为 0.49 mm 和 0.53 mm，两者塑性变形较为接近。

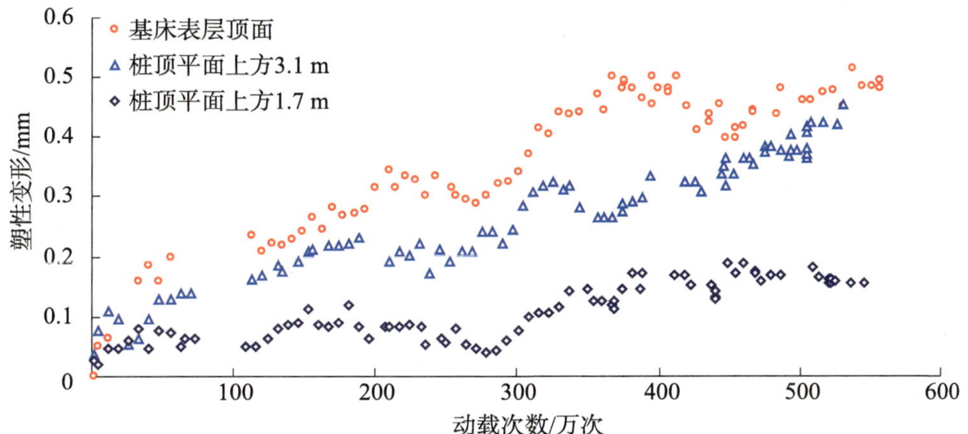

图 6-49　DK849＋557 桩顶上方路基塑性变形

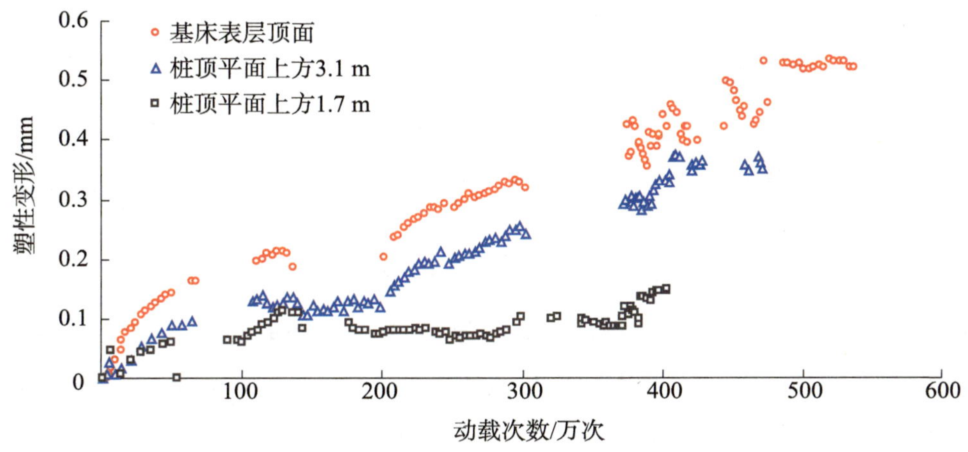

图 6-50　DK849＋557 桩间土形心上方路基塑性变形

六、DK849＋575 断面塑性变形

DK849＋575 断面激振试验前后路基累积塑性变形结果如图 6-51 和图 6-52 所示，桩顶和桩间土上方路基总塑性变形分别为 0.41 mm 和 0.42 mm。

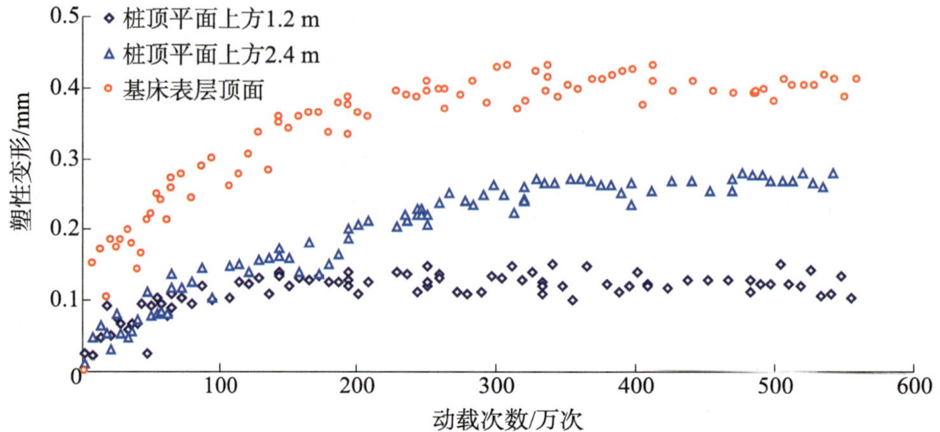

图 6-51 DK849＋575 桩顶上方路基塑性变形

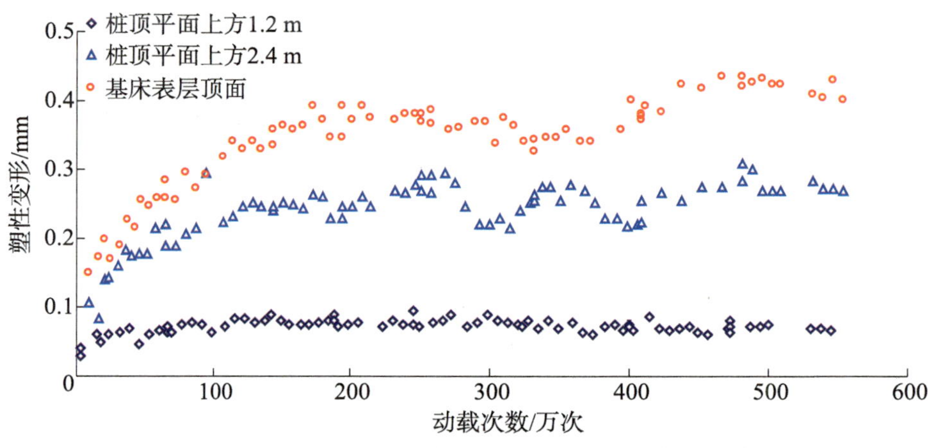

图 6-52 DK849＋575 桩间土形心上方路基塑性变形

第五节 桩网结构路基应力传递分析

前期在 CFG 桩桩网复合地基结构荷载传递的研究中，主要是针对静态荷载的，通过现场填筑试验、室内模拟试验和数值分析已经取得了一定的成果，内容包括桩网结构路基土拱效应和加筋网垫索膜效应等方面的理论分析，提出了土拱效应引起的竖向应力采用半球形拱理论分析，土拱效应竖向应力引起的加筋体拉力采用悬索理论分析，并考虑地基反力和加筋体初始挠度的有利影响，计算

边坡推力效应引起的加筋体拉力时考虑基底摩擦力的影响,形成了我国加筋网垫在桩网复合地基路基中的计算方法。路基面动荷载特别是低矮路堤动荷载,其传递特性有别于静态荷载,但该方法涉及的动荷载未进行深入研究。

该计算方法对于动荷载的影响作如下规定:上覆路基在动荷载时作用下,当桩顶路基高度 h 与桩间距 s 之比 $h/s<1.5$,动荷载引起的桩间土应力是静荷载作用产生应力的 1.5 倍,即等效静荷载 $p_s'=1.5\ p_d$,p_d 为静荷载作用产生的应力。对于动荷载的传递特性,仍需要进一步研究,本课题在明确低矮路堤动静态荷载传递特性的基础上,通过现场原位激振试验测试分析了动荷载在低矮路堤中的传递特性,以进一步完善我国 CFG 桩桩网复合地基加筋网垫的计算方法。

一、静态荷载传递分析

当基床表层填筑完毕和堆载完毕时,DK849＋557 桩顶和桩间土上方路基的静态应力实测值和自重应力理论计算值如图 6-53 和图 6-54 所示(以碎石垫层土工格栅平面为基点),充分说明了路基土拱效应的存在。从桩间土上方路基实测静态应力可知,静态应力从 1.0 m 路基高度相比自重应力迅速减小,在基床表层填筑完毕和堆载完毕时碎石垫层的静态应力实测分别为 31.3 kPa 和 38.9 kPa,远小于相应的自重应力计算值,分别为 90.1 kPa 和 120.0 kPa,1 m 高度以上应力实测值与理论计算值较为接近。相反,桩顶静态应力在 1.0 m 高度以下开始超过自重应力,在基床表层填筑完毕和堆载完毕时碎石垫层的静态应力实测分别达到 171.9 kPa 和 228.6 kPa。

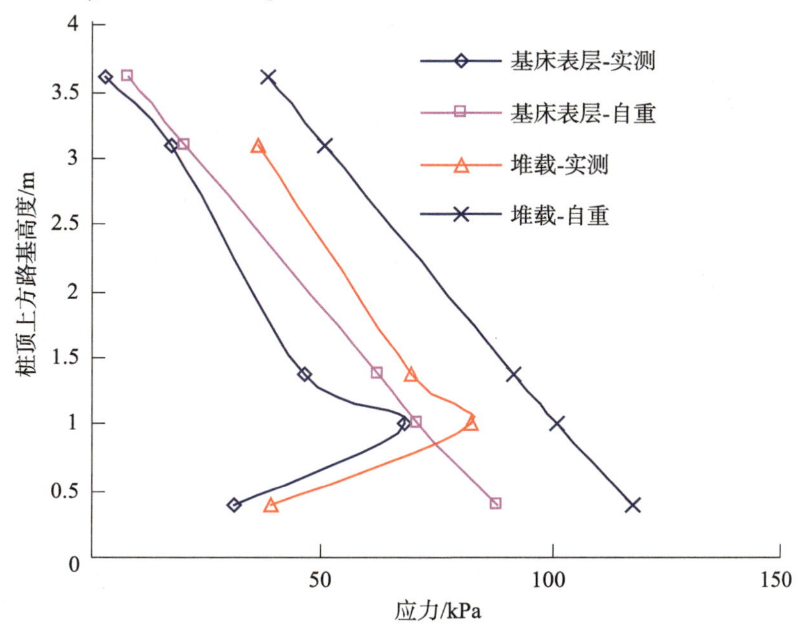

图 6-53 DK849＋557 桩间土上方路基静态应力

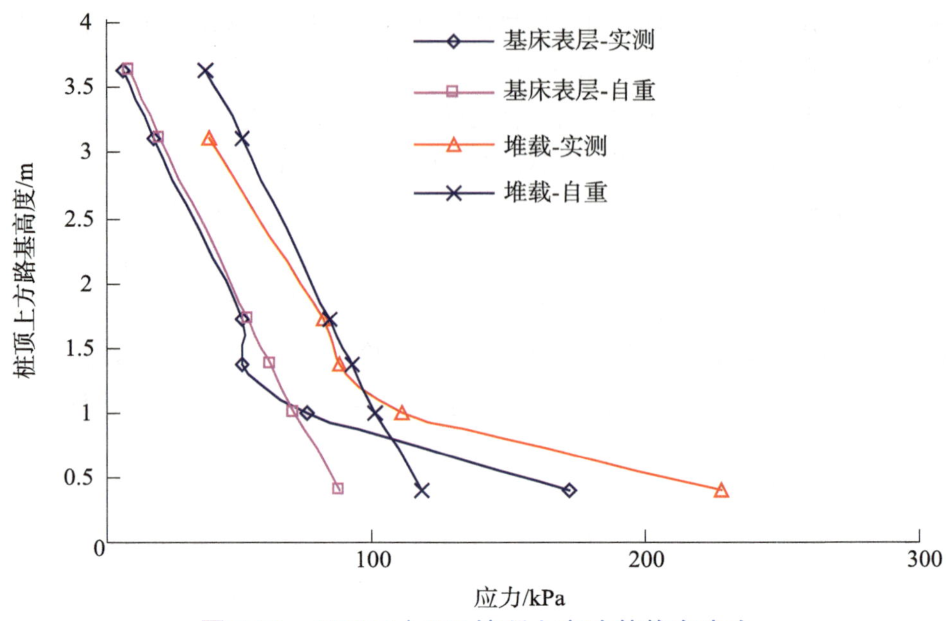

图 6-54　DK849＋557 桩顶上方路基静态应力

当基床表层填筑完毕和堆载完毕时，DK849＋575 桩顶和桩间土上方路基的静态应力实测值和自重应力理论计算值如图 6-55 和图 6-56 所示（以碎石垫层土工格栅平面为基点）。静态应力实测值变化趋势与 DK849＋557 较为接近，1.1 m 路基高度是应力发生变化的临界点，该值与地基处理桩间距尺寸的一半 0.9 m 极为接近，当基床表层填筑完毕和堆载完毕时桩间土碎石垫层的静态应力实测分别为 33.5 kPa 和 42.8 kPa，桩顶碎石垫层的实测值分别为 175.0 kPa 和 241.8 kPa。

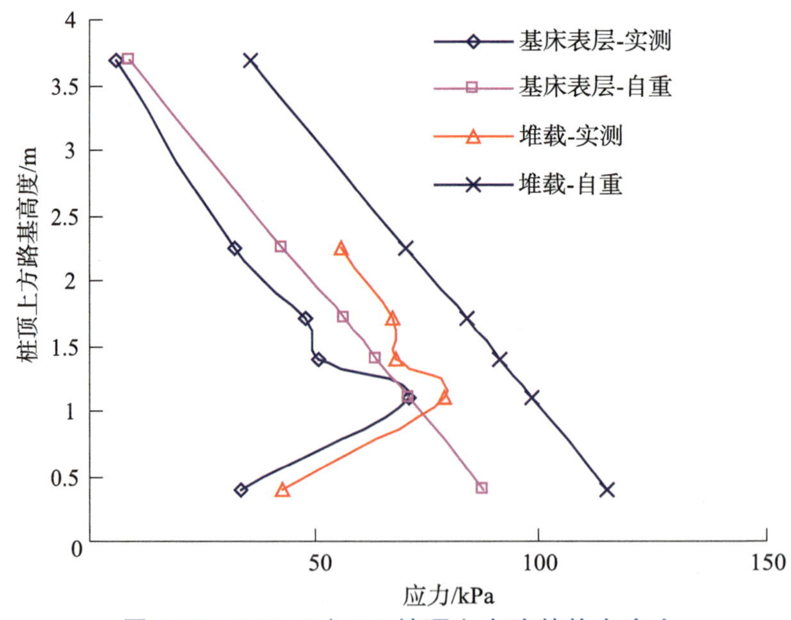

图 6-55　DK849＋575 桩顶上方路基静态应力

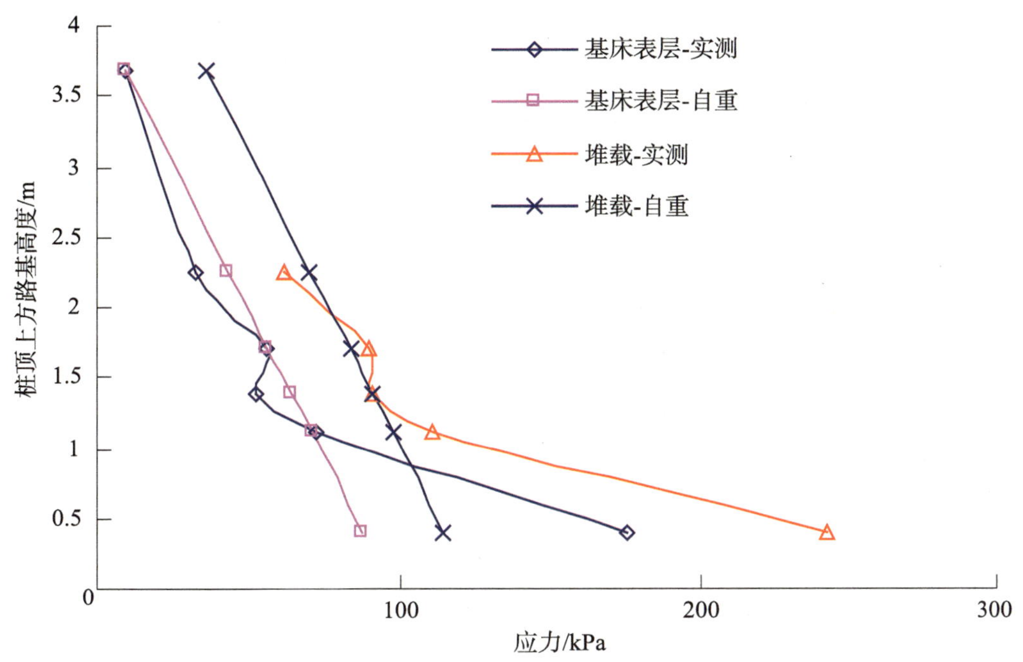

图 6-56　DK849+575 桩间土上方路基静态应力

因此，本试验工点两个断面土拱高度与桩间土尺寸较为接近。

根据本试验工点设计参数，利用前述桩顶平面桩间土应力计算方法进行计算，路基填筑内摩擦角取 30°，计算结果见表 6-5。结果表明，在基床表层填筑完毕和堆载完毕时对应桩间土应力计算值与实测较为接近，这也验证了前述计算方法的可靠性。

表 6-5　桩间土应力实测与计算值(单位：kPa)

里程	DK849+557		DK849+575	
	实测值	计算值	实测值	计算值
基床表层填筑完毕	31.3	28.5	33.5	29.4
堆载完毕	38.9	37.5	42.8	38.2

二、动态荷载传递分析

动载模拟试验在 DK849+557 和 DK849+575 断面衰减系数计算与实测对比结果分别如图 6-57 和图 6-58 所示，结果表明实测桩顶和桩间土应力衰减系数在相同深度处总体上略小于计算值，这可能是假设路基面均布应力时现场试验混凝土承台整体刚度略小造成的，但计算衰减曲线总体上包络了桩间土实测应力衰减曲线，随着深度的增加，计算值与实测值之间的差异逐渐减小，且在 3 m 深度以下计算与实测值较为接近，对于加筋网垫加筋体受力而言，主要关注的是路基底部应力，这也符合应力传递的特点。

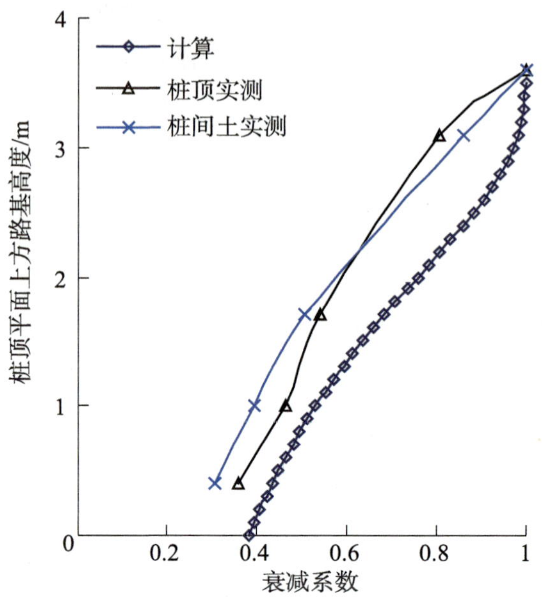

图 6-57　DK849＋557 衰减系数计算与实测对比

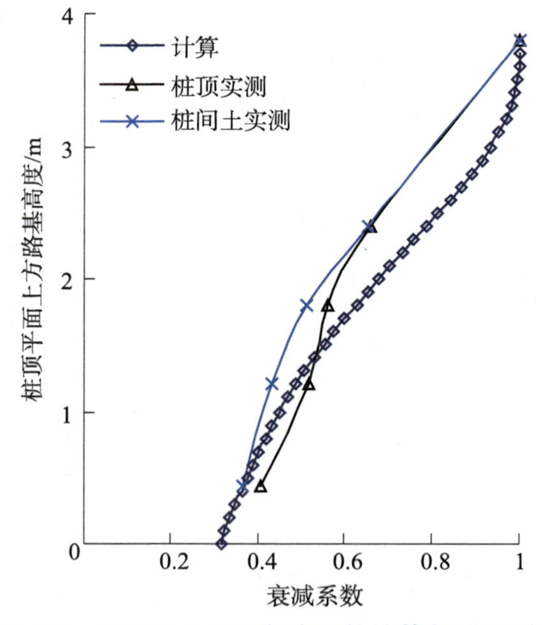

图 6-58　DK849＋575 衰减系数计算与实测对比

在遂渝无砟轨道试验段、京津城际、武广高铁等无砟轨道路基综合试验中测试结果表明，列车在无砟轨道铁路运行产生的路基面动应力较为均匀，对于

CFG 桩桩网复合地基而言，路基面动应力向下传递至加筋网垫的应力分析，可以假设路基面动应力为均布应力。因此，路基面动应力在 CFG 桩桩网复合地基路基土拱中的传递可采用 Boussinesq 公式进行计算。

路基面动应力均布应力大小和分布范围与列车类型、无砟轨道结构型式等因素有关，可以通过现场实测、数值分析、室内模拟等方法获得。

路基面均布应力分布宽度主要受无砟轨道结构支承层或底座宽度影响，双块式、Ⅰ型和Ⅱ型板式无砟轨道支承层或底座宽度大部门分布在 3.0～3.6 m 之间，以路基面均布应力分布宽度为 3.25 m，计算不同应力分布长度条件下的应力衰减系数曲线如图 6-59 所示。

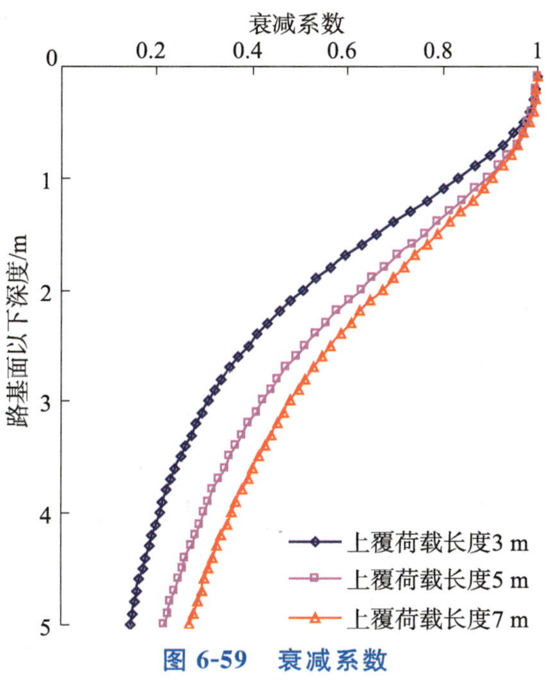

图 6-59　衰减系数

第七章　结语与展望

按照国际铁路联盟(UIC)定义:允许速度达到 250 km/h 的客运专线或允许速度达到 200 km/h 的既有线均可称之为高速铁路;中国《铁路安全管理条例》定义如下:设计时速超过 250 km 且投入使用的初始阶段时速至少为 200 km 的客运专线为高速铁路。人们在长距离远行中,更倾向于选择舒适、安全、速度快的高速铁路,高速铁路已经成为国家经济发展的重要动力。2003 年,中国铁路高速化的标志性线路秦沈客运专线运营。2009 年 12 月,全长 1 068.8 km 武广高速铁路运行,极限速度为 394.2 km/h,此后京沪高铁、哈武高铁先后开通。2014 年,中国铁路新线投产规模创历史最高纪录,铁路营业里程突破 11.2 万 km,其中高速铁路营业里程超过 1.6 万 km,稳居世界第一。2016 年 9 月 10 日,连接京广高铁与京沪高铁两大干线设计时速为 350 km 的郑徐高铁开通运营。2019 年底,高速铁路营业里程增加到 3.5 万 km。

《中长期铁路网规划》指出我国铁路到 2020 年全国铁路营业里程达到 9 万 km,其中客运专线的建设将实现客货分离,建成“四纵四横”的客运专线网络。

我国在提高复合地基加固效果方面做出了积极的探索。对软土、松软土地基处理采用 CFG 桩(水泥粉煤灰碎石桩)、PHC 管桩(预应力高强度混凝土预制管桩)加固新技术,桩网、桩筏新结构,以控制路基总沉降和工后沉降。要保障高速列车在运行中的平稳性、安全性及旅客的舒适度,对高速铁路路基稳定性的要求变得越来越严格,所以路基的变形是高速铁路设计所考虑的主要控制因素。路基沉降变形不仅与地基土特性、路基填料特性有关,还与地基加固处理方案和路基上车辆荷载大小、频率、速度等特性有关。尤其是软弱地基上路基在高速列车动载作用下,荷载与地基的特性以及相互作用对路基沉降变形的影响变得更加突出。因此,要保证高速铁路列车平稳舒适的运行,必须严格控制路基的工后沉降。

铁路路堤桩网复合地基处理方法源于建筑地基处理,CFG 桩意为水泥粉煤灰碎石桩,其作为高黏结强度桩,成分主要有水泥、粉煤灰、碎石等,基于素混凝土桩基础技术,通过各种成桩机器制作而成,桩身和桩间土以及褥垫层共同构成复合地基的常见形式。这种建筑地基处理方法具有承载力大、地基变形小等特点。CFG 桩网复合地基从研制开发以来，主要应用于建筑领域进行地基处理，且多用来加固处理多层和高层建筑地基。在铁路路基加固领域，不断开始使用此种地基处理方法。其与传统 CFG 桩复合地基处理技术在某些方面有一定的差距，铁路路堤 CFG 桩网复合地基在设计时通常在褥垫层中加入 1～2 层土工格栅，其他设计原理、施工方法等基本参照《建筑地基处理技术规范》(JGJ 79—2002)和《建筑地基基础设计规范》(GB 50007—2011)的具体做法。

参考文献

[1]《岩土工程手册》编写委员会. 岩土工程手册[M]. 北京:中国建筑工业出版社,1994.

[2] 中华人民共和国铁道部. 高速铁路设计规范(试行):TB 10621—2009[S]. 北京:中国铁道出版社, 2010.

[3]《地基处理手册(第二版)》编写委员会. 地基处理手册[M]. 2 版. 北京:中国建筑工业出版社,2000.

[4] 周镜,叶阳升,蔡德钧. 国外加筋垫层桩支承路基计算方法分析[J]. 中国铁道科学, 2007, 28(2):1-6.

[5] Carlsson B. Reinforced soil, principles for calculation[M]. Swedish Linkoping: Terratema AB, 1981.

[6] Jones C J, Lawson C R, Ayres D J. Geotextile reinforced piled embankment [A]. Geotextiles, Geomembrances and Relate Produces. Rotterdam: Balkema, 1990:155-159.

[7] 饶为国. 桩-网复合地基原理及实践[M]. 北京:中国水利水电出版社, 2004.

[8] 鉄道総合技術研究所. 撹拌混合基礎(機械撹拌方式)設計・施工の手引き[R]. 東京:鉄道総合技術研究所,2001.

[9] British Standard Institute. British standard 8006 strengthened/ reinforced soils and other fills[S]. London: British Standard Institute, 1995.

[10] Nordic Geotechnical Society. Nordic handbook, reinforced soils and fills [S]. Stockholm:Nordic Geotechnical Society, 2002.

[11] Deutsche Gesellschaft fur Geotechnike EV. Entwurf der Empfeblung. Bewehrte Erdkorper auf punkf-order linienfomigen Traggliendern[S]. Berlin:Ernst & Sohn, 2004.

[12] 中华人民共和国住房和城乡建设部. 建筑地基处理技术规范:JGJ 79—2002[S]. 北京:中国建筑工业出版社,2002.

[13] 闫明礼. CFG 桩复合地基技术及工程实践[M]. 2 版. 北京:中国水利水电

出版社,2006.
[14] 郭秉臣,李亚滨. 土工合成材料[M]. 北京:国防工业出版社,2006.
[15] 中华人民共和国交通部. 公路工程土工合成材料试验规程:JTG E50—2006[S]. 北京:人民交通出版社, 2006.
[16]《土工合成材料工程应用手册》编委会. 土工合成材料工程应用手册[M]. 第2版. 北京:中国建筑工业出版社,2000.
[17] Jones C J F P, Lawson C R, Ayres D J. Geotextile Reinforced Piled Embankment[C]//HOEDT Den(ed). Proc 4th Int Conf on Geotextiles: Geomembrances and Related Products, 1990, Rotterdam: Balkema: 155-160.
[18] 徐立新. 桩承式加筋路堤的设计计算方法研究[D]. 杭州:浙江大学,2007.
[19] 铁道部第四勘测设计院. 软土地基试验研究文集[M]. 武汉:中国地质大学出版社,2001.
[20] 王斌,徐泽中. 预应力管桩在高速公路拼接工程软基处理中的设计方法[J]. 公路, 2004 (2):84-88.
[21] 姚红英. 复合桩基处理在上海F1赛车场软土路基的实践浅谈[J]. 上海公路, 2004 (1):15-21.
[22] 周良吾,陆水军. 浅析杭宁高速公路二期工程软基处理的几种方法[J]. 浙江交通科技,2003 (3):17-18.
[23] 中国铁道科学研究院深圳研究设计院. 东莞市东部快速路软基监测方案[Z]. 深圳:中国铁道科学研究院深圳研究设计院,2003.
[24] 铁道部第四勘测设计院,西南交通大学,中国铁道科学研究院,等. 软土地基路桥设计参数试验[R]. 武汉:铁道部第四勘测设计院, 2005.
[25] Karl T. Theoretical soil mechanics [M]. 5th ed. New York: 1948: 66-76.
[26] Card G B, Carter G R. Case history of a piled embankment in London's Docklands[M]. Engineering Geology of Construction, Geological Society Engineering Geology Special Publicaiton, 1995,10: 79-84.
[27] SvanΦ G, Eiksund G, Want A. Alternative calculation principle for design of piled embankments with base reinforcement [A]. Helsinki: Proceedings of 4th International conference on Ground Improvement Geosystems, 2000:44-49.
[28] Guido V A, Kneuppel J D, Sweency M A. Plate loading tests on heogrid-

reinforced earth slabs[C]. Proceeding. Geosynthetics'87 Conference, New Orleans: IFAI,1987: 216-225.

[29] Randolph M F, Wroth C P. Application of the failure state in undrained simple shear to the shaft capacity of driven piles[J]. Geotechnique, 1981, 31(1):143-157.

[30] Hewlett W J, Randolph M F. Analysis of piled embankments[J]. Ground Engineering, 1988, 21(3):12-18.

[31] 刘吉福. 路堤下复合地基桩、土应力比分析[J]. 岩土力学与工程学报, 2003,22(4):674-677.

[32] 许峰,陈仁朋,徐立新. 桩承式路堤的工作性状[J]. 浙江大学学报(工学版), 2006,39(9):1393-1399.

[33] 陈福全,李阿池. 桩承式加筋路堤的改进设计方法研究[J]. 岩土工程学报, 2007,29(12):1804-1808.

[34] 芮瑞. 刚性桩加固体软土地基的路堤荷载传递机理与优化研究[D]. 武汉:武汉理工大学,2007.

[35] John N. Geotextiles[M]. London: Blackie, 1987.

[36] Rogbeck Y, Gustavsson S, Lindquest D. Reinforced Piled Embankments in Sweden design aspects[C]. Proceedings 1998 6th International Conference on Geosynthetics, 1998:755-762.

[37] Han J, Gabr M A. Numerical analysis of geosynthetic-reinforced and pile-supported earth platforms over soft soil[J]. Journal of Geotechnical and Geoenvironmental Engineering, 2002, 128 (1):44-53.

[38] Murugesan S, Rajagopal K. Geosynthetic-encased stone columns: Numerical evaluation[J]. Geotextiles and Geomembranes, 2006, 24(6):349-358.

[39] Krishna N. Numerical modeling and analysis of pile supported embankments [M]. Arlington: The University of Texas, 2006.

[40] 晏利. 桩承土工合成材料加筋垫层复合地基作用机理数值分析[D]. 长沙:长沙理工大学,2004.

[41] 芮瑞,夏元友. 桩-网复合地基与桩承式路堤的对比数值模拟[J]. 岩土工程学报,2007, 29(5):769-772.

[42] 饶为国,江辉煌,侯庆华. 桩-网复合地基工后沉降的薄板理论解[J]. 水力学报,2002,35 (4):23-27.

[43] 饶为国，赵成刚. 桩-网复合地基应力比分析与计算[J]. 土木工程学报，2002，35(2)：74-80.

[44] 牛志荣，李荣，穆建春，等. 复合地基处理及其工程实例[M]. 北京：中国建材工业出版社，2000.

[45] 朱湘，黄晓明，邓学钧. 土工格栅加筋路堤机理研究[J]. 公路交通科技，2000，17(1)：1-4.

[46] 徐少曼，洪昌华. 土工织物加筋堤坝软基的非线性分析[J]. 岩土工程学报，1999(4)：438-443.

[47] Harry G，Poulos A M. A method for analyzing piled embankments[R]. Sydney：Department of Civil Engineering Centre for Geotechnical Research，1999.

[48] George M，Miriam E. Design of bridging layers in geosynthetic-reinforced，column-supported embankments[R]. Virginia：Virginia Transportation Research Council，2006.

[49] Ryohei I，Hidetoshi O，Kiyoshi O，et al. Evaluation of settlement of the improved ground with floating type columns in low improvement ratio [C]. Conference Proceedings of Recent Development of Geotechnical and Geo-Environmental Engineering in Asia. Dalian：Dalian University of Technology Press，2006：505-510.

[50] 李国维，杨涛. 柔性基础下复合地基桩土应力比现场试验研究[J]. 岩土工程，2005，26(2)：265-269.

[51] 陈仁朋，许峰，陈云敏，等. 软土地基上刚性桩-路堤共同作用分析[J]. 中国公路学报，2005，18(3)：7-13.

[52] 陈小庭，夏元友，芮瑞，等. 管桩加固软土路基桩土应力现场试验[J]. 中国公路学报，2006，19(3)：12-18.

[53] 陈云敏，贾宁，陈仁朋. 桩承式路堤土拱效应分析[J]. 中国公路学报，2004，17(4)：1-6.

[54] Han J. 桩式加筋路堤[J]. 地基处理，2005，16(4)：62-72.

[55] Gabr M A，Han J. Numerical analysis of geosynthetics [J]. Guido V A，KNeuppel J D，Sweency M A. Plate Loading Tests on Geogrid-Reinforced Earth Slabs[C]. Proceeding. Geosynthetics'87 Conference，New Orleans，1987：216-225.

[56] Russell D，Pierpoint N. An assessment of design methods for piled

embankments[J]. Ground Engineering, 1997, 11:39-44.

[57] Hewlett W J, Rangdolph M F. Analysis of piled embankments[J]. Ground Engineering, 1988, 21(3):12-17.

[58] Low B K, Tang S K, Choa V. Arching in piled embankments[J]. Journal of geotechnical engineering, 1993, 120(11):1917-1938

[59] John N W M. Geotextiles[M]. London: Blackie, 1987.

[60] Carlsson B. Reinforced soil, principles for calculation[M]. Swedish: Terratema A B, 1981.

[61] Kempfert H G, Stadel M, Zaeske D. Berechmung von geokunststoffbewehrten Tragschichten uber Pfahlelementen[J]. Bautechnik, 1997, 12(75): 818-825.

[62] Love J, Milligan G. Design methods for basally reinforced pile supported embankments over soft ground[J]. Ground Engineering, 2003, 3: 39-43.

[63] Geduhn M, Vollmert L. Verformungsabhangige Spannungszustande bei horizontalen Geokunstsoffbewehrungen uber Pfahlelementen in der Dammbasis[J]. Bautechnik, 2005, 9(82):657-662.

[64] Claas H. Bodengewölbe unter ruhender und nichtruhender Belastung bei Berücksichtigung von Bewehrungseinlagen aus Geogittern [J]. Schriftenreihe Geotechnik der Universitaet Kassel,2006,19 (11).

[65] 蔡德钩,叶阳升,张千里. 国外桩网支承路基土拱效应计算方法浅释[C]//中国土木工程学会第十届土力学及岩土工程学术会议论文集. 重庆:重庆大学出版社, 2007: 171-176.

[66] 王金昌, 陈页开. ABAQUS在土木工程中的应用. 杭州:浙江大学出版社,2006.

[67] 张俊发.高层建筑考虑土—桩—结构相互作用的静动力研究[D].西安:西安建筑科技大学,2005.

[68] 郑培云.大直径超长灌注桩群桩基础沉降的三维非线性有限元分析[M].南京:河海大学, 2005.

[69] 蔡德钩,叶阳升,闫宏业,等. 桩网支承路基力学性能数值分析[J]. 中国铁道科学,2010,31(3): 1-8.

[70] 蔡德钩,闫宏业,董亮,等. 不同垫层结构形式复合地基的数值分析[J]. 铁道建筑,2008(1): 48-52.

[71] HKS. ABAQUS/Standard user's manual[M]. 北京:ABAQUS北京代表

处,1998.

[72] HKS. ABAQUS Theory manual[M]. 北京:ABAQUS 北京代表处,2003.

[73] 雷晓燕, Swoboda G,杜庆华. 接触摩擦单元的理论及其应用[J]. 岩土工程学报,1994,16(3):23-32.

[74] 雷晓燕. 三维接触问题新模型研究[J]. 土木工程学报,1996,29(3):24-33.

[75] Randolph M F, Wroth C P. Application of the failure state in undrained simple shear to the shaft capacity of driven piles[J]. Geotechnique, 1981, 31(1):143-157.

[76] 叶阳升,蔡德钩,闫宏业,等. 桩网支承路基结构的模型试验方法[J]. 铁道建筑,2009,(7):40-43.

[77] 强小俊. 桩承地基路堤荷载传递机理的研究[D]. 北京:中国铁道科学研究院,2009.

[78] 朱云升,常英,曹军民,等. 高路堤下复合地基室内模型试验研究[J]. 武汉理工大学学报(交通科学与工程版),2007,31(3):404-407.

[79] 叶阳升. 高速铁路 CFG 桩复合地基室内模拟试验研究[R]. 北京:中国铁道科学研究院铁道建筑研究所,2009.

[80] 蔡德钩,叶阳升,张千里,等. 桩网支承路基受力及加筋网垫变形现场试验研究[J]. 中国铁道科学,2009,30(5):1-8.

[81] 夏元友,芮瑞. 刚性桩加固软土路基竖向土拱效应的试验分析[J]. 岩土工程学报,2006,28(3): 327-331.

[82] 朱明双,王金昌,朱向荣. 路堤荷载作用下现浇筒桩复合地基性状分析[J]. 浙江大学学报(工学版),2006,40(12): 2186-2190.

[83] Zeaske D. Zur Wirkungsweise von unbewehren und bewehrten mineralischen Tragschichten uber pfahlartigen Grundungselementen[J]. Schriftenreihe Geotechnik der Universitaet Kassel, 2001,10(2).

[84] Zaeske D, Kempfert H G. Berechnung und Wirkungsweise von unbewehrten und bewehrten mineralischen Tragschichten auf punkt-und linienformigen Traggliedem[J]. Bauingenieur, 2002,77(2):80-86.

[85] 蔡德钩,闫宏业,叶阳升,等. 桩网支承路基结构中边坡推力效应的模型试验研究[J]. 铁道建筑,2009(7):49-52.

[86] 叶阳升,蔡德钩. 京沪高速铁路低矮路堤 CFG 桩复合地基动载试验研究[R]. 北京:中国铁道科学研究院铁道建筑研究所,2009.

[87] 叶阳升,张千里,蔡德钩,等. 高速铁路 CFG 桩桩网复合地基低矮路堤动静

荷载传递特性试验研究[J].高速铁路技术,2010(1):10-15.

[88] 张千里.铁路路基基床结构设计方法及参数研究[R].北京:中国铁道科学研究院,2008.

[89] 肖成志,栾茂田,杨庆,等.土工格栅经验型蠕变模型及其参数试验[J].中国公路学报,2006,19(6):19-24.

[90] 丁德斌,将江松,何光春,等.土工格栅蠕变特性试验研究[J].公路交通技术,2006,8(4):25-29.

[91] 蔡德钩,史存林,张千里,等.基于格栅蠕变的桩网支承路基中加筋网垫受力变形特性分析[J].第二届全国土工合成材料加筋土学术研讨会论文集,2009(8):177-182.

[92] 叶阳升.加筋网垫在桩网支承路基中的受力机理及计算方法研究[R].北京:中国铁道科学研究院铁道建筑研究所,2008.

[93] Ye Y S, Cai D G, Zhang Q L. Calculating method of reinforced bedding in the geosynthetics reinforced and pile supported embankment. Proceedings of 17th International Conference on Soil Mechanics and Geotechnical Engineering, 2009(10):933-937.

[94] 中铁第四勘察设计院集团有限公司.温福客运专线管桩处理深厚软土地基试验研究[R].武汉:中铁第四勘察设计院集团有限公司,2008.